CE QU'ON VOIT

DANS LES

RUES DE PARIS

Paris. — Imprimé chez Jules Bonaventure,
55, quai des Grands-Augustins.

CE QU'ON VOIT
DANS LES
RUES DE PARIS

PAR

M. VICTOR FOURNEL

NOUVELLE EDITION

REVUE, CORRIGÉE ET AUGMENTÉE

PARIS

E. DENTU, LIBRAIRE-ÉDITEUR

PALAIS-ROYAL, 17 ET 19, GALERIE D'ORLÉANS.

1867

Tous droits réservés.

AVERTISSEMENT

DE LA NOUVELLE ÉDITION.

Ce livre, épuisé depuis plusieurs années, a paru pour la première fois en 1855; pour la seconde, sous sa forme actuelle, en 1858. Si je rappelle ces dates, ce n'est pas seulement pour lui assurer, dans ce genre d'études populaires brillamment cultivé depuis par d'autres écrivains, le bénéfice de l'antériorité, qui pourra lui tenir lieu d'un plus grand mérite près des lecteurs indulgents, c'est aussi et surtout pour le replacer dans son cadre et à son vrai point de vue. Paris change si vite que l'intervalle écoulé entre la première publication et celle que nous donnons aujourd'hui a suffi pour modifier profondément, et parfois pour faire disparaître des tableaux et des types dont nous avions tracé la peinture avec l'exactitude la plus rigoureuse.

De toutes ces transformations du modèle, qui, sur quelques points, ont fait vieillir le portrait, je me suis borné à indiquer les principales en note; le lecteur suppléera aisément au reste. Pour faire davantage, il eût presque fallu écrire un nouveau livre, tâche laborieuse qui serait elle-même devenue bien vite inutile, en présence de l'incessante et foudroyante mobilité du Paris contemporain. J'ai cru qu'il valait mieux laisser à l'ouvrage, sauf des changements de forme et des additions de détail assez importantes, sa physionomie primitive, qui, en lui gardant sur la plupart des points son intérêt d'actualité, lui donne sur tous les autres, dans les modestes limites tracées par le sujet, la valeur d'un document historique.

J'explique bien vite ce dernier mot pour qu'on ne m'accuse pas d'une prétention ridicule, ou plutôt il s'explique de lui-même. Entre mes *Spectacles populaires*[1], où j'ai essayé de faire revivre, en attendant une toile plus vaste et plus complète, un coin de l'ancien Paris dans la vérité de sa vie familière, et *Paris nouveau et Paris futur*[2], où j'ai présenté le tableau de la ville qu'on nous fait depuis dix ou douze ans, *Ce qu'on voit dans les rues de Paris* peut servir de trait d'union, et peint ce moment intermédiaire où

---

[1] Dentu, 1 vol. in-18.
[2] Lecoffre, 1 vol. in-18.

l'ancien Paris existait encore, quoique le nouveau commençât à naître. L'objectif est pris aux débuts du terrible préfet, dans les derniers jours de liberté et de plein épanouissement de ce pittoresque spectacle de la voie publique, maintenant de plus en plus traqué, dépaysé, amoindri, et bientôt enterré avec les vieilles maisons historiques, les vieilles rues et les vieilles mœurs. Ces pages sont venues à point pour conserver la trace des hommes et des choses qui allaient disparaître, pour classer en une sorte de musée populaire les types et les scènes dont la transformation de la ville devait amener l'élimination successive ; et en croyant ne tracer qu'un tableau d'actualité, il s'est trouvé qu'elles recueillaient, pour ainsi dire, le testament du vieux Paris expirant.

Et maintenant, il ne me reste plus qu'à souhaiter à ce premier-né la continuation de la faveur publique. Puisse-t-il retrouver aujourd'hui la *bienvenue au jour* qui lui a ri jadis dans les yeux des critiques et dans ceux des lecteurs !

CE QU'ON VOIT
DANS LES
RUES DE PARIS

I

LES ARTISTES NOMADES ET L'ART POPULAIRE.

Depuis qu'on étudie l'art dans ses productions, on a refait mille fois le même article sur Raphaël et Mozart, Shakspeare et Molière. Ceux qui sont *descendus* jusqu'à Jasmin le coiffeur ont cru faire une grande concession à l'esprit de démocratie littéraire : on dirait que la critique a peur de se salir les pieds, en quittant les hautes régions où elle pèse dans ses balances, comme le Minos antique, les destinées des pâles écrivains. C'est une grande dame qui ne veut pas gâter son cothurne sur le sol plébéien des carrefours. Elle aime à trôner avec des airs de duchesse, l'éventail à la main, en jugeant, comme Célimène, ses bons amis de cour, les vicomtes et les marquis de la littérature. Madame a les nerfs délicats ; elle adore l'étiquette ; elle est fort prude et fort gourmée, même quand elle se croit bien hardie, et ses plus longs voyages sont presque toujours autour d'un salon, parfois autour d'un boudoir, tout au plus à travers les quartiers élégants où l'aristocratie peut se hasarder sans rougir.

Je voudrais bien persuader à messieurs les critiques qu'ils ont grand tort de faire les dédaigneux et les exclusifs. Lorsqu'ils se seront perdus, durant dix colonnes, dans les nuages de l'esthétique, cette science douteuse que chacun fait à son image, ou qu'ils auront analysé en détail quelque nouvelle création de M. Clairville et de M. Dennery, je ne vois pas trop que cela importe beaucoup aux progrès de la civilisation moderne. Pourquoi, du moins les semaines de chômage forcé, quand l'esprit français a fait relâche, ce qui lui arrive parfois, au lieu d'étendre dans le vide les toiles peintes à neuf de leur fantaisie du jour ou de leur érudition de la veille, ne pas tenter une excursion en dehors de ce cercle de Popilius où ils se sont renfermés, et entreprendre quelque voyage aventureux à la découverte de l'art, ce Juif errant qui marche toujours ; qui s'asseyait hier dans un théâtre de marbre, et qui gîtera ce soir dans une baraque de toile ; qui, au sortir d'une Académie, va tendre la main à un farceur debout sur son trône banal, ou à un charlatan couvert de la casaque d'Arlequin ?

Rien de moins étroit et de moins exclusif que l'art : c'est un esprit qui souffle partout où il veut, et qui ne craint pas de s'aventurer dans ces domaines ténébreux où, par un injuste et maladroit scrupule, on hésite souvent à le suivre. Il y a tout une classe d'artistes qui parfois n'osent pas se douter eux-mêmes de ce qu'ils valent, race vagabonde qu'on rencontre sur les places publiques, sur les ponts, au coin des rues, dans les cafés et les restaurants populaires, famille royale délaissée dans son abaissement, qui voudra bien se contenter d'un Dangeau, en attendant qu'elle ait trouvé son Homère.

Et qui nous a donné le droit de faire les dédaigneux avec ces pauvres oiseaux de passage de la grande bohême artistique, avec ces saltimbanques, comme on les nomme? Combien de noms glorieux que la postérité répète, ont commencé ainsi! Dans leur obscurité même, ces hommes ne vivent-ils pas, aussi bien que nous, de la pensée et de la parole, de la musique et de la poésie? Ils les comprennent à leur manière, sans doute, mais cette manière-là vaut souvent bien la nôtre. Ce sont de hardis fantaisistes, d'infatigables novateurs, qui avaient fait dans le peuple des révolutions musicales et littéraires, avant Berlioz et Victor Hugo. Nul ne sait mieux qu'eux se mettre en communion d'idées, de sentiments et de langage avec la foule ; comme nous, c'est le public qu'ils prennent pour juge et pour rémunérateur de leurs travaux. Il est vrai qu'ils agissent en plein soleil, et qu'ils battent de la grosse caisse devant eux, n'ayant pas le moyen de payer des réclames : c'est beaucoup, j'en conviens ; mais est-ce assez pour justifier notre délicatesse ?

Saltimbanques! Eh! vraiment, qui de nous ne l'a été? qui ne l'est encore plus ou moins ? Qui n'a paradé sur des tréteaux? qui n'a gonflé son langage d'orgueilleuses et naïves hyperboles ? qui n'a tâché, par mille efforts surhumains, d'arrêter un moment les regards capricieux d'un public insouciant et blasé ? qui n'a ri et chanté, le désespoir au cœur ? qui n'a mis du fard sur ses joues et sur son style ? En est-il un parmi nous qui puisse se vanter d'avoir un théâtre aussi vaste, un auditoire aussi varié, et qu'il passionne aussi vivement? Si l'on s'obstinait à noter les dissemblances, je crois qu'elles ne seraient pas toutes à notre avantage, et il faudrait bien avouer peut-être que ces musiciens de carrefours, ces orateurs, ces poëtes des rues, des gargotes et des cafés borgnes, sont souvent de véritables artistes, dont l'indigence est moins prétentieuse, l'inspiration plus originale et plus convaincue, et qui ont l'indépendance de plus avec l'ambition de moins. Mais pourquoi ne se drapent-ils pas en héritiers directs de Chatterton, dans leurs manteaux troués? Il n'en faudrait pas plus pour qu'on les sacrât artistes par acclamation.

Je veux vous présenter aujourd'hui ces héros inconnus de la musique et de la littérature populaires. Je puis en parler sciemment, sinon dignement, car je les ai vus de près; j'ai suivi leurs séances avec la curieuse avidité d'un adepte, et rarement je m'en suis repenti. Le lecteur peut être certain qu'il m'est arrivé plus souvent de faire cercle autour d'un chanteur des rues, que de prendre une stalle à l'Opéra : cela coûte moins cher, et c'est quelquefois aussi amusant.

CHAPITRE PREMIER.

MUSICIENS AMBULANTS.

Je me souviens qu'étant fort jeune, j'avais remarqué dans une petite ville de province, aux processions de la Fête-Dieu, un tambour vraiment fanatique, qui, pendant la marche, tourmentait son instrument sonore avec une prestesse et une dextérité incroyables, faisant des tours de mains et des mouvements de bras passionnés, remuant la tête, fermant les yeux, contournant la bouche avec acharnement. Évidemment la peau d'âne transportait cet homme. Une fois la caisse suspendue à sa ceinture, il ne se possédait plus, et il allait, il allait, s'enivrant de son propre bruit, jusqu'à ce que la canne du tambour-maître donnât le signal redouté du repos. Mais alors même la baguette semblait frémir et frétiller encore sous sa main, et à la manière dont il balançait son corps, en agitant ses doigts vigoureux comme s'ils eussent été dévorés par une fourmilière, il était clair qu'il brûlait de recommencer de plus belle.

Fallait-il s'arrêter un moment, rien de plus curieux que de le voir marquer la mesure à l'aide de ses longues jambes, qu'il levait en cadence d'une façon frénétique et démesurée.

Ce soldat avait fortement frappé ma jeune imagination. J'observais chacun de ses mouvements d'un regard curieux et grave ; et depuis lors, toutes les fois qu'il battait la retraite, j'accourais m'attacher à son épine dorsale, et le suivais en mesure par toute la ville, sans mot dire, ébahi, radieux et triomphant. C'est le premier artiste que je connus : j'en ai gardé une considération profonde pour le tambour ; mais que je l'ai rarement vu remué jusque dans ses entrailles avec une telle puissance !

Depuis, il m'a été donné d'admirer bien des merveilles musicales : j'ai entendu Listz et Godefroid, Allard et Vieuxtemps : j'ai rencontré aux abords du Château-d'Eau et sur le pont des Arts des virtuoses passionnés qui donnaient une âme même à l'orgue de Barbarie. J'ai vu, sur la place de la Bastille, des hommes montés sur une chaise, avec un habit rouge et une perruque d'étoupes, et dont la voix vibrante rendait le *voyou* même respectueux et attentif. Mais rien n'a pu me faire oublier le jeu magistral de ce troupier, qui est resté debout dans mes souvenirs, comme le tambour fantastique de la ballade allemande.

Que de types pareils on rencontrerait, si on savait les chercher où ils se trouvent ! Que d'hommes à qui il n'a manqué peut-être, pour devenir des artistes en renom, que de pouvoir s'acheter une paire de bottes, comme le Marcas de Balzac, et de n'avoir pas contracté l'habitude de se nourrir de sabres ! La destinée de chacun de nous tient à si peu de chose ! Bilboquet n'avait-il pas en lui l'étoffe d'un homme de génie ? Mais, avec un paillasse qui fait au besoin les sauvages, avec une Atala qui avale des cailloux devant la *société*, et surtout avec un carrick vert de cette forme et de ce volume, le moyen de ne pas continuer jusqu'à la fin de sa vie à exciter l'admiration de tous les maires de Meaux de l'univers !

Telles étaient les profondes réflexions qui m'absorbaient l'un de ces jours derniers, pendant une promenade solitaire sur la place des Écoles, quand je me vis arrêté par une foule compacte, du centre de laquelle sortait une voix aigre et nasillarde semblable au son d'une chanterelle enrouée ou d'une guitare mauresque. En m'approchant, je vis que tout ce monde faisait cercle autour de deux musiciens des rues.

L'un, le *gracioso*, dégoisait le *Beau Nicolas* avec toutes sortes de contorsions ridicules, faisant le gros dos et la bouche en cœur, arrondissant la jambe, plongeant les deux mains dans ses goussets et secouant ses breloques. Le malheureux abusait du prétexte de la couleur locale pour porter un costume que le crochet d'un chiffonnier eût frémi de ramasser au coin d'une borne : il était coiffé d'une ruine informe qu'il appelait fastueusement son chapeau; une guenille déteinte lui servait de cravate, et il se carrait sous un habit gris, qu'on eût dit taillé dans une toile d'emballage par quelque chiffonnier fashionable. Son gilet faisait des efforts inouïs, mais infructueux, pour rejoindre un pantalon à carreaux, qui lui-même, malgré la condescendance des bretelles, ne pouvait parvenir à atteindre jusqu'à ses chevilles. Sous cet accoutrement, il se rengorgeait avec fatuité, se mirait dans les yeux de l'auditoire, en homme sûr de lui et de son public, et poussait la suffisance jusqu'à s'interrompre au milieu d'un vers pour apostropher un gamin, ou lancer un coup de pied à quelque chien mélancoliquement accroupi sur son derrière.

L'autre, jeune homme à face pâle et souffreteuse, à mine humble et craintive, accompagnait ce grimacier sur son violon.

Lorsqu'il eut fini, le *comique* se reposa, et son compagnon, d'un air qui semblait demander grâce, entonna une grande romance sentimentale. On l'écoutait; on était presque ému : aussi le chantre du *Beau Nicolas,* visiblement jaloux de ce triomphe, se mit-il bientôt en devoir de détourner à son profit l'attention du public. Il commença par faire le moulinet avec sa canne, la jeta en l'air pour la rattraper dans le creux de sa main, la porta en équilibre sur son nez, un nez brutal et insolemment bourgeonné, aplatit son chapeau entre ses genoux et le pétrit entre ses doigts pour en faire admirer la souplesse, puis en coiffa brusquement un petit garçon qui se prit à pleurer, ce qui fit beaucoup rire l'auditoire.

Athéniens, après deux mille ans vous êtes toujours les mêmes !

Cependant l'autre ne s'était pas arrêté, seulement il avait l'air plus humble et plus craintif encore. Il chantait avec âme sa romance que personne n'entendait plus, tandis que le comique, portant l'effronterie jusqu'à parodier sa pose et ses coups d'archet, coupait chaque mot d'une grimace ou d'un lazzi. Le malheureux n'eût pas même été digne de servir de pitre à son compagnon ; et pourtant il était le maître, et je suis sûr qu'il se faisait la part du lion dans les maigres bénéfices de la commune entreprise. Le premier jouait devant lui le rôle du muet qui courbe la tête à la moindre parole du Pacha. Qui donc l'empêchait de briser son violon sur le dos de ce drôle ? Quel pacte mystérieux enchaînait ces deux êtres ?

Le peuple est essentiellement mélomane : ce n'est pas lui qui se laisserait boucher les oreilles en passant devant les sirènes. Toute portière, si revêche et si hargneuse qu'elle soit, a pour le moins un accordéon précieusement transmis par héritage, et conservé comme le palladium de la loge ; tout concierge de bonne maison a un piano pour sa fille, élève distinguée du Conservatoire ; nombre d'ouvriers se délassent de leurs fatigues en jouant de la clarinette ou du flageolet pendant des heures entières. Aussi, il faut voir quel cercle immense s'arrondit d'ordinaire autour du moindre chanteur : c'est une foule bariolée où la blouse coudoie la redingote, où l'uniforme serre de près le tablier blanc des nourrices et des cuisinières. Il y a là des gourmets musicaux, des dilettanti experts et enthousiastes, parmi lesquels brillent au premier rang les troupiers. Le cahier de romances à la main, ils se tiennent près de l'artiste, comme un bataillon sacré, et l'accompagnent à demi-voix, en battant la mesure avec leurs têtes. Ils forment la loge infernale de cet Opéra en plein vent. Ce sont les favoris du chanteur, qui, par une faveur enviée du gamin, leur adresse souvent la parole dans les entr'actes, et les traite avec le plus profond respect. Parfois même il annonce qu'à la demande d'un amateur il va recommencer les *Oiseaux du prisonnier*, la *Rose des champs* ou la *blanche Marguerite;* car il est à remarquer que la romance sentimentale et poitrinaire réussit encore mieux près du peuple que la chanson comique, recherchée de préférence par les étudiants et les commis-voyageurs, gent gausseuse et grivoise, aimant à rire, aimant à boire : ce sont eux surtout qui se montrent friands du *Sire de Framboisy* et du *Docteur Isambard*.

Il n'est pas rare de voir ces artistes faire ressortir eux-mêmes, avec le sentiment le plus exquis, les beautés des vers ou de la musique qu'ils chantent. Il faut entendre les allocutions brûlantes qu'ils adressent à la foule, pendant que, derrière eux, l'orgue infatigable poursuit sa ritournelle. Quel style fleuri ! quelles périodes académiques !

Ce serait à rendre jaloux M. Joseph Prudhomme lui-même, si la jalousie pouvait approcher d'un si beau caractère :

« J'engage les connaisseurs à prêter une attention particulière à ce morceau ; ils me diront s'ils en ont souvent entendu de pareils ! C'est le chef-d'œuvre de M. Nadaud, un de nos bons auteurs, Messieurs, et non pas de ces fripiers de chansons, comme il y en a treize à la douzaine. Je ne vous vends pas de mauvais refrains de gargotes, moi : je respecte ma profession, et je m'adresse aux amateurs éclairés. On est artiste ou on ne l'est pas : je ne connais que ça. Moi, Messieurs, j'ai chanté sur nos théâtres des boulevards et dans nos premiers cafés-concerts ; et si je descends sur la place publique, c'est pour faire connaître mes chansons au peuple. »

Et l'on écoute religieusement, et l'on est convaincu, et il se trouve qu'en définitive il ne s'en tire pas plus mal que tel entrepreneur de romances comiques, applaudi dans les représentations extraordinaires.

Le cercle prend son artiste au sérieux : il rit de ses bons mots, il s'émeut avec lui ; c'est son Roger et son Baroilhet, son Ugalde et sa Sontag ; il lui crierait volontiers : *Bravo!* ou *Brava!* comme les beaux des premières loges. Mais l'artiste ambulant est philosophe : il connaît à fond la vanité des gloires du monde, et préfère franchement un gros sou à un applaudissement stérile. J'ai vu un jeune soldat, dans un élan d'enthousiasme, s'élancer chez le marchand de vin, entre deux couplets, et en rapporter un grand verre de suresnes qu'il présenta sans ostentation au chanteur. Celui-ci le but d'un seul trait, avec reconnaissance sans doute, mais en homme qui a conscience de son mérite et se sent digne du dévouement qu'il inspire. Il ne s'arrêta pas à des remerciments vulgaires; seulement sa voix, retrempée par ce puissant tonique, eut des inflexions plus harmonieuses et des vibrations plus sonores. La générosité de ce pauvre Jean-Jean, qui venait de sacrifier trois ou quatre jours de paye au plaisir de témoigner son admiration à un artiste, me toucha infiniment, je l'avoue. Quel est celui, parmi nos artistes des quatre opéras, qui peut se vanter d'avoir jamais recueilli un applaudissement aussi vrai et aussi chaleureux ?

Mais le peuple a ses favoris qu'il connaît, ses instruments qu'il affectionne. Il faut, pour l'attirer, une certaine mise en scène, un homme à la voix vigoureuse, un orgue avec sa prestance imposante et sa forte mélodie. Qu'une pauvre femme vienne seule chanter dans les rues, et ce sera merveille si la foule ne passe pas indifférente. L'an dernier, j'en ai rencontré une, trois jours de suite, aux environs du Palais-Royal; elle était grande, maigre et dolente: elle avait l'air de son ombre. La malheureuse avait mis à ses pieds, sur le pavé, deux chandelles qui projetaient sur sa face un jour pâle et vacillant, et elle chantait, en s'aidant d'une mauvaise guitare, une chanson triste et morne comme elle. Les chandelles, tourmentées par le vent, se consumaient sous ses yeux avec une rapidité prodigieuse, et personne ne s'arrêtait en passant. Vainement elle donnait à sa voix des accents plaintifs et désespérés; on eût dit qu'elle avait la peste, tant on semblait la fuir avec obstination. A dix pas de là, un marchand de pâte à faire couper les rasoirs avait amassé autour de sa table un cercle épais de badauds. J'essayai plusieurs fois, par pitié, de m'arrêter près d'elle pour y jeter les fondements d'un auditoire ; mais bientôt l'isolement me faisait peur, et je m'en allais, presque honteux.

Au bout de trois jours, je ne la revis plus. Où est-elle allée ? A la Morgue peut-être !

Cette histoire rappelle à mon souvenir une autre pauvre femme qui, presque tous les soirs, vient se poster à l'extrémité du pont des Saints-Pères, du côté du Louvre. Le dos tourné vers la Seine, enveloppée tout entière d'un grand châle qui la protége à peine contre le froid, elle et son enfant endormi sur son sein, elle répète en grelottant, pendant de longues heures, je ne sais quelle romance plaintive et lugubre, toujours la même. Il est impossible de n'être pas frappé de la voix doucement caverneuse de cette femme, de tout ce qu'il y a de pénible et de douloureux dans ces accords, dont la monotonie même n'est pas sans un charme étrange. On dirait une statue de la misère résignée, aux formes grêles et immobiles, rêvant tout haut à ce lamentable poëme de la faim et de la maladie.

Pauvre femme ! que de fois peut-être il lui a fallu endormir son enfant avec une chanson, faute d'un morceau de pain ! car de tous ces hommes qui passent, et qui donneraient volontiers dix francs pour entendre une chanteuse à roulades, combien en est-il qui se soient arrêtés pour lui mettre un sou dans la main ?

Si cruel toutefois que soit cet isolement, je sais bien des chanteurs qui le préféreraient à l'inattention d'un public grossier et sans âme. — Dans une bourgade, un jour de foire, un homme et une femme avaient réuni plus de cinq cents personnes autour d'eux. La femme chantait ; l'homme, pour sa part de collaboration, faisait les réclames et les discours ; c'était lui aussi qui quêtait. Mais l'auditoire, composé de rustres, au lieu d'écouter, criait et *se bousculait* à déraciner des montagnes. Les farceurs imitaient dans la perfection le cri du coq et le mugissement du bœuf ; quelques-uns poussaient le réalisme jusqu'à reproduire, avec un grand luxe de nuances, les aboiements du chien ou les grognements du cochon de lait. Les loustigs, la pipe à la bouche, la lèvre narquoise et rayonnante de jubilation, profitaient de la circonstance pour écouler d'affreux calembours, précieusement collectionnés dans les almanachs et les recueils spéciaux de l'année courante. Les moins spirituels, ceux qui n'étaient pas plaisants de profession, se bornaient à rire jusqu'aux larmes, de ce rire villageois qui fait fuir les boule-dogues et trembler les vitres. C'était étourdissant.

Le mari indigné ne s'abaissait pas à supplier un tel public, mais cette stupide indifférence le mettait hors de lui :

« Si vous possédiez seulement une once de cœur à vous tous, si vous aviez le moindre sentiment des arts, s'écriat-il tout à coup, au lieu de vous remuer comme des oies qui battent de l'aile, parce qu'elles ne savent pas faire autre chose, vous tomberiez en extase devant le chant de madame. C'est une ancienne *prima donna*, entendez-vous ! (qui sait? c'était peut-être vrai.) Telle que vous la voyez, elle a chanté devant Sa Majesté le roi des Français, qui vous vaut bien ; et tous les jours on lui jetait des bouquets de vingt francs, et les princes russes lui envoyaient des bracelets en or.. »

«Oh ! oh ! » s'écriaient les rustres en ricanant de plus belle.

Lorsque ces gens-là sont en joyeuse humeur, on aurait plus tôt fait d'arrêter la mer que les élans de leur gaieté brutale.

Le digne homme haussait les épaules et se serrait les poings pour ne pas les battre. Sa femme, qui avait un assez beau reste de voix, recommença avec résignation, mais le vacarme était monté à un tel diapason que le mari, poussé à bout, la prit bientôt par le bras, secoua la poussière de ses pieds et fendit le cercle, rugissant, exaspéré, sublime. On les hua; un des loustigs ôta sa pipe de sa bouche, en vida proprement la cendre sur son ongle, s'essuya les lèvres avec sa manche, et, se faisant un porte-voix de ses deux mains, leur cria une grosse injure qui les perça lâchement par derrière. Quant aux gamins, sournoisement excités par la partie mûre de l'assemblée, ils ramassaient déjà des pierres et se préparaient à les lapider sans pitié ; mais les bons gendarmes, cette providence visible des opprimés, interposèrent leur autorité paternelle, et couvrirent les deux fugitifs de la protection de la loi.

Ces malheureux n'avaient peut-être pas de quoi dîner ; mais ils étaient de cette race des vrais artistes qui ne peut se résoudre à jeter des perles devant des pourceaux.

Maintenant, lecteur, me voilà bien embarrassé. Il s'agit de vous conduire adroitement, et sans que vous vous en doutiez, de cette bourgade inhospitalière, que je maudirais si ce n'était ma patrie, à mon petit restaurant parisien, théâtre curieux où il y a bien des types nouveaux à observer. Je vous assure qu'après y avoir mûrement réfléchi, je n'en puis venir à bout. C'est pourquoi, une fois pour toutes, je vous supplie de me dispenser des transitions. Ce n'est pas que je les méprise : je sais, aussi bien que Boileau, qu'elles sont le plus difficile chef-d'œuvre d'un écrit en prose comme en vers; mais vraiment, en pareil sujet, Boileau lui-même, le roi des transitions, comme chacun sait, ne s'en tirerait pas à son avantage. Accordez-moi donc la licence que demande le vieux Shakspeare dans son *Conte d'hiver*, et laissez-moi franchir à mon gré les temps et les lieux.

Je ne sais pas au monde de physionomie plus variée et plus intéressante que celle des petits restaurants, à l'heure du dîner surtout. J'ai été longtemps un de leurs plus fidèles habitués, et je l'avoue sans honte, quoique ce ne soit pas l'usage parmi les gens de lettres. Ces messieurs ont des manières souveraines de nous entretenir de leurs repues franches, qui feraient croire à un lecteur naïf qu'ils s'asseoient chaque jour au festin des noces de Gamache. Leurs livres sont remplis de primeurs et de soupers fins : ce sont à chaque page les plus délicieuses petites orgies du monde. A les entendre parler vin de Chablis et de Chambertin, en faisant claquer leur langue d'un air capable, on dirait des viveurs émérites dont l'existence entière est un banquet, sans métaphore, et qui, au dessert, tout en digérant, s'amusent à écrire avec une plume mignonne trempée dans du clos-vougeot de la comète. Ils ne craignent pas de renouveler à chaque instant ce supplice de Tantale au profit de leur vanité. Qui de nous n'a lu quelque nouvelle débutant en ces termes pleins d'une fatuité adorable : « Si vous voulez, me dit le baron ***, un soir, chez Véfour, je vais vous raconter mon histoire ; elle en vaut la peine. — Cher, lui répondis-je, parlez, je vous écoute. — Je fis venir une troisième bouteille de lafitte, et le baron commença ainsi. »

J'ai connu un de ces Lucullus, qui méprisait surtout les restaurants à trente-deux sous ; il les criblait sans cesse de quolibets formidables, et les diffamait dans ses œuvres avec une ironie écrasante. L'infortuné allait dîner à quatre-vingt-dix centimes, rue de l'Arbre-Sec, dans ses bons jours ; les autres jours il ne dînait pas.

Je dîne tous les jours, moi qui vous parle : privilége qui ne me rend pas orgueilleux, bien qu'il y ait de quoi, vous le verrez tout à l'heure ; car mes festins, comme ceux des héros d'Homère, s'accomplissent aux sons d'une harmonie enchanteresse, qui, en même temps qu'elle enivre les sens, favorise doucement le laborieux travail de la digestion. Je ne fais pas fi des restaurants à trente-deux sous, Édens où j'ai pénétré quelquefois et dont j'ai gardé le souvenir le plus attendri et le plus respectueux ; mais je vous invite à vous asseoir à la même table que moi, si vous aimez la musique et les études de mœurs. Quoi de plus curieux que tous ces artistes nomades, chanteurs, joueurs de violon, pinceuses de harpe et de guitare, roucouleuses de romances et de barcarolles, Rubini en paletot-sac, Jenny Lind en châle de tartan, qui viennent y montrer leurs faces affamées aux heures des repas ; peuple étrange, déguenillé, vaillant, sortant on ne sait d'où, bizarre famille qu'on dirait composée des revenants du *Roman comique !*

Un soir, au moment où j'allais quitter la salle commune, entra un petit garçon de huit à dix ans, suivi d'un *homme de moyen âge et tirant sur le grison*, sans doute son grand-père. Celui-ci préluda sur sa harpe, et le petit se mit à chanter, avec un feu extraordinaire et des gestes emphatiques, un morceau à grands effets, où il s'agissait de brigands et de carabines. Il chantait, chantait, avec tant de vigueur et d'entrain, que c'était merveille. A chaque vers, il poussait en avant sans s'en apercevoir, haletant, la figure frémissante, la tête renversée, et vraiment beau, l'enfant ! Et son front, comme il ruisselait de sueur ! Et sa chevelure, comme il la rejetait en arrière ! Et son petit bras, comme il le crispait fièrement sur sa poitrine, et lui faisait décrire, à la fin de chaque strophe, une courbe gracieuse, — la même qu'il avait sans doute, du haut du paradis, vu faire à ces messieurs du Théâtre-Lyrique ! Vraiment toutes les fourchettes étaient suspendues ; nous étions extasiés et ravis, prêts à nous écrier, n'eût été la peur de l'effaroucher en lui parlant latin :

> Macte animo, generose puer, sic itur ad astra !

Et il le sentait bien, je vous jure ; car son enthousiasme croissait, et sa verve débordait à flots, tandis que le père, mélancoliquement retranché dans son coin, semblable à un philosophe morose, pinçait sa harpe d'un doigt infatigable, pensant à sa jeunesse envolée, et répétant tout bas le refrain des vieillards de Sparte :

> Nous avons été jadis
> Jeunes, vaillants et hardis.

Aussi il fallait entendre la menue monnaie pleuvoir dans la sébile ! Dieu me pardonne ! je crois que j'y mis un gros sou.

En général, dans les petits restaurants on est très-charitable : qui sait ce qu'on peut devenir un jour !

Parfois entrent de toutes jeunes filles, mises d'une façon originale et pittoresque, charmantes avec leurs corsets rouges, leurs robes trop courtes, comme celle que portait mademoiselle d'Aubigné la première fois qu'elle entra chez Scarron, et leurs nattes épaisses de cheveux noirs. Elles ont

2.

la face bronzée, les yeux grands et un peu rudes, et portent suspendue au cou la mandoline des Bohémiennes. Elles chantent, ces fauvettes de la rue, devant tous les yeux ardents qui les regardent avec avidité. Que chantent-elles? Comment chantent-elles? Qu'importe, si elles sont jolies : la quête alors est toujours abondante, et l'étudiant a d'ordinaire quelque propos galant à leur glisser avec son offrande. Elles saluent à la monnaie, sourient au propos, et passent au voisin. Les pauvres filles auraient trop à faire, s'il leur fallait rougir à chaque regard hardi, à chaque mot risqué : elles n'ont pas d'éventail.

Après les jeunes gens, les vieillards ; c'est plus rare sans doute, mais on en rencontre aussi pourtant qui, semblables à ces montagnes dont le front chenu recouvre de verts pâturages, ont conservé dans toute sa force et sa pureté leur voix harmonieuse d'autrefois : la source coule toujours limpide et jaillissante, et si les années y ont jeté quelque gravier, ce n'est qu'un charme de plus ajouté à la fraîcheur de ses eaux.

J'ai entendu, l'hiver passé, une vieille femme dont la voix me frappa d'étonnement. Elle était enveloppée d'un capuchon noir qui lui donnait l'air d'un domino de bal masqué; on ne distinguait ni sa taille ni sa figure. Elle se mit dans la pénombre et entonna un air de bravoure avec tant d'ardeur et de puissance, avec une pose si ferme et si fière, qu'on s'attendait à voir apparaître le front souriant et les lèvres richement pourprées d'une fille de vingt ans, robuste comme une nymphe de Rubens. Un instant après son départ, la brave femme rentrait, sans s'apercevoir de sa distraction. Quand on l'en avertit, elle hocha la tête et passa le doigt sur son front d'un air honteux et expressif.

Elle n'avait pas la cervelle bien saine; mais quelle voix magnifique! Vous le voyez, c'était bien une artiste.

Puis ce fut le tour d'un pauvre vieux, chauve comme un roc et tremblant comme une feuille. Ce virtuose avait une jambe de bois, et le bras gauche lui manquait presque en entier; néanmoins il parvenait à jouer du violon, en assujettissant son instrument à l'aide de je ne sais quel mécanisme, et en le soutenant avec son moignon. Lorsqu'on vit ce vieux débris entrer d'un pas chancelant, et se placer humblement dans le coin le plus éloigné, afin de ne gêner personne et de ne pas être renversé par le choc impétueux des garçons, il se fit tout à coup un grand silence, dont il parut plus honteux encore. Enfin il commença.

Hélas! le brave invalide jouait d'une étrange façon; il râclait affreusement les cordes, qui rendaient un son aigre, confus et presque imperceptible, comme si on les eût grattées avec une branche de houx. Néanmoins il paraissait écouter ce bruit avec une volupté secrète, et râclait de plus belle, en penchant la tête et trémoussant sa jambe de bois, qui retentissait sur le carreau. Malgré le respect instinctif qu'on ressentait pour sa mâle figure, on commençait à sourire, quand il entonna un chant de guerre, d'une voix forte et sonore, qui fit tressaillir tout le monde. Cette fois on oublia le malencontreux violon, dont cependant la ritournelle se faisait entendre encore entre chaque strophe; on écoutait les chaudes intonations, les accords vigoureux de cette riche basse-taille que l'âge n'avait pu détruire, et l'on avait plus envie de battre des mains que de ricaner.

Il allait se mettre en marche pour faire la quête; un garçon s'en vint lui prendre son chapeau roux.

« Attendez, mon brave! » dit-il.

Et il fit lui-même le tour de la salle. Après quoi l'invalide, ayant porté la main à son front, pour saluer à la façon militaire, sortit clopin-clopant.

Depuis quelque temps, je vois apparaître une fois par semaine, à jour fixe, un petit vieux, au dos voûté, qui aurait pu avantageusement figurer dans la même galerie que le conseiller Kreisler et maître Koppelius. Il a une espèce de guitare qu'il tient fort près de son oreille droite et dont il tire avec son ongle crochu des sons plus harmonieux que n'en rend d'ordinaire ce maigre et chétif instrument. Cet homme chante, dans je ne sais quelle langue, une chanson bizarre et fièrement accentuée, dont il détache et lance avec vigueur toutes les syllabes. Chaque mot résonne sourdement dans son gosier comme un coup de tam-tam ou la corde d'un piano qui se brise, puis éclate tout à coup avec une sonorité métallique. Le refrain se compose d'un éclat de rire lentement cadencé, dont il arrache péniblement chaque note du fond de sa poitrine; on dirait une momie qui se réveille tout à coup d'un sommeil de vingt siècles et se prend à chanter, dans son dialecte, une romance du temps des Pharaons, entrecoupée de ricanements amers et sardoniques qu'on prendrait volontiers pour des sanglots.

Je n'ai jamais mieux senti qu'en écoutant ce vieillard ce qu'une voix déjà tremblante et flétrie pouvait parfois ajouter d'effet fantastique et de charme pittoresque à une mélodie.

C'est encore dans ce même restaurant, dont je vous donnerai l'adresse quand vous voudrez, si vous n'avez pas peur d'affronter un méchant dîner pour voir de si belles choses, que j'ai entendu l'un des plus curieux chanteurs qu'il soit possible de rencontrer. Celui-là n'avait point d'instrument; il n'entonnait pas la plus petite chansonnette ni le moindre grand air; il ne prononçait même pas une seule parole. Son chant consistait en une série de modulations et de cris variés dans toutes les gammes et sur tous les tons, d'accords excentriques déroulant les ondulations les plus follement capricieuses, avec une volubilité incroyable; intonations bizarres et saccadées, fondues néanmoins les unes dans les autres, comme les fusées musicales du rossignol. Des milliers de sons bondissaient, pareils à un troupeau de chamois qui se précipitent de montagne en montagne; des myriades de trilles se poursuivaient, s'atteignaient, se culbutaient en tous sens, comme une troupe de lutins en belle humeur, et passaient devant nous avec la prestigieuse rapidité d'une fantasmagorie; des cascades de notes s'élevaient, se croisaient sans se confondre, pour retomber en gerbes cristallines, en pluie bariolée, en sabbat d'harmonie. On eût dit que son gosier était un écrin dont il versait à profusion les diamants de toutes couleurs, qu'il remuait à pleines poignées pour les faire étinceler au soleil. Peut-être était-ce du strass, mais cela reluisait comme des perles!

Il y avait dans cette mélodie quelque chose de sauvage et d'étrange; avec un peu d'imagination, on aurait pu la prendre tour à tour pour le chant aérien des sylphes et de leur roi Obéron, ou pour un chœur lointain de montagnards en marche, dont le chant inarticulé, se mêlant à tous les bruits d'alentour et renvoyé d'échos en échos, mourait pour renaître, renaissait pour mourir, courait de la plaine à la montagne et de la forêt au vallon. C'était comme une tyrolienne exécutée dans un atelier par un rapin sceptique et railleur, tant ce chant, trivialement populaire dans son exquise recherche, offrait un mélange pittoresque de moquerie narquoise et de mélancolie charmante. Madame Cabel elle-même, la reine des variations et des fioritures, n'aurait été qu'un moineau franc près de ce rossignol. Aussi, comme il était fier de notre étonnement et de notre admiration! comme il interpellait l'auditoire avec une fierté naïve qui faisait plaisir!

Sa quête terminée, il voulut mettre à profit les bonnes dispositions des consommateurs, et il offrit des rubans à vendre; mais ce cumul imprévu fut accueilli d'une telle explosion de fou rire qu'il en prit la fuite, confus d'avoir compromis sans fruit sa dignité d'artiste.

Et pendant tous ces concerts la foule va et vient, on entre et on sort; on les coudoie, et ils se rangent en se faisant petits, les braves artistes. Le garçon passe, une pyramide de plats dans les deux mains : il faut faire un pas à droite; puis voici un habitué qui vient payer au comptoir : il faut faire deux pas à gauche, parce qu'on a ménagé la place, et que les tables sont pressées comme les convives. Ils commencent au milieu d'un tapage épouvantable, où se perdrait le bruit de la marée montante. On rit, on s'interpelle à haute voix, car tout le monde se connaît dans les petits restaurants; on appelle le garçon, qui répond en fausset du fond de la cuisine; c'est un feu croisé de cris en majeur et en mineur, de voix de basses, de ténors et de barytons se mêlant au cliquetis des verres et des assiettes :

« Garçon, une perdrix aux navets! — Une tripe à la mode de Caen! — Un gruyère!

— Pour qui le canard aux choux? — Qui est-ce qui a demandé un pied de veau?

— Par ici.

— Voilà. »

Et cependant il faut que, sans se déconcerter, la voix ferme et le front serein, quoique le cœur saignant peut-être, le musicien nomade poursuive son chant, dont à peine, de loin en loin, dans un moment de calme passager entre la *proclamation* d'un potage et d'une côtelette de porc frais, on entend par hasard quelque syllabe, honteuse du bruit qu'elle fait tout à coup : trop heureux quand, semblable au juste dont parle Virgile, il parvient à dominer l'orage et à dompter l'attention rebelle !

Pour moi, je ne vois jamais entrer un de ces hommes sans être déjà disposé à l'écouter et à l'applaudir. Hélas ! le peu qu'ils savent, c'est à force de travaux et d'efforts opiniâtres, par la seule vigueur de leur intelligence et de leur volonté, qu'ils sont parvenus à l'acquérir. Ils ne sont pas élèves d'Auber ni d'Halévy ; jamais ils ne se sont assis sur les bancs d'une école. Chacune de leurs notes, chacun de leurs coups d'archet représente souvent une découverte réelle, une véritable conquête. Quelle irrésistible vocation, quel instinct vraiment musical ne leur a-t-il pas fallu pour arriver au but, à travers les obstacles d'une route aride et ingrate où ils marchaient abandonnés à eux-mêmes !

N'avaient-ils pas le génie de la musique, ces deux joueurs de violon que j'entendis récemment et que certes aucun théâtre n'aurait eu le droit de dédaigner ? Je ne suis pas expert en fait d'harmonie compliquée ; j'ignore profondément les arcanes de la fugue et du contre-point, et j'admire en toute sécurité les hommes capables de découvrir, au premier coup d'œil, combien il y a de dièses à la clef. J'aime et je comprends la musique à la façon des rats qu'attirent les grandes mélodies de l'orgue, et qu'on voit sortir de leurs trous, dans les vieilles églises de village, puis s'avancer timidement, ravis, fascinés, plongés dans l'extase, sans pouvoir deviner néanmoins en quel ton est le morceau qui les charme. Le moindre chapeau chinois de la garde nationale, le triangle des Funambules ou du Salon de Mars pourrait me rendre bien des points sans se compromettre; mais j'ai une âme, et je sens quand un violon en a une. Eh bien, ces deux hommes, ces grands artistes en casquette et en blouse bleue, faisaient rire et pleurer les cordes sous leurs doigts. Leur archet voltigeait à éblouir les yeux, sautant d'une note grave à une note aiguë avec la souplesse d'un sylphe; tantôt exécutant des tours de force, d'agiles culbutes, des cabrioles imprévues, qui rappelaient celles d'Auriol dans ses belles années; tantôt caressant doucement les cordes frémissantes et les baisant avec amour, comme une brise dont le souffle fait frissonner le feuillage. Puis c'étaient des mélodies pleines de rêverie et d'une tristesse adorable, des élégies où Lamartine eût trouvé une musique digne de ses plus belles méditations. On eût dit que les deux violons étaient fées, comme la clef des contes de Perrault.

Ces deux hommes avaient l'air triste et résigné, et je souffrais de leur voir tendre d'une main tremblante ce plat d'étain que souvent ils retiraient vide !

Le lendemain, je vis entrer deux pauvres enfants que la nécessité, cette grande institutrice, avait rendus musiciens à l'âge où d'autres ont à peine la force et l'intelligence nécessaires pour jouer à la marelle. L'aîné n'avait pas dix ans; l'autre était si petit qu'il en semblait tout honteux et prêt à pleurer. Il s'était mis sur la tête un bonnet de police en papier, avec un superbe plumet ; il était charmant.

« Allez-vous-en ! cria *la mère* Morin en les voyant entrer ; allez-vous-en ! répéta-t-elle d'un air méchant que je ne lui avais pas encore vu. Ils n'ont jamais fini de nous rompre la tête avec leur musique ! »

Les pauvres garçons se regardèrent stupéfaits.

« Allons-nous-en ! » dit le petit d'un ton consterné.

J'aurais volontiers battu madame Morin.

« Pourquoi, lui dis-je, voulez-vous les chasser, ces enfants ? Voyons, petits, commencez et laissez crier *la mère;* elle n'est pas si mauvaise qu'elle le croit, allez. »

Ils me regardèrent avec reconnaissance. Il était si gentil, si rose, si mignon, le petit, qu'elle se sentit désarmée, car c'est une brave et digne femme après tout, malgré ses façons brusques ; elle grommela pourtant quelque peu, pour sauver les apparences. Je ne sais plus ce qu'ils chantèrent, mais certes ce petit-là avait une voix d'ange ; si bien que la mère Morin elle-même lui donna un sou, avec une tape d'amitié sur la joue, et lui fit manger un biscuit trempé dans du vin. Excellente mère Morin !

Suivez-moi maintenant au pont des Arts, s'il vous plaît : c'est là, et la chose est bien naturelle, que nous trouverons les artistes les plus distingués parmi cette cohorte de musiciens aveugles qui pullulent à Paris. On dirait qu'ils comprennent à quoi les oblige cette place d'honneur, sur ce passage central, aux abords de l'Académie française, et qu'ils se piquent d'émulation pour ne point se montrer indignes d'un si illustre voisinage.

Parmi mes lecteurs de Paris, il n'en est pas un, sans

doute, qui ne se soit quelquefois arrêté, au milieu de la foule, devant ce jeune aveugle, installé avec son accordéon à l'endroit qu'occupait autrefois un joueur de clarinette morose, aux énormes lunettes bleues. Cet adolescent joue de son instrument malingre avec tant de *morbidesse* et de grâce, tant de charme et de suavité, qu'il l'élève à une hauteur où je ne l'aurais pas cru capable d'arriver. Ses concerts n'ont d'autre défaut que de se ressembler un peu trop et d'offrir toujours le même caractère languissant. Il est parvenu, sans l'aide de la moindre réclame, à se faire une popularité fort grande, et à se créer un public dont seraient jaloux les rois de nos salles lyriques. Aujourd'hui encore, après deux ans passés, même quand il ne joue pas (ce qui lui arrive souvent), un cercle continuel s'arrondit autour de lui, tellement épais qu'il obstrue parfois la circulation. Mais, de grâce, bienveillants auditeurs, pourquoi vos mains ne sont-elles pas aussi généreuses que vos oreilles? Écoutez, si vous trouvez cela si beau; mais payez ensuite : c'est trop juste.

L'autre aveugle du même pont a fini par se prendre d'une noble émulation. Ce n'avait été jusqu'alors qu'un musicien vulgaire, de ceux à qui on fait l'aumône, mais qu'on n'écoute pas. Après s'être muni d'un superbe accordéon dont le son rappelle celui d'un orgue, il a cherché à lutter contre la *concurrence*, comme il disait lui-même, et il s'est mis à jouer avec fougue, en s'accompagnant de la tête, des épaules et des pieds. D'abord il a pu croire qu'il réussirait, en voyant, — car je suis persuadé que les aveugles voient, mais d'une autre manière que nous, — en voyant, dis-je, la foule s'assembler devant lui; mais l'illusion ne dura pas longtemps, et, après cet élan suprême, il est retombé dans la morne solitude des premières années.

Les Champs-Élysées surtout sont le centre de ce déluge d'harmonie qui, dans la belle saison, déborde sur Paris. On n'y peut faire un pas, à partir du rond-point jusqu'à la place de la Concorde, sans recevoir en pleine poitrine, comme une décharge d'artillerie, ici une romance, là une chansonnette, plus loin un grand air ou l'ouverture d'un opéra.

Vous y aurez probablement rencontré, établie presque toujours au centre du carré Marigny, toute une famille de musiciens, tribu aussi nombreuse qu'aux temps héroïques des patriarches. Le père, une espèce de Figaro résigné, joue de la vielle et tire de cet instrument nasillard des accords frappants de mélodie pittoresque. Des deux fils, l'un pince une harpe, l'autre joue du violon en même temps qu'une de ses sœurs, qui donne le coup d'archet avec un aplomb et une fermeté remarquables; la grande fille tourmente une guitare sous ses doigts agiles, de l'air le plus nonchalant du monde, et la plus petite se dresse sur ses brodequins pour atteindre aux cordes d'une harpe trois fois haute comme elle. Et de tous ces accords s'unissant sans se confondre, il résulte un concert saisissant, d'une harmonie saccadée, étrange, originale, qui tranche vivement sur la pâleur des concerts d'apparat et force l'attention des plus indifférents.

Cet homme est bien connu dans Paris; il a le don d'attirer toujours près de lui un cercle immense. Aussi fait-il à lui seul des quêtes dix fois plus fructueuses que ses confrères, et recueille-t-il une vraie moisson de pièces de cuivre, qu'il voit tomber dans la sébile avec indifférence, ayant l'air de trouver cela tout simple et de dire à ses auditeurs : « Bah ! j'en ai vu bien d'autres. »

C'est qu'en effet, raconte la légende populaire, cet artiste a été riche autrefois. Il était, dit-on, chef d'orchestre d'un de nos principaux théâtres de province. De malheureuses spéculations de bourse l'ont ruiné. Devenu philosophe, au lieu de se faire un drapeau de sa misère comme Chodruc-Duclos, il n'a pas reculé devant la lutte et s'est mis à reconstruire sou par sou, sur les places publiques, la fortune qu'il a perdue.

Depuis quelque temps un nouveau chanteur a planté sa tente un peu plus bas : c'est un baryton dont la voix a des vibrations magnifiques. Il chante avec âme et intelligence ; on l'entend à cinquante pas à la ronde, par-dessus le bruit des instruments voisins, le fracas de la foule et le roulement des voitures. Quoiqu'il soit petit et maigre, et que sa physionomie chétive s'abandonne sans cesse à ces clignotements d'yeux et à ces froncements de sourcils qui caractérisent les myopes, néanmoins sa pose est si noble, son geste si dramatique, sa tête si fièrement campée sur ses épaules, qu'il ressemble presque à Mélingue dans le rôle de Buridan. Mais le malheureux a beaucoup trop de zèle ; il ne ménage pas cet organe souple, coloré, puissant, qui s'épanouit aujourd'hui dans toute la splendeur de sa virilité ; il aime à le déployer avec coquetterie sous toutes ses faces et dans toute sa magnificence, devant ces bourgeois égoïstes dont quelques-uns à peine lui achètent son cahier de romances. Encore quelques mois de ce concert incessant en plein air, et cette voix admirable s'en ira où sont allés les neiges d'antan et l'*ut* de poitrine de tant de grands ténors.

Plus loin, voici un gros homme à physionomie rubiconde et souriante, qui affectionne de préférence les chansons littéraires où il y a du style, des effets, de la recherche, de la prétention académique, où il est question de barcarolles, de palefroi, et des lauriers de la victoire, et qui ne manque jamais de s'excuser longuement, toutes les fois qu'il aborde la chansonnette comique. Évidemment ce monsieur, à en juger par son langage et ses manières, a reçu une éducation distinguée, et il tient à le faire voir. Dans les allocutions placides et correctes qu'il adressait jadis au public, il parlait de Béranger comme d'un intime, à qui il allait de temps en temps serrer la main, et, pour qu'on n'en doutât pas, il donnait l'adresse du poëte et rapportait sa conversation :

« Ce pauvre vieil ami me dit : Eh bien ! camarade, » etc.

J'aime à croire que Béranger, — l'homme du monde dont on abusait le plus, — n'a jamais soupçonné tout ce qu'on lui faisait dire.

Ne quittez pas les Champs-Élysées sans aller vous asseoir aux tables du café Morel ou du café des Ambassadeurs. Demandez n'importe quoi, pour la forme, et regardez les tableaux vivants groupés avec art sous le pavillon : pauvres poupées habillées de dentelles, de velours et de soie, qu'on étale sur des tréteaux, à raison de cinq francs par soirée, pour amorcer le consommateur.

Mais silence, l'orchestre prélude. La *diva* s'avance vers la rampe, un énorme bouquet à la main, un sourire à demeure sur les lèvres, les épaules découvertes, pour peu qu'elles soient potelées, toute confite en œillades et en révérences. Elle s'incline devant le public, et la voilà partie.

Malheur à la chanteuse maigre ou grêlée ! eût-elle la

voix de la Malibran, les plus polis frappent trois ou quatre fois l'un contre l'autre le bout de leurs doigts, et elle retourne s'asseoir, toute rouge de honte, parmi ses compagnes ravies.

Quant aux comiques du lieu, je dois me borner à dire qu'ils portent des gants paille du dernier goût, des gilets blancs irréprochables et des habits noirs qui leur ont coûté au moins un mois de leur paye. Ils font beaucoup rire les consommateurs, et sont généralement goûtés du sergent de ville.

J'ai vu un soir, à l'un de ces cafés-concerts, une petite fille, ou plutôt une petite femme de six à huit ans, qui chantait déjà en actrice consommée. Elle avait à dire quelques strophes cavalières, qu'elle accompagnait en frappant des mains l'une contre l'autre et des pieds sur le plancher, tandis que les nymphes ses compagnes faisaient claquer les castagnettes, suivant une mode intronisée par la récente apparition de la Petra Camara. Cette petite personne lançait le mot risqué avec un aplomb d'ingénuité maligne qui faisait frémir : elle avait l'art de souligner les endroits scabreux et de les faire ressortir, en souriant d'une façon particulière, en clignant doucereusement de l'œil, en laissant mourir sa voix mignarde et langoureuse, comme une pensionnaire qui n'est pas encore déniaisée. Elle eût pu en remontrer à Mlle Boisgontier elle-même. A chaque couplet c'était un tonnerre d'applaudissements, auxquels elle répondait par de jolies révérences, comme un premier sujet.

Je n'ai pas besoin de dire quelle moisson de gros sous elle récolta en quêtant : plusieurs dames l'embrassèrent avec effusion; les messieurs lui prenaient le menton, en lui promettant de brillantes destinées. Quand elle vint me présenter sa bourse, je lui fis le plus gracieux de tous mes saluts, mais je gardai mon argent. Ma voisine, charmante jeune fille de dix-huit ans, me jeta un regard dédaigneux.

Hélas! qu'on en rencontre souvent de ces enfants qui sont déjà hommes, de ces petites voix fraîches qui chantent de vilaines chansons en public, de ces lèvres naïves et charmantes qui sont aussi blasées que la bouche d'un habitué d'estaminet, s'égayant au dessert dans des refrains hasardeux, quand les portes sont closes et qu'il n'a pour l'entendre que le sexe laid et grossier! J'en ai vu à Sceaux, à Asnières, à Vincennes, à Nanterre même, le sol classique de la vertu couronnée de roses, mimant le dimanche, devant les tables de cafés remplies de Parisiens en joyeuse humeur, des chansonnettes qu'un dragon eût trouvées légères, et dont les blanchisseuses endimanchées riaient à perdre haleine.

Les provinciaux nous en voudraient, si, en parlant des cafés-concerts, nous allions oublier le plus célèbre de tous, celui qui est, pour le collégien méditant une expédition dans la *capitale*, l'Eldorado dont l'image vient chaque nuit tourmenter ses rêves : on a deviné qu'il s'agit du café des Aveugles. C'est à lui que je fis ma première visite, en abordant à Paris. J'y vis jouer un vaudeville badin qui me scandalisa beaucoup, et j'y entendis de la musique qui m'intéressa fort. En outre, j'y pris une demi-tasse exécrable, qui coûtait très-cher. Je commis même l'imprudence d'absorber sans malice un de ces croquets que les garçons placent perfidement près de vous, pour spéculer sur l'ignorance ou la distraction du consommateur, gourmandise coûteuse, qui me valut une belle semonce de mon *cicerone* officieux : c'était lui qui tenait la bourse.

J'avais pour voisin un grand monsieur, tout de vert habillé, qui manifestait ses transports par des grognements significatifs et des ricanements sataniques aux endroits immoraux du vaudeville. De temps en temps, il épanchait sa joie et ses réflexions dans mon oreille droite, ce qui me gênait considérablement : mais, en provincial bien appris, je me faisais le martyr de la civilité, et j'accueillais chaque communication d'un sourire. Il admirait surtout le sauvage qui bat sur quatre ou cinq tambours à la fois avec une prestesse vraiment phénoménale, en secouant d'un air terrible les plumes qui couronnent son chef, et en agitant son sourcil, comme un Jupiter Olympien. Moi, j'avais attaché tous mes sens à la contemplation d'un aveugle qui jouait du flageolet comme un sourd, en battant frénétiquement la mesure avec son large pied : cet homme me rappelait mon tambour.

Depuis lors je ne suis pas retourné dans ce paradis souterrain des laquais de bonne maison et des premiers commis : c'est beaucoup trop cher pour moi, qui ne suis ni commis, ni laquais. Quelquefois en passant par là, les soirs de fêtes solennelles, je distingue comme de pâles ombres que des garçons compatissants hissent à grand' peine jusqu'au haut de l'escalier, et dont le silence confus, la démarche titubante, le visage blanc et pourpre à la fois, témoignent assez qu'ils ne se sont pas simplement enivrés d'harmonie. Souvent aussi, je viens errer, comme une âme en peine, aux abords de cet Éden dont je n'ose franchir le seuil ; j'écoute de loin et je saisis avidement quelques bribes de cette musique souterraine, assez puissante pour percer la terre et retentir à travers les dalles, jusqu'au bout des galeries. Semblable à ces affamés hâves et blêmes qui rôdent, le nez au vent et la bouche dilatée, autour des soupiraux de Véry, je prête l'oreille aux beuglements enroués de la clarinette, aux décharges de la grosse caisse, aux roulements sonores du tambour, au gazouillement de la flûte et du fifre, à l'aigre bavardage du violon, au caquet des castagnettes babillardes, au rauque frissonnement du tambour de basque, aux titillations bruyantes du chapeau chinois, du triangle et des cymbales, à tout ce formidable pot-pourri où tant d'instruments à cordes et à vent, de peau, de bois et de cuivre, de toutes les formes, de tous les calibres, de tous les tons, crient à tue-tête, se débattent avec frénésie, mugissent sous les souffles les plus vigoureux et les bras les plus inexorables, poursuivent chacun sa partie sans s'inquiéter des autres, avec une *maestria* furieuse, un entrain diabolique : concert gigantesque, titanique, cyclopéen, qui ne s'arrête pas aux oreilles et remue vigoureusement les entrailles.

J'écoute tout cela en feignant sournoisement de me promener aux alentours et de rêver à quelque poëme épique. L'invalide, gardien de ce palais enchanté, qui s'aperçoit fort bien de mon manége et que tant de bassesse révolte, me guigne d'un air courroucé : il aurait bonne envie de me chercher noise, mais je suis dans mon droit et je sais qu'il n'a rien à y voir.

J'ai toujours aimé les instruments robustes, ceux qui ont des poumons de fer et des lèvres de bronze. Dans le *Juif-Errant* d'Halévy, je frémissais d'enthousiasme, comme le cheval de Job, à la scène où les trompettes de Sax, aussi terribles que celles des archanges du jugement dernier, vomissaient de leurs gueules d'airain ces fanfares sonores qui faisaient saigner les oreilles débiles. Un régiment passe, précédé de sa musique guerrière : je ne puis résister au vertige qui me pousse en avant ; et me voilà confondu dans la foule des gamins, pauvre petit grain de sable buvant à flots cette grande mer d'harmonie qui monte en rugissant jusqu'à moi. C'est que ces bouches retentissantes, quand on sait les faire parler, ont, dans leurs accords puissants et rêveurs à la fois, quelque chose de solennel qui va droit à l'âme.

L'autre jour, des Allemands s'étaient rassemblés dans une cour ; ils étaient une douzaine, dont la moitié environ portait des instruments, tous en cuivre. Ils avaient proscrit violons, harpes, flageolets, guitares, comme trop efféminés sans doute et faits pour les molles délicatesses des salons et les raffinements prétentieux des théâtres. Ils exécutèrent une sorte d'hymne patriotique, que les voix de leurs camarades accompagnèrent en chœur : c'était un chant grave, majestueux, austère, où les notes montaient à flots larges et égaux vers le ciel, comme la fumée de l'encens. Il y avait surtout un cornet à pistons qui faisait des prodiges, et un trombone d'une mélancolie formidable et pourtant débonnaire, telle qu'en devait éprouver, ce semble, le bon roi Grangousier, quand il digérait.

J'avoue mon faible pour le trombone, et pourquoi le cacherais-je ? Je trouve qu'il y a dans le son de cet instrument une puissance calme et douce, une force humble et soumise, comme celle du cheval et de l'éléphant. J'ai pour lui cette sympathie mêlée d'attendrissement qu'on éprouve d'instinct pour un colosse qui se fait l'esclave docile de la faiblesse, pour Hercule aux genoux d'Omphale, pour Quasimodo, le terrible bossu, couché aux pieds de la Esmeralda. Avez-vous été voir, dans un café du boulevard du Temple, ce géant de sept pieds de haut que conduisait une petite fille, et que parfois, en s'asseyant sur ses genoux, elle essayait de battre d'un air mutin, tandis que lui, souriant avec placidité, et secouant sa bonne grosse tête pâle et maladive, la prenait tout entière dans sa large main, qu'il ne serrait pas trop, de peur de l'écraser?

Voilà l'image du trombone, ce géant de cuivre, manié par les frêles doigts et les lèvres délicates de l'homme.

Celui de mes Allemands semblait animé comme un instrument fantastique des contes d'Hoffmann. Une foule immense remplissait toute la cour et s'était attroupée dans la rue. Le concierge lui-même, ce Cerbère plus difficile à charmer que celui du Tartare, l'alène à la main, écoutait, pantelant, sur le seuil de sa loge. Lorsqu'ils eurent fini, ils attendirent dans une attitude pleine de dignité, sans dire un mot, sans faire un geste.

L'Allemagne fournit à elle seule un large contingent à la musique de nos rues. C'est de là que viennent aussi ces nomades Orphées qui s'associent par bandes de cinq ou six, pour faire leur tour de France, et qui vont donner, à tous les coins des bourgades et des villages de province, une série de concerts en plein vent. Le paysan les voit avec une répugnance qu'il ne cherche pas à déguiser. Pour lui, ces hommes dont le paletot roux et râpé fait honte à sa blouse bleue sont des fainéants qu'il méprise ; il daigne quelquefois leur octroyer royalement un liard ou un morceau de pain, mais en se réservant le droit de les apostropher d'un gros mot.

Si je voulais vous présenter bien d'autres artistes encore,

dignes pourtant de votre attention, il me serait impossible d'éviter une monotonie fatigante et de ne pas tomber dans de nombreuses redites. Je ne suis pas assez habile musicien pour exécuter longtemps des variations sur le même thème. Mais je n'oublierai pas ce cor héroïque que j'ai vu, par une pluie battante, au carrefour de la Croix-Rouge, sonnant ses notes vigoureuses comme le paladin Roland aux plaines de Roncevaux, — que j'ai rencontré derechef, un peu plus tard, tête nue sous la neige qui tombait à flots, ébranlant les maisons de la cour des Fontaines de ses appels puissants, où il faisait passer toute la force de ses poumons, toute l'inspiration de son cœur et de ses entrailles ! Je n'oublierai pas non plus cet invalide de la place Saint-Sulpice, que je retrouve toujours dans mon souvenir, — avec ses deux jambes de bois, — assis au pied de la lourde fontaine, et râclant d'une main convulsive sur un violon qui doit remonter aux premiers jours de l'art. A coup sûr, ce n'est point un grand musicien que ce brave homme ; ses ritournelles feraient grincer les dents à cette troupe de Chinois dont le théâtre des Variétés a jadis offert la primeur au public parisien, et pourtant ce n'est point sans un charme indéfinissable, éveillé peut-être par le singulier aspect de ce tronçon d'artiste, que j'entends les cordes du violon fantôme gémir plaintivement sous l'inhabile archet.

Un jour... C'était dans ce mois de janvier 1855, qui fut rude pour toutes les misères. La neige couvrait les rues de Paris, malgré les bataillons de balayeurs semés çà et là par groupes intrépides, et jetant dans d'immenses tombereaux cette boue froide et blanchâtre, salie par le pied des passants. De légers flocons voltigeaient encore dans l'air ;

la glace avait buriné d'étincelantes arabesques aux vitres des fenêtres, que le froid tenait hermétiquement closes.

Du coin du feu j'entendis une voix lointaine qui s'approchait par degrés, en chantant d'un air étrange, monotone, qui tenait de la complainte et du cantique. Cette voix, bien que sourde, cassée, et chevrotante comme celle d'un homme qui touche aux derniers jours, avait je ne sais quelle sonorité caverneuse, quelle pittoresque expression, qui lui donnait un attrait singulier. Malgré une température de 19 degrés au-dessous de zéro, je courus entr'ouvrir ma fenêtre et regarder dans la rue : je vis un beau vieillard, à longue barbe blanche, de haute et forte stature, mais marchant lentement, courbé sur son bâton, tel qu'on représente le saint Christophe ou le Juif errant de la légende. Il tremblait à chaque pas, à la fois, sans doute, de froid et de caducité.

Le vieillard leva doucement la tête et dirigea vers moi l'humble regard de ses yeux pâles et résignés ; et cependant il poursuivait son cantique, en descendant la rue d'une marche pénible, et chaque note s'élevait comme un appel suprême. Je jetai un sou, avec précaution, sur le pavé. J'aime à croire que ce fut moi qui lui portai bonheur, car aussitôt dix fenêtres s'ouvrirent, et dix autres ensuite, et de chacune d'elles tomba une aumône aux pieds du chanteur. Quelques gamins amassés dans la rue, qui avaient suspendu leurs jeux bruyants pour l'entendre avec cette admiration naïve et silencieuse particulière à l'enfance, se précipitaient pour ramasser les sous qui ne cessaient de pleuvoir, et les lui remettaient avec une sorte de respect instinctif. Et lui, s'arrêtant à chaque fois, découvrait son grand front chauve où tremblaient quelques mèches argentées, puis reprenait sa marche, vacillant comme une feuille morte prête à se détacher de la branche.

Vous avez sans doute rencontré quelquefois le soir ce *pandemonium* de la musique, cet homme-harmonie, qui donne, à lui seul, un concert où presque tous les instruments connus font leur partie à la fois. Arrière, orchestres de nos opéras! voilà un artiste qui vous fait honte et à qui vous faites pitié; un artiste qui peut vous remplacer à lui seul! Qu'on ne me parle plus d'Atlas! Il ne portait qu'un monde, et risquait tout au plus, par un mouvement déplacé, d'imprimer un léger soubresaut à la machine céleste. Cet homme porte autant de mondes que d'instruments : le moindre dérangement des muscles, le moindre tremblement de jambes, le moindre clignement d'yeux, le moindre tressaillement des nerfs produirait aussitôt la plus déplorable cacophonie. Mais il n'y a pas d'exemple qu'une pareille catastrophe soit jamais arrivée jusqu'ici, tant cette statue se tient fermement debout dans sa force et dans sa sérénité. On dirait que chacun de ses gestes est déterminé par un fil que tire, d'une main sûre, un invisible machiniste.

Un chapeau chinois sur la tête; devant la bouche un chalumeau gigantesque, ou plutôt la flûte à sept tuyaux du vieux Pan; une guitare à la main; au coude, une mailloche dont, de temps à autre, il frappe avec vigueur et précision sur une grosse caisse qui lui pend derrière le dos; aux genoux un triangle qui se dandine au bout d'une tringle de fer; aux mollets des cymbales, sans compter ce que j'oublie sans doute: voilà l'inextricable labyrinthe où il se joue chaque soir, et d'où il se tire sans jamais hésiter.

A ses côtés, sa femme, silencieuse et recueillie, donne parfois avec à-propos un vigoureux coup de pouce sur un tambour de basque, ce qui est d'un effet singulièrement dramatique.

Il est vrai qu'en somme l'harmonie n'est pas des plus séduisantes, mais quel tour de force incroyable! L'homme-orchestre me rappelle ce prisonnier fameux par ses évasions, à qui ses geôliers avaient attaché aux bras, aux jambes, aux mains, aux oreilles, au cou, à chaque membre, une multitude de ficelles correspondant à un nombre égal de sonnettes, de sorte qu'il ne pouvait faire le plus léger mouvement sans les en avertir par un carillon sonore! Et pourtant avec quelle souplesse et quelle certitude, de quel air dégagé et souverain, ce prisonnier d'une nouvelle sorte, captif sous ce gênant appareil, agite en cadence toutes les parties de son corps, et reste maître de tous ses effets! Les plus habiles perdraient la tête, ou pour le moins la mesure, dans une pareille position. Figurez-vous donc l'Alboni ou Lablache ainsi enharnachés; je vous jure qu'en dépit de tout leur génie musical et de leurs muscles d'airain, ils feront fort piètre figure près de notre héros, et qu'il sera tout ébahi de voir de si grands artistes commettre de telles bévues.

On n'apprécie pas assez cet homme héroïque. Il faut être juste, et si Dulot a pu s'acquérir quelque renom dans la confection des bouts-rimés, le père Pierre de Saint-Louis dans la culture des anagrammes et des acrostiches, Étienne Tabourot dans celle des vers rétrogrades, lettrisés et rapportés, Triphyodore, Joachim Dubellay, Jacques Arago et beaucoup d'autres dans celle des vers en écho, et des poëmes lipogrammatiques; si l'on a vu des artistes composer, non sans gloire, des épopées en *alexandrins* d'une syllabe, ou des chansons dont chaque couplet écrit simulait dans sa forme, par l'adroite variété des rhythmes, toute la série des instruments à boire, pourquoi l'homme-orchestre n'acquerrait-il pas la même illustration à titre égal? Qui osera dire, en outre, que ce n'est pas vraiment un artiste, si, comme je l'ai toujours cru, l'artiste est celui qui exerce sa profession, non avec le mécanisme inintelligent et la brutale routine d'un automate, mais avec âme, avec amour, avec passion, avec le sentiment du parfait et le désir ardent de l'atteindre?

C'était donc aussi un artiste, ce jeune homme que j'ai connu au collége, et qui était devenu amoureux d'une superbe clarinette que son oncle lui avait donnée pour cadeau d'étrennes. Le pauvre garçon était singulièrement disgracié de la nature : il portait ce nez exagéré qu'eurent avant lui Cyrano de Bergerac et M. de Chênedollé, l'auteur du *Génie de l'homme*; il avait une grande bouche, un front bas, des yeux clignotants et tout effarouchés de la lumière, une démarche gauche et honteuse, des manières craintives comme s'il eût senti qu'il était fait pour servir éternellement de plastron à ses camarades. Quand il passait devant nous avec sa haute taille à demi-courbée, indécis, inquiet, toujours prêt à battre en retraite à la première apparition du danger, c'était une grêle de sarcasmes et de quolibets. Parfois, à la suite d'un complot ténébreux tramé dans un coin de la cour, on allait le chercher avec de perfides dehors d'amitié, on l'amenait bras dessus bras dessous; nous le forcions doucement à se mêler à nos jeux, puis tout à coup la bande endiablée s'acharnait sur lui et l'accablait de coups de balles, aux éclats de rire de tout le collége, jusqu'à ce qu'il se sauvât, brisé et moulu, sans oser se plaindre. En hiver, apparaissait-il dans la cour, c'était aussitôt un hourra de triomphe, on le criblait de boulets de neige, et le pauvre paria, tout ahuri, se réfugiait à la salle d'études, en baissant la tête et en secouant les oreilles.

Une fois on l'avait si cruellement atteint qu'il ne put s'empêcher de pleurer; il menaça de demander justice au principal, ce qui souleva un ouragan de huées et de haros. On l'appela rapporteur, chien couchant, mauvais camarade; on lui prouva qu'il n'y avait pas moyen de vivre avec lui, qu'il était d'une humeur exécrable et toujours prêt à se fâcher au moindre mot pour rire (ils appelaient cela le petit mot pour rire : la langue des écoliers a son vocabulaire à elle); après quoi un grand lui donna un vigoureux coup de pied pour lui inculquer les principes de la vie de collége. Il le reçut et s'en alla.

D'abord il prit le parti de se confiner dans un corridor, où il jouait aux dominos avec un de ses camarades presque aussi disgracié que lui. Ils restaient pendant des heures entières, poursuivant leur partie sans se dire un mot, pour recommencer lorsqu'ils avaient fini. On les avait surnommés les deux beaux ténébreux, parce que jamais on ne les voyait sourire. Mais, dès qu'il eut sa clarinette, Robillard (c'était son nom : ô marâtre nature!) déserta son compagnon avec l'égoïsme de l'artiste; et chaque jour, après le dîner et le souper, se cloîtra dans le coin le plus solitaire des larges couloirs pour s'y livrer tout entier à son nouvel amour.

La première fois qu'on l'entendit de loin, ce furent des ricanements sarcastiques et de féroces railleries; la deuxième fois, un concert de réclamations s'éleva, formidable, et des groupes menaçants, gros de tempêtes, se formèrent à tous les coins de la cour : il troublait la paix des récréations par le tapage de son infernale musique; on ne pouvait plus vivre tranquille; c'était à n'y pas tenir, etc., etc. La troisième fois, on lui députa deux rhétoriciens qui mirent en œuvre toute leur éloquence, et essayèrent d'abord de le prendre par les sentiments : il ne s'en émut pas, et, sans daigner répondre, continua sa symphonie. (C'était, je m'en souviens, un morceau criblé de dièses et de bémols, qu'il répétait pour la centième fois depuis trois jours.) Alors ils eurent recours aux grands moyens et se jetèrent sur lui pour prendre son instrument d'assaut; mais, comme la recluse à qui les archers voulaient enlever sa fille, l'agneau se fit lion tout à coup. Il égratigna, il mordit, il se défendit des pieds et des mains, et donna un si rude coup de clarinette au plus hargneux qu'il lui fit une énorme bosse au front.

Armé de cette pièce de conviction, le blessé alla se plaindre, et le coupable, mis au pain et à l'eau, fut privé de récréations pour deux jours. Au bout des deux jours il recommença. Cette fois on le laissa en repos; sa réputation était désormais bien établie : c'était un méchant sournois avec qui il ne faisait pas bon plaisanter.

En peu de temps, Robillard fit des progrès incroyables : souvent son camarade venait l'écouter, et ces jours-là la clarinette accomplissait des merveilles. Le soir il la cachait dans son lit, et, toutes les nuits, il en jouait silencieusement, la pressant entre ses doigts et ses lèvres, écoutant avec amour des mélodies que lui seul entendait. Une nuit, le malheureux, voulant serrer son rêve de trop près, s'oublia et laissa échapper un *couic* épouvantable. Le dortoir s'éveilla en sursaut, et un rire homérique s'éleva de toutes les gorges, tandis que tous les regards étaient braqués sur le criminel, et que toutes les bouches murmuraient : « Robillard ! Robillard ! »

Le gardien vigilant fut aussitôt debout, et il découvrit bien vite à son air piteux l'infortuné musicien, quoique son Pylade essayât héroïquement de faire une diversion en sa faveur, en feignant de cacher quelque chose sous sa couverture. Robillard fut condamné par le tyran à jeter luimême sa clarinette dans un endroit infâme.

Stupide Argus ! geôlier aussi sottement cruel que celui qui écrasa l'araignée de Pélisson !

La clarinette est généralement méprisée, je le sais bien. Mais n'y avait-il pas quelque chose de touchant dans un culte si persévérant et si dévoué, dans la fraternité de ces deux êtres, l'homme et l'instrument, qui se consolaient ensemble des insultes et des railleries ? Ce qui n'aurait été pour un vulgaire ménétrier qu'une occupation des plus prosaïques, le collégien-paria l'avait élevé à la hauteur d'un art.

C'est là aussi ce qui fait le mérite et la dignité de ces braves bourgeois qu'on rencontre quelquefois dans la section des instruments honteux de la garde nationale : cymbales, grosses caisses, chapeaux chinois, qu'importe ? s'ils ont le fanatisme de leurs fonctions et s'ils savent les ennoblir. J'en ai connu qui faisaient chez eux de longues et studieuses répétitions avant de se hasarder en public : ils prenaient leur partie au sérieux, et pour tout au monde ils n'auraient pas voulu compromettre leur honneur d'artistes. C'est qu'il en est de la musique comme de la Muse : sa beauté pour nous, c'est notre amour pour elle.

Ce culte, ce fanatisme, si l'on veut, peut relever jusqu'à l'orgue de Barbarie, l'instrument le plus commun et le plus décrié des Orphées errants de Paris. Du reste, je suis bien aise de déclarer ici que le dédain dont on s'obstine à le poursuivre est beaucoup trop absolu pour être juste. On se figure que l'orgue de Barbarie est une pure mécanique, qui n'exige de la part de l'exécutant ni intelligence ni instinct. Grave erreur, et profonde injustice à la fois !

Celui qui veut s'adonner à cette profession si calomniée et si méconnue doit, avant tout, choisir son instrument, et ce n'est point une mince besogne. Je ne crains même pas de dire que là est la pierre de touche du véritable artiste.

Nul n'ignore qu'on peut ranger en trois classes les orgues de Barbarie. La première, qui est la plus nombreuse, par malheur, comprend celles qui endorment le public par la mollesse du son et la vulgarité des ritournelles. Les trois quarts des musiciens en plein vent visent, avant tout, au bon marché, et pour cause, dans l'acquisition de leur matière première, sans réfléchir qu'il n'y a rien de ruineux comme les bons marchés. Ou bien ils se persuadent que le public adore les airs connus et les cantilènes à la mode. Ils choisissent donc un orgue sachant seriner à merveille la *Rose des Champs, Marco,* les *Fraises,* le *Chant des Cosaques,* et ils sont tout étonnés de ne pas provoquer des recettes extraordinaires sur leur passage.

C'est tout simple pourtant : le public qui entend *Marco* et les *Fraises* vingt fois par jour, en moyenne, finit par n'y plus faire attention, par ne plus même les percevoir distinctement, pas plus qu'il ne perçoit le tic-tac de l'horloge du ménage, qui en est venu à faire partie du silence même. Ces chants le plongent dans une sorte de torpeur et de somnolence, comme le *do do* que les enfants attendent tous les soirs pour s'endormir.

Il faut au public, — ce gros bourgeois égoïste, frileusement blotti dans sa carapace, — quelque chose de plus neuf et de plus émoustillant, si l'on veut le dégourdir.

La deuxième classe, un peu moins nombreuse, se compose des instruments qui irritent par le son faux et criard de leurs mélodies. Au point de vue commercial, je n'hésite pas à les déclarer préférables aux précédents. Il n'y a pas de ressource avec un homme qu'on endort : il y en a quelquefois avec un homme qu'on irrite. Ne vous est-il jamais arrivé de jeter violemment un sou à un joueur d'orgue qui s'obstinait à vous écorcher les oreilles, dans l'espoir de le faire partir ?

La troisième classe, qui s'est maintenue jusqu'à présent, hélas ! dans une minorité peu imposante, comprend les orgues qui éveillent et satisfont à la fois l'auditeur par la nouveauté de leurs mélodies, l'originalité de leurs ritournelles, le charme provocant de leur organe. J'en ai rencontré jusqu'à trois !... Il était impossible, quand on les entendait, pour peu qu'on eût un sou dans sa poche, et n'eût-on que ce sou pour dîner, de ne pas s'en séparer aussitôt. Ces orgues-là fascinent comme les sirènes.

Un surtout !... Il m'arriva de rester vingt minutes tout rêveur à la fenêtre pour l'écouter. Lorsqu'il quitta son poste, je descendis et le suivis de station en station. Il y avait un refrain pimpant, brodé de clochettes, qui me jetait dans des transports d'extase, et qui m'eût fait danser en pleine rue, comme le roi David devant l'arche du Seigneur.

J'ai remarqué aussi que les airs dévots, hymnes et cantiques, sont d'un excellent rapport, d'abord parce que c'est moins commun, ensuite parce qu'ils vont au cœur et à la bourse des personnes pieuses.

Voilà donc le choix fait : ce n'est pas tout. On ne me persuadera jamais qu'il suffit de tourner la manivelle avec la routine brutale d'un automate. Mettez le même instrument entre les mains du premier venu et entre celles d'un artiste, vous verrez s'il rendra le même son. Lourd, terne, insignifiant dans le premier cas, dans l'autre il sera vif, animé, plein de verve.

Je sais un orgue de Barbarie qui riait, priait et sanglotait comme le violon de Paganini, quand il était manié par le poignet vigoureux d'un invalide de ma connaissance. Vous l'eussiez entendu, aux soirs de bonnes recettes, bondir, se trémousser, ricaner sous cette main, joyeux et railleur, comme si Trilby ou Méphistophélès eût été caché dans sa boîte. C'est que ce brave homme était convaincu ; c'est qu'il jouait avec verve et bonheur, sans jamais se permettre de mouvoir la mécanique du bras gauche, ni de s'interrompre pour tendre sa casquette aux passants.

Et puis on a inventé mille façons ingénieuses d'aider à l'effet musical. Les uns s'accompagnent en chantant à tue-tête ; mais l'orgue est un rude compagnon dont la voix sonore étouffe et brise le frêle organe de l'homme. Ou bien ils appellent le triangle et le tambour de basque à leur aide. Il y a encore les orgues avec des cymbales, des sonnettes et de petits bonshommes qui tournent en faisant la révérence ; mais c'est cher. D'autres, mieux avisés, ont de petits chiens qu'ils tiennent debout à leurs côtés, le regard piteux et la langue pendante, se dandinant en mesure sur leur maigre derrière. Le moyen de refuser un sou à un petit chien habillé en hussard, qui danse en vous tendant gentiment la patte !

D'autres, mieux avisés encore, ont des manchots, des perclus, des culs-de-jatte qui se traînent à côté de l'orgue, implorant d'un geste muet la commisération du bourgeois. Quelquefois le pauvre infirme est conduit par son compagnon dans une petite voiture, et il joue lui-même : c'est une très-jolie spéculation. On a vu des hommes de génie jucher leur invalide au sommet de l'instrument, comme un buste de plâtre sur le haut d'une bibliothèque. Mais il n'est pas donné à tout le monde d'avoir des invalides de cet acabit.

Tout cela est de la haute esthétique, — lettre close pour les profanes et les dédaigneux ; mais les artistes en saisiront toute la portée.

CHAPITRE DEUXIÈME.

ORATEURS ET POETES DES RUES.

Toutes curieuses que soient les physionomies des chanteurs ambulants, je ne sais néanmoins s'il n'y a pas un sujet d'études plus intéressant encore dans ces orateurs et ces poëtes des rues, qui cultivent sans gloire, mais non sans honneur, le grand art de la parole, et qui, chaque jour, du haut de leur tribune, haranguent le peuple en plein air, comme faisait Périclès à l'agora. Que de types à observer, depuis ces modestes héritiers des rapsodes et des troubadours, ces conservateurs des traditions primitives qui, se ressouvenant sans doute que jadis la lyre était à la fois le symbole de la musique et de la poésie, unissent, comme Orphée, l'harmonie des vers à l'harmonie du chant, et promènent de rue en rue leurs Muses mélodieuses; en termes moins pindariques, depuis ces hommes qui chantent, en s'accompagnant de l'orgue de Barbarie, des romances qu'ils ont eux-mêmes composées, jusqu'à ces industriels forains, ces saltimbanques vagabonds, dont plusieurs dépensent des prodiges de verve et d'*humour* pour aligner sur les bancs de leur baraque un public de vingt personnes, devant l'estrade où leur femme-colosse trône dans sa puissance et sa majesté!

Il n'est pas, je pense, de membre de l'Académie des sciences morales et politiques, pas de maréchal de France, de journaliste chevronné couvant sous sa perruque les destinées de l'Orient, de diplomate décoré des sept couleurs de l'arc-en-ciel, d'ambassadeur indien ou chinois, de ministre futur ou passé, de candidat perpétuel à un fauteuil quelconque, de professeur de syriaque ou de calligraphie, de collaborateur au *Journal des Notaires,* de critique grave nageant en pleine esthétique, de poëte lauréat en train de préméditer une tragédie en cinq actes, sans circonstances atténuantes, qui ne se soit arrêté au moins une fois dans sa vie devant ces tréteaux où paradent le pitre, l'Hercule et la Taglioni des foires et solennités publiques. Où trouvera-t-on un homme, s'il fut doué par la nature de quelques entrailles, qui ne se soit senti remué par les accents de vraie et puissante éloquence que la misère et la conviction prêtent quelquefois à ces grands comédiens ; qui n'ait écouté avec étonnement les *speechs* prodigieux, assaisonnés de gestes épiques et de poses monumentales, qui leur servent d'amorce à l'usage des gamins, des grisettes et de messieurs les militaires? Quelle richesse d'imagination ! quelle verve pittoresque ! quel luxe de détails imprévus ! quel esprit d'à-propos ! quelle éloquence abrupte, originale, prime-sautière, triviale peut-être, mais qui n'en est que plus sûre de son effet !

Il faut les entendre dans les petites villes, publiant au son du tambour le programme de la représentation du soir, avec une voix et un style à l'unisson, tous deux richement colorés, haussés tous deux jusqu'aux dernières limites de l'hyperbole, au point où elle devient sublime ou ridicule, suivant le public à qui l'on s'adresse. Comme ces gaillards savent féconder un sujet, si ingrat qu'il paraisse ! Ce n'est pas eux qui trouveraient, avec Simonide, que l'éloge d'un athlète est *matière infertile et petite.* Vraiment, je voudrais que le poëte grec, pour sa honte, eût pu les ouïr racontant à la foule ébahie les exercices incomparables de Masson le Bras-de-Fer, ou de Balandrin-l'Indomptable, dans un langage qui n'a jamais été surpassé que par les mémorables affiches des luttes de la salle Montesquieu.

Pendant le discours, les alcides se tiennent debout, comme pièces à l'appui, ramassés sous leur maillot, fiers et dignes, étalant de face et de trois-quarts leur cou de taureau et leur carrure d'hippopotame, et souriant entre eux à la dérobée d'un air narquois qui donne beaucoup à réfléchir, quand un amateur imprudent vient d'accepter le caleçon du combat. Au besoin même, sans fausse pudeur, avec la charmante bonhomie du vrai mérite, ils joignent leur propre témoignage aux éloges de celui qui pérore. Donnez à ces grands orateurs un veau à deux têtes, un jeune phénomène qui n'a de la barbe que d'un côté du visage, un mouton qui a eu le malheur de naître avec trois pieds seulement; et sur ce thème ils vous broderont aussitôt un chef-d'œuvre, plein d'aperçus nouveaux et d'échappées imprévues.

Et les paillasses, quel admirable type de niais! Il en est qu'on pourrait peut-être citer maintenant comme les premiers artistes en ce genre, depuis la mort d'Odry et d'Alcide Tousez. Leur parade, ou ce qu'ils nomment avec une modestie charmante, mais poussée à l'excès, la *bagatelle de la porte*, dépasse en étourdissante gaieté les chefs-d'œuvre du répertoire de MM. Labiche et Siraudin, ces Homères bouffons de la Montansier. Qui pourrait entendre sans éclater de rire, à moins de s'être fait cercler à neuf, les chansons inouïes qu'ils modulent d'une voix glapissante, les premiers-Paris monstrueux qu'ils feignent de lire dans des journaux fantastiques, les annonces incroyables dont ils déroulent le baroque spécimen devant l'assemblée qui se pâme ?

Mais c'est surtout au dernier moment, quand, après une péroraison enflammée, ils ont proclamé le prix des places, qu'ils s'entendent merveilleusement à faire sauter avec une rapidité sans pareille tous ces braves moutons de Dindenaut :

« Deux sous par personne, Messieurs, s'écrie le Panurge de la troupe ; il faudrait n'avoir pas deux sous dans sa poche pour se priver d'un pareil spectacle. »

Voyez-vous l'habile homme, comme il spécule adroitement sur l'orgueil et la mauvaise honte du public ; il n'y a plus moyen pour quiconque se respecte de ne pas entrer immédiatement.

« Allons, deux sous ! répète le chœur en un formidable faux-bourdon. A deux sous les places ! Entrez, suivez le monde ! On va commencer. En avant la musique ! »

Et les trompettes sonnent, le tambour roule, la grosse caisse éclate en exclamations désordonnées ; tous les instruments mugissent, détonent, sonnent la charge avec une verve d'enfer ; le pitre gambade, écrase les cors de la danseuse, pirouette sur les mains, saute en l'air et retombe sur son derrière, attrape une claque par ici, un coup de pied par là, pleure, rit, grimace et chante à tue-tête ; le père noble et la duègne s'abandonnent à des gestes passionnés, fermant et redressant, par une pantomime expressive, les deux premiers doigts de la main droite ; l'hercule beugle dans un porte-voix ; la danseuse s'élève en arc de triomphe sur ses orteils vigoureux, et arrondit sa gorge avec un sourire enchanteur. Et au milieu de tout ce fracas, on entend ce cri sans cesse répété dans la mélopée la plus irrésistible, et dominant le bruit, sans relâche comme sans affaiblissement :

« Allons, Messieurs, dix centimes, deux sous par personne ! Entrez, suivez le monde ! On va commencer. Suivez le monde ! »

Et l'on suit si bien le monde qu'il y a d'ordinaire une demi-douzaine de moutons renversés sur les escaliers.

Heureusement, le paillasse est là pour veiller au bon ordre et tendre la main aux faibles, surtout aux dames, qu'il relève en les consolant par un bon mot. Le paillasse, en sa qualité de prototype et d'archétype de la gaieté française, est galant au suprême degré. Pourtant, il faut bien le dire, c'est dans l'intérêt de la caisse que sa galanterie se déploie avec toutes ses séductions. J'en ai vu un voler au secours d'une pauvre jeune fille qui s'était toute meurtrie dans sa chute. La foule avait chiffonné son bonnet et déchiré sa robe ; un maçon lui avait écrasé les mains avec ses énormes souliers ferrés. Elle voulait s'en aller ; mais le pitre s'attacha à elle, la consola, lui prouva que ce n'était rien, que cela se passerait avec un peu de beurre sur la plaie, et que dans cinq minutes elle ne sentirait plus la moindre douleur : il lui cita son propre exemple à l'appui. Enfin il ne la lâcha qu'après l'avoir casée aux places à quinze centimes, sous prétexte qu'elle n'était pas de la populace, et qu'elle serait plus à son aise avec des gens *comme il faut*. Le père noble lança à son séide un coup d'œil reconnaissant.

Après cette première irruption, l'orateur revient adresser à la foule une seconde harangue sur nouveaux frais. Il résume en quelques traits succincts, mais bien sentis, la substance de son précédent discours, et il engage vivement les amateurs éclairés (flatterie qui prend toujours) à profiter du peu de places qui restent, pour venir s'asseoir au milieu de la société nombreuse et bien choisie qui attend dans l'intérieur le lever du rideau. Cette nouvelle allocution a pour effet d'entraîner une douzaine d'autres badauds, gens irrésolus qui ne se décident jamais du premier coup, et attendent pour entrer que les meilleures places soient prises et le spectacle commencé. Le saltimbanque connaît à fond cette variété de l'espèce, et il se garde bien de ne pas flatter sa manie.

Pendant toute la durée de la séance, l'orateur reste dehors pour faire patienter les nouveaux venus, et tenir adroitement la foule en haleine jusqu'au commencement de la représentation suivante.

Ah ! braves comédiens des places publiques, gais chevaliers errants de la misère, grimaciers de génie, que vous luttez vaillamment contre le sort ! Faut-il s'étonner qu'on découvre parmi vous des types si marqués, des figures si expressives et si originales ? Ce n'est pas sur les bancs des conservatoires et des académies que se forment ces vigoureuses natures d'artistes : elles sortent des entrailles de la populace ; elles y tiennent par la misère, par la faim, par le rire et par les pleurs. Ils ont combattu, ils ont souffert, ils ont vécu, ces hommes. Chaque morceau de pain, ils l'ont conquis à la pointe de l'épée, comme un mendiant qui arrache un os demi-rongé à un chien famélique ; ils ont vu de près tous les côtés terribles de l'existence, et même ses côtés fangeux. C'est cette lutte incessante qui les a faits si savants et si forts, qui a si vigoureusement trempé leur génie populaire. La déclamation, les écoles, l'étude, l'imitation, toute cette vie mesquine des civilisés n'a pas déteint sur eux ; ils n'ont point usé leur originalité native aux frottements continuels des salons, des causeries, de l'opinion publique, du respect humain ; et même jusque dans leur abaissement, ils ont gardé je ne sais quoi d'étrangement accentué qui trahit leur puissance.

Mais qu'il y en a peu qui sachent distinguer la grave physionomie du penseur cachée sous le masque camard et grimaçant de Scapin ! C'est égal : artistes incompris, poursuivez votre carrière ; et, comme le soleil de M. Lefranc de Pompignan, un homme que vous n'avez jamais lu, n'est-ce pas ? versez des torrents de lumière sur vos obscurs blasphémateurs. Si seulement vous aviez reçu une obole de tous ceux que vous avez fait rire, vous seriez riches maintenant, vous pourriez vous pavaner en Turcarets, faire la roue sous votre jabot et vos trois mentons ; car vous avez vu toutes les générations, depuis bien des années, s'amasser en cercle autour de vous.

Vous seriez riches aussi, petits marchands en plein air, débitants de romances et de calembours, montreurs de chiens et de lapins savants, rois de la magie blanche et des sciences occultes, nomades héritiers du grand Albert et du grand Etteilla, crieurs de tous les métiers et de tous les organes, dons Césars de Bazan de l'art et des belles-lettres, qui portez fièrement votre royauté déguenillée et tombant en lambeaux, vous le seriez, si les Philistins étaient sensibles aux charmes de l'éloquence et aux séductions de l'esprit. Il est tel de ces industriels qui, pour écouler sa marchandise aux abords d'un théâtre borgne, dépense dix fois plus de verve et d'entrain qu'il n'en faut pour bâtir un vaudeville en plusieurs actes, et serait tout aussi digne que les illustres rédacteurs du *Tintamarre* de servir de fournisseurs à ces invalides de l'esprit qui trafiquent de celui qu'ils n'ont pas avec celui qu'ils ont pris aux autres.

Avec quel aplomb et quelles savantes inflexions de voix ils s'écrient : « Débité par nos premiers comiques sur les principales scènes de la capitale ! » C'est là un appât auquel résiste difficilement le public. Qui ne serait fier de répéter un calembour qui a passé par les lèvres de M. Hoster, des Folies, ou de M. Francisque, de la Gaîté ? Le gamin surtout, qui croit à si peu de chose, croit encore aux saltimbanques, au théâtre, à M. Hoster et aux calembours.

D'ailleurs, je vous assure, ces commerçants en chansonnettes et en coq-à-l'âne, lorsqu'ils ont un vrai public devant les yeux et que, montés sur une chaise, ils dominent un auditoire attentif et sympathique, trouvent parfois une éloquence réelle qui n'est pas définie dans les traités de rhétorique, et qui n'en use pas moins, avec une merveilleuse puissance, des images les plus vives et même les plus relevées.

Marmontel, si je ne me trompe, a fait remarquer que le langage d'un fort de la halle, pris dans la plus triviale des situations, quand il se dispute avec sa femme, emprunte instinctivement de la passion qui l'anime les formes et les figures qu'on aurait crues réservées aux seuls académiciens. Eh bien ! ce que fait la colère pour un fort de la halle, la passion de la gloire, le légitime orgueil de parler devant une foule suspendue à ses lèvres, la conscience intime de la justice de sa cause, l'*auri sacra fames*, tout cela le fait chaque jour pour e dernier de ces industriels que vous voyez, hâves et décharnés, secouer leurs haillons avec la majesté d'un sénateur romain pérorant sous la toge.

Par une belle soirée de printemps, j'ai entendu un guitariste dont la pose et les manières, aussi bien que le langage, sentaient leur Figaro de cent pas. Il avait établi sa tribune aux harangues dans les environs de la colonne de Juillet. C'était un lundi ; aussi les ouvriers étaient venus en foule recueillir près de lui quelques bribes de chansons, pour finir joyeusement leur joyeuse journée. Il avait une belle voix, mais une éloquence plus belle encore : c'est pourquoi il laissait volontiers la romance de côté, afin d'adresser à son public des allocutions qui n'étaient pas indignes du fameux monologue de Beaumarchais.

Cet homme avait les formes florissantes du Spartacus de M. Foyatier ; mais on voyait bien qu'intérieurement c'était un révolté comme lui. Il portait un paletot en toile grise et une casquette plate, d'une circonférence démesurée. Quoique ses deux mains fussent occupées à tenir sa guitare, il agitait la tête et le corps d'une façon si expressive, il regardait ses auditeurs avec tant d'animation, il ouvrait la bouche avec tant de véhémence, déclamait avec tant de feu, ricanait avec tant de cynisme, qu'il vous fascinait malgré vous. Son éloquence populaire et brutale empoignait chaque auditeur à bras-le-corps et se faisait forcément écouter ; elle était toute pleine d'images gigantesques et d'hyperboles qui vous frappaient comme un coup de poing vigoureusement asséné sur la nuque. Il possédait surtout l'art de farcir ses discours d'anecdotes, transparentes allégories où perçait la pointe empoisonnée de ses allusions. Il se moqua de tous ses confrères avec des plaisanteries si formidables, qu'il ôta pour un mois à ceux qui l'entendaient la fantaisie de leur acheter des chansons. Sa voix, même dans la raillerie, avait des intonations et des rugissements superbes : sa gaieté était amère et presque effrayante. Si je ne l'avais déjà comparé à Figaro et à Spartacus, je dirais que c'était l'O'Connell ou le Danton de la chansonnette ; mais ce n'est vraiment pas trop de quatre comparaisons pour faire comprendre un tel homme.

Ce terrible colosse pinçait de la guitare et chantait : *Loin des yeux, près du cœur !* avec des fioritures à chaque note et une multitude de bémols à la clef.

De ce tribun aux humbles crieurs de complaintes, d'accidents et d'assassinats, la distance est grande, sans doute ; pas si grande, toutefois, qu'on pourrait le croire. Je ne parle pas de la mélopée de leur cri, parce que c'est un point de vue qui mérite à lui seul une étude spéciale. Mais il y a plus que cela dans les crieurs de crimes et de catastrophes, de programmes des fêtes publiques, des victoires et conquêtes de l'armée française. Il est impossible de s'entendre mieux à piquer jusqu'au vif la curiosité des portiers, des blanchisseuses et des modistes. Les romanciers qui ont pour spécialité de confectionner des ouvrages destinés à l'éducation littéraire et morale des cuisinières auraient beaucoup à profiter près d'eux, et pourraient apprendre à leur école l'art de remuer fortement les fibres délicates de ces dames et de porter leur émotion à son comble. M. Véron lui-même, tout expert qu'il soit, ne saurait tracer en quelques lignes un sommaire plus varié, plus pittoresque et plus palpitant d'intérêt.

Quand l'homme a fini, la femme recommence d'un autre côté de la rue, pour ne pas laisser respirer un moment l'attention.

Le programme, il faut bien l'avouer, est effrontément menteur. On ne peut pas mieux cacher le vide du fond sous la splendeur des formes : c'est un beau vêtement de pourpre et d'or sur la carcasse d'un squelette. Qu'importe! Tous les artistes font leur poëme le plus séduisant qu'ils peuvent. Est-ce leur faute, s'ils sont au-dessus du sujet? et peut-on les rendre responsables de la nullité d'un récit qu'ils n'ont pas lu, et qu'a rédigé peut-être quelque imbécile? Leur thème à eux, c'est leur annonce, et ils n'ont à s'occuper ni à répondre d'autre chose. Il est pourtant des gens d'assez mauvais goût et d'assez vilain caractère pour se fâcher d'y avoir été pris. Je leur conseille d'étudier avec soin les principes de la rhétorique, et de méditer profondément sur la nature et l'essence de l'art.

Pour observer de près toutes ces figures d'orateurs en plein air, il faudrait un voyageur patient et ingénieux comme Ulysse, aventuré comme lui pendant dix ans dans cette Odyssée d'un nouveau genre. Je vous montrerai, du moins, quelques-unes de celles que j'ai rencontrées sur mon passage ; je vous nommerai les plus frappantes parmi ces ombres que j'ai entrevues dans ce jour pâle et ténébreux qui leur sert de soleil.

Les marchands de savon à dégraisser, se rattachant à la classe des artistes honteux et méconnus, auraient dû nous servir naturellement d'entrée en matière. Ce n'est pas qu'ils ne méritent, aussi bien que d'autres, de tenir leur place dans ce panorama de l'art démocratique, mais ils se la sont faite eux-mêmes des plus humbles et des plus restreintes. En général, ils ne se livrent à leur éloquence que devant un malheureux provincial qu'ils sont parvenus à saisir par le bouton de sa redingote, et qu'ils fascinent avec leur discours débité à bout portant, tandis que des deux mains ils frottent, frottent, frottent, jusqu'à ce qu'ils aient fait disparaître la tache... avec le drap.

Ils ont une sagacité incomparable pour découvrir les figures qui leur promettent des victimes débonnaires et résignées. J'ai vu une fois un curieux spectacle dont je veux vous raconter, en témoin fidèle, les émouvantes péripéties. C'est encore un épisode, il est vrai ; mais il se rattache directement au but de mon poëme.

Recueillez-vous, lecteur : la chose en vaut la peine.

Un membre de l'Institut (inscriptions et belles-lettres), chauve, ventru, décoré et célèbre, passait un jour sur le quai Voltaire, absorbé dans de hautes méditations grammaticales. L'homme au savon l'avait guetté de loin et l'attendait au passage, comme l'araignée attend la mouche imprudente. Quand le savant passa à sa portée, il s'élança, lui tendant son programme d'un geste muet, mais irrésistible. Le pauvre homme s'était arrêté tout interdit, sans comprendre ; et je m'arrêtai aussi, pour jouir de la scène. Il ouvrit machinalement le morceau de papier, et machinalement il se mit à le lire, en marmotant tout bas des paroles inintelligibles. Mais déjà l'autre avait pris possession de sa personne : son appareil était étalé sur le parapet, et il s'occupait à frotter, avec la vigueur et la conviction d'un fanatique, sa déplorable victime.

« Laissez-moi, laissez-moi, disait doucement le membre de l'Institut, qui avait enfin deviné qu'on l'exploitait ; laissez-moi, » répétait-il d'un ton dolent.

Mais notre homme se gardait bien de lui obéir. Il était trop fier d'opérer, *coram populo*, sur un grand personnage décoré de la Légion d'honneur.

« Remarquez bien, Monsieur, lui disait-il avec cet organe

et ce débit qui caractérisent l'honorable corporation des marchands de savon, remarquez bien cette tache de graisse qui s'étale sur votre bras droit; elle est hideuse et dégoûtante! on dirait, sous votre respect, que vous vous êtes pendant un mois servi de votre manche en manière de mouchoir, et que vous l'avez ensuite trempée dans un potage pour la laver. Eh bien ! avec mon savon, je veux faire disparaître instantanément cette tache hideuse et dégoûtante, et vous rendre la place aussi nette que la prunelle de mes yeux (il était chassieux comme Horace). Les dégraisseurs, Monsieur, vous salissent et vous gâtent vos habits sous prétexte de les nettoyer; moi, Monsieur, à l'aide de mon savon, je rends en une seconde (amère dérision ! il y avait un quart d'heure qu'il frottait à tour de bras) au drap le plus malpropre son premier lustre et son éclat primitif. Mon savon est aussi utile pour les robes, châles, mouchoirs, cravates, tentures et tapis. On peut également s'en servir avec avantage et économie pour se faire la barbe. »

« Laissez-moi, » répétait toujours l'infortuné membre de l'Institut d'une voix affaiblie et presque mourante.

Mais il avait affaire à forte partie, et il fallut bien s'exécuter jusqu'au bout. Enfin, l'araignée lâcha sa proie, qui s'en alla, encore tout émue, et grondant d'un air irrité entre ses dents; mais elle n'en était pas quitte à si peu de frais. L'industriel — ces hommes sont sans éducation — courut après l'académicien :

« Monsieur, Monsieur !... bourgeois, c'est dix centimes, deux sous. »

« Comment, dix centimes, cria le savant, cette fois avec l'énergie du désespoir; mais c'est une déprédation qui n'a pas de nom. Vous m'arrêtez malgré moi, vous abîmez ma redingote, et vous voulez me faire payer ? Ah ! mais c'est trop fort ! »

Il agitait son parapluie d'un geste menaçant, comme une arme offensive.

« Je vous ai abîmé votre redingote, moi ? rugit le marchand avec indignation. Figurez-vous, ajouta-t-il en s'adressant à la foule qui commençait à s'amasser, figurez-vous que monsieur avait sur le bras droit une tache énorme, comme s'il était tombé dans la marmite des Invalides, quoi! Un balayeur en aurait jeté sa blouse à l'eau, ma parole d'honneur. Tout le monde est témoin que j'ai fait disparaître cette tache en un clin d'œil : voyez plutôt si elle y est encore. Je suis un prolétaire, je ne m'en cache pas, mais connu dans tout Paris pour un honnête homme. Je demande à la société si ce n'est pas une petitesse qu'un richard comme monsieur veuille enlever le pain de la bouche à un pauvre père de famille qui s'est échigné à le décrasser. Un homme décoré, faire des cérémonies pour deux sous ! Vous devriez être honteux ! Achetez-moi plutôt une tablette ; c'est cinquante centimes : vous ne vous en repentirez pas. »

Le membre de l'Institut, éperdu, épouvanté des regards hostiles que la foule braquait déjà sur lui, craignit de faire une émeute ; il se hâta d'acheter une tablette, et l'araignée revint quêter une autre mouche au passage.

Admirable matière à mettre en vers latins!

Avez-vous jamais écouté les marchands d'encre indélébile et de pâte donnant aux rasoirs un *tranchant fin*, *doux et durable?* Les avez-vous entendus débitant leurs discours avec une volubilité sans égale, les yeux baissés, tout en *travaillant* pour vous donner la preuve de ce qu'ils avancent? Parfois ils n'ont pour auditoire qu'un compère qui feint d'acheter avec la frénésie de l'admiration; le plus souvent ils n'ont personne; mais ils ne s'arrêtent pas pour si peu, et ils attendent patiemment la Fortune, cette déesse ailée pour tant d'autres et boiteuse pour eux. Quand c'est fini, ils recommencent.

Pour vendre des chaînes de sûreté, certains de ces industriels entament tout un roman des mieux troussés qui eût induit M. d'Arlincourt en extase, ou plutôt un vrai poëme, où ils parlent de dames de comptoir au sourire oriental, d'odalisques à l'œil noir, de bazars splendides comme ceux de Bagdad, la ville des merveilles. Puis tout à coup, au moment où l'on s'y attend le moins, et où chacun est en train de s'enivrer de poésie et de rire en bienheureux badaud, les traîtres retombent brusquement à leur chaîne par une scélérate de transition qu'on n'avait pas prévue, et tout le monde s'esquive.

Je ne sais quel est l'artiste inconnu qui compose toutes ces harangues dont l'allure et le style ont de terribles airs de parenté. Ce doit être quelque illustre Gaudissard réduit par des malheurs à rédiger au plus juste prix d'éloquents prospectus pour des commerçants peu lettrés, ou même quelque ancien prix d'honneur du grand concours, — tant c'est académique, élégant, soigné, périodique, tiré à quatre épingles, avec des épithètes habilement distribuées, des participes jetés en avant, et des verbes qui font image.

Il n'est personne qui n'ait souvent rencontré un marchand de pommade à faire pousser les cheveux, debout près de sa bannière où sont peintes trois têtes, dont l'état chevelu symbolise par sa progression l'efficacité de son merveilleux spécifique. Celui-là ne s'épuise point la poitrine : comme Fontenelle, il aurait la main pleine de vérités, qu'il ne l'ouvrirait qu'à ses heures. Nonchalant et bon garçon, il se contente presque toujours de causer familièrement avec ceux qui l'entourent. Mais aux grands jours, lorsqu'il a un auditoire digne de lui, alors, sans s'émouvoir, la face souriante et l'œil doucement allumé, il commence un discours aux formes tranquilles et rebondies, composition charmante, fleurie, soigneusement peignée, où il y a des mots, des traits, des phrases travaillées à loisir, dont les ailes se balancent avec grâce et les antithèses se répondent avec symétrie. J'ai eu la bonne fortune de l'entendre une fois ; sa péroraison surtout me frappa :

« J'ai dit, Messieurs, grasseya-t-il en ôtant sa casquette pour incliner sa tête canonicale de la façon la plus distinguée ; je ne cause jamais davantage. Je ne suis pas fâché d'avoir fini, parce qu'une plus longue harangue me lasserait et qu'on a bien assez de ses fatigues nécessaires ici-bas, sans en aller chercher d'inutiles. Que ceux qui ne m'ont pas entendu jettent les yeux sur ma chevelure ; c'est le plus éloquent discours que je puisse leur faire. S'il ne suffit pas à les convaincre, mes paroles seraient parfaitement inutiles. »

Et il se tourna avec aisance pour montrer à l'auditoire, en les secouant avec une coquetterie féminine, les cheveux les plus longs qui se soient vus sur une tête d'homme, depuis que Dalila coupa ceux de Samson.

Je ne te passerai pas non plus sous silence, *non indictus abibis*, pauvre homme rabougri, contrefait, presque bossu, que j'ai entendu récitant avec chaleur des tirades de *Victor, ou l'Enfant de la forêt!* Sa voix était aigre et chevrotante, son ton faux et criard, son geste ridicule. Il avait choisi justement le plus affreux passage peut-être de cet affreux livre écrit dans ce style de portière prétentieuse qui, parmi les écrivains, n'appartient qu'à M. Ducray-Duminil, — et il émaillait chaque mot de *cuirs* qui n'appartenaient qu'à lui. Chacun était violemment tenté de rire, et il y avait bien de quoi. Figurez-vous Quasimodo se posant en trouvère pour célébrer la châtelaine et son doux merci d'amour. Mais il y avait tant de bonne foi dans cet homme; il croyait si fermement à cette prose qu'après tout ont admirée nos pères; il était si loin de supposer qu'on ne l'admirât plus aujourd'hui comme au temps où toutes les femmes sensibles du quartier s'assemblaient chaque soir, peut-être chez sa mère, pour écouter avec larmes cette émouvante lecture; il y avait, à tout prendre, quelque chose de si pieux et de si chevaleresque dans ce culte qui se complaisait à rester en arrière avec l'objet de ses souvenirs et de ses adorations d'autrefois, que la raillerie expirait sur les lèvres.

Quant à moi, je lui sus gré de ses instincts d'artiste, et je préfère cet homme qui comprenait la littérature, à sa façon, il est vrai, mais qui l'aimait et la cultivait du moins, aux vulgaires chanteurs de gaudrioles facétieuses et de joyeusetés burlesques.

Ce nouveau genre d'exercices, qui tend à transporter les écoles de déclamation dans la rue, semble se multiplier sensiblement depuis peu. C'est un pas de plus que l'art populaire fait en avant. Ainsi, je me souviens d'avoir récemment entendu deux hommes, dont l'un débitait, suivant les grandes traditions classiques, les fameux vers de Lusignan dans *Zaïre;* l'autre, un romantique, gâté sans doute par la lecture dangereuse des auteurs modernes, récitait avec une *furia francese* le chant guerrier des soldats du roi chevelu dans les ***Martyrs.*** Il portait une barbe fort pointue, hérissant un menton inquiet et des plus mobiles. Chaque fois qu'il disait le refrain : « Pharamond, Pharamond, nous avons combattu avec l'épée ! » sur ce menton, agité de mouvements belliqueux et de convulsions frénétiques, sa barbe, qu'on eût dit animée, dressait et rabaissait tour à tour sa fantastique silhouette, comme la framée redoutable du monarque franc.

Il en est de plus hardis ou de plus lettrés qui déclament des morceaux composés par eux-mêmes. L'an dernier, dans un café, j'en ai rencontré un qui travaillait son style à l'instar de celui des *Incas,* par M. de Marmontel. Le poëme composé par cet homme était un combat de taureaux. L'ambitieux n'avait pas craint de s'attaquer d'abord à un morceau capital. Le combattant, jeune et beau comme un chevalier errant, était animé par l'amour secret d'une princesse dont il portait les couleurs, et dont la présence l'encourageait à faire des prodiges. Je n'ai pas besoin de vous dire qu'il tuait le taureau le plus galamment du monde, et que la princesse, en jeune personne bien élevée, ne manquait pas de s'évanouir d'émotion. Alors le preux chevalier, emporté par son amour, adressait à la princesse, sous prétexte de monologue, un fort beau discours qu'elle devait bien regretter de ne pas entendre. Le roi, un brave homme sans préjugés, mettait sa main pâle et froide dans celle de l'heureux toréador, ivre d'extase. En ce moment, la jeune personne ouvrait languissamment ses grands yeux, jetait une exclamation de pudeur mêlée de joie, et la toile tombait sur ce tableau délicat. Je laisse à penser si l'auteur faisait valoir, par son débit, ce récit d'une poésie aussi neuve que dramatique, lequel, en résumé, pouvait lutter sans trop de désavantage avec les narrations épiques des *Incas* ou de **Gonzalve de Cordoue**.

Mais le plus curieux, sans contredit, le plus varié, le plus intéressant des types populaires où l'on puisse observer l'empreinte visible de l'art et la trace incontestable de ses inspirations, c'est la race de ces grands comédiens que le vulgaire nomme des charlatans. Arracheurs de dents, marchands de crayons, d'onguents ou d'élixirs, débitants de graine aux vers et de panacées, de cirage pour les bottes et de vernis pour les meubles, orateurs qui s'annoncent au son de la grosse caisse, du tambour, des trompettes ou de l'orgue de Barbarie, qui trônent dans une lourde voiture ou dans un carrosse élégant, commis-voyageurs des places publiques, revêtus d'une robe de Turc ou d'un habit d'Arlequin au lieu d'un paletot de la *Belle Jardinière*, famille innombrable et sans cesse renaissante des bohémiens de la civilisation, où s'est réfugié le peu qui reste ici-bas d'originalité pittoresque! Malheur à qui ne sent pas leur puissance; à qui n'a jamais tressailli au mugissement joyeux de leur orchestre, quand il convoque autour d'eux le ban et l'arrière-ban des badauds; à qui n'a pas contemplé avec vénération le grand homme debout sur son trône et dominant la foule, à qui ne s'est pas rangé lui-même, palpitant d'émotion comme un enfant, dans le cercle muet et docile; à qui ne s'est pas dit, en entendant cette voix souvent enrouée, mais toujours convaincue : Il y a quelque chose là !

On peut distinguer bien des espèces de charlatans. Citons d'abord le charlatan qui fait la phrase et arrondit la période ; il parle des guerriers tombés au champ d'honneur en moissonnant les lauriers de la victoire. Celui-là remonte aux beaux temps de l'école impériale : s'il avait traduit Ossian, ce serait le Baour du genre ; mais il n'a pas traduit Ossian.

Il y a le charlatan gai compère et bon compagnon, qui a jeté son bonnet par-dessus les moulins et ne parle que par bons mots, calembours et gaudrioles. Il sait parfaitement qu'on est vaincu quand on a ri. C'est le Roger-Bontemps du charlatanisme.

Il y a le charlatan passionné, qui *allume* son auditoire comme un premier comique de province, qui se démène, brûle les planches, se bat les flancs, crie, braille, fait des gestes à se disloquer le corps, et trempe cinq mouchoirs à chacun de ses **boniments.**

Il y a le charlatan mélancolique, le plus habile de tous. Vous avez probablement déjà vu Ch. Pradier, ce jeune homme doux, hésitant, timide comme la *vierge des premières Amours*, et qui a plutôt l'air, malgré ses lunettes et les poils folichons qui s'ébattent sur sa joue, d'une fiancée candide et tremblante que d'un ancien sous-lieutenant de spahis. Il s'adresse à la foule avec une placidité d'organe, une humilité d'attitude qui préviennent en sa faveur ; la rougeur de son front semble demander grâce ; on se sent ému et attendri, quoi qu'on en ait, devant ce pauvre jeune homme, réduit à descendre ainsi sur la place publique. Il parle de Gilbert, de Chatterton, d'Hégésippe Moreau, d'Élisa Mercœur, de bien d'autres, artistes et poëtes comme lui, plus malheureux encore que lui, parce qu'ils n'ont pas eu son courage. Eh! ne faut-il pas plus de courage, en effet, pour venir pérorer dans la rue, monté sur un tabouret, que pour aller mourir à l'hôpital? Il est si facile de mourir à l'hôpital! — Il supplie ses auditeurs de vouloir bien l'entendre; il les conjure de lui pardonner s'il ne les amuse pas. Hélas! il n'a pas de plaisanteries grossières à sa disposition; il ignore l'art de retenir la foule en la faisant rire; il n'a nullement l'habitude du cruel métier auquel le réduit la nécessité : il faut passer quelque chose à sa timidité et à son inexpérience. Tout ce qu'il demande, c'est qu'on l'aide à mettre à profit un peu d'éducation qu'il a reçue des hommes et un peu d'intelligence qu'il a reçue de Dieu.

Ce speech charmant et ingénieux est entrecoupé, à propos, de soupirs contenus, de pauses pathétiques, de moments d'émotion, de tremblements dans la voix, de rougeurs subites, et même de larmes naissantes et mal comprimées. Tout cela est pour arriver à vendre une toute petite brochure, intitulée : *les Mémoires d'un spahis*, laquelle, en vérité, ne vaut pas le diable, ni même les trois sous qu'elle coûte. Mais il n'est guère possible d'avoir plus d'adresse et de mieux posséder l'art d'intéresser et d'apprivoiser le bourgeois, cette bête farouche qui veille sur sa bourse comme le dragon de la fable sur les pommes d'or du jardin des Hespérides. Cet infortuné jeune homme doit surtout fortement remuer les entrailles des personnes sensibles et vertueuses qui aiment à voir lever l'aurore, des bonnes mères de famille, des portières sentimentales, des jeunes filles récemment sorties de pension et des provinciaux tout frais débarqués dans la *Babylone moderne*.

La dernière fois que je l'ai entendu, il m'a ému moi-même. J'avais commencé par sourire avec les esprits forts, pour montrer au public que j'étais une tête solide et qu'on ne m'attrapait point ainsi; à la fin, malgré moi, je ne souriais plus, et j'en étais à me demander si je n'avais devant les yeux qu'un comédien, ou bien un homme réellement sincère et convaincu, qui avait compris la grandeur et l'originalité de cette lutte de l'intelligence contre la misère. Le malheur est qu'on se défie de ses propres entraînements et qu'on a peur d'être dupe.

Voilà un des représentants de ce que j'appelle le charlatanisme mélancolique [1].

[1] Ceci paraissait en 1854 dans la *Revue de Paris*. Quelques jours après, M. Ch. Pradier m'écrivait la lettre suivante, en m'envoyant son *Cri du poëte au dix-neuvième siècle:*

« MONSIEUR,

« Avant-hier seulement X. me prévenait que la *Revue de Paris* venait de publier votre longue et spirituelle étude sur les artistes nomades, et que vous avez eu la bonté d'y parler favorablement de moi; j'ai donc lu, et viens vous dire merci.

« Charles Pradier n'avait trouvé jusqu'à présent que des railleurs stupides qu'il voyait s'ébattre lourdement sur son compte. Il est heureux d'avoir enfin heurté sur sa route un homme d'esprit dont le cœur s'est ému, et qui n'a pu, malgré son style enjoué, dissimuler adroitement son émotion. Voyez plutôt, Monsieur, ces quelques lignes que vous avez écrites (numéro du 1er octobre), et que je copie textuellement:

« A la fin, malgré moi, etc. *Le malheur est qu'on se défie de ses propres entraînements et qu'on a peur d'être dupe.* »

« Voilà une bien grande et bien triste vérité, Monsieur: c'est elle qui m'a toujours laissé dans l'ombre; c'est elle qui m'a fait soupçonner par vous comme par tous. Sans elle, vous seriez venu à moi, et j'aurais pu vous dire .... Je vous aurais raconté tout cela et bien d'autres choses encore, que je vous dirai si vous voulez, en m'honorant d'une réponse, m'accorder une entrevue. Sans cette cruelle vérité, vous auriez été complètement éclairé

Enfin, il y a le charlatan-charlatan, si l'on veut bien me pardonner ce singulier rapprochement de mots. Vous auriez compris ce que je veux dire, si vous aviez entendu ce débitant de graine aux vers qui commençait ainsi : « Salut, beau ciel... Salut, soleil... Salut, air pur, » etc., et qui, après vingt-cinq minutes de ce style, arrivait, sans se déconcerter, à son petit commerce ; ou bien ce vieillard qui tirait si admirablement parti de sa physionomie patriarcale et vénérable, pour écouler plus vite sa marchandise :

« Messieurs, disait-il avec onction, voyez mes cheveux blancs ! Un vieillard comme moi ne voudrait pas vous tromper. Ce n'est pas pour quelques misérables sous que j'irais souiller la fin d'une longue et honorable carrière,

sur le compte de Pradier, le *charlatan mélancolique*, et vous eussiez encore probablement modifié votre article, déjà si bienveillant pour moi.

« Toutefois, Monsieur, Charles Pradier vous remercie, et, comme preuve de sa gratitude, il a l'honneur de vous offrir les quelques vers de ce *jeune homme inconnu*, vers que vous avez eu l'indulgence de trouver si beaux (v. plus loin, p. 96), et que vous regrettez de ne pas savoir. Hélas ! comme tant de choses en ce monde, cela a besoin d'être vu de loin et ne résiste pas à l'analyse. Si cependant, après les avoir lus, vous croyez que l'article du 1er octobre ait besoin d'un complément, vous pourrez prendre celui du 15 (même mois) pour le compléter, en adaptant comme trait d'union entre l'un et l'autre ce *Cri du poëte au dix-neuvième siècle*, cri de douleur que jetait dans une mansarde, avant d'oser aller d'abord dans les restaurants, puis sur les places publiques, ce *pauvre mendiant littéraire* qui vous demande encore, non plus du pain, mais, chose plus précieuse pour lui, un rayon de votre soleil.

« Daignez agréer, etc.

« Ch. Pradier. »

M. Ch. Pradier vint me voir quelques jours après, avec une lettre d'introduction d'un de nos journalistes les plus connus. Je l'ai revu plusieurs fois ; puis il a disparu.

— que j'irais mentir à la face du ciel, au moment où j'ai déjà un pied dans la tombe, et où je vais comparaître devant Dieu. »

Veuillez me suivre à douze ans en arrière, dans ma bourgade natale. C'est un dimanche. On sort de la grand'messe. A peine les premières personnes, les ménagères ayant hâte d'aller soigner le pot-au-feu, ont-elles mis le pied hors de l'église, qu'un grand éclat de tambours et de trompettes retentit sur la place. Le peuple se rue en avant. Chaque porte de l'église se change en un vomitoire où la foule, haletante d'émotion et béante de curiosité, s'écrase pour passer plus vite. Les enfants de chœur (*quæque ipse miserrima vidi, et quorum pars magna fui!*) arrachent leurs surplis et s'enfuient pêle-mêle, malgré les exclamations du curé et l'indignation du vicaire. On en vit même un, — souvenir qui réjouit encore aujourd'hui la population tout entière, — apparaître sur la place, tout effaré d'aise, avec sa soutanelle rouge que, dans son empressement, il n'avait pas pris le temps de dépouiller. Le suisse en personne, perdant la tête dans ce cataclysme, oublia pour la première fois sa canne à la sacristie, et suivit le torrent des profanes sans avoir déposé son costume officiel, coupable négligence que M. le curé lui reprocha amèrement, et qu'il déplora lui-même avec humilité jusqu'à la fin de ses jours.

Alors un beau spectacle s'offrit à notre vue. Un homme, dans la fleur de l'âge, se tenait debout, majestueux comme l'Apollon du Belvédère, sur le devant d'une voiture splendide, attelée de deux chevaux bruns. La figure bouffie, la tête en arrière et le ventre en avant, il sonnait du clairon comme un dieu marin, tandis qu'à ses côtés deux compagnons battaient avec frénésie, l'un du tambour, l'autre de la grosse caisse et des cymbales. C'est déjà un grand art de savoir choisir avec tant de tact le moment propice. Aussi ne lui manquait-il personne, sinon le curé, le vicaire et la servante du presbytère ; encore remarqua-t-on que le vicaire, feignant de plisser son surplis, était posté près d'une fenêtre de la sacristie, d'où son regard pouvait plonger sur la place, à travers les rideaux mal fermés, et que la servante, pestant sans doute contre la réserve importune que lui imposait sa position sociale, avait le visage avidement collé aux carreaux de sa cuisine.

Quand l'homme vit les douze cents indigènes, petits et grands, accumulés à ses pieds, il fit un signe de la main droite ; la musique se tut, et un frémissement d'attente courut dans toute la foule. L'orateur se moucha lentement ; le silence était profond :

« Mes amis, s'écria-t-il en fausset (à Paris, il aurait dit : Messieurs), vous venez d'adorer Dieu dans son temple ; c'est bien, c'est très-bien, et je vous en loue du plus profond de mon âme. Chrétiens (il n'ajouta pas : Mes frères ; c'est dommage !), vous avez fait votre devoir, et l'homme qui fait son devoir est grand. »

Comment diable, pensais-je, car je ne manquais pas de bon sens, tout enfant de chœur que j'étais ; comment diable va-t-il faire *pour venir à bon port au fait de son onguent?* — Il y vint pourtant, et voici comme :

« Eh bien ! continua-t-il au milieu de l'attention puissamment surexcitée par ce pompeux exorde, — en présence de ce temple saint, devant cet auditoire purifié par l'auguste sacrifice auquel il vient d'assister (j'éprouve le besoin de déclarer ici que ces paroles sont parfaitement historiques : douze cents personnes les ont entendues comme moi), devant ce Dieu de vérité qui m'écoute, je puis lever la main sans crainte et jurer sur mon honneur et ma conscience de chrétien que mon onguent, » etc., — le reste comme dans la chanson.

O mânes de Despréaux, vous dûtes tressaillir de joie à cette magnifique transition !

Cet homme était un charlatan-charlatan qui s'était trempé dans la rhétorique, comme Achille dans le Styx, pour se rendre invulnérable.

Ce n'est là que le menu fretin. Il faut voir les héros, les chefs de file, ceux qui ne parlent au public que montés sur un piédestal de renom et couronnés d'une auréole de succès. Vous n'avez pas été sans vous croiser quelquefois avec la voiture de Duchesne, le grand Duchesne, premier dentiste de France et de Navarre. Depuis quelque temps Duchesne père s'est retiré dans sa gloire; il a légué à son enfant un fardeau que celui-ci porte sans plier. Duchesne fils rentrait jadis dans la classe des charlatans passionnés; sa parole était un foyer toujours incandescent, et tandis que sa main droite gesticulait avec force, sa main gauche ne cessait d'essuyer son front ruisselant et ses joues cramoisies. Il semait ses harangues de comparaisons, d'apostrophes, d'images de toutes sortes, d'hyperboles surtout, la figure favorite des arracheurs de dents. On y sentait la fougue généreuse de la jeunesse, cet âge où le sang court comme un punch enflammé dans les veines.

Avec quelle conviction profonde, avec quel cri de la conscience et quelle douloureuse sollicitude Duchesne suppliait ses auditeurs de soigner la *toilette de leurs dents*, s'ils ne voulaient se ménager d'éternels regrets ! De quel air noble et majestueux, qui désarmait la raillerie vulgaire, il montrait au public sa mâchoire étincelante et rangée en bon ordre comme une compagnie de recrues d'élite aux uniformes bien astiqués! Il eût fallu avoir un cœur de marbre ou une bourse de poëte pour ne pas se laisser séduire par cette allocution pathétique. Depuis, l'habitude a un peu tempéré cette ardeur première; la source coule avec autant de force, mais avec moins de fracas.

C'est de lui ce mot charmant digne d'être transmis à la postérité, sur le bronze ou le marbre :

« Messieurs, d'autres vous arrachent les dents ; moi je ne les arrache pas, je les *cueille*. »

N'oublions pas l'illustre Miette, dont la célébrité est aujourd'hui presque européenne. Comme Duchesne, Miette est un héritier de la gloire paternelle. Duchesne et Miette suivent tous deux à peu près la même carrière : ce sont les médecins de la mâchoire humaine; mais Duchesne *cueille* les dents, tandis que Miette ne fait que nettoyer la *boche* et le râtelier[1]. Du reste, ils ont chacun leur spécialité d'éloquence comme d'opération.

Je n'ai rien à dire ici du marchand de vulnéraire suisse, ni de Tripoli, ainsi nommé de la poudre qu'il vend aux ménagères. Ce sont deux personnages muets. Mais je devrais parler tout au long de Lartaud, le *chirurgien-pédicure de l'empereur de Maroc*. Lartaud est facile à reconnaître: c'est une figure large et ouverte, coiffée d'une calotte que recouvrent des couronnes de médailles blanches. Son habit

---

[1] Hélas! Miette, qui était à la fois un pitre austère, un physicien distingué, et le seul et unique propriétaire de la *poudre persane*, n'est plus de ce monde depuis une dizaine d'années, et je n'ai pu le voir qu'à son déclin. M. Champfleury a recueilli, dans ses *Excentriques*, la harangue de Miette, qui est tout simplement un incomparable chef-d'œuvre.   (*Note de cette nouvelle édition.*)

porte de même des cœurs et des christs brodés en blanc sur la poitrine, et tous ses doigts sont surchargés de bagues. Lartaud est l'ami des ouvriers, avec qui il cause toujours longuement, comme un simple mortel, avant et après ses séances. Aussi, à peine est-il monté sur le devant de sa voiture attelée de deux chevaux aux longs panaches, qu'un grand cercle se trouve déjà formé autour de lui.

Alors l'illustre chirurgien-pédicure ouvre une boîte, en tire des bras, des jambes, des os de tous les membres humains; il les manie, les fait jouer, les plie en tous sens, les applique contre les parties correspondantes de son propre corps, accompagnant cette pantomime de gestes majestueux, mais inintelligibles, et sans mot dire, de manière à faire croire à ceux qui ne le connaissent pas que c'est un charlatan muet. Puis il tire de la même boîte de petits cadres sales dans lesquels sont renfermés des certificats en sa faveur de l'archevêque de Lyon, de notre Saint-Père le pape, de plusieurs généraux, de l'empereur du Maroc, etc.; il les entasse tout le long de ses bras étendus, et baise frénétiquement chaque signature.

Ensuite, il commence tout à coup son *pallas* d'une voix sourde et vibrante à la fois; il raconte que ces jambes qu'il tient à la main sont celles d'une vivandière qu'il a emportée du champ de bataille *par son courage*, et il entame sur les vertus de son *précieux baume* un panégyrique passionné et démesurément long, où l'on n'entend que ces mots revenant à intervalles périodiques :

« Le champ d'honneur... Mon beau soleil d'Afrique ! Il n'y a qu'un Dieu et qu'un soleil, mes braves amis, comme il n'y a qu'un précieux baume ! — Mon précieux remède, couvert de gloire dans les bivouacs, au milieu des montagnes! — Mes chers camarades, mes bons ouvriers... je suis votre ami, moi!... »

C'est là le fond de son discours, comme *goddam* est le fond de la langue anglaise.

Mais ce qui fait l'originalité de Lartaud, c'est qu'il est le type du charlatan dévot. Il prêche plutôt qu'il ne harangue : son discours est un prône, et il le débite avec une onction qui touche. Il exhorte ses camarades les ouvriers à honorer leur créateur et à s'acquitter de leurs devoirs religieux ; il porte avec transport à ses lèvres les médailles et les crucifix suspendus à son cou, par-dessus son habit; il fait même le signe de la croix, et tout cela avec une bonne foi, un entraînement tels, que jamais je n'ai surpris le moindre sourire d'ironie sur le visage de ceux qui le regardaient. C'est surtout quand il ne vend pas que sa dévotion redouble, et que les baisers qu'il prodigue à ses médailles et à ses certificats ne connaissent plus de bornes.

Mais place à Mengin, place à l'homme près de qui tous ses confrères ne sont que des polissons, dignes tout au plus de jouer de la clarinette devant lui ! Qui n'a pas vu, qui n'a pas entendu Mengin, n'a rien vu, ni rien entendu. Contemplez-le, promenant sur la foule, du haut de sa tribune, un regard chargé d'ombre, tranquille et fier dans sa force, calme et presque dédaigneux dans le sentiment intime de sa supériorité, commandant par sa contenance, mieux que par son costume, la respectueuse attention de tous. Derrière lui, juché à une hauteur prodigieuse et coiffé d'un plumet extravagant, un être humain, d'une physionomie étonnante, joue à tour de bras de l'orgue de Barbarie, comme s'il s'agissait d'un vulgaire débitant de spécifique odontalgique.

Cependant voilà que l'auditoire s'amasse autour du carrosse luxueux et du cheval qui piaffe et parade, fier de traîner Mengin et sa fortune. Tous les yeux sont levés, toutes les bouches ouvertes. Alors Mengin déploie solennellement un grand registre où sont étalées les caricatures les plus divertissantes, et il en tourne lentement les feuillets devant la foule radieuse; puis il agite une sonnette : l'orgue se tait, et le silence s'établit, si complet et si profond, qu'on dirait que les yeux et les bouches de tout à l'heure se sont changés en oreilles. On se prépare, avec le recueillement qui sied, à entendre ces variations sur un air connu, débitées avec cet organe et ces gestes que tout le monde sait par cœur; mais point! L'orateur prend une pose mêlée d'orgueil sans emphase et de douleur sans abattement; il donne à ses traits l'expression que devaient avoir ceux de Jonas quand il prêchait la pénitence aux habitants de la pécheresse Ninive. Ses yeux se ferment à demi, il remue la tête avec résignation, et commence d'une voix pénétrée un discours digne d'être transmis à la postérité la plus lointaine.

Mais, hélas! ce qu'on ne pourra jamais reproduire, c'est ce débit presque merveilleux, cette admirable mélopée dans laquelle il y a autant de génie que dans la harangue elle-même, cette lenteur majestueuse et sûre de son effet, ces longues pauses savamment calculées, que je suis réduit à remplacer par des tirets, enfin tout cet art plastique échappant par sa vie et sa variété à l'analyse comme à la peinture, et qu'il ne faut pas essayer de rendre dans notre langage si lent, si monotone et si décoloré.

« Messieurs, dit Mengin, vous n'avez probablement pas été sans entendre parler de moi jusqu'à ce jour. Les journaux vous ont dit mon nom (c'est vrai!), et vous m'avez déjà rencontré sans doute sur les places publiques. N'importe, Messieurs; écoutez-moi encore. On ne peut trop écouter l'homme qui apporte avec lui de bonnes paroles et d'utiles présents. Et j'ai cette prétention-là, — moi, — Messieurs... Je suis Mengin, — le marchand de crayons! (Il faut voir comme cette phrase est jetée triomphalement en forme de preuve sans réplique! comme elle est scandée avec adresse, accentuée d'un ton significatif, et quelle pause superbe après ce grand nom de Mengin!)

« Messieurs, — chacun a son *dada* qu'il caresse; l'un — rêve la croix d'honneur; l'autre — court après la fortune; un troisième — a l'ambition de porter des galons dorés sur toutes les coutures (profonde et amère ironie!). Moi, ce qui m'occupe, ce qui prend ma vie entière, mon *dada*, si vous voulez, ce sont mes crayons; mon rêve et mon ambition, c'est de faire connaître mes crayons à tout le monde; ma gloriole, c'est de vous vendre des crayons meilleurs que tous ceux qu'on vous a vendus jusqu'à ce jour. Si vous en doutez, je ne demande pas mieux — que d'en venir à l'épreuve; je ne demande pas mieux — que de descendre immédiatement dans la lice. Vous avez certainement sur vous — un de vos crayons ordinaires. Eh bien! Messieurs, voyons, — c'est à l'œuvre qu'on connaît l'artisan. Je n'ai pas peur, n'est-ce pas? et il faut que je sois bien sûr de la victoire pour parler avec tant d'assurance. Ah! Messieurs, — c'est que je ne m'aventure pas au hasard; c'est que je parle en toute connaissance de cause. Voilà dix ans — que je vends des crayons, et depuis dix ans — j'ai rencontré bien des concurrents, — mais pas un rival. Mon crayon, Messieurs, c'est l'encre mise en bâton! — Le printemps a ses roses, — le soleil a ses rayons, — et Mengin a ses

crayons. — C'est ma découverte, à moi! — et il me semble que l'homme qui consacre son *génie* (Le terme y est. Pourquoi pas? Mengin ne hait pas le mot propre!) à faire des découvertes utiles à l'humanité, celui-là — mérite l'estime et la reconnaissance du monde entier. Mais voulez-vous que je vous dise ce que j'ai contre moi? — J'ai contre moi — l'envie, — qui heureusement n'a jamais pu arrêter un grand succès; j'ai contre moi — (Je voudrais que vous pussiez entendre ce *moi*, comme il emplit sa bouche toutes les fois qu'il revient, et il revient souvent!) la médiocrité et l'impuissance, — toujours unies pour combattre le mérite. Voilà ce que j'ai contre moi! Mais j'ai pour moi — les hommes intelligents et éclairés; j'ai pour moi — le public, qui me connaît, et qui sait à quoi s'en tenir sur mon compte. Maintenant, Messieurs, on ne peut plus parler de Mengin — sans parler de bons crayons, — et on ne peut plus parler de bons crayons — sans parler de Mengin. Tous les jours je reçois des lettres de nos directeurs de colléges, — de nos chefs de grandes institutions, — des hommes les plus haut placés dans la société, dans les beaux-arts et dans les belles-lettres, — qui m'écrivent, — pour me remercier — et pour rendre pleinement justice à mes crayons. (Hélas! il reste toujours un petit coin du charlatan vulgaire; c'est le bout d'oreille de l'âne passant sous la peau du lion!) Je rencontre quelquefois dans la rue des hommes, — marqués à la poitrine du signe de l'honneur, — qui viennent me serrer la main en me disant : « C'est vous qui
« êtes Mengin? — Monsieur, — vous êtes un honnête
« homme, — un bon citoyen : j'ai acheté de vos crayons;
« — ils marquaient dix fois mieux et ils m'ont duré dix
« fois plus longtemps que les autres. » Certes, Messieurs,

—cela fait plaisir à entendre,—et de telles paroles peuvent consoler des criailleries des sots et des jaloux. »

Parenthèse. Ce mot de Mengin, je ne sais pourquoi, m'en rappelle un autre, prononcé jadis en province, mais digne d'être prononcé à Paris. Un arracheur de dents, emporté par la fougue de l'éloquence, voguait en plein lyrisme. Des incrédules riaient dans l'auditoire. Le *praticien* indigné s'interrompt :

« Messieurs, s'écrie-t-il d'une voix foudroyante, j'en vois qui ricanent là-bas ; cela ne m'étonne nullement. Il faut vingt ans pour faire un habile médecin comme moi, capable de guérir les affections les plus incurables ; mais il ne faut qu'une seconde pour faire un imbécile, toujours prêt à rire de ce qu'il ne comprend pas. »

Nos hommes, terrifiés par cette apostrophe, ne firent semblant de rien et s'esquivèrent un moment après, tout penauds.

A cet endroit de son discours, Mengin s'arrête. Il prête l'oreille et feint d'entendre à droite ou à gauche quelque réflexion saugrenue qui lui donne l'occasion de faire une triomphante réplique. Comme Démosthène et tous les grands orateurs, Mengin aime à prendre son auditoire à partie, à le mettre en scène pour dramatiser ses paroles.

« Tout à l'heure, dit-il, j'entendais un de mes auditeurs, — un vieux — de ce côté, — murmurer tout bas à son voisin : Mais, — cet homme-là n'est pas Français ! —*Avec indignation.*—Pas Français ? Oh ! »—*Il paraît réfléchir avec une grande contention d'esprit.*—« Ah ! oui, je comprends... ce costume, n'est-ce pas ?... cette marmite sur le front, cette casaque d'arlequin sur le dos ! »—*Il hausse les épaules et secoue doucement la tête d'un air de dou-*

loureuse pitié. — « Dites-moi, c'est donc bien vrai, Messieurs, que j'ai l'air d'un paillasse, d'un de ces hommes qui se déguisent en Turcs au carnaval pour faire courir les polissons des rues ? Eh bien ! savez-vous pourquoi cette mascarade ? Je vais vous le dire, — moi, — Messieurs. — Un jour, — ah ! je m'en souviendrai longtemps ! (Ici, rien n'égale l'accent de mélancolique résignation de l'orateur. Il y a tout un volume d'élégies dans cet *Ah ! je m'en souviendrai longtemps !*) j'étais, comme aujourd'hui, sur une place publique, — vendant des crayons comme aujourd'hui, — vêtu comme vous, Messieurs, — portant un habit — pareil à celui-ci, un gilet — semblable à celui-là. (Excellente occasion pour soulever sa souquenille et montrer à la foule un habit fort beau, ma foi, sous lequel se dessine un gilet fashionable, orné de riches breloques; cela fait toujours bon effet!) A quelques pas était venu se placer un grimacier ; — oui, Messieurs, — un grimacier, — un misérable polichinelle avec ses deux bosses, un de ces baladins de carrefours, dont le métier est de faire rire les niais et les badauds. La foule s'amassait devant lui, — et les quelques personnes qu'à la sueur de mon front j'étais parvenu à rassembler me quittèrent bientôt pour s'y joindre Mon baladin triomphait. Je restais là, — seul, — découragé ; et quand un brave homme, — qui m'apercevait en détournant la tête, demandait à son voisin qui j'étais : Ça ! — lui répondait-il, oh ! ce n'est rien, c'est un homme comme un autre ! (Quel mot d'une profondeur effrayante ! Vous en doutez-vous, ô Mengin ?) De ce jour, Messieurs, je me dis que puisqu'il fallait s'habiller en polichinelle pour attirer la foule, — je m'habillerais en polichinelle. Et vous voyez bien, Messieurs, que j'ai eu raison, car vous voilà tous autour de moi, — vous qui auriez passé sans vous arrêter si j'avais été mis comme tout le monde. Vous accourez aussitôt que je parais ; — quand je parle, vous m'écoutez attentivement (et on l'écoute), et vous ne partirez pas d'ici avant que j'aie fini. (Et personne ne s'en va. Voilà ce qui s'appelle connaître le cœur humain !)

« J'en entendais aussi un autre qui disait : Bah ! c'est un charlatan. — Charlatan, Messieurs, oh ! mon Dieu, je n'en suis pas sur les termes. Dites-moi d'abord ce que vous entendez par charlatan, — et je vous dirai si je suis un charlatan. — Ce ne sont pas les mots qui font les choses, — et nous sommes trop grands pour nous payer de cette monnaie-là. Aussi bien, Messieurs, il y a longtemps que je suis blasé là-dessus, allez ! Dans les premiers jours, — je l'avoue, — quand je m'entendais nommer charlatan, cela me faisait quelque chose ; ce mot me serrait le cœur. Pauvre sot !... J'étais si jeune, — si neuf !... Mais maintenant !... Maintenant, Messieurs, tenez, — si cela peut vous faire plaisir, appelez-moi charlatan sur tous les tons, — j'y consens volontiers. N'ayez pas peur de me blesser ; non, Messieurs. — Voyez, est-ce que je rougis ? — est-ce que je baisse les yeux ? — est-ce que j'ai peur de me présenter à vous la tête haute ? — Je suis charlatan, — c'est vrai, — mais je suis honnête homme. Je suis charlatan, — mais j'ai du cœur et de la conscience. Je suis charlatan, — mais je dis la vérité, et j'ai droit qu'on croie à mes paroles. Je suis charlatan, — mais je vends de bons crayons !!! (Où ce diable d'homme a-t-il fait sa rhétorique ?)

« Ainsi donc, — charlatan, — soit, c'est arrangé ! c'est convenu ! Me voilà bien et dûment convaincu d'être un charlatan. Appelez-moi charlatan : — personne ne vous démentira, — pas même moi ! Mais ne dites pas que mes crayons sont mauvais; car alors je vous démentirais, — et votre voisin avec moi, — et le journal avec votre voisin, — et tout Paris avec le journal !

« Et puis, Messieurs, croyez-vous donc que tous les charlatans soient sur la place publique ? Vous seriez bien naïfs, si vous le pensiez. Franchement, — qui n'est pas un peu charlatan ici-bas, — ceux-là mêmes qui s'en défendent le plus? La dévote, qui se croit vertueuse parce qu'elle médit des vices de son prochain, — charlatan ! — La grisette qui parle de son amour, — charlatan ! — Le boursier qui vante son désintéressement, — charlatan ! — L'avocat qui prône sa discrétion, — charlatan ! — Le marchand qui jure sur sa conscience, — charlatan ! — Le médecin qui veut qu'on croie à ses cures, — charlatan, charlatan ! Tout est charlatan ! — Le monde entier n'est qu'une réunion de charlatans — qui tâchent de faire plus de bruit les uns que les autres ! (O Mengin, Mengin, impitoyable observateur, par pitié, laissez-nous au moins quelques-unes de nos idoles !)

« D'ailleurs, Messieurs, examinez bien, et vous verrez que chaque état a son bon et son mauvais côté. L'enfant — on lui donne du sucre, mais on lui donne le fouet. Le soldat — a de l'honneur sans argent, et l'usurier — de l'argent sans honneur. Eh bien ! moi, Messieurs, j'ai été plus heureux, et j'ai amassé à la fois — de l'honneur — et de l'argent. Il faut donc être philosophe — et accepter avec résignation les inconvénients d'un état — dont je recueille les profits. »

Le joueur d'orgue écoute avec religion ce discours débité devant lui pour la dix-millième fois, mais avec des variantes de génie, car Mengin sait parfaitement que la variété dans l'unité, c'est le but suprême et l'essence de l'art. Cet esclave rit même de temps en temps aux bons mots de son maître, pour faire croire qu'il les comprend.

Mengin a aussi une manière à lui, tout à fait originale, d'exciter son public à acheter sa marchandise. Après avoir frappé à grands coups de maillet sur un de ses crayons, et lui avoir fait briser des planches :

« Messieurs, s'écrie-t-il, il n'y a point de vérité—contre la vérité (Mengin est sentencieux comme le chœur des tragédies antiques). Ah ! je sais bien—qu'on a parfaitement raison de se défier de toutes les belles paroles—débitées sur les places publiques par des charlatans — comme moi : — mais, Messieurs, ce ne sont pas seulement des paroles que je vous offre, ce sont des actes. — Toutefois, si vous n'êtes pas encore suffisamment convaincus, — n'achetez pas : — rien ne vous presse ; — vous n'êtes jamais obligés d'acheter. Prenez vos précautions, consultez vos voisins, méfiez-vous, essayez, réfléchissez à loisir; ne venez à moi— que lorsque vous serez certains que je ne vous trompe pas.»

Il va sans dire que tout le monde s'empresse d'acheter immédiatement. Comme ce gaillard connaît le cœur humain ! j'en reviens toujours là.

Ne serait-ce pas Mengin qui, jadis, dans une bourgade, voulant prouver à ses auditeurs qu'il ne vendait jamais de crayons un à un, mais par milliers à la fois, et que c'était pour lui un acte de philanthropie plutôt que de spéculation, prit tous les sous qu'il venait de recevoir et les jeta sur la place, à la grande jubilation des gamins qui leur coururent sus ? Le coup était risqué, il réussit. Un lycéen qui se trouvait dans l'auditoire pensa au grand Condé lançant son bâton de maréchal dans les rangs ennemis.

« Mieux que cela encore, Messieurs, continue ce Machiavel en casaque d'Arlequin ; mieux que cela ! Si, après m'avoir acheté, n'importe quand, un de mes crayons, — vous trouvez, pour une raison quelconque, qu'il ne vous convient pas, vous me le rapporterez ici, — en présence de tout le monde, — et vous me direz : — Monsieur, — je vous avais acheté ce crayon, — mais il ne me convient pas. — Vous ne m'expliquerez pas pourquoi ; je ne vous demanderai pas comment. Vous me rendrez mon crayon, et moi, — je vous remettrai votre argent. Que peut-on dire de mieux ? Voilà autour de moi — assez de témoins qui m'entendent. Vous faut-il un serment ? Je vous le jure, Messieurs, — sur ma parole de charlatan, — qui n'a jamais trompé personne. »

Je m'arrête. Aussi bien un scrupule me prend, et j'ai honte de défigurer ainsi ce discours, harmonieux ensemble des qualités les plus rares, et de ne vous donner qu'un cadavre, dépouillé de presque tout ce qui en faisait la vie et la beauté. Je vous le dis, amateurs de tout sexe, de tout rang et de tout âge, limiers littéraires qui êtes à la chasse de l'art et des artistes, et qui savez les admirer partout où ils se trouvent, hâtez-vous d'aller entendre Mengin ! Mieux que le Groënland et le Spitzberg, mieux que l'Amérique et que l'Australie, mieux que nul promontoire et que nul océan, cet homme vaut un voyage de découverte fait exprès à travers ces grandes solitudes si peuplées qu'on appelle Paris. Allez, et si jamais vous rencontrez sur quelque place, au centre d'un demi-cercle compacte, debout sur le devant d'un riche cabriolet, un homme jeune encore, d'assez haute taille, maigre, cambré, à figure rouge, à chevelure noire, à moustaches épaisses encadrant une longue impériale, équipé comme je vous ai dit, et vendant des crayons, pensif et pourtant serein comme le Jupiter de Phidias, arrêtez-vous et saluez votre maître. Vous êtes devant Mengin, le premier charlatan du siècle, puisqu'il a l'âme assez haute pour ne pas s'offenser de ce titre, et pour s'en parer fièrement.

Mengin sent parfaitement sa valeur, il a raison : aussi a-t-il appendu son portrait, avec un quatrain superbe, au coin de toutes les rues ; il s'est même fait couler en bronze. Demandez-lui trois crayons, et vous aurez en prime une médaille, portant d'un côté son adresse, de l'autre son effigie, avec cette inscription : Hommage à l'inventeur ! Qui l'empêche de se faire dresser une statue ? Je suis sûr qu'il est assez riche pour se passer cette fantaisie, et je sais tel grand homme qui ne l'a pas si bien méritée.

Il y a quelque temps, le *Journal pour rire* avait consacré à ce roi des orateurs en plein vent un article burlesque, accompagné d'une gravure des plus fidèles qui le représentait dans l'exercice de ses fonctions. Un autre aurait feint de ne pas s'en apercevoir, ou s'en serait jeté la tête aux murs, ou bien aurait provoqué l'auteur en duel. Mengin a fait tourner à sa gloire ce qui eût pu tourner à sa honte. Avant de prendre la parole, pendant que l'orgue déroule sa mélodie, et que la curiosité écarquille tous les yeux, Mengin déploie lentement le numéro du journal, montre à la foule ébahie la gravure et l'article, se frappe du doigt sur la poitrine pour indiquer que c'est bien de lui qu'il s'agit, puis désigne en souriant son acolyte, qui reste enveloppé dans son impassibilité stoïque. Sur trois cents spectateurs, il y en a toujours bien deux cent quatre-vingt-quinze qui n'ont pas lu le *Journal pour rire ;* ceux-là sont stupéfaits et se disent : « Voyez ! on fait son portrait dans les gazettes ; on lui consacre des articles, comme à M. Fattet et au docteur Véron. Preuve qu'il est célèbre. Quel homme ! » Les cinq autres restent muets d'admiration devant tant de savoir-faire ; et le tour est joué, sans qu'on puisse lui reprocher le plus petit mensonge.

Pends-toi, *Journal pour rire :* tu n'avais pas prévu cela.

Parfois, quand le grand homme, dépouillé de son accoutrement bizarre, est descendu des rostres ; quand, devant la foule qui s'écarte avec une considération muette, mêlée de cette espèce de terreur qu'on éprouve toujours à l'approche du *génie* (souvenez-vous que le mot n'est pas de moi, mais de Mengin même), il quitte la place, et va se promener un moment dans les rues voisines, le jonc à la main, le lorgnon à l'œil, tandis que son fidèle Achate, dans un abandon charmant, cause avec les bourgeois curieux, tout en bourrant énergiquement sa pipe, — il m'a pris fantaisie de le suivre à quelques pas en arrière, pour m'assurer si je ne verrais point tout à coup sortir de sa bouche cette chaîne d'or avec laquelle l'éloquence suspend l'auditoire à ses lèvres. Et pendant ce temps, que faisait-il ? Tantôt il s'arrêtait devant un étalage pour contempler les gravures, — ou sur un pont, pour faire des ronds dans l'eau en crachant, comme Planchet ; tantôt il allait se joindre au cercle rassemblé autour d'un marchand d'onguent infaillible contre les engelures ; et alors je me rappelais involontairement Malherbe et Molière qui ne dédaignaient pas de consulter leurs servantes. Mais peut-être y allait-il en railleur, afin de juger par lui-même de la distance qui sépare l'Olympe de la terre, et de rire à son aise de ces pygmées qu'il pourrait emporter par milliers dans sa robe d'Hercule. Les passants le coudoyaient, sans s'apercevoir que quelque chose devait s'exhaler de lui, comme des dieux antiques, lorsqu'ils apparaissent aux mortels. C'est qu'une fois descendu de son trône, ce n'est plus qu'un homme ordinaire. Il lui faut sa tribune pour le transfigurer. Dès qu'ils sont rentrés dans la vie commune, ces hommes supérieurs, le rayon s'éteint qui illuminait leur front, et ils n'ont plus rien qui les distingue du vulgaire troupeau.

La popularité de Mengin est maintenant si bien établie que je puis, sans abus de métaphore, le comparer à un chêne immense sous l'ombrage duquel s'abritent une foule de champignons. Souvent, tandis qu'il parle, on voit de pauvres saltimbanques venir humblement planter leurs tentes à ses côtés, épiant le moment où il aura fini, pour agiter leur sonnette et recueillir quelques parcelles de cette foule immense, — parasites affamés qu'il nourrit des reliefs de son royal festin, humbles Lazare, qui dînent largement des moindres miettes de cette table opulente [1].

---

[1] Je viens de revoir Mengin trois fois de suite : je dois à la vérité d'avertir mes lecteurs qu'il s'est quelque peu transformé, comme son collègue Duchesne, et que, tout en gardant une physionomie tranchée, il semble vouloir la modifier sensiblement. Il a maintenant plus d'amertume ou du moins de raillerie, une ironie plus marquée et moins mélancolique ; il devient chaque jour plus narquois, plus satirique, plus amusant, plus orgueilleux aussi ; souvent même il lui arrive de se moquer fort agréablement de son public : c'est sans doute le succès qui l'excite et qui déride cette grave figure. Pourquoi Mengin ne serait-il pas comme ces orateurs parlementaires dont il faut remettre le portrait sur le métier à chaque session nouvelle ? — J'ai trouvé que cette observation valait bien une note.

Deuxième post-scriptum. Depuis que cette étude a paru pour la première fois, Mengin, j'ai regret à le dire, a bien abusé de la faveur publique. Il tourne de plus en plus au charlatan *satisfait*.

D'un pareil orateur à la poésie, la transition est facile : il n'y a qu'un pas à faire, si même il n'est déjà fait. Malheureusement ma moisson de ce côté n'est pas des plus abondantes. Hélas ! ne parle pas qui veut cette *langue immortelle*, si harmonieuse et si grande, jusque dans ses premiers bégayements, et la poésie n'est pas chose qui se mette d'ordinaire à courir les rues.

Il y a deux ou trois ans, il était arrivé une aventure bien désagréable à un barbier de mon pays natal. Ce jeune homme continuellement affamé, et par suite gourmand comme un Romain de la décadence, avait contracté l'habitude, lorsqu'il entrait dans une maison pour en rajeunir le propriétaire, de faire sournoisement main-basse sur toutes les friandises qui se trouvaient à sa portée. Un gredin de tanneur, le loustic de l'endroit, avait observé son manége ; il jura de l'y prendre et de le punir par où il avait péché. Pour un tanneur loustic, jurer et tenir ne font qu'un. Un samedi donc, il eut soin de laisser en vue, sur l'armoire, un plat de pommes cuites au jus, sachant que mon barbier avait un faible tout spécial pour ce mets délicat. Il avait eu grand soin de sortir un instant, pendant que l'infortuné, qui ne se doutait de rien, repassait

---

Cet homme a poussé la rouerie jusqu'à répandre le bruit de sa mort par la voie des journaux, pour raviver l'attention, — pendant qu'il allait faire une tournée dans les principales villes de France et d'Europe. Ces pages où, pour la première fois, on le présentait en forme au public, n'ont été pour lui qu'un nouveau moyen d'amorcer la foule, à qui il ne manquait pas de les lire tous les jours. « Bah ! disait devant moi un auditeur sceptique, *c'est des réclames qu'il se paye dans les journaux.* » J'ai été humilié, et je me suis repenti. *Peccavi.*

Troisième post-scriptum, pour cette nouvelle édition. Mengin est mort, bien mort cette fois. Pleurez, Muses du *boniment!*

son rasoir, tout en lorgnant d'un regard oblique le fruit convoité.

Mais, direz-vous peut-être, je ne vois pas jusqu'ici ombre de poésie populaire. Patience, lecteur, nous y arrivons.

Gourmandise, tu perdis Ève, notre mère commune, qui vendit le genre humain pour une pomme ; encore n'était-elle pas cuite ! Comment donc le barbier, fils dégénéré de notre grand'mère Ève, n'aurait-il pas succombé à cet infâme guet-apens ? Aussi, quand le tanneur rentra, eut-il la satisfaction de voir qu'il manquait une pomme dans le plat. Aussitôt le voilà qui feint une épouvante profonde :

« Oh ! mon Dieu, qui a mangé des pommes que j'avais placées là ?... Ce n'est pas vous, j'espère ?... des pommes empoisonnées pour attraper les rats !... »

Vous devinez facilement le reste. Le barbier, presque évanoui de frayeur, avoua son crime ; et ce ne fut qu'après lui avoir fait avaler coup sur coup, à ses frais, bien entendu, plus de dix pintes de lait, coupées d'autant d'eau, à lui qui n'en avait pas bu depuis qu'il était sevré, que le tanneur lui avoua, au milieu des voisins qui remplissaient la maison, qu'on s'était moqué de lui. Il s'en alla en murmurant : «Quelle bête de farce !» C'est vrai : le moyen était vieux et bête ; mais le tanneur, qui avait peu lu, le trouvait neuf et excellent.

Une heure après, le bourg tout entier savait la scandaleuse chronique. Le soir même, tous les poëtes du lieu (nous y sommes, comme vous voyez) se réunissaient en comité secret, devant quinze bouteilles de piquette, liquide inspirateur. Ils avaient à se venger du barbier, qui refusait de les raser à crédit, depuis qu'il les avait reconnus insolvables. Déjà, au carnaval précédent, ils avaient composé en commun et fait débiter devant sa porte par un des leurs, déguisé en Triboulet, un discours incendiaire qui tournait en dérision ses vertus civiques et domestiques. Le malheureux, qui s'était avancé sur le seuil, plein de sécurité, pour être témoin de cette magnifique mascarade, reçut en plein visage cette satire impie. Furieux, il alla se plaindre au juge de paix, qui se moqua de sa réclamation. Cette démarche imprudente avait achevé de le mettre au ban de la poésie indigène.

On n'a jamais su au juste ce qui s'agita dans ce ténébreux conciliabule ; mais le lendemain, en s'éveillant, la bourgade put lire à tous les coins de ses rues, et jusque sur les volets du déplorable barbier, une foudroyante complainte en vers libres. Ai-je besoin de dire que les lecteurs s'assemblèrent de préférence devant ces volets, et qu'un noyau de gamins, qui ne savaient même pas leur A B C, s'y établit en permanence. Il essaya vainement de détacher l'impitoyable affiche : on eût dit qu'elle se cramponnait au bois pour se moquer de lui. Il s'arma d'un balai en branches de bouleau, pour l'arracher en la frottant avec force ; le balai y perdit son latin. Enfin il prit la détermination héroïque de décrocher le volet, au milieu des huées et des ricanements de la vile populace, et il le transporta dans l'intérieur, tout en se défendant contre les escarmouches des galopins, qui inquiétaient ses derrières.

Le reste de la journée s'écoula dans une bonasse trompeuse. Sur le tard, le barbier vit avec effroi, du fond de sa boutique, déboucher de droite et de gauche, par toutes les rues à la fois, quelques polissons qui n'avaient l'air de rien, mais dont le nombre grossissait peu à peu dans des proportions inquiétantes. Ce fut bien pis quand il les aperçut qui se formaient en rond sous ses fenêtres et chuchotaient à voix basse. La foule s'amassait dans l'attente. Évidemment, une grande catastrophe était proche.

Tout à coup un chœur triomphal, échevelé, capricieux, fantastique, plein d'une variété charmante et d'une majesté solennelle, s'éleva de toutes ces bouches et de toutes ces poitrines. Que chantait ce chœur ? Il chantait la complainte du *Barbier gourmand,* sur l'air de M. Dumollet. Et ces voix criardes, fausses, enrouées, avaient des délicatesses d'accent, des finesses de mélodie, de la grâce, du *brio,* de l'entrain, comme des organes d'artistes consommés ; elles pratiquaient les *pianos*, les *coulés*, les points d'orgue, et même les bémols, avec une perfection désespérante.

Le malheureux monta au premier étage et ouvrit la fenêtre ; ce fut un immense cri de joie : on se tut pour l'entendre. Alors il apostropha la foule et la somma de se retirer, au nom de tous les articles du Code pénal. Le chœur poursuivit, implacable comme la Vengeance ; la complainte avait douze couplets, on n'en était qu'au cinquième. Il menaça d'aller chercher son fusil ; on lui répondit par des accords parfaits, de moelleuses inflexions de voix, des intonations langoureuses et pleines d'un *flou* incomparable. Exaspéré, ne se possédant plus, le barbier se rejette en arrière et reparaît bientôt, tenant à la main une énorme cuvette dont il verse le contenu sur la tête des perturbateurs. On était aux approches de l'hiver. Un cri d'indignation retentit : ce fut un *sauve qui peut* général. La fenêtre se referma, et le barbier se tint prudemment coi dans l'ombre de son arrière-boutique.

Toute la soirée, le bourg fut agité par des rassemblements tumultueux, dans lesquels on projetait d'aller démolir la maison pour faire un exemple. Il est vrai qu'on ne s'arrêta pas à ce parti violent; mais le lendemain la fenêtre coupable n'avait plus un carreau intact, et quinze jours après, le barbier était condamné à 16 francs d'amende et 25 francs de dommages-intérêts, pour avoir causé un gros rhume au soprano du concert. Défense fut faite, sous peine de répression légale, de continuer à chanter la complainte. On se vit obligé, pendant quelques jours, de mettre un gendarme à la porte de la victime afin de la protéger. Mais maintenant encore, des gamins incorrigibles et à mémoire tenace se plaisent à narguer le barbier, en fredonnant ces couplets, quand ils passent devant sa boutique. Parfois aussi, le matin, il trouve le refrain de la chanson inscrit à la craie sur sa devanture, dans une orthographe capricieuse. Depuis ce temps, il a pris l'habitude de se lever bien avant l'aurore.

J'ai lu cette complainte, et je vous assure que c'était une des créations les plus curieuses et les plus originales du genre. Le barbier, sa femme et sa chèvre y étaient mis en scène d'une manière très-pittoresque. Il y avait un charme indéfinissable dans ces vers trop longs ou trop courts, dans ces strophes gothiques et ce langage émaillé de locutions patoises qui eussent fait tressaillir Goudouli. Par instants, on aurait cru lire la *Chanson de la puce*, de Faust; à d'autres endroits, il semblait que ce fût quelque vieux fabliau, quelque farce basochienne ressuscitée dans sa naïveté malicieuse. Ceux pour qui la poésie est une peinture l'auraient volontiers comparée à une esquisse de Teniers ou à un grotesque de Loutherbourg.

Je pourrais citer bien d'autres exemples, car il n'est presque pas un événement local de quelque importance qui ne soit aussitôt chansonné, et la plupart de ces œuvres ont un côté qui mérite l'attention : ce sont souvent de petites comédies qui ne manquent ni de mordant ni de verve ; de franches caricatures qui accusent plaisamment les ridicules de l'original et rachètent bien, par la spirituelle gaieté et la malicieuse bonhomie du fond, l'insuffisance de la forme.

N'allez pas croire toutefois que le grand art de la versification soit tout à fait lettre close pour le peuple ; car sans parler de maître Adam le menuisier, du tisserand Magu, du maçon Poncy, du portefaix Astouin, du boulanger Reboul, de la servante Rose Garde, du cordonnier Savinien Lapointe, du coiffeur Jasmin et de beaucoup d'autres, qui ne sont point, il est vrai, des artistes de la rue et qui ne rentrent pas dans cette étude, on pourrait prouver le contraire par plus d'un exemple. Nous avons encore aujourd'hui des rapsodes errants, comme au temps d'Homère et de saint Louis. Jacques Bornet, « le trouvère du XIX° siècle, » comme il s'intitule lui-même, parcourt toutes les villes de France sa lyre sur le dos, et donne des séances de poésie avec son intéressante famille. Les barrières ont leurs poëtes en titre qu'on engage aux repas de corps ; et dans les noces qui veulent bien les honorer de leur confiance, ils improvisent au dessert des couplets sur la mariée et chantent des dithyrambes dans les prix doux aux oreilles charmées des convives. J'ai entendu, et chacun de vous peut avoir entendu comme moi, un ancien instituteur primaire, aveugle, qui parcourt les rues de Paris en récitant d'un organe lent et sonore, accentué comme doit l'être celui de M. Prudhomme quand il lit ses madrigaux galants aux dames, des vers moraux composés par lui, dans le goût classique, et destinés à faire l'ornement des soirées de famille. Si vous le rencontrez, âmes charitables, achetez-lui son livre sans crainte : ses œuvres complètes ne coûtent que deux sous. Voilà l'occasion de faire une bonne œuvre à un prix modéré.

Il m'a été donné de rencontrer cet hiver, dans un café borgne, un artiste qui chantait sur sa guitare une romance dont notes et paroles étaient de sa composition, comme il avait grand soin, non sans raison, d'en avertir le public. C'était une imitation de la sempiternelle *Andalouse* de Musset, qui n'était ni meilleure ni plus mauvaise que toutes les imitations qu'on en a faites, et qui valait pour le moins ces fantaisies cavalièrement sentimentales, détachées des albums des messieurs dont cela constitue la spécialité.

Quelques jours après, — j'étais en veine, — vint le tour d'un manchot, qui est devenu depuis l'Amphion habituel des petits restaurants du quartier latin. Il chantait sur un air courant, d'une belle voix de ténor, une chanson de son cru, où il s'excusait d'être obligé de venir tendre à l'aumône la seule main qui lui restât. Le vers, qui n'était pas toujours d'une correction irréprochable, ni d'un rhythme aussi savant qu'eût pu le rêver un lauréat académique, ne manquait pourtant ni d'élévation ni de force, et n'aurait eu besoin que d'un dernier coup de rabot. Il ne m'en est resté dans la mémoire que ce refrain, où l'auteur, pour répondre à ceux qui le renvoyaient au travail, en l'accusant de paresse, s'écriait avec une douloureuse ironie :

J'aimerais mieux ne pas être manchot !

Mais voici un fait plus curieux. La scène se passe encore dans mon petit restaurant, où je demande la permission de vous ramener pour la dernière fois, après l'avoir quitté depuis trop longtemps peut-être. C'est dans cette oasis, où j'ai fait tant d'observations curieuses et de maigres repas, que j'ai entendu un poëte, un vrai poëte. J'allais quitter la salle, quand je vis entrer un grand jeune homme blême et sec, un peu courbé, l'air gauche et honteux. Sa redingote râpée montrait la corde, sous une couleur noirâtre entretenue à grand'peine par l'industrie la plus patiente et les procédés les plus ingénieux; elle était boutonnée jusqu'au menton, bien entendu. Il avait un col noir et roide qui lui donnait l'air d'un garde du commerce endimanché pour une capture importante. En le voyant si hermétiquement fermé de toutes parts, on ne pouvait s'empêcher de concevoir sur l'état de son linge de corps des soupçons qui fendaient l'âme.

« Messieurs, nous dit-il en tordant sa casquette entre ses mains, permettez-moi de recommander à votre indulgente attention les vers que je vais avoir l'honneur de vous réciter. Un de mes amis m'avait demandé pourquoi je ne publiais pas mes poésies. Rentré chez moi, je lui répondis par la pièce suivante. »

Et il commença à réciter ses vers avec animation, l'œil allumé, la voix émue et vibrante. Il disait ces tribulations d'un poëte inconnu que tant d'autres ont racontées, cette lutte de tous les instants contre la misère impitoyable, cette fierté qui se révolte sous le pied brutal qui l'écrase, ces désespoirs ardents et cette peur de mourir anonyme, la plus poignante de toutes les peurs pour un poëte qui sent sa puissance et ne peut la montrer.

Il n'avait pas sans doute improvisé cette pièce depuis la veille au soir; mais tout le monde n'est pas obligé d'être de la force de M. E. de Pradel ou d'Alexandre Dumas. Ce n'était pas non plus qu'elle renfermât des idées nombreuses et profondes, ni même quelque chose de bien neuf; mais l'idée dont il avait fait choix était rendue avec une exubérance de poésie colorée qui me frappa. Il comparait, je m'en souviens, le poëte obscur à un diamant caché sous sa grossière enveloppe; l'ignorant passe sans en soupçonner la valeur et le repousse du pied comme un caillou vulgaire; mais le lapidaire sait en deviner la splendeur à travers le linceul où elle gît ensevelie, et, sous ses mains habiles, bientôt la montagne de lumière resplendit et semble un nouveau soleil. Dans sa pièce, cette image rayonnait comme fait une pierre de la plus belle eau; on eût dit qu'il y avait transporté l'éclat du diamant.

Que ce même poëte, ajoutait-il, tout à l'heure dédaigné parce qu'il portait un nom obscur, devienne enfin illustre, alors

> On vendra tout jusqu'à sa fange :
> La fange illustre a bien son prix.

Ce sont là les seuls vers que j'aie retenus, et je le regrette vivement, car ce pauvre mendiant littéraire m'avait paru manier en maître le style et le rhythme. Il est possible qu'il m'eût abusé quelque peu par la chaleur de son débit; peut-être aussi avait-il revu et limé à loisir cette ode, unique production de sa verve. Je ne sais. Quoi qu'il en soit, un homme capable de faire de tels vers et de les réciter ainsi était né, ce me semble, avec l'intelligence d'un artiste et le cœur d'un poëte.

Il en avait aussi la dignité, sinon la fierté orgueilleuse, car sa contenance trahissait l'humiliation d'une âme qui se pliait avec peine aux cruelles nécessités de la misère.

Après tout, que faisait-il donc de si nouveau et de si étonnant? Il n'y a pas bien longtemps encore que les troubadours erraient de château en château, achetant leur nourriture par de gais récits, payant l'hospitalité du manoir par le chant de quelque virelai, pauvres et vagabonds, comme ce ménestrel du dix-neuvième siècle, fourvoyé, à défaut de manoirs, dans un restaurant, parmi ces roturiers qui ont succédé aux généreux châtelains d'autrefois.

Quand il eut terminé, il vint offrir à chacun de nous, au prix de vingt centimes, une petite brochure d'une quinzaine de pages, de sa composition, pour nous donner le prétexte de lui faire une aumône déguisée. — Voyons, bourgeois, étudiants, hommes de lettres, artistes et ouvriers, vous tous, qui que vous soyez, gens heureux qui avez le moyen de dîner, donnez une obole à la poésie qui vous tend la main, à la poésie qui grelotte, à la poésie qui a faim et soif! Soyez généreux, offrez un morceau de pain à cet homme qui chante en mourant d'inanition! Après tout, cette aumône-là vaudra bien celle que vous faites chaque jour à ces vaudevillistes qui ont pour métier spécial de bafouer la poésie. C'est très-plaisant, en effet, la poésie, et il faut être bien sot pour s'obstiner à vouloir mourir de froid et de faim! Il vaudrait mieux faire des vaudevilles : on n'en meurt pas, au contraire.

Moi, du moins, je viens de lui payer ma dette. J'aurais voulu être riche, pour lui donner davantage. Si j'ai parfois un peu exagéré, sans m'en apercevoir, on me le pardonnera facilement : c'est un défaut qui ne sera pas contagieux, et on n'a point jusqu'ici gâté ces pauvres artistes à force de louanges. Le sentiment profond d'une injustice et le désir de la réparer peuvent pousser à l'extrémité contraire ; et, s'il fallait choisir entre deux excès, j'aimerais mieux l'excès de la sympathie et de l'admiration, sentiment fécond et généreux, surtout dans la critique,—que l'excès du dédain et du dénigrement.

Malheureusement j'ai dû me restreindre à un petit nombre d'exemples ; j'aurais pu en citer cent autres, qui me sollicitaient, n'eût été la peur d'allonger cette étude outre mesure : il y en a mille autres, sans doute, que je ne connais pas et qui reviendront à l'esprit de mes lecteurs, — plus concluants encore que ceux dont j'ai parlé. C'est à eux-mêmes qu'il appartient d'achever cette histoire de l'éloquence et de la poésie dans la rue.

CHAPITRE TROISIÈME

L'ART DRAMATIQUE EN PLEIN VENT.

Jadis nos pères avaient des théâtres populaires que nous n'avons plus. Les farceurs de la porte Saint-Jacques, les tréteaux des opérateurs, les comédiens des halles, les scènes de Brioché, de Bruscambille et de Tabarin, attardaient le flâneur à chaque pas. A leur place il en est venu d'autres, moins nombreux et moins célèbres sans doute, mais qui méritent toutefois d'être produits au grand jour à la suite de ces illustres ancêtres dont ils sont les héritiers.

La dernière fois qu'il me fut permis de flâner complétement et avec délices, c'était par un beau dimanche du mois d'avril. Quelques rayons de soleil qui venaient d'entrer en sautillant par ma fenêtre semblaient me faire signe de leur lumineux sourire et m'appeler au dehors. La foule, qui a horreur du vide, comme autrefois la nature, ruisselait, joyeuse et bruyante, sentant bouillonner dans ses veines cette séve printanière, mêlée de parfums et de chants intérieurs, qui fait le corps léger et l'âme sereine. Je n'y pus tenir; le vieil homme reprit le dessus, et je sortis, bien déterminé à redevenir badaud comme devant.

J'ai raconté plus haut les principales découvertes, dans le domaine de l'art populaire, que je dois à un long usage de la flânerie : j'allais, ce jour-là, en faire quelques autres, qui sont l'appendice, mais non le complément des premières, tant ce vaste théâtre est infini dans ses aspects et se renouvelle sans cesse sous l'œil de l'observateur !

Je me dirigeai instinctivement sur la rive gauche de la Seine : je me sentais des dispositions aventureuses, celles d'un voyageur qui brûle de pénétrer dans des régions inconnues, de voir de près les colonnes d'Hercule et l'*ultima Thule*. Les badauds sont un peu comme les amoureux : ils se figureraient volontiers que ce qui les a intéressés doit intéresser l'univers. Pour moi, je saurai résister à la tentation et laisser de côté toutes les belles choses qui me frappèrent en route, pour en venir tout de suite aux principaux incidents qui m'attendaient vers la fin du voyage.

Par une vieille habitude d'étudiant, j'avais pris le chemin du Luxembourg, et j'étais insensiblement arrivé aux abords de la grille qui sépare le jardin de l'allée de l'Observatoire. C'est un lieu peu fréquenté du beau monde, sinon des grandes dames qui font l'ornement de la *Closerie des lilas;* et néanmoins dans ce petit espace se trouvent souvent assemblés bien des spectacles curieux. Je ne parle pas de la statue du maréchal Ney ni du dôme de l'Observatoire, deux curiosités à l'usage des Anglais et des provinciaux ; mais le théâtre de Rigolo, rival de Guignol et de Gringalet, y reste en permanence ; il y a des chevaux de bois, des boutiques de macarons et de pains d'épice, quelquefois des billards anglais, et, dans les grands jours, des tirs, des loteries, des baraques où l'on montre des femmes colosses et des enfants phénomènes. Il y vient souvent aussi des escamoteurs et des bâtonnistes, des chiens savants et des chanteurs populaires.

Bien avant d'avoir atteint à la grille, je voyais devant moi, à travers les flots pressés de la foule, je ne sais quoi de mystérieux et d'indécis qui semblait cheminer, avec un mouvement de rotation, par les airs. Arrivé près d'un cercle épais, je fus témoin d'un étrange spectacle. Sur un plateau de bois qu'une femme faisait tourner doucement d'une main, tandis que de l'autre elle agitait la manivelle d'un orgue de Barbarie, se tenaient debout trois enfants, vêtus de jaquettes blanches sur lesquelles des bandes noires se dessinaient en scapulaires et en ceintures, et la tête coiffée d'un bonnet semblable à celui des Bédouins. La femme glapissait d'une voix monotone, en scandant chaque syllabe :

« Le meurtre sanglant d'Abel. Caïn saisit son arme d'un air farouche. L'innocent Abel est étendu sur le sol, et implore la pitié de son frère par ses gestes et ses regards. »

Et les trois enfants disposaient leurs frêles membres et se groupaient lentement à la voix de la femme : le plus jeune tombait étendu sur le plateau, le corps à demi soulevé, une main affaissée sous son corps, l'autre dressée à la hauteur de la tête, la paume en avant, et le regard plein de prière et de résignation ; le plus fort avait pris une pioche, et les membres ramassés, la tête penchée en avant, les deux bras jetés derrière le cou par un effort violent, il la soulevait pour en frapper son frère ; le dernier s'était agenouillé et semblait implorer le ciel avec effroi et désolation.

Le plateau tourna trois fois sur lui-même. Aucun muscle ne bougeait dans les corps de ces petits êtres : en me reculant à quelques pas, je les voyais se dessiner sur l'azur de l'horizon, comme ces apparitions d'anges ou de fées qui, au moyen âge, sillonnaient l'air resplendissant de leurs formes voilées.

Ils figurèrent ainsi les principaux traits de l'histoire sacrée, avec une expressive naïveté d'attitudes qui rappelait ces images de saints intercalées entre chaque feuillet des paroissiens de village, ou les pieuses figures debout au portique des vieilles cathédrales. Puis la voix de la femme cria, sur un ton plus aigu encore :

« La passion de Notre Seigneur Jésus-Christ. »

Et toutes les grandes scènes du drame divin commencèrent à se dérouler en tableaux vivants sous les yeux de la foule. Je vis successivement la trahison d'Iscariote, Jésus flagellé, frappé par les déicides, traînant son gibet au Golgotha. Celui qui remplissait dans cette tragédie muette le rôle de bourreau implanta la croix dans un trou creusé au milieu du plateau, et Jésus y monta de lui-même avec une résignation admirable.

« Je vous recommande surtout, Messieurs, disait pendant ce temps la directrice du spectacle, la pose pleine de vérité et d'expression de Notre-Seigneur. »

Je regardai donc, en souriant de la recommandation, et je faillis pousser un cri d'étonnement quand le plateau, après avoir tourné quelques secondes, vint à me présenter de profil le corps de l'enfant.

Il avait posé ses deux pieds sur un rebord de la croix ; ses mains s'étendaient avec effort, ses jambes recourbées semblaient soutenir le poids de son buste, affaissé par l'approche de la mort ; le souffle de l'agonie gonflait sa poitrine, que distendait le tiraillement des membres ; sa tête s'inclinait sur son épaule gauche dans un mouvement plein de douloureux abandon et de résignation profonde. Sans l'extrême vulgarité de cette physionomie, on eût dit un Christ de Velasquez ou de l'Espagnolet.

Suivant les besoins du drame, les autres enfants passaient du rôle de bourreaux à celui de saintes femmes, et de celui des saintes femmes à celui des soldats romains. Lorsqu'on en vint à la descente de croix, ils mirent également en scène, dans les attitudes les plus fermes et les plus vraies, un épisode du grand tableau de Rubens.

Aussi les sous pleuvaient-ils, en guise d'applaudissements, sur le plateau de bois : à la fin de la séance, la femme, à l'aide d'un râteau, les amenait à elle avec dignité, et le spectacle recommençait à dérouler son cercle monotone. Sans ouvrir la bouche, sans faire un geste, ces automates de chair et d'os tournaient toujours, l'œil et le front mornes, obéissant machinalement à la voix glapissante. Je commençais à m'effrayer de ce spectacle, qui me faisait monter le vertige à la tête. Il me semblait être contemporain des mystères de la Passion : j'assistais à l'une de ces représentations solennelles qui se donnaient en plein air à la rentrée du roi dans sa bonne ville, ou bien encore, par moments, je me croyais transporté dans quelque région du nouveau monde, à travers des peuplades au berceau, s'éveillant à l'art avec la naïveté de l'enfant qui charge ses papiers d'ébauches ingénues. Ce devait être par des spectacles pareils que les jésuites du Paraguay récréaient les yeux et édifiaient les cœurs de ces néophytes ardents dont se composait leur république chrétienne.

Enfin le plateau s'arrêta et les enfants descendirent, grelottant sous les derniers rayons du soleil. D'un commun accord, ils allèrent, les bras croisés sur la poitrine, s'abriter du vent derrière une baraque de toile, et les gamins accoururent se presser autour d'eux, les regardant avec cette curiosité muette qui, depuis tantôt six mille ans, ouvre les lèvres et les yeux des badauds.

A quel sexe appartenaient ces précoces artistes ? Il était difficile de le découvrir à travers ce costume équivoque et sous ces formes chétives, où le corps se trouvait réduit, comme un problème à résoudre, à sa plus simple expression. Il me sembla néanmoins qu'il fallait les rattacher au sexe féminin. Je voulus les faire parler pour vérifier ma conjecture au timbre de leur voix, et je n'en pus tirer un seul mot. Ils me regardaient d'un air qui n'avait rien de farouche, mais sans paraître comprendre et sans s'inquiéter de répondre. J'en vins presque à croire que j'avais affaire à des muets dressés dans des chambres obscures au métier qu'ils devaient faire en public, ou même à de petits sauvages arrivés en droite ligne des théâtres de la Californie.

Le soir commençait à tomber ; je quittai l'allée de l'Observatoire et marchai en avant, à travers des rues désertes où passaient de loin en loin, à la pâle lueur des réverbères qu'on allumait sur ma route, un fiacre attelé de quelque cheval étique, et un ouvrier en blouse bleue, aux lèvres sa pipe enflammée et sa chanson favorite.

Je marchais toujours. Les rues se succédaient, de plus en plus silencieuses et sombres, quand tout à coup un gigantesque concerto de fanfares me réveilla en sursaut. Je secouai mes rêveries, qui s'envolèrent effarouchées, et je me précipitai en avant, avec l'ardeur joyeuse d'un cheval de bataille qui entend retentir le clairon.

Quel splendide panorama s'offrit alors à mes regards! Devant moi s'étendait une vaste place où se dandinaient en tous sens, ici des torches haletantes, là des lampions fumant à terre dans leur humide foyer, à droite des lumières arrangées en triangles, d'autres à gauche arrondies en sphères ou serpentant en spirales. La lune montrait curieusement sa face pâle à travers cette illumination radieuse.

Parmi ces lueurs fantastiques se dressaient de tous côtés des cabanes foraines, dont la physionomie resplendissait de promesses et de fascinations : là étaient le plaisir, l'art, le drame, les enchantements, les féeries. « Où suis-je ? » m'écriai-je, comme dans une tragédie classique. — « A la barrière Montparnasse, » me répondit la voix d'un indigène. Je me serais cru à Bagdad, la ville des merveilles.

En faisant d'un rapide coup d'œil l'inventaire de toutes ces richesses, j'aperçus sur la droite une grande toile composée par un de ces peintres d'histoire et de genre qui consacrent leur génie anonyme à la décoration des baraques de saltimbanques. Sans doute, il n'y a pas là de larges effets de perspective et de clair-obscur ; il n'y a pas les délicates nuances et les subtilités du pinceau, tous ces raffinements et ces mignardises qu'on apprend dans les académies ; mais il y a des contrastes puissants, une mise en scène dramatique, des couleurs splendides, une expression robuste et virile, au total un ensemble frappant qui saisit avec force la candide imagination du bas peuple, l'ardente imagination du gamin. Le tableau représente une mer orageuse avec des vagues de toute forme et de toute couleur, se heurtant, en un indescriptible chaos, contre les flancs de quelques vaisseaux entourés de fumée et de flammes. Au-dessus s'étale cette inscription, qui semble rayonner en lettres flamboyantes :

GUERRE D'ORIENT. DÉSASTRE DE SINOPE.

Sur le devant sont rangés huit musiciens, qui font du bruit comme quarante. Trombone, ophicléide, tambour, clarinette, tous les instruments sonores jouent un rôle actif dans le concert, et de leurs poumons de fer et de leurs lèvres de bronze vomissent des accords monstrueux, qui feraient danser une sarabande aux momies des Pharaons. Par intervalles, le tambour, grondant à la façon du tonnerre, y mêle ses roulements emportés, domine quelques secondes le vacarme, et disparaît dans une rafale où l'on entend rugir toutes les gueules de cuivre déchaînées. Debout au milieu de la tempête, l'orateur n'a qu'à lever le doigt pour la calmer à son gré, et, embouchant le porte-voix, il déclame sur le mode lyrique :

« On verra l'armée turque et l'armée russe ; on verra la mer, on verra la rade, on verra les vaisseaux, on verra le bombardement, la pluie des boulets et des obus ; on verra les navires chanceler et s'engloutir avec fracas dans l'Océan. Et combien en coûte-t-il pour jouir d'un si prodigieux coup d'œil ? Un sou par personne ! »

Et la musique de jouer ses airs les plus entraînants, et l'orateur, secondé du paillasse et de la Esmeralda, de répéter en un trio varié sur toutes les gammes : « Un sou, Messieurs, un sou ! »

Une moitié de la foule partit d'un autre côté ; le reste

demeura à la même place. J'escaladai les marches, et mon exemple entraîna une vingtaine d'indécis.

J'ai toujours détesté, pour ma part, ces bégueules qui ne sauraient entrer publiquement dans la baraque d'un saltimbanque. Le respect humain, cette lâcheté des honnêtes et cette hypocrisie des bons, les tire en arrière à chaque pas qu'ils font en avant. Près de moi montaient deux jeunes gens, qui riaient très-haut, avec des contorsions exagérées, pour bien faire voir à tout le monde qu'ils avaient conscience de la folie d'une démarche aussi compromettante. Indigné, j'entrai lentement d'un pas majestueux et d'un front serein, et je fus m'asseoir au premier rang.

L'orchestre se retira alors dans l'intérieur de la salle, et alla se ranger derrière la scène ; l'héroïque clarinette resta seule sur le devant et se mit à exécuter des variations avec rage. Le musicien, pauvre homme grisonnant, faisait de si violents efforts pour introduire un souffle vigoureux dans le tuyau de l'instrument terrible, que les larmes lui en coulaient des yeux et que sa figure semblait suer le sang par chaque pore. Il battait passionnément la mesure avec son pied, et, à toutes les reprises, rejetait sa tête en arrière et sa poitrine en avant, avec une énergie qui m'épouvantait. Après avoir joué, pendant vingt minutes, un solo à briser la poitrine d'un Hercule, il se tut et essuya ses yeux humides avec un pan du rideau. Puis le pitre, faisant son plus gracieux salut, adressa à l'auditoire, d'un organe insinuant, une ingénieuse allocution, conçue à peu près en ces termes:

« Messieurs, c'est moi le factotum de notre petit théâtre: je suis à la fois l'auteur, le compositeur, le décorateur, le souffleur, l'allumeur, le nettoyeur, le balayeur, l'acteur et quelquefois le spectateur. Je vends encore des calembours : c'est ma part de bénéfices dans l'entreprise ; je gagne un centime par chaque douzaine d'exemplaires : il y a comme cela des semaines où, quand la pratique donne bien, je me fais dans les environs d'un sou, pour nourrir ma femme et mes enfants. Messieurs, mes calembours sont tous garantis bon teint, premier choix, tout ce qu'il y a de mieux. Mon petit livre est intitulé la Blaguomanie : c'est un mot qui vient du grec. Il y a de quoi rire et vous amuser honnêtement en société. (J'abrége pour arriver à la péroraison.) Autrefois, Messieurs, en province, je vendais mes cahiers vingt francs pièce dans le grand monde, et j'en vendais considérablement : je ne me rappelle pas bien si j'ai *étrenné*. Mais aujourd'hui, à cause de la concurrence, et pour les mettre à la portée de toutes les bourses, j'ai fait un rabais de dix-neuf francs quatre-vingt-quinze centimes, et je ne les vends plus qu'un sou. Allons, Messieurs, faites voir que vous avez de la connaissance et que vous encouragez les artistes. Un sou le cahier ! — Qui est-ce qui m'appelle par là ? — Ne parlez pas tous à la fois. »

Et tout le monde riait, mais personne n'achetait, quoique l'orateur eût une figure paterne, rougeaude et pleine d'une candeur béate, qui indiquait un homme incapable de tromper son prochain.

Il allait de l'un à l'autre, tâchant d'exciter les chalands par un bon mot, quand s'éleva derrière le théâtre une harmonie mystérieuse, où les cuivres adoucissaient leurs rauques organes, où la clarinette elle-même semblait avoir des tremblements dans la voix.

« Hélène, allumez la rampe, » cria le machiniste.

Hélène apparut : c'était une grande femme maigre, vêtue d'une robe déteinte ; elle fit partir une allumette chimique contre la toile baissée, et communiqua la flamme à deux quinquets souffreteux, de chaque côté de la scène.

Maintenant, lecteur, comment résoudriez-vous ce difficile problème? Étant donnés une dizaine de petits bonshommes et trois ou quatre vaisseaux grands comme la paume de la main, le tout en carton,—plus vingt ou trente petits morceaux de papier, ronds, carrés, aigus, obtus, ovales, de toutes formes, — représenter, dans une action pittoresque et dramatique, l'armée turque et l'armée russe, le désordre d'une ville menacée d'assaut, la fuite précipitée des habitants, une grande bataille maritime et le désastre de Sinope. Eh bien, telle est la rude entreprise dont ces grands artistes sont venus à bout ; et demain, avec ces mêmes morceaux de carton, ils représenteront, au besoin, le bombardement d'Odessa, la prise de Bomarsund et de Sébastopol ou le drame de la Tour de Nesle.

Voilà le génie.

Les cuivres s'abandonnent à des accords plaintifs. Un grand jeune homme, aussi maigre que sa compagne Hélène, vient s'asseoir sur la rampe, dans un coin, et tourne une manivelle dont la musique ressemble à celle d'une série de gouttes d'eau tombant avec un bruit liquide dans un bassin sonore. Au lever de la toile, la décoration représente un paysage sans arbres et sans herbe, mais avec une colonne brisée : la scène est vide. Le frémissement de l'attente passe, comme un éclair, sur tous les visages.

Tout à coup, par le côté droit, débouche un petit bonhomme qui court en trottinant, puis s'arrête une seconde et se remet à trottiner de plus belle. La voix du démonstrateur invisible crie au milieu du silence :

« Fuite des habitants de Sinope. »

Quand le premier bonhomme a disparu par le côté gauche, il rentre à droite et représente un second habitant qui se sauve. Puis vient un troisième fuyard, conduisant par la bride un cheval boiteux, sans doute estropié par une balle ; ensuite un quatrième qui traîne une brouette, et qui court, s'arrête, court encore comme les précédents. Après, on voit apparaître un cheval seul, marchant d'un pas à la fois frétillant et mélancolique : ce cheval fait place à une autre brouette, conduite par un autre bonhomme. Enfin paraît le morceau capital de la fuite, un dernier morceau de carton portant une femme sur son dos ; ici l'organe du démonstrateur prend une inflexion caustique pour crier :

« Voilà un homme qui emporte ce qu'il a de plus cher ; c'est sa femme. »

Un rire universel accueille cette mordante saillie, et le succès du premier tableau est enlevé.

De nouveau la scène est vide. Chacun sent que quelque chose de grand va se passer.

« L'armée russe ! » s'écrie la voix.

Toutes les têtes se penchent : on voit déboucher d'un pas martial quatre soldats en carton, baïonnettes inclinées obliquement, précédés d'un cavalier que mon voisin m'apprend être le prince Menschikoff. La masse défile et disparaît par le côté opposé.

« L'armée turque, crie la même voix. Remarquez les turbans des soldats et Omer-Pacha à leur tête. »

On aperçoit alors quatre nouveaux soldats qui défilent

tout d'un bloc; ils ont en effet des turbans, et un homme superbe, qui ne peut être qu'Omer-Pacha, marche à cheval devant eux.

Mais voici que le tambour exécute derrière la scène un roulement sonore et prolongé : la toile qui servait de décoration à la première partie du spectacle se lève avec la rapidité de l'éclair et laisse apercevoir aux regards émerveillés des triangles et des demi-cercles de carton peints en vert et en bleu, allant et venant, agités par une main cachée dans la coulisse, qui leur communique à peu près le mouvement d'une scie. Sur ces vagues flottent trois jolis petits navires qui semblent fort mal à leur aise et qui s'inclinent, se redressent, avancent ou reculent, suivant le roulis, avec des soubresauts perpendiculaires et des balancements à angles droits. Après cinq minutes de ce spectacle grandiose, on entend le bruit d'un pétard qui tombe au milieu des eaux. Les femmes nerveuses poussent de petits cris d'effroi, et la voix de l'*impresario* domine le tumulte, sereine et triomphante :

« Bombardement de la flotte : la confusion règne à bord des vaisseaux; les équipages sont consternés. »

C'est pour cela sans doute qu'ils se cachent. Les habiles gens ont retrouvé, par l'inspiration d'un art naturel, le procédé de ce grand peintre grec, qui, désespérant de bien rendre la douleur d'Agamemnon, lui couvrit le visage, et laissa le champ libre à l'imagination du spectateur.

Cependant les fusées se succèdent avec profusion : une traînée de flamme se dessine sur l'azur du ciel, et une boule pyrotechnique, de la grosseur d'une demi-noisette, tombe en forme d'obus au milieu des flots. A ce moment où l'émotion dramatique et la puissance de la mise en scène ont atteint leur dernière limite, l'orateur, resté en dehors sur les tréteaux, soulève la tapisserie et joint sa voix fougueuse à celle de son collègue de l'intérieur. Moitié tourné vers la scène, moitié vers la foule béante et fascinée, il s'écrie avec une sauvage majesté d'organe dont j'aurais eu peine à le croire capable :

« Les bombes pleuvent comme la grêle sur les navires turcs ; la mer paraît tout en flammes ; le feu prend aux cordages et au grand mât, malgré les efforts désespérés des marins ; un des vaisseaux, criblé par la mitraille, s'abîme avec fracas au milieu des flots. »

Et pendant que la dernière boule pyrotechnique, la plus éclatante de toutes, traverse les airs, il écarte d'un geste superbe la toile qui cache le spectacle au public extérieur, et laisse les regards palpitants plonger avec extase sur le théâtre.

Mais ce n'est qu'aux grands jours, comme on me l'a expliqué depuis, que le machiniste déploie ces ruineuses splendeurs. Il use de procédés plus économiques dans les occasions ordinaires, et simule adroitement les bombes en faisant décrire une courbe rapide à une chandelle allumée qu'il tient derrière la scène.

J'admire, en vérité, la conscience avec laquelle toutes les parties du programme sont remplies. On avait promis la fuite des habitants de Sinope, l'armée russe, l'armée turque, Omer-Pacha, la mer, les vaisseaux, les bombes ; nous avons vu tout cela. Restait encore la catastrophe finale attendue avec une fiévreuse impatience : tout le monde brûlait de voir sombrer le vaisseau amiral ; il sombra. Après la chute de la dernière bombe, qui était tombée prudemment par derrière (car le machiniste n'avait pas cette sotte préoccupation de couleur locale qui eût pu le pousser à gâter son vaisseau, et l'on m'assura même qu'il recevait par-dessous les vagues les bombes à demi consumées, pour les faire servir une autre fois), l'infortuné navire se pencha à droite, puis à gauche, avec une violence de mouvements qui faisait frémir. On le tirait par en bas, et l'on eût dit que la main invisible ne pouvait parvenir à l'amener à elle. Un murmure sourd arrivait jusqu'à moi ; je prêtai l'oreille et j'entendis le dialogue suivant :

« Tire plus fort, oblique à gauche.

— Je ne peux pas, il est accroché.

— Imbécile ! passe-moi donc ça. »

Enfin, après des efforts désespérés, le navire s'enfonça perpendiculairement : le machiniste, dans le paroxysme de sa colère, avait oublié de lui imprimer le balancement du roulis.

La toile tomba en même temps, et je me levai pour sortir.

Je dois à mes scrupules d'historien véridique de déclarer que les spectateurs ne semblaient pas tous également plongés dans l'admiration : il se rencontre partout, même aux théâtres à un sou, de ces esprits chagrins et moroses que les sept merveilles du monde ne satisferaient pas. Un paysan de la banlieue, qui était resté debout tout le temps du spectacle, et dont la physionomie se rembrunissait de plus en plus à chaque minute, s'écria au moment même de la pluie des bombes :

« Ta, ta, ta, des bêtises, voilà tout ce que c'est ! »

Et tirant avec regret sa bourse de cuir, il en exhuma cinq centimes, haussa les épaules et fit mine de s'en aller

Apparemment que ce monsieur était venu dans l'espérance de voir les décorations du Grand Opéra. Mais le pitre sentit le danger, et, pour prévenir le scandale, il se précipita du coin où il ruminait dans l'ombre quelque nouveau calembour, saisit doucement le rebelle par le bras, lui fit d'amicales représentations, l'assura que ce qu'il avait vu n'était rien en comparaison de ce qui restait à voir, et qu'il se repentirait toute sa vie d'être parti avant le morceau capital. Le paysan se décida donc à voir sombrer le navire, et le pitre resta à ses côtés pour lui expliquer toutes les péripéties du tableau, et sans doute aussi pour lui couper la retraite.

Pour moi, en sortant, je témoignai toute ma satisfaction à cet honnête paillasse, et je descendis les degrés avec autant de lenteur et de fierté qu'un lycéen débutant dans le monde en met à descendre pour la première fois les marches du Café de Paris.

Après avoir fendu la foule, je me trouvai en face d'une autre cabane dont le dénûment était des plus expressifs. Un personnage bien mis, mais râpé comme le régisseur d'une troupe dramatique en tournée dans les sous-préfectures, occupait le devant du tableau; l'orchestre se composait exclusivement du classique porte-voix et d'une grosse caisse, qu'un jeune enfant frappait à coups redoublés avec une force au-dessus de son âge. Sur la devanture s'étalait cette inscription en lettres hautes de six pouces et larges à l'avenant :

TENTATION DE SAINT ANTOINE.

Je tressaillis à la fois d'aise et de douleur. O peuple frivole, qui vous laissez prendre au bruit, aux enchantements des yeux, au charlatanisme splendide, nation ingrate et moqueuse, vous abandonnez à l'oubli ce qui a fait la joie de vos pères, vous laissez l'araignée tisser sa toile sur ce théâtre charmant qui devrait être tendu de soie et de velours, comme un tabernacle; vous passez dédaigneux devant cette admirable légende, devant ces dernières et vénérables ruines du temps des mystères, et vous courez à l'Ambigu, voir des mélodrames en sept actes, avec accompagnement de coups de couteau et de bouteilles de vitriol!

En un moment les plus belles journées de mon enfance me repassèrent devant les yeux. Je revis le temps où, pour la première fois, je lisais cette magique annonce à la foire de ma bourgade natale, où je pénétrais dans le sanctuaire avec la fervente extase d'un néophyte. C'est surtout dans les campagnes que se sont perpétuées ces représentations patriarcales. Des artistes nomades reviennent y planter leurs tentes, à certaines époques fixes, pour jouer la *Passion*, *Joseph vendu par ses frères*, *Geneviève de Brabant*, avec un vrai chien, particularité qui plonge tous les habitants dans l'admiration, et qui fait pendant six mois le sujet de bien des commentaires. Ce sont les grands événements de ces lieux bienheureux. J'en sais même qui n'ont pas d'autre manière de compter, et qui dateraient volontiers leur hégire du jour où *Joseph vendu par ses frères* apparut pour la première fois sur la grande place, devant l'église: ce fut là en effet une révolution dans leur histoire; ce fut l'affranchissement et l'émancipation de leurs intelligences. Chez d'autres, c'est la *Passion* qui revient tous les deux ou trois ans, à la même époque, et cette année-là conserve toujours dans le langage populaire le nom d'année de la *Passion*.

Je me rappelle encore l'impression profonde dont j'étais pénétré à la vue de ces acteurs de bois, que je croyais vivants, de ce coq qui chantait en battant des ailes, de ces portes qui s'ouvraient et se fermaient toutes seules, de ces figures qui semblaient mises en jeu par une puissance magique. Je sortais, la tête pleine de visions et de fantasmagories, de vagues sensations et de rêveries confuses. Les jours où le spectacle m'était interdit, je rôdais autour de la baraque avec des polissons de mon âge, prêtant une oreille avide à travers les ouvertures de la toile, et saisissant à la dérobée quelque syllabe du dialogue, qui prenait alors je ne sais quelle physionomie mystérieuse et surnaturelle. La *virago* de l'association dramatique, armée d'un bâton et quelquefois d'un fouet, parcourait sans cesse les alentours, pour nous chasser à grands coups; nous nous sauvions comme une troupe de moineaux en déroute; mais c'était pour revenir bientôt nous abattre sur un autre point, jusqu'à ce que l'Euménide apparût de nouveau, menaçante et le bras levé.

On juge si je m'empressai d'entrer. Voici ce que j'aperçus. Le théâtre représentait l'enfer, un délicieux enfer, avec des grottes et des rocailles, comme dans l'île de Calypso. On voyait s'avancer un vieillard vénérable à longue barbe blanche, suivi d'une charmante petite femme, au minois chiffonné, dont la chevelure ruisselait sur ses épaules. C'était le démon et sa femme, ou, pour parler la langue savante du lieu, Pluton et Proserpine.

Le couple infernal dévoile ses projets en un conciliabule

terrible, qui, dès l'abord, pénètre la moelle des os d'une épouvante tragique. Pluton a appris qu'il y a sur terre un misérable moine qui, presque seul des hommes, brave son empire et refuse de se courber sous sa loi ; il veut punir ce vieillard obstiné. La reine du sombre empire s'associe aux projets de vengeance de son époux, et celui-ci convoque les milices maudites. La troupe des diablotins arrive dans le *Pandæmonium*, et Pluton la harangue, à la manière du Satan de Milton, avec une éloquence qui respire l'orgueil et je ne sais quelle farouche emphase :

« M'avez-vous entendu ? s'écrie-t-il d'une voix caverneuse.

— Oui, Monseigneur, répondent les diablotins en se courbant jusqu'à terre.

— Allez donc, reprend le monarque, et hâtez-vous d'exécuter mes ordres.

— Sire, ajoute Proserpine sur un ton de fausset aigu et perçant, permettez-moi d'accompagner l'expédition : vous savez comme je suis une douce et charitable personne ; je me ferai un vrai plaisir d'arracher les yeux à ce pauvre ermite.

— J'y consens, » répond le diable en gardant toujours son sérieux.

Ce qui doit surtout frapper dans ce prologue, c'est sa grandeur et sa hardiesse. Dès les premières lignes, le drame entre dans les plus philosophiques profondeurs du sujet ; il remue les émotions les plus fortes et les plus terribles. Comme l'auteur du *Paradis perdu*, le poëte sans nom qui fit cette légende la transporte tout d'abord en enfer. Cette première scène offre encore une analogie frappante et, certainement, de pure rencontre, avec le début de la merveilleuse histoire de Job. Pourquoi donc avoir mêlé la mythologie païenne à une légende du christianisme? Je n'en sais rien; il y a peut-être là une intention qui m'échappe. Quoi qu'il en soit, il faut bien pardonner à notre poëte un anachronisme qu'on pardonne à Dante et à Camoëns : la *Tentation de saint Antoine* n'est pas tenue d'être plus parfaite que la *Divine Comédie*, où l'on voit Cerbère agiter sa triple gueule au seuil de l'enfer chrétien et Caron passer les âmes des damnés dans sa barque.

Mais les diables ont disparu. La décoration change et représente un bois avec une cabane. C'est l'ermitage d'Antoine, serviteur de Dieu, que les tentations de la chair poursuivent jusqu'au sein des austérités, comme l'image de Rome et de ses belles courtisanes assaillait Jérôme au milieu du désert. L'anachorète, vêtu d'une robe brune et les reins ceints d'une corde, vient s'agenouiller en face de la nature; sa voix s'élève vers Dieu. Puis il rentre pour vaquer à ses travaux de chaque jour. A peine a-t-il disparu que s'avance une apparition menaçante : c'est Proserpine. On dirait qu'une sinistre expression de joie et de malice infernale illumine sa face de bois et pétille dans ses yeux de cristal. D'un geste dédaigneux elle ébranle la sonnette de l'ermitage. La voix d'Antoine lui répond :

« Qui peut m'appeler à cette heure et dans ces lieux écartés? Peut-être est-ce un pauvre voyageur égaré dans la solitude; peut-être un compagnon que Dieu m'envoie. »

Il sort : Proserpine est debout au milieu du théâtre.

ANTOINE. — Une femme! Mon Dieu, n'abandonnez pas votre pauvre serviteur !

PROSERPINE, d'un ton mielleux. — Ne crains rien, Antoine, et écoute-moi. Laisse là cette masure et ce désert sauvage, jette cette corde et cette robe grossière! A quoi bon tuer ton corps par les jeûnes et les austérités? Je suis Proserpine, la reine des enfers, et je viens t'offrir une place de premier ministre dans mon royaume!

Croit-elle donc, la digne reine, que c'est par des offres aussi candides qu'on peut séduire un si grand saint! Pour une diablesse, le procédé n'est pas des plus ingénieux[1]. Mais les méchants esprits des légendes ont quelquefois ceci de bon : c'est que, toujours comme le Satan de l'Homère anglais, ils possèdent du moins la franchise du mal, soit par orgueil, soit par naïveté, et que ce ne sont pas des diables tartuffes, de saints hommes de diables.

« Proserpine!!! s'écrie le pieux ermite. Éloignez-vous, Madame, ou je vais vous jeter de l'eau bénite. »

Et il fait le signe de la croix. Ce symbole pieux et cette menace suffisent pour mettre en fuite la reine de l'enfer. Antoine tombe alors à genoux pour remercier le ciel et implorer sa protection : il chante une complainte dont chaque mot est un acte de foi et d'humilité, chaque note un cri d'espérance et d'angoisse; puis il se renferme dans sa cabane.

C'est à ce moment qu'arrive Pluton lui-même, pour réparer l'échec de Proserpine. Il s'adresse à l'anachorète avec

---

[1] Proserpine s'y prenait autrement, jadis, dans ma bourgade natale. Je me souviens qu'elle jouait ici une scène de séduction fort vive, où elle portait l'ardeur et la fougue d'une bacchante; mais Antoine, comme le chaste Joseph, luttait vaillamment contre cette Putiphar, la terrassait dans la ruelle de son lit et la poursuivait avec un tison enflammé. On conçoit qu'il y ait eu là de quoi effaroucher la pudeur de la censure.

sa belle voix de basse-taille et ses phrases sonores où éclate une pompe solennelle. Mais Antoine résiste à ce nouvel assaut. Pluton, dans sa fureur, donne les plus cruelles instructions à ses milices infernales, et il n'est pas de cœur qui ne soit glacé d'épouvante, lorsque la bande des diablotins débouche sur le théâtre, pleine d'une affreuse allégresse, comme une troupe de bandits qui s'apprête à piller un couvent de nonnes. Ils arrivent en sautillant, en tordant leurs corps par toutes sortes de contorsions épileptiques, en dansant une cachucha effrénée, telle qu'on doit en danser aux enfers, en hurlant à plein gosier un concert discordant et scandaleux. Ils ceignent l'ermitage d'une ronde furieuse, entrecoupée de coups de pieds et de coups de poings, frappent brutalement à la porte, brisent les fenêtres, et l'un d'eux va se jucher d'un saut sur la cloche, qu'il ébranle à mouvements redoublés. Puis tous se taisent et attendent dans un silence narquois.

On entend résonner sourdement la voix lamentable de l'anachorète, à laquelle répond un cri strident et ricaneur, qui n'a rien d'humain. Antoine ouvre la fenêtre et regarde. Personne ; les diablotins ont disparu en un clin d'œil. Il tremble, car il sent que l'éternel ennemi est là dans l'ombre, guettant sa proie. Pendant qu'il plonge son regard éperdu dans le vide, un nouveau cri, plus aigu et plus moqueur encore, retentit à ses oreilles : Antoine sort, fouille chaque taillis, interroge chaque bouquet d'arbres et chaque buisson, au milieu d'un silence effrayant. Peut-être ses sens affaiblis ont-ils été victimes d'une illusion. Mais aussitôt qu'il s'est remis en prières, le vacarme recommence avec une intensité croissante.

Soudain, voici que de toutes parts, comme une nuée d'oiseaux de proie s'abat sur un cadavre, les diablotins se précipitent brusquement sur lui, l'entourent, l'étreignent, le renversent, et avec une verve de malice qui s'enivre d'elle-même, lui jouent des niches monstrueuses dont Callot eût pu enrichir son fantastique tableau. L'un saute sur ses épaules et lui passe les jambes autour du cou; l'autre l'accable d'irrévérencieuses chiquenaudes; un troisième le tire par la barbe, comme un sacristain de village qui sonne les cloches; le dernier le pique, le mord, le pince jusqu'au sang, et cependant ils chantent en chœur, avec un entraînement vertigineux, une allègre chanson dont j'ai retenu le refrain :

> Tirons-le par son cordon,
> La faridondaine, la faridondon,
> A la façon de Barbari,
> Mon ami.

Le saint s'est agenouillé : il répond à ce concert infernal par un hymne d'une poésie sévère, le visage grave et calme, quoique frissonnant d'une angoisse profonde :

> Grand Dieu !
> Du haut des cieux
> Vois ma disgrâce,
> Et par ta grâce
> Fais que je chasse
> L'enfer de ces lieux !

Le contraste est vraiment dramatique entre ce vieillard à genoux, immobile, priant avec ardeur, et cette troupe bruyante qui l'entoure, s'épuisant en gambades démesurées et en cris indécents.

Après l'avoir tourmenté à loisir, la troupe parcourt l'intérieur de la cabane : des grognements prolongés se font entendre, et on la voit sortir, poussant à coups de pied devant elle le fidèle compagnon d'Antoine, ce cochon infortuné qu'a immortalisé la légende. Insensible à ses propres tourments, le saint ermite s'émeut de ceux qu'ils préparent à cette pauvre bête, et il s'efforce en vain de fléchir les bourreaux. Ceux-ci entraînent l'animal dans les profondeurs du bois; au bout d'une minute, les grognements deviennent plus forts et plus sinistres, et le cochon reparaît au milieu d'un cercle de flammes, dont le foyer est une fusée que ces êtres malfaisants lui ont introduite dans le corps, à l'endroit où les écoliers peu studieux attachent des queues de papier aux mouches.

Cette scène ingénieuse a toujours un succès de fou rire.

La rage des démons est alors à son apogée; ils se précipitent à toute volée contre l'ermitage, abattent le toit, cassent la cloche, renversent les murs, écrasent et dispersent les matériaux; et toujours le refrain triomphant de leur chanson perce à travers ce fracas ironique et railleur, et s'entrelace au chant pieux du saint.

Mais le ciel s'illumine; les diables épouvantés s'enfuient, comme les apparitions mauvaises aux premières lueurs de l'aurore. Un ange sillonne l'espace de ses ailes radieuses, et vient réconforter l'ermite : « Antoine, lui dit-il, méprise ces vaines attaques de l'esprit des ténèbres; il ne peut rien contre toi. Supporte toujours les tentations avec le même courage; encore un peu de temps, et la récompense te sera accordée. Courage, Antoine, la couronne éternelle t'attend dans le royaume de Dieu. »

Majestueux épilogue qui termine le drame comme il avait commencé, par une échappée à travers les horizons de l'autre monde! L'enfer au début, le ciel à la fin; quelle saisissante antithèse et quel profond symbole!

La pièce tout entière est écrite avec une distinction de style qui n'est pas contestable, et qui s'allie sans peine à la naïveté la plus complète. On la dirait composée par un bel esprit du quatorzième siècle; mais elle s'est peu à peu accommodée aux progrès et aux développements du langage moderne. Les anachronismes y revêtent une grâce spéciale et n'y sont qu'un charme de plus; les barbarismes mêmes dont les personnages émaillent quelquefois leurs rôles exhalent je ne sais quel parfum de candeur qui réjouit l'âme des antiquaires.

On ne saurait croire à quel point la représentation scénique de cette légende passionne le peuple. J'entendais, aux endroits les plus pathétiques, des exclamations de douleur et de pitié partir autour de moi, et des commentaires chaleureux circuler d'une bouche à l'autre. Ma voisine, grosse femme à physionomie rustique, buvait avidement chaque parole; elle accablait les diablotins de malédictions énergiques, et s'indignait de voir une perversité si grande dans de si petits corps. Les tortures du saint et sa résignation la jetaient dans l'attendrissement :

« Ah! mon Dieu, s'écriait-elle à chaque nouvelle épreuve, le pauvre homme! le pauvre homme! »

Le supplice du cochon surtout affecta vivement la bonne âme; elle ne riait pas, mais répétait d'un air concentré :

« O Seigneur! le pauvre mignon! Les méchants garnements! Oh!... oh! »

A peine l'ange et l'ermite avaient-ils disparu, que la

même voix qui venait d'exprimer les angoisses et les prières de saint Antoine cria derrière la scène :

« On va terminer par une danse de caractère. »

Les spectateurs se rassirent précipitamment, et la danse de caractère commença, ardente, fougueuse, échevelée, sur les débris de l'ermitage. Y avait-il, dans ce rapprochement, la raillerie d'un sceptique, ou la grave antithèse d'un philosophe? Ni l'une ni l'autre peut-être, et ce serait dommage.

Quoi qu'il en soit, je quittai la baraque, comme dans mon enfance, plein d'embryons confus de poëmes qui se heurtaient dans mon cerveau, et me promettant bien d'aller revoir la *Passion* et *Geneviève de Brabant*, quand je les rencontrerais sur ma route.

Maintenant, passons des mystères aux farces et aux soties, — de la barrière Montparnasse aux Champs-Élysées !

Que n'aurais-je pas à vous dire de Polichinelle et de Guignol, si Nodier n'en avait parlé fort au long avant moi! Mais je ne suis pas académicien pour me permettre impunément une pareille licence. Et puis on crierait que je le pille, comme si ce n'était pas lui qui m'a dérobé mon bien à l'avance. Pourtant j'aurais voulu conter à mon aise quelle verve rabelaisienne, quelle fleur de gausserie populaire, quels caractères énergiques et vigoureusement dessinés, quels poltrons homériques, quels triomphants matamores, quels Falstaffs bavards, vantards, sensuels et gourmands, quelles rondes et joyeuses commères, fûtées dans leur bêtise même (je recommande surtout la mère Trinquefort à mes lecteurs), s'agitent sur cette scène en miniature, aux yeux des bonnes ébahies et des tourlourous béants. Et ce chat, comme il est mélancoliquement résigné, en se voyant chassé peu à peu du théâtre où il régnait autrefois ! Ne dirait-on pas ce pauvre Murr, ruminant dans sa barbe quelque dissertation philosophique et désenchantée ?

Bien des gens n'ont jamais réfléchi à la variété d'études, à la profondeur de science que révèlent ces trognes resplendissantes sous leur masque de lie, ces gestes mécaniques dont la symétrie même est si grotesquement plaisante, ces saluts, ces contorsions, ces embrassades, ces chiquenaudes sonores, ces coups de bâton si dextrement appliqués, ou évités avec tant de souplesse. Comme tous ces comédiens de bois se poursuivent, s'abattent, se relèvent, disparaissent, rient, pleurent et brûlent les planches ! On croit les voir à chaque instant ouvrir la bouche et remuer les yeux. Je ne m'étonne pas que, il y a deux siècles, le créateur français des marionnettes, Brioché, ait été appréhendé au corps comme sorcier, puisque aujourd'hui même, en plein dix-neuvième siècle, je ne suis pas éloigné de croire qu'il y a un peu de magie au fond de tout cela.

Toutes les qualités du genre sont réunies dans les drames joués par ces petits acteurs de bois peint, et composés par des maîtres dont jamais on ne saura le nom. On y trouve des *ficelles* aussi savamment combinées que dans les vaudevilles de M. Scribe, des situations plaisantes, un dialogue railleur, s'échappant en vives saillies et en réflexions sceptiques, des mots franchement et largement comiques, excitant ce bon gros rire gaulois qui ne vient ni du ventre, comme celui que vous arrachent les farces du Palais-Royal, ni des lèvres, comme celui des pièces musquées du Gymnase ou des comédies de Marivaux;

mais en droite ligne de la rate et du cœur qu'il épanouit avec bruit. Quelle langue chaude, franche, colorée, trempant par ses racines dans cet idiome pittoresque et vigoureux que parle le peuple ! que de mots expressifs ajoutés au vocabulaire de l'Académie ! quel art de tirer parti des moindres circonstances pour les faire tourner au profit du drame ! Loin de haïr les épisodes, Guignol s'y complaît, pourvu qu'ils soient amusants. Au besoin même, comme les grands maîtres de l'art, comme Aristophane, Plaute et Molière, il ne craint pas de rompre l'illusion théâtrale, et de nouer une conversation amicale avec les spectateurs privilégiés de l'orchestre.

J'entendais, ces jours derniers, un charmant petit garçon dire à sa mère : « Maman, Guignol m'a parlé. » Il était heureux, le bambin, et il avait bien raison : c'est une faveur que je lui envie, d'avoir conversé avec cet éminent personnage. Mais Guignol ne se prodigue pas. Ses favoris, ce sont ces petits visages blonds et roses qui l'accueillent avec des rires bruyants, aussitôt qu'il paraît. Quant aux grandes personnes, il les dédaigne fort : sa femme, il la bat ; le commissaire, il le rosse ; son voisin, il le tue ; puis il va boire un canon. Gardez-vous donc de croire à la réputation de naïveté qu'on a voulu lui faire, et de vous laisser prendre à ses beaux semblants de bonhomie : c'est une bonhomie narquoise et malicieuse, semblable à celle d'un rustre en train d'*écorcher* un faraud de la ville, une naïveté d'emprunt qui lui sert de masque pour attraper les étourdis et les sots. Il a en lui, sous ses allures de Falstaff plébéien, du Robert-Macaire et du Mayeux : comme Mayeux surtout, il est laid, frondeur, révolutionnaire, libertin, incrédule ; au demeurant, le meilleur fils du monde. Le malheureux a lu Paul de Kock, peut-être Voltaire ; c'était un abonné de l'ancien *Constitutionnel,* et, par un trait bien caractéristique du génie français, il n'a pas même le respect du sergent de ville, ce commencement de la sagesse.

Guignol finira mal.

Jadis, poursuivi par le spectre de ses victimes, comme Macbeth par l'ombre de Banquo, Polichinelle était enlevé par le diable, — juste châtiment de tant de forfaits ; mais cette dernière trace de l'influence shakspearienne a disparu. A la honte de la morale, son successeur Guignol reste debout dans son triomphe, et il pousse même l'impudence jusqu'à débiter une foule de petits mots pour rire sur le cadavre de son ami. On plaisante de tout en France. Et puis notre jeunesse est devenue si sceptique, que le diable, s'il venait pour enlever Guignol, ne lui ferait plus peur, et que les petits enfants mêmes seraient capables de crier haro sur cette pauvre majesté déchue [1].

Il faut donc l'avouer en toute honte, ce Guignol, qui nous a tant fait rire, parce que l'esprit excuse tout à nos yeux, est un mauvais sujet bien près de devenir un gredin sans ressource. Voilà où mène le matérialisme, car Guignol n'en est même plus à Pyrrhon en fait de croyances ; c'est la plus vivante incarnation du libertin déluré, rubicond,

---

[1] Polichinelle était mort, Polichinelle est ressuscité : Vive Polichinelle ! On peut le voir tous les jours à côté du Palais de l'Industrie, avec son chien, sa femme, son petit garçon, son ami Pierrot, les gendarmes, la potence et le diable pour couronnement final. (*Note de la première édition.*)

Mais, je ne sais si c'est à cause de ce diable arriéré, la résurrection de Polichinelle n'a pas duré longtemps : ce que vivent les roses. Le voilà mort de nouveau maintenant, et probablement pour toujours. Le présent est un fils ingrat pour son aïeul le passé.

sans souci, ami de la dive bouteille, qui ne songe qu'à manger largement, boire frais, dormir la grasse matinée et se tenir en liesse. Il confond volontiers le cœur avec le ventre, et la conscience avec l'estomac. Demandez-lui s'il croit à son âme, et il est homme à vous répondre qu'il adore le petit bleu. C'est bien le vrai fils de Polichinelle : le drôle marche à grands pas sur les traces de son illustre papa, dont l'ombre ironique et ricaneuse, comme celle d'un mauvais génie, vient, au commencement et à la fin de chaque pièce, planer sur ce théâtre qui est sien, et en prendre possession aux yeux du public. Il me serait facile, si je voulais faire un réquisitoire, de démontrer que cet impitoyable railleur ne respecte ni le gouvernement, ni la propriété, ni la famille, ni aucune des grandes idées qui forment la base de l'édifice social, et qu'il a sur la vertu des opinions aussi avancées que celles de Brutus mourant. Je pourrais le dénoncer comme le dernier des encyclopédistes. A quoi bon ? il est trop amusant pour être bien dangereux.

C'est dans ces théâtres en plein air, baptisés des noms les plus expressifs et les plus réjouissants, Guignol, Guignolet, Rigolo, Gringalet, Bambochinet, etc., aussi bien que dans les parades des saltimbanques, qu'il faut aller chercher les types qu'on croyait perdus de la comédie italienne, — toutefois avec quelque chose d'original, avec un vernis français qui les fait nôtres, à coup sûr. Je ne veux pas d'autre démonstration de la valeur de ces petits théâtres que cette création de types, et de vrais types. Ils en ont produit plusieurs, qu'il est facile de reconnaître sous la pourpre dont les a parés ensuite le génie de quelque grand poëte. Il y a longtemps qu'on l'a remarqué pour la première fois, c'est par les hommes des rues et des mansardes, par les Tabarin et les Brioché, les Bruscambille et les Gringalet, les Gautier-Garguille, les Turlupin, les Gros-Guillaume et les Guillot-Gorju, ces premiers instituteurs de Molière, par cette forte race de Bohémiens et de glorieux inconnus, que tout s'invente et se crée. Puis, un beau jour, un homme d'esprit passe par là, trouve l'idée bonne, l'habille d'oripeaux tout frais, et la met dans ses livres : on le décore, et Bilboquet meurt de faim. Tel est le sort.

« Messieurs, disait un charlatan rencontré par Bachaumont sur la place Louis XV, ceci est un tour que j'ai appris à Ferney, de ce grand homme qui fait tant de bruit ici, de ce fameux Voltaire, *notre maître à tous!* » Quoi qu'il en semble à Bachaumont, ce charlatan était trop modeste : il prenait les maîtres pour les disciples.

Il ne manque au génie de cette race que la consécration officielle. Pourtant l'Académie s'en est déjà occupée. Un jour, le secrétaire perpétuel de la docte assemblée parla longuement à l'auditoire de Plège, le saltimbanque. Voulez-vous savoir quel chef-d'œuvre avait fait celui-ci? L'héroïque acrobate avait sauvé six hommes au milieu des eaux et des flammes, et ce chef-d'œuvre en vaut bien un autre.

Mais, pour nous en tenir à la littérature, combien de comédies, combien de farces de *haulte gresse* dans les parades qui se jouent sur ces tréteaux pour amasser la foule, dans ces grotesques dialogues où le pitre, presque toujours admirable sous son masque éternel de Jocrisse, atteint parfois le sublime de la bouffonnerie ; dans ces bagatelles de la porte, que le pur amour de l'art a prolongées souvent aux dépens des exercices plus lucratifs ! Car il ne faut pas croire que les rires de la foule soient moins doux à l'oreille du saltimbanque que les applaudissements des claqueurs à celle du comédien.

On joue dans ces baraques des vaudevilles, des drames, des mélodrames à grand spectacle, parfois des tragédies. J'y ai vu représenter la *Pie voleuse* au milieu d'un grand succès de larmes, et les *Cosaques*, émondés et raccourcis des deux tiers, avec intercalation d'épisodes attendrissants.

Dans un théâtre portatif, longtemps établi en permanence sur la place de l'Abbaye, on jouait la *Tour de Nesle*. Buridan et Marguerite, beau couple aux grands airs de tête et au torse fièrement cambré, se tenaient souvent debout sur le seuil, grignotant une pomme et un petit pain, en attendant leur entrée en scène. Marguerite avait les épaules recouvertes d'un long châle bleu, sous lequel on voyait briller les paillettes de sa basquine, serrant de près une taille aux puissants contours. Marguerite était en boucles à la Sévigné. Quant à Buridan, il trouvait moyen de se draper dans un superbe manteau rouge, quoique le tailleur en eût singulièrement ménagé l'étoffe. Sa bonne lame pendait à son côté, sous la forme de ces sabres placides dont s'arment encore les gardes champêtres dans certaines provinces. Buridan portait culotte comme un marquis de l'ancien régime, et se coiffait à la malcontent. On voit que la couleur locale était scrupuleusement observée. Le drame de M. Gaillardet avait été réduit à quatre personnages, et, malgré l'audace de cette transformation nouvelle, je ne m'en plaignis pas après l'avoir vu jouer.

CHAPITRE QUATRIÈME

INDUSTRIELS ET SALTIMBANQUES.

Comme on a pu s'en convaincre par ce qui précède, j'ai toujours été empli d'une tendresse de mauvais goût pour la race des saltimbanques : plus ils sont humbles et petits, plus je les aime ; plus ils sont déguenillés et faméliques, plus ils me semblent beaux sous leurs haillons pittoresques. Fi des saltimbanques qui ont du ventre et portent des faux cols, qui sonnent de la réclame à la troisième page des grands journaux, au lieu de sonner de la trompette sur les planches, devant leur baraque ! Vivent les saltimbanques maigres, pâles, alertes, qui *travaillent* en plein soleil, débitent des discours passionnés, grimpent, à la force des reins, jusqu'au plus haut degré de l'échelle de l'art, et se disloquent tous les membres pour gagner quatre sous !

Enfant, je faisais le désespoir de tous ceux qui s'intéressaient à moi, en suivant avec obstination, par les ruelles de ma patrie, le moindre *sauvage*, équilibriste ou hercule, qui pénétrait dans ces parages lointains. Il m'arriva même une fois d'accompagner, en un galop frénétique, un coureur de profession, qui s'était engagé à franchir six fois, en dix minutes, toute la longueur de la ville, et qui avait engagé les amateurs à lutter avec lui. Mais aucun concurrent sérieux ne se présenta pour soutenir l'honneur du drapeau local ; peut-être les habitants, très-fiers de la vaste étendue de leur cité, avaient-ils flairé une épigramme dans le défi de l'artiste, et craignaient-ils d'y prêter imprudemment les mains. Quoi qu'il en soit, je fus le seul qui, parmi d'autres rivaux de mon âge et de ma taille, eus l'honneur de parcourir la lice jusqu'au bout. Le coureur était armé d'un fouet, pour déblayer le passage, sans s'arrêter, en cinglant les enfants qui tourbillonnaient autour de lui comme la poussière autour d'un rayon de soleil. J'en reçus dans les mollets maints coups des plus cuisants; ce qui me remplit alors d'un immense et légitime orgueil, et ne diminua rien de mon respect ni de mon admiration.

J'avais dix ans, lecteur.

A la même époque de ma vie, je prodiguais les bassesses pour conquérir l'amitié des fils de chaque artiste ambulant ; et quand, grâce aux protections que je m'étais ménagées à force de billes et de pommes, j'avais obtenu la faveur de pénétrer en tapinois dans l'immense voiture qui servait d'hôtellerie à la troupe, je me sentais pousser une auréole, comme un rhétoricien qui vient de cueillir une églantine aux Jeux floraux. Aussi ma marraine me prédisait-elle que je deviendrais un jour saltimbanque ou même danseur de corde . . . O marraine !

Aujourd'hui que, comme le poëte, j'ai laissé bon nombre de mes illusions aux ronces du chemin, j'ai gardé celle-là, si c'est bien une illusion pourtant, et j'ai toujours le même *faible* pour cette vaillante famille, que je visite encore volontiers lorsque j'ai le temps, et même quelquefois lorsque je ne l'ai pas.

L'été dernier, j'étais allé, pendant quelques semaines, me replonger dans l'air bienfaisant du pays natal. En revenant du bois voisin, je rencontrai un homme de longue taille, maigre et sec, assis sur le haut de la colline, une boîte à ses pieds, et fumant. Je reconnus un pauvre artiste ambulant, que j'avais vu, la veille, faire sur la place publique des tours de cartes et de gobelets. Caché derrière un arbre, je me pris à le considérer en rêvant, et mon imagination, docile au moindre appel, se mit à voltiger autour de lui.

Pauvre saltimbanque ! il s'est arrêté ; il se repose ! Voilà déjà longtemps qu'il marche, et il lui reste encore bien longtemps à marcher. Il n'a pas le moyen d'acheter un cheval. Heureusement, son bagage n'est pas lourd et peut tenir facilement sur son dos, comme celui du sage.

Pourtant le saltimbanque n'est pas d'un tempérament mélancolique. Non, vraiment. Tout à l'heure il chantait, mais maintenant il est las, car il se fait vieux. Il vient d'achever son repas, puisé à pleines mains dans les monotones provisions du bissac, et il rêve en digérant. Pourquoi ne rêverait-il pas, le saltimbanque ? Il a tant vu de pays et de choses ! C'est un artiste, d'ailleurs, et son imagination est ce qui pèse le plus parmi ses provisions de voyage.

Jadis, il y a bien longtemps, le saltimbanque était tout petit, et il ne songeait pas encore à gagner sa vie ; il ne se demandait pas encore comment il pourrait bien s'y prendre pour dîner le soir. C'était là le bon temps, où l'on trouvait son pain cuit sur la planche. Ah ! les franches lippées qu'on faisait alors ! Ah ! comme on s'en donnait à belles dents ! et qu'il faisait bon être petit, pour s'amuser tout le jour, — et avoir un si bon estomac, pour si bien dîner ! Mais cela ne dura guère. Le pourvoyeur de la planche partit pour un pays d'où l'on ne revient pas ; adieu les franches lippées !

Il a douze ans. Le voilà tombé comme un grain de poussière sur le pavé de Paris. Il ouvre les portières, il ramasse les bouts de cigares, il fait les commissions, il vend des contre-marques. Les soirs de printemps, il erre sur les boulevards, et la vue des promeneurs insouciants, des équipages flanqués de chasseur et de groom, des élégants au binocle d'or, aux gants jaunes et aux bottines vernies, le parfum des panatellas négligemment fumés du bout des lèvres, l'arome pénétrant du moka que les garçons versent dans les demi-tasses, l'éclat multicolore des liqueurs étincelant dans les petits verres, le pétillement du punch enflammé dans les bols, les conversations des oisifs, les rires joyeux, tout, jusqu'à ces chaises où s'asseoient, pour regarder le monde, les merveilleux du boulevard des Italiens, tout le poursuit, l'attire, lui chuchote à l'oreille des mots enivrants, de mystérieuses promesses, des appels magiques. Chacune de ces choses, qui représentaient le luxe et la jouissance, prenait un corps et des bras pour l'attirer à elle. Frémissant de convoitise inassouvie comme Tantale, assailli de tentations vivantes comme saint Antoine, il sentait bruire en son cerveau mille harmonies confuses, milles poëmes de désirs, d'espérances et d'angoisses. Il s'enfuyait éperdu, et couchait quelquefois dans un corps de garde, où le souvenir le poursuivait encore, où le bataillon des chimères harcelait ses brûlantes insomnies.

L'âge vint, les dents s'allongèrent, et le dîner diminuait chaque jour. Pourtant il resta honnête : Dieu bénisse le pauvre saltimbanque ! Il fallut s'envoler avant d'avoir des ailes : Paris a trop de séductions pour qui ne peut s'y livrer ; c'est une sirène qui sourit à tout le monde et qui ne se donne qu'au riche. Un Robert-Houdin de carrefour l'adopta un jour entre deux coups de pied, et, fort de cette éducation virile, depuis trente ans il court le monde. Quand s'arrêtera-t-il? Il ne sait; et qu'importe! Ses jambes sont encore bonnes, et il ne se déplaît point ici-bas.

Fi des René, des Werther et autres songe-creux ! Le saltimbanque n'a pas le caractère si mal fait. Il rêve encore quelquefois aujourd'hui, mais à ses heures : l'expérience l'a rendu sage. Comme il caresse amoureusement des lèvres sa pipe, le seul luxe qu'il se permette ! Quels magnifiques tourbillons de fumée se déroulent autour de sa tête, serpentent, courent les uns après les autres, s'attrapent, se culbutent, pirouettent, et vont s'évanouir dans l'azur ! Le pauvre saltimbanque les suit de l'œil, et son regard devient de plus en plus fixe, de plus en plus tendu; il semble contempler quelque chose, bien loin, dans le vague et dans l'inconnu. Chaque tourbillon s'anime, comme ces flots que les anciens croyaient voir peuplés de naïades ou d'ondines, comme ces étincelles où nous suivons encore aujourd'hui, le soir, en tisonnant, de longs défilés de soldats et des batailles fantastiques.

La représentation commence, et bientôt déroule avec profusion mille scènes charmantes et variées, toutes les images du kaléidoscope, toutes les visions du haschisch, des figures joyeuses qui passent, le sourire et la chanson à la bouche, en se donnant la main. Les bouffées qui se succèdent ajoutent une nouvelle pièce à toutes celles qui tourbillonnent dans la brume, autour du saltimbanque ravi. Et bientôt, l'imagination aidant, il tourbillonne lui-même dans cet Eldorado fantasmagorique ; et il accélère si bien les bouffées de sa pipe, que la scène s'anime encore, que les pièces se succèdent plus pressées,— et que son tabac est usé jusqu'au bout. Jamais millionnaire n'a vu, dans la fumée de son régalia, tout ce que le brave homme a découvert dans celle de sa *marseillaise*. Enfin il se lève, m'aperçoit, me salue humblement, et rattache sa boîte à son dos.

En route, pauvre saltimbanque ! te voilà reposé ; la gaieté est revenue, et le courage aussi, — et l'espérance en même temps !

Laissons-le aller, et retournons à ses frères les saltimbanques de Paris.

Ce jour-là, c'était une fête nationale, époque de repos pour le corps et pour l'intelligence. Les industriels des places publiques se tenaient tous à leur poste, l'œil aux aguets, l'organe sonore, le geste dominateur, la verve allumée, sentant bien que le moment était décisif, et que la recette, c'est-à-dire le pain et la vie du jour, de la semaine, peut-être du mois tout entier, gisait dans leur faconde et leur inspiration. Je les reconnaissais tous, les héros du quartier Lafin, des places de la Bastille et du Château-d'Eau, des quais et des carrefours ; ils avaient émigré pour suivre la foule du côté du Champ de Mars et des Champs-Élysées. Vêtus de leurs plus fraîches jaquettes, de leurs costumes les plus variés, les plus éclatants, les plus irréprochables, je les voyais, les pauvres gens, grimaçant un sourire qui pâlissait sur leurs faces blêmes, décochant des gaudrioles inédites qu'ils ruminaient depuis six semaines pour la circonstance, se surpassant eux-mêmes, s'épuisant en efforts cyclopéens pour fasciner le public, ce grand blasé qui regarde en fumant son cigare, bâille, sourit froidement d'un bon mot, admire, en se mouchant, une cabriole à casser les reins d'un chat tigre,...et s'en va au moment de la quête.

Le premier que je rencontrai, debout près d'une petite table, sa *bourgeoise* au côté, ce fut un montreur de lièvre savant, artiste méconnu, qui porte ses lambeaux avec dignité, et que j'avais vu déjà dans toutes les rues et sur toutes les places de la rive gauche. Je serais fort trompé si cet homme n'était un ancien modèle, et s'il n'avait posé dans les ateliers pour les Bélisaire, voire pour les *Père éternel*. Quoi qu'il en soit, le pauvre industriel ne possède pas l'art, le plus précieux, mais sans doute aussi le plus difficile, d'amasser autour de lui un cercle nombreux et de fasciner le public.

Le lièvre,—car c'était un lièvre et non un lapin, comme un observateur superficiel eût pu le croire, et comme j'avoue que moi-même je l'avais cru d'abord,—le lièvre donc était philosophiquement assis sur son derrière, et attendait avec patience, en remuant les lèvres, à l'instar d'un simple et modeste lapin, que son maître eût fini le splendide discours qu'il adressait à la foule. Quand celui-ci en vint à la péroraison, sur un air connu : «Allons, Messieurs, un peu de courage à la poche!» les redingotes, qui écoutaient de loin, s'esquivèrent comme des ombres dans un poëme épique ; mais les bonnes, les troupiers et les enfants restèrent. Il demandait quinze centimes *entre toute la société*, et, pour cette somme modique, il promettait des merveilles. A force d'en appeler à l'intelligence et à la justice du public, il parvint à obtenir deux sous, et se décida à commencer, afin d'*encourager* les personnes qui l'auraient oublié.

« Attention! » cria-t-il.

Le lièvre tressaillit et se dressa sur son séant, les oreilles tendues, les pattes immobiles. Il fit alors exécuter à la pauvre bête divers tours élémentaires; il lui fit *battre le tambour*, avec un roulement précipité, sur son bras droit; puis lui présenta sa longue barbe, que le lièvre se mit à ratisser docilement, avec une rapidité extrême; opération qu'il termina en posant délicatement ses lèvres sur celles de son maître; après quoi, fatigué de tant d'efforts d'intelligence, il se replia sur la table, craintif et tremblant, et se reprit à grimacer de plus belle.

Quant au maître, il n'avait pu conquérir son troisième sou. Il salua, en annonçant que la séance était terminée. Je le regardai; il ne semblait nullement désolé d'une si imperceptible recette : l'habitude l'avait depuis longtemps blasé là-dessus.

Quelques gamins curieux étaient restés près de la table : l'un d'eux mangeait de bon appétit une savoureuse tartine; l'industriel l'avisa, et, d'un air protecteur, lui en demanda une bouchée pour son lièvre. Le gamin, fier d'un tel honneur, tendit la tartine; mais il ne put s'empêcher de la suivre d'un regard plein d'angoisses, en la voyant passer tout entière, morceau par morceau, dans le gosier du lièvre famélique.

« Mange-t-il du pain au lait? demandai-je au propriétaire.

—Oh! il mange de tout, » répondit-il d'un air qui voulait dire : Comment vivrait-il s'il ne mangeait pas de tout? — D'ailleurs, c'est un lièvre savant...

J'achetai donc un pain au lait d'un sou sur la table voisine; je l'émiettai dans ma main gauche avec ma main droite, j'eus la satisfaction de voir l'intelligent animal grignoter jusqu'au dernier débris, et je continuai ma route, ravi d'avoir rencontré un si colossal appétit dans une si petite bête.

Les lièvres savants sont rares; les chiens sont plus communs. Parmi les montreurs de chiens savants, il en est deux qui m'ont particulièrement frappé.

L'un a quatre énormes animaux qu'il se contente de faire courir à droite et à gauche, et coucher sur le ventre, à grands renforts de coups de pied et de coups de bâton. La représentation est maigre, mais les acteurs s'instruisent tous les jours, et d'ici à quelques années, ils pourront devenir d'une force respectable. En attendant, leur instructeur raconte de si drôles d'histoires au public, qu'il trouve moyen de faire accepter pour argent comptant ces simulacres d'exercices, comme madame de Maintenon remplaçait au besoin le rôti par une anecdote.

L'autre est un vieux troupier, qui ne possède qu'un caniche, vieux troupier comme lui, dont l'emploi consiste à se laisser juger et fusiller trente fois par jour. Ce caniche porte le sac au dos, et a le chef recouvert d'un schako; il est accusé d'avoir volé et déserté à la suite d'une *ribote*. Son maître déploie un papier contenant les chefs d'accusation, tandis que le déserteur se tient debout, d'un air piteux, sur ses pattes de derrière:

« Écoutez bien cela, mes enfants, dit alors solennellement le soldat à ceux qui l'entourent, et voyez comme l'ivrognerie ne mène à rien de bon. Voilà un brave que j'ai vu faire son devoir à Wagram et à Friedland; eh bien, pour avoir bu un petit verre de trop, il s'est déshonoré aux yeux de la patrie. Ne vous grisez jamais, mes enfants; on commence par se griser, on finit par voler. »

Ensuite il lit le réquisitoire, qui est bien le plus ébouriftant recueil de farces de caserne qu'on puisse entendre, — et, à chaque instant, il s'interrompt pour interpeller le coupable, qui baisse humblement la queue et les oreilles :

« Comment, vieux drôle, vieux scélérat, avoir volé la cantinière, une si brave femme, qui faisait crédit à tous les bons lapins! Ah! vieux gueux, tu mérites bien la mort! »

Et il continue à travers les interruptions du même genre, que le caniche écoute avec la résignation d'un condamné repentant. Enfin, il le fusille lui-même, et la victime tombe en poussant un hurlement plaintif. On rit dans le cercle :

« Ne riez pas, mes enfants, fait le troupier en portant religieusement la main à son bonnet de police; c'était un coquin, c'est vrai, mais, comme dit cet autre, ceux qui sont morts sont morts. Nous allons lui rendre les derniers devoirs, et je vous engage à jeter chacun un sou pour les frais de l'enterrement du pauvre diable. »

Voulez-vous des saltimbanques utilitaires? Il n'en manque pas. Allez sur le Pont-Neuf ou sur la place de la Concorde : vous en verrez qui montrent la lune ou les comètes à travers des télescopes, et qui tracent à la craie sur le sol, pour l'instruction du badaud peu savant, des zodiaques complets à rendre jaloux Arago, ou M. Babinet de l'Institut.

J'en ai même rencontré un qui explique au public le mécanisme des affaires, le code, l'arpentage, la hausse et la baisse de la Bourse, le moyen le plus sûr et le plus prompt de se créer des rentes, — moyen dont il n'use pas pour lui-même, je ne sais pourquoi : tous ces grands artistes sont d'un désintéressement qui mérite le plus profond respect. Il vend, — ou il ne vend pas, — de petites feuilles de papier sur lesquelles il a condensé la quintessence des principales opérations financières. S'aperçoit-il (trop souvent, hélas!) qu'on ne l'écoute plus et que le public se disperse, il s'agenouille sur le sol, et pour donner à l'assistance une haute idée de la perfection de ses connaissances mathématiques, place une épingle à terre, puis, décrivant rapidement, avec un bâton, une large circonférence à partir de l'extrémité de cette épingle, il retombe si juste sur l'autre extrémité qu'il l'envoie bondir à dix pas.

« C'est de la géométrie, cela! » s'écrie triomphalement l'artiste en se relevant.

Et pourtant, malgré cette expérience concluante, on n'achète pas davantage. Aussi, il faut voir le paletot et la casquette du pauvre industriel!

Ceci prouve que la meilleure manière d'intéresser le public et de gagner sa vie n'est pas d'instruire, mais d'amuser; si la conclusion est peu morale, ce n'est point ma faute.

Fermons la parenthèse.

Après avoir quitté l'homme au lièvre, je m'étais jeté un peu de côté pour échapper à la déchirante harmonie des orchestres en plein vent. Devant moi je voyais marcher un jeune homme fort laid, — blouse bleue, pantalon tricolore hideusement rapiécé, nez énorme surmonté de lunettes à branches massives. Il tenait sa casquette à la main, et répétait à mi-voix, en gesticulant avec feu, des paroles que je n'entendais pas. Il commençait à m'inquiéter, et je le surveillais du coin de l'œil, quand soudain je le vois se précipiter, à l'angle d'une rue, et jeter furieusement sa casquette à terre. Je m'élance avec un cri d'effroi, persuadé que le malheureux, dans un accès de désespoir, va se lancer sous les roues d'une voiture, mais je reste stupéfait, en l'entendant s'écrier d'une voix tonnante et avec des contorsions furibondes :

« Bah ! autant que je me ruine aujourd'hui que demain ! »

Et, ce disant, il tire de sa poche de petits paquets de papier, qu'il dépose avec soin dans l'intérieur de sa casquette. Quoique singulièrement humilié d'avoir été dupe à ce point de ma philanthropie, je m'arrêtai, redevenu badaud, et noyé dans la foule qui, du premier coup, s'était trouvée formée en cercle.

Qu'est-ce qu'il va faire? me demandai-je, vraiment intrigué cette fois, et ne me sentant pas le courage de partir après ce début homérique.

Aussitôt, comme pour répondre à ma pensée, il prit délicatement, entre l'index et le pouce, un des petits paquets, le défit lentement, en exhiba un autre petit paquet qu'il défit de même, et en tira un véritable bijou, une montre mignonne qui scintillait aux rayons du soleil et dont il se mit à énumérer, sur le ton du dithyrambe, les qualités admirables. Il vendait la montre avec la chaîne vingt-cinq centimes. Un compère s'empressa d'acheter avec enthousiasme, et il eut soin de lui remettre une pièce de cinq francs, dont le marchand lui compta la monnaie lentement et à haute voix. Le public regardait sans s'émouvoir, et un bourgeois emprunta même la montre au compère, afin d'en faire examiner le travail exquis à son voisin, en lui disant, de cet organe onctueux qui annonce le bien-être de l'âme et la santé du corps :

« C'est étonnant comme on travaille aujourd'hui ! Cela vaut dix francs comme un liard.

— Comme un liard ! » répondit le voisin en hochant la tête d'un air convaincu ; et tous deux s'en allèrent, après s'être poliment salués.

Cependant le vendeur poursuivait son *speech* avec une volubilité incroyable.

« Tenez, Messieurs, disait-il, c'est vingt sous ! Non, ce n'est pas vingt sous : qui en veut pour quinze ?... Tenez, ce ne sera pas à quinze, ce ne sera pas à douze, ce ne sera pas à... »

Ici il s'interrompit brusquement, ramassa sa casquette, et, sans prendre le temps de replier ses paquets, fendit le cercle qui attendait la fin de la période. Je compris la cause de ce départ précipité, en voyant poindre à l'horizon le bicorne d'un sergent de ville.

Je regrette infiniment de n'avoir pas connu Lavater. Peut-être eût-il pu m'apprendre pourquoi tous les vendeurs de montres à cinq sous que j'ai jamais rencontrés sont d'une laideur révoltante, et qui dépasse vraiment les bornes. Serait-ce une des conséquences nécessaires du métier? Mais, en revanche, ils parlent si bien !

J'en ai entendu un pérorer avec feu sur les affaires d'Orient par-devant une fruitière et un marchand de gravures d'Épinal, que fascinait son éloquence. Il leur expliquait le rôle de la France et l'attitude équivoque de l'Autriche dans la guerre contre la Russie.

Voici un bossu qui, de plus, a les jambes cagneuses. Les bossus ont tous de l'esprit, dit-on ; celui-là a du génie, ce qui ne vaut pas l'esprit, mais ce qui est déjà quelque chose. Il a créé l'art, inconnu jusqu'à lui, de faire circuler sa bosse autour de son corps, aux yeux d'un cercle émerveillé; c'est là son industrie et sa profession spéciale, et l'on conviendra, si l'on est juste, que peu de personnes, même parmi les bossus, seraient capables d'en faire autant.

Couronné d'un diadème, comme un roi, la poitrine découverte, en chemise jusqu'à la ceinture, il se campe sur un tabouret, avec une physionomie austère. Après quelques explications préalables qu'il donne à la foule, d'un ton profondément pénétré, le bossu-prodige, s'arrondissant en bas-relief, tourne lentement et solennellement sur lui-même, les bras étendus, la tête renversée, imprimant par soubresauts de violentes secousses à sa gibbosité dorsale, qu'on voit bientôt s'ébranler comme une montagne, et s'acheminer pesamment, à travers les obstacles qu'elle franchit d'un pas lent et sûr, jusque sur la poitrine, où elle se fixe enfin, en attendant que l'*impresario* juge à propos de la reporter à sa place naturelle. Cela fait, il annonce au public qu'il va grandir de six pouces, et, en effet, grâce à d'ingénieuses et rapides saccades qui font craquer les jointures de ses os, il parvient à redresser peu à peu l'édifice tortu de ses jambes, et se dessine dans la pose héroïque de Chevert indiquant de la main au grenadier la citadelle qu'il doit escalader. Il a l'air si convaincu alors qu'il vient d'accomplir une chose admirable qu'on n'a pas le courage de le détromper.

Lorsqu'il a fini, il recommence.

Voilà un gaillard que bien certainement le moyen âge aurait brûlé comme sorcier, en compagnie de son voisin, l'homme-caoutchouc, adolescent dont la profession consiste à se disloquer tout le corps, à se plier en trois parties égales, comme un mouchoir de poche, à courber en deux son épine dorsale, à se passer les jambes autour du cou, à joindre les bras derrière le dos, pour les ramener de là sur sa poitrine sans séparer ses mains entrelacées l'une dans l'autre. Ce dernier tour ne peut s'accomplir qu'en faisant craquer d'une terrible façon les os de ses omoplates; encore a-t-il grand soin de rabattre d'abord le collet de sa chemise et de placer sur une de ses épaules la main d'un spectateur bénévole, pour qu'on puisse mieux saisir, aux mouvements que son épaule imprime à cette main, la violence de la dislocation que subissent ses membres. Aussi, quelle morgue et quelle emphase !

« Il n'y en a pas un dans toute la France, il n'y en a pas un dans l'univers entier qui puisse en faire autant, s'écrie-t-il avec des gestes inouïs, et en secouant la tête d'un air enivré. Je défie un homme au monde d'avoir le corps brisé comme moi : ce n'est pas des os, ça : c'est du linge, c'est du papier mâché. S'il y a des docteurs dans l'assemblée, je ne les crains pas; qu'ils m'examinent, et ils verront que je suis un vrai phénomène, et que l'Académie de médecine n'a jamais eu sous la main un sujet comme moi ! » Et il assure que plusieurs savants sont déjà venus le voir chez lui ; et il ajoute qu'il est à la disposition de leurs confrères qui voudraient les imiter; et il donne son adresse, avec l'heure à laquelle il est visible.

« Maintenant, Messieurs, ajoute-t-il, je demande à toute la société, et surtout à ceux qui ont des connaissances, ce que cela vaut, en conscience. Un homme comme moi, qui demanderait cent sous par personne, aurait toujours sa baraque remplie et il ferait fortune en six semaines. Moi, Messieurs, je me fie à la justice et à l'intelligence du public. On jette ce qu'on veut, un sou, deux sous, un liard, un centime ; je ne refuse rien, pas même les louis d'or. »

Le jeune homme aux membres disloqués a une façon originale d'entrer en matière et de tenir l'attention en haleine, sans se prodiguer inutilement, tant que le cercle n'est pas encore assez épais. Il demande deux gamins de bonne volonté, et il s'en présente vingt ; il choisit les deux moins déniaisés, les fait mettre en ligne devant lui, la tête droite et le pouce à la couture du pantalon ; puis, sous prétexte de les dresser à l'exercice, il leur commande avec précipitation des mouvements compliqués où ils se perdent, et qui les jettent pendant une demi-heure dans la pantomime la plus désordonnée et la plus divertissante. Après leur avoir ordonné d'imiter ses gestes, il passe ses cuisses derrière son cou ou sa tête entre ses cuisses, en marchant sur ses mains, et les pauvres petits, qui y mettent beaucoup de bonne foi et de docilité, font d'énormes culbutes, aux grands éclats de rire des badauds. Il les accuse alors de n'être bons à rien, administre une taloche à l'un, un coup de pied à l'autre, et les renvoie ainsi battus, mais satisfaits.

C'est à ce moment que l'orateur prend la parole, pour demander pardon à l'honorable société de s'être amusé ainsi aux bagatelles, et annonce qu'il va procéder à des exercices sérieux, dignes des spectateurs choisis qui le contemplent.

Qui pourrait passer indifférent devant ce brave saltimbanque en tartan écossais qu'on rencontre tous les soirs sur la nouvelle place des Écoles, Hercule bonhomme et naïvement matamore, que sa femme même admire silencieusement, les bras croisés et le regard fixe ? Le matin et jusqu'après le milieu du jour, la *bourgeoise* exerce différentes petites industries, et pratique le commerce de détail aux abords des marchés ; le mari traîne à travers les rues une énorme brouette, en criant : *De la pomme de terre au boisseau, au boisseau !* Quand vient le soir, on les voit arriver tous deux à leur poste ; la femme étend à terre un méchant tapis, et la foule, au seul aspect du *Sauvage*, comme on l'appelle dans le quartier, se hâte lentement d'accourir, comme auprès d'une vieille connaissance.

Je l'aime, ce Sauvage. Il étale ses larges membres avec tant de fierté ! il a un port de tête, un mouvement des épaules et de l'avant-bras pleins d'un orgueil si candide ! Ce fut donc avec satisfaction que je vis de loin, parmi les arbres étiques des Champs-Élysées, apparaître sa taille gigantesque, dominant de la tête le cercle des spectateurs, comme Calypso au milieu des nymphes ses compagnes. C'est que, depuis plusieurs années, je l'ai rencontré chaque jour sur mon passage ; c'est que j'ai pu observer à mon aise cette nature puissante et placide, et la voir sortir peu à peu des tâtonnements primitifs, pour marcher en avant à pas gigantesques.

Il se bornait d'abord à enlever, à l'aide d'une courroie, une énorme pierre entre ses dents, et à la rejeter à plusieurs pas en arrière, d'un seul mouvement de tête. Tout, dans la représentation, tendait à cette pièce de résistance : c'était beau, mais c'était maigre. Depuis, il a senti le besoin de varier et de compléter ses exercices; il a compris les nécessités que lui imposait l'état avancé de la civilisation moderne. Un beau jour, je le vis adjoindre à son matériel une table où il exécuta des cabrioles ; le lendemain, la table fut surmontée d'une chaise, du haut de laquelle il se courbait en arrière, ramassait la pierre d'une mâchoire énergique et sans sourciller, gracieux comme le gladiateur romain, souriant comme un premier sujet de la danse qui s'arrondit sur ses orteils ; ensuite il se relevait lentement à la force des reins, et ne reposait son fardeau à terre qu'après avoir exécuté cinq ou six fois de suite cette terrible manœuvre. Puis vinrent successivement les petits verres et les bouteilles, fragiles appuis sur lesquels il faisait reposer les pieds des chaises et de la table. Je m'étais attaché à cette étude du génie laborieux, se développant par degrés, préoccupé du besoin d'innover, de grandir.

Après les sauts exécutés en pivotant sur soi-même, la pierre aux dents, autour d'un bâton, il montra par un dernier trait qu'il ne faut jamais dire à un saltimbanque : Tu n'iras pas plus loin. Il s'étendit sur un drap, plongea sa tête entre ses jambes, qu'il replia autour de sa nuque en les entrelaçant dans ses bras, et, ainsi pelotonné à la manière d'un hérisson, se fit lier dans le drap par la *bourgeoise*, comme un paquet de linge sale, et fit le tour du cercle, en sautant sur les mains et en poussant des cris inarticulés, ce qui réjouit singulièrement l'assistance.

Est-ce là le terme ? J'en doute : le progrès s'arrête quelquefois et s'endort un moment, mais il reprend bientôt sa marche éternelle [1] !

Le *Sauvage* a déjà recueilli quelques fruits de tant de vaillance. La célébrité commence à venir vers lui, sans qu'il

---

[1] L'homme au pavé paraît toujours sur la place publique, mais il est aujourd'hui bien maigri et il a perdu ses dents, ce qui l'a contraint de modifier considérablement ses exercices.
(*Note de cette nouvelle édition.*)

lui ait fait une seule avance dont il ait à rougir. *L'Illustration* a gravé son portrait avec celui de Mengin ; ils passeront tous deux côte à côte à la postérité. La richesse n'a pas encore frappé à sa porte, sans doute : elle n'arrive pas si vite, la boiteuse déesse ; mais cette médiocrité dorée qu'a chantée le poëte.

« Je viens d'être profondément humilié, me disait un ami, il y a quelques mois.

— Pauvre garçon ! répondis-je tout ému.

— Figure-toi que j'étais en train de choisir un cigare de cinq centimes chez un marchand de tabac, quand je vois le Sauvage entrer et en prendre un de dix à côté de moi ; il y avait quelque chose de narquois dans le regard qu'il m'a lancé. »

Je n'osai pas le dire à mon ami, de peur d'ajouter une humiliation nouvelle à cette humiliation profonde ; mais, au fond, de quoi donc se plaignait-il ? Qu'a-t-il fait, lui, sinon son droit... peut-être ? Voilà bien les préjugés !

Ce consciencieux saltimbanque a sa manière à lui d'implorer les bourses des spectateurs. Après avoir alléché la curiosité par quelques bagatelles, il se campe, les poings sur les hanches, dans sa plus belle pose de tambour-major : on dirait Frédéric dans *Paillasse*, ou Laferrière dans *Antony*.

« Dites donc, *la bourgeoise* ? fait il à la brave femme qui se tient là pour donner la réplique et ramasser la monnaie.

— Eh ?

— Et notre petit, qui est à la maison, a-t-il été sage aujourd'hui ?

— Comme ça ; il crie.

— Ah ! il crie : il faut lui donner le fouet.
— Il criera encore plus fort.
— C'est vrai ; mais pourquoi est-ce qu'il crie ?
— Dame, c'est qu'il a faim.
— Ah ! il a faim ! pauvre petit ! Après tout, c'est trop juste ; on est petit, mais on a faim, comme les grandes personnes. Dépêchez-vous d'aller lui donner à manger.
— Quoi ?... Il n'y a rien dans l'armoire.
— Rien du tout ?
— Rien du tout.
— Oh ! là, là ! Comment allons-nous faire ?.. Dites donc, la bourgeoise ?
— Eh ?
— Si nous demandions à l'honorable société (ce sont de grands politiques et de profonds moralistes que les saltimbanques : ils flattent tant qu'ils peuvent les spectateurs ; cela fait toujours plaisir), si nous demandions à l'honorable société de nous aider un peu, hein, pour donner à manger au petit ?
— C'est une bonne idée.
— Ah ! si la société voulait être assez bonne pour lui faire seulement (comptant sur ses doigts) deux sous de semoule, deux sous de bouillie, deux sous de lait et un sou de pain, afin qu'il devienne grand et fort comme son père ; pas méchant pourtant, parce que la méchanceté ne vaut jamais rien !... »

Ici, ton grave, physionomie solennelle, l'orateur fait sonner vigoureusement les voyelles sur les consonnes, il pousse même quelquefois le zèle de ce côté beaucoup trop loin.

« La société qui m'entoure est assez juste et assez

raisonnable pour voir que si je descends sur la place publique, c'est que ma fortune n'est pas faite, et que j'ai besoin de gagner mon pain à la sueur de mon front. Si j'avais dix mille livres de rente, je resterais chez moi, au lieu de me briser le corps à faire des tours de force dans la rue. Il n'en faut qu'un pour mettre tous les autres en train. Allons, Messieurs, un peu de courage, ne m'oubliez pas : voilà mon petit bureau. »

Le Sauvage poursuit dix minutes sur le même ton ; après quoi, un sou roule ordinairement sur le pavé.

« Il n'en manque plus que six, crie-t-il. Il n'en manque plus que cinq. Il n'en manque plus que quatre. Ça va, ça va venir. »

Et il chante à tue-tête, d'une magnifique voix de basse-taille, une romance sentimentale ou un grand air : *Amis, la matinée est belle.* Il faudrait avoir le cœur bardé d'une triple cuirasse d'airain pour résister à tant de coquetterie. On a déjà pu remarquer que c'est surtout dans l'appel adressé à la générosité du public que la plupart des saltimbanques déploient toutes les ressources d'un art souvent consommé. J'ai entendu un jour un marchand de taffetas gommé s'écrier, dans un beau mouvement d'indignation contre les badauds, qui regardaient sans bourse délier : « Je ne comprends pas comment, dans Paris, qui est la capitale de la civilisation, il y a des gens assez *bêtes* pour ne pas acheter cela. »

C'était raide, mais c'était juste.

Cette phrase homérique me rappelle le mot de ce grimacier de profession, qui apostrophait ainsi l'assistance avant de faire la quête : « Ah ! Messieurs, voilà l'instant, voilà le moment ; que tous les imbéciles s'en aillent ; je ne quêterai qu'après. » Personne n'osait bouger, bien entendu. Les ladres, pris au piége, se contentaient de rire jaune, — et de ne rien donner.

Tandis que je contemplais le Sauvage, j'entendis retentir tout à coup près de là un cri prolongé, rauque, puissant, guttural, qui n'avait rien d'humain, quelque chose comme le rugissement d'un lion mêlé au bruit de la bise et du torrent. A cet appel strident, tout le monde courut de ce côté ; je courus avec tout le monde, effaré et palpitant, et l'Hercule se vit aussitôt presque seul. Nous nous trouvâmes en face d'un petit homme trapu, au nez puissant et coloré; il avait placé ses deux mains devant sa bouche et hurlait (j'emploierais un mot plus expressif, si j'en connaissais un), à travers ce porte-voix improvisé, l'appel classique des saltimbanques :

« Ah! ah! ah! nous allons voir, nous allons rire; ah! ah! ah! c'est ici, c'est ici qu'on s'amuse ! Ah! ah! ah! »

Et la voix éclatait en rugissements épouvantables : celle de Stentor eût ressemblé au gazouillement d'une fauvette près de cet organe-là. Son compagnon, tout en ôtant la blouse qui protégeait un costume fantaisiste contre les intempéries de l'air, le regardait, puis regardait la foule, en souriant avec une fierté naïve, comme un homme qui admire les bons mots de son loustic favori. Au bout d'un instant, le crieur se retourna vers lui, en souriant de la même façon, puis il recommença de plus belle avec un signe de tête qui voulait dire : « Voilà comme je fais les choses, moi ! Qu'est-ce que vous dites d'un gosier pareil, vous autres ? »

« Eh ! mais c'est mon casseur de pierres, » m'écriai-je ; car je les connais tous, et je me suis presque habitué à les regarder comme ma propriété, ma chose, à la façon de l'abonné fidèle qui dit : **Mon journal.**

Le casseur de pierres est un industriel qui fleurit depuis peu de temps sur les pavés de la capitale. Sa profession, qui n'est pas définie dans le Dictionnaire de l'Académie, non plus que dans les manuels Roret, consiste, comme son nom l'indique, à briser des cailloux avec son poing. La chose semble difficile ; mais où est la limite qui sépare le possible de l'impossible, dans ce siècle qui a inventé les tables tournantes et parlantes, revu, corrigé et considérablement augmenté le magnétisme, les ballons et la vapeur ?

Ces deux garçons-là sont les rois du genre. Au lieu de s'écraser par la concurrence, ils ont associé leurs talents : l'union fait la force. Chacun a sa spécialité : l'un brise les pierres, l'autre abat les goulots et les culs de bouteilles. Ils vivent dans une fraternité touchante : tant mieux, car on ne peut penser sans frémir à ce qui arriverait, s'il leur prenait jamais fantaisie de boxer l'un contre l'autre. Milon de Crotone assommait un bœuf d'un seul coup de poing ; ces messieurs assommeraient Milon de Crotone lui-même. Qu'on dise encore que l'antiquité grecque est un tissu de fables sans vraisemblance !

Je sais bien qu'il y a des langues assez méchantes pour prétendre que les cailloux mettent beaucoup de bonne volonté à se laisser casser ; mais que ne prétendent pas les méchantes langues, et que pourrait-on admirer désormais, si l'on voulait les croire ? Une fois, il est vrai, l'une de ces pierres, fort dure en apparence, que l'industriel avait jetée un peu brutalement sur le piédestal qui lui sert d'enclume, se brisa d'elle-même, aux éclats de rire des sceptiques. C'est là un accident malencontreux, qui prouve tout au plus contre la pierre, et non contre notre homme. Celui-ci, du reste, eut bientôt fait taire les rieurs, en les invitant à entrer dans le cercle, et à se servir, non de leurs mains, mais de leurs gros souliers ferrés pour lutter contre lui. Que répondre à de pareils arguments, appuyés par des poings pareils? Puis, pour mieux venger cette honte passagère, il choisit le plus rond, le plus noir, le plus ramassé de tous ses cailloux, le fit circuler parmi les spectateurs pour qu'on pût juger de sa solidité; et, entortillant sa main d'un mouchoir, d'un seul coup, accompagné d'un *han* formidable, tel qu'en poussent les boulangers quand ils pétrissent la pâte, il le fit voler en éclats. Après quoi, moyennant une nouvelle somme déterminée d'avance, il reprit un autre caillou de même forme, et cette fois le broya comme du verre avec son poing nu.

Bientôt, sans doute, il le fera avec les dents.

Vers la fin de la séance, l'orateur prit la parole, pour annoncer qu'ils allaient aussi en ville, dans les sociétés qui voulaient bien les honorer de leur confiance, et qu'ils avaient été plusieurs fois déjà appelés à paraître dans les plus brillants salons de Paris.

Voici devant moi le bâtonniste Pradier, artiste célèbre et vraiment inimitable, qui conserve dans les exercices les plus étourdissants l'aisance et l'aplomb qui sont le cachet de la perfection. Cet homme, correct dans sa mise et tout de noir habillé, comme un notaire, mais doué d'un masque facial des plus mobiles et des plus expressifs, a la verve entraînante, l'intarissable faconde du prestidigitateur Bosco. Rempli de la conscience de son mérite, loin de quémander les sous, à la façon des industriels ordinaires, il se borne à dire ce qu'il veut avant de commencer, et il attend, sans presser en rien son public. Après avoir ainsi fait d'abondantes récoltes, il trouve encore le moyen de prélever un impôt extraordinaire pour finir, en annonçant ses tours les plus remarquables.

« Je vais, dit-il d'abord, mettre mon bâton en équilibre sur mon nez, comme ceci ; je placerai deux sous sur le bout du bâton, puis, d'un petit coup sec appliqué avec le doigt, comme cela, je ferai tomber ledit bâton, que je rattraperai de l'autre main, et les deux sous viendront d'eux-mêmes s'engouffrer dans le gousset de mon gilet. Mais il me faut deux sous. »

Et on lui jette les deux sous, et il fait le tour.

« Ne vous en allez pas, s'écrie-t-il alors : je vais maintenant entasser une pile de cinquante sous... que vous allez me jeter (et il rit d'une façon goguenarde en voyant la mine des spectateurs), sur l'extrémité de mon bâton, et je ferai le même tour, sans qu'un seul roule à côté. Ah! c'est beau... mais c'est cher. Tenez, moi, je mets vingt-cinq sous. »

Et il finit toujours par obtenir les vingt-cinq autres, — quelquefois, il est vrai, au bout d'une demi-heure au moins d'attente, pendant laquelle, dit-on, il pousse, à certains jours, l'ironie jusqu'à fumer une cigarette. Mais on ne s'en va pas, parce qu'on est curieux de voir un tour pareil. En effet, les cinquante sous disparaissent, comme un torrent, dans la *mer Noire*, suivant son expression, puis il salue la foule.

« Messieurs, dit-il, la séance est... dans ma poche[1]. »

---

[1] Le bâtonniste Pradier est mort aussi, comme Mengin. Les héros de la rue s'en vont les uns après les autres.
(*Note de cette nouvelle édition.*)

Cependant j'approchais du carré Marigny. C'était là le centre et le foyer de la fête. Une dizaine au moins de baraques en toile, décorées de grands tableaux de genre, s'étalaient de chaque côté de la place ; sur le devant, au milieu des musiciens, grimaçait le paillasse ; la *bourgeoise* faisait des ronds de jambes ; le *bourgeois* crachait et se mouchait, tenant son porte-voix de la main gauche, et prêt à l'emboucher pour déclamer son *pallas,* dont il repassait les triomphantes périodes. Çà et là, afin d'allécher les badauds, les comédiens mimaient en dehors une scène bouffonne, dansaient une cachucha ridicule ou un rigodon effréné ; des hommes, coiffés d'un chef de cheval en carton, ou d'une tête gargantuesque qui leur descendait jusqu'au milieu du ventre, adressaient, au milieu des fanfares, des allocutions burlesques à la foule ; tandis qu'à côté, d'autres orateurs haranguaient avec feu cette houle vivante qui s'agitait en bas, pleine de tumulte et de bruit : mer de têtes, de casquettes, de bonnets, de chapeaux de toutes formes et de cheveux de toutes couleurs.

Ces hommes se livraient à la pêche du badaud, gros poisson qui devient de plus en plus rare, de plus en plus défiant ; je parle du vrai badaud, le badaud qui paye.

Si je vous disais que j'entrai successivement dans ces dix baraques, me croiriez-vous ? Je ne sais. Mais je ne prétends point m'en faire un mérite, car il ne m'a pas fallu tant de courage que vous croyez peut-être. Je me garderai bien, toutefois, de vous donner la description complète des merveilles que je vis. Je choisirai seulement quelques traits détachés du tableau.

La première baraque, étroite et malingre, n'en renfermait pas moins deux phénomènes : un mouton à huit pattes, puis un jeune garçon d'une dizaine d'années, ayant un côté de la figure tout noir, et orné d'un *joli favori* qui frisait comme celui d'une personne de vingt ans. Il venait lui-même, entre chaque exhibition, le visage recouvert d'un voile épais, exposer au public cette bizarre anomalie, en un *boniment* superbe, tout embaumé de fleurs de rhétorique. Quand nous fûmes réunis sept ou huit dans l'intérieur :

« Louise, cria l'entrepreneur, qui restait au dehors, expliquez le spectacle à la société, mon enfant.

— Oui, Monsieur, » répondit une charmante petite fille, qui se leva aussitôt d'un coin obscur où nous ne l'avions pas vue.

Elle entr'ouvrit le rideau qui cachait le sanctuaire, et nous aperçûmes un énorme mouton, qu'elle nous apprit être un mérinos venu de l'autre bout du monde : il avait l'air bénin, et ruminait d'un air grave je ne sais quelles mélancoliques pensées, songeant sans doute à la patrie absente, à la vanité de la gloire, à la morne solitude où vivent les prodiges. La pauvre bête était douée de huit pattes, dont quatre desséchées, et ressemblant à s'y méprendre (bizarrerie de la nature!) à des vessies qu'on eût attachées tant bien que mal aux pattes primitives. Louise nous dit qu'on pouvait y toucher, mais le mouton était sur une espèce de piédestal, dans le lointain mystérieux de la scène, et tout le monde aima mieux la croire sur parole.

Au bout de cinq minutes, elle appela, et le petit phénomène apparut, vêtu d'un coquet costume de hussard, dont il semblait tout fier ; il s'avança sur le devant du théâtre, n'offrant d'abord que sa joue gauche à nos yeux.

Il se retourna ensuite du côté droit, et l'on vit une vraie peau de nègre, couverte dans presque toute sa surface d'une rangée de longs poils, qui lui donnait une vague ressemblance avec la hure d'un sanglier.

Mais ce n'est point là, je l'avoue, un spectacle plein de sel attique et de grâces décentes, un joli petit spectacle accommodé aux nerfs des personnes délicates. Si vous voulez des grâces et de la délicatesse, suivez-moi devant ces deux baraques rivales, que signalent de loin deux toiles immenses et naïvement pittoresques, signées l'une du nom de Séguin, l'autre du nom de Mauclair, les deux peintres ordinaires, — soit dit sans le moindre calembour, — de MM. les saltimbanques. Justement il y a spectacle dehors, et c'est celui-là que je veux vous faire voir.

Sur la galerie qui règne au-devant de l'une des cabanes, une danseuse *arabe*, — c'est l'affiche qui le dit, et les affiches ne mentent pas, — est en train de danser un pas de caractère qui ferait rêver la Petra-Camara, avec accompagnement de castagnettes, et sans préjudice d'une musette et d'un cor de chasse qui brodent sur le fond leur vigoureuse harmonie en guise d'accompagnement. Voyez quelles poses ondoyantes, quel frétillement des pieds, quelle cambrure et quelle souplesse du corps, quelles bouches en cœur, quels regards souriants et langoureux promenés en cercle sur le public fasciné! Les Sybarites en blouse bleue, qui n'ont pas le moyen d'aller admirer les danseuses de l'Opéra, sont plongés dans l'extase et poussent de petites exclamations de plaisir. Quant à la danseuse *française* de l'établissement voisin, penchée au bras de son directeur, elle examine sa rivale, en jaunissant visiblement de jalousie et en la criblant d'épigrammes sournoises qu'elle communique au cercle de ses fidèles; elle rit parfois aux éclats, pour mieux témoigner son dédain, et figure quelques pas à demi, d'un air qui semble dire : « Ça ne connaît pas les premiers éléments de son art, et ça se mêle de danser en public! Vous allez me voir tout à l'heure. »

Près de là s'était abrité un panorama portatif, de quatre pieds carrés environ. A cet établissement modeste on avait adapté un banc sur lequel pouvaient s'asseoir trois personnes. Dès que le public était au complet, on le recouvrait d'un rideau, qui cachait le spectacle aux avides regards des gamins rôdant alentour, et les tableaux se succédaient, représentant les scènes les plus variées et les plus actuelles. Le directeur se tenait à côté, pour expliquer et changer les images.

« Ce point de vue, Messieurs, disait-il d'une voix traînante et solennellement monotone, vous représente la Chine. Remarquez que dans cette ville habite un mandarin; il y a beaucoup de maisons pour les prêtres chinois, avec une superbe tour en porcelaine.

« Ce point de vue vous représente Saint-Pétersbourg, capitale de la Russie, vue au clair de lune, à 2,400 kilomètres de Paris; 400,000 habitants. Ce vaste empire, qui occupe la septième partie du globe, fut fondé il y a fort longtemps, mais il ne fut connu que deux cents ans plus tard. Ce n'est même que depuis Pierre le Grand, dont on peut voir la statue sur une des places de cette capitale, qu'il a commencé à devenir célèbre. Vous remarquerez que la Russie est la patrie des Tartares et des féroces Cosaques du Don.

« Ce point de vue vous représente l'entrée des Champs-Élysées et la place de la Concorde, une des plus belles de l'Europe. Remarquez l'obélisque et les candélabres qui font l'ornement de cette place. Remarquez aussi les chevaux de Marly, ainsi nommés parce qu'ils étaient à Marly sous le règne de Louis XIV, surnommé le Grand. Vous voyez à droite le bouquet du fameux feu d'artifice qui fut tiré, en 1844, avec vingt mille fusées, quinze mille pétards et une immensité de feux de Bengale, comme vous les voyez. Vous voyez aussi l'intérieur du bal Mabile, un des plus beaux bals de la capitale; vous y voyez un grand nombre de personnes.

« Ce point de vue vous représente une forêt vierge du Brésil, vue au clair de lune. Vous remarquerez que le Brésil est peuplé de sauvages et de cannibales qui se mangent les uns les autres, et que ces forêts sont pleines de bêtes féroces qui dévorent les voyageurs.

« Ce point de vue représente Venise, superbe ville d'Italie, pays qui a la forme d'une botte, et où poussent les orangers. Cette ville est bâtie sur pilotis au milieu de la mer, comme vous le voyez, et le soir les matelots y chantent des sérénades dans leurs gondoles.

« Ce point de vue représente Naples, et à côté la fameuse montagne qu'on appelle le Vésuve. Cette montagne est un volcan qui vomit de la fumée et des flammes, comme vous le voyez. Vous remarquerez que la ville de Naples est habitée par les lazzarones, qui passent la journée entière à dormir et à manger du macaroni.

« Ce point de vue représente Constantinople, capitale des Turcs, alliés du peuple français et de l'empereur Napoléon III. Cette ville magnifique possède un sérail et plusieurs mosquées. Remarquez, sur votre gauche, un groupe de palmiers qui cachent les murs du sérail. »

Je regrette amèrement de n'en avoir pas retenu davantage. Cela dura un gros quart d'heure, car les tableaux, qui se composaient de gravures richement coloriées, étaient en fort grand nombre.

Les cabanes suivantes contenaient des cirques, des gymnases, des Alcides enlevant plusieurs hommes à la force du poignet, et plusieurs centaines de kilos à la force des mâchoires ; des phoques intelligents, des singes et des chiens savants, des ânes qui indiquaient l'heure, et pouvaient battre aux dominos *le prince de la critique* lui-même. Mais j'en veux aux ânes savants, depuis que, dans mon enfance, un membre de cette docte corporation eut l'effronterie de me désigner, par-devant mes compatriotes réunis, pour le plus gourmand de la société, malgré mes dénégations formelles. Je prends soin de ne plus m'exposer à pareille avanie.

Sur le devant de l'une des plus petites baraques, se tenait, la baguette en main, un homme au bonnet pointu, en longue robe d'enchanteur, constellée de signes cabalistiques. La toile et le discours promettaient merveille : des subtilités, des escamotages, des transformations à déconcerter les Home et les Robert Houdin ; en un mot, des miracles, de vrais miracles ! On voyait, sur un grand tableau peint à l'huile par quelque artiste byzantin, des pierres se changer en serpents, et des bouteilles en pièces de canon. Un homme sortait d'un chou et se métamorphosait en un gigantesque radis ; du canon d'un pistolet s'élançait, avec la décharge, un groupe de trois Grâces souriantes et court-vêtues, qui exécutaient une polka sur des coques d'œufs ; ici, une jeune fille était suspendue, sans point d'appui, en plein air, par la seule force du fluide magnétique ; là, un gros gaillard marchait en portant entre ses mains sa tête, qu'on lui remettait ensuite d'un coup de poing. L'imagination déréglée de l'artiste s'était donné pleine carrière; il avait fait un chef-d'œuvre fantastique, digne d'illustrer les pages d'Achim d'Arnim, et qu'eût signé Callot. C'était une peinture romantique et révolutionnaire, dans toute la force du terme.

J'entrai donc, fasciné, avec ce mystérieux tremblement du novice ès arts occultes qui s'apprête à faire apparaître le diable. L'opérateur se plaça devant une table; je frémissais. Il prit de petites billes, qu'il posa aux deux extrémités, plaça sur chacune un gobelet, et les fit disparaître et reparaître tour à tour, en s'admirant complaisamment dans cet exercice. Lorsqu'il eut fait cinq ou six fois ce tour merveilleux, il se reposa un moment, pour laisser quelque loisir à notre admiration haletante, puis il recommença, et recommença encore. Enfin, il appela le paillasse :

« Voyons, Frise-Poulet, c'est à ton tour. »

Frise-Poulet se précipita dans la cabane en marchant sur les mains; et, saisissant deux longs clous, il se les plongea intrépidement dans le nez : les clous disparurent au fond de chaque narine; les larmes lui en sortaient des yeux, et cependant, les clous au nez, il haranguait le parterre :

« Si vous en avez déjà vu, disait-il, parmi ceux qui demandent vingt et trente sous, exécuter un tour pareil, vous m'en donnerez des nouvelles. On dit que M. Bosco est un grand sorcier, je voudrais bien le voir à ma place, avec des clous de six pouces dans les fosses nasales. Car, Messieurs, continua-t-il en retirant délicatement les deux instruments de torture, il n'y a pas à dire qu'ils sont à ressort et qu'ils rentrent quand on les enfonce; on peut les toucher. »

Et, suivant l'usage immémorial, il vint promener les clous sous nos yeux. Le digne homme m'engagea à vérifier. Il fallut lui répéter à plusieurs reprises :

« Bon, bon, c'est inutile ; on le voit bien. »

Encore insistait-il d'une manière gênante.

« Messieurs, nous dit-il alors en s'inclinant avec savoir-vivre, la séance est levée. Si vous êtes contents et satisfaits, faites-en part à vos amis et connaissances.

— Oh ! voyons, voyons, s'écria un gamin, c'est pour rire ; donnez-nous-en encore pour deux liards. »

Ma dernière visite fut pour une baraque portant le titre ambitieux de *Grand spectacle oriental*. On y apercevait sur un petit théâtre divers petits bonshommes que le directeur, homme habile à tirer parti des circonstances, nous présenta comme des Kabyles et des Cipayes. Je reconnus, entre autres, le type bien connu de Pierrot, auquel on avait ajusté un sabre et des épaulettes de général, en lui donnant le nom de Bou-Maza, puis un capucin italien qui passa pour un derviche musulman. L'orchestre se composait de deux joueuses de flûte et d'un trombone, qui était bien le plus facétieux des trombones ; il interrompait volontiers sa mélodie pour apostropher la foule d'un lazzi qui excitait d'innombrables éclats de rire, ou pour faire une niche à l'orateur. On voit qu'il cumulait les emplois et savait se rendre doublement utile.

Cet homme, grand, sec, à la physionomie de furet, m'avait frappé tout d'abord ; et en entrant je lui adressai un bon mot, auquel il répondit par un autre, en trombone d'esprit. Quand la salle fut pleine, l'orchestre se replia dans l'intérieur; les deux femmes se placèrent de chaque côté de la scène et se reprirent à flûter de plus belle ; pour lui, il déposa son instrument à terre, et se mit à cheval dessus. Il me reconnut, et dirigeant un coup d'œil ironique sur les deux flûteuses :

« *Ambubajarum collegia,* » me dit-il.

Je fus si abasourdi de retrouver une bribe d'Horace sur ces lèvres profanes, que je restai comme écrasé du coup, ne trouvant qu'un sourire niais à répondre. Il ne s'y méprit pas :

« Eh! eh! continua-t-il, cela vous étonne. On a fait ses classes tout comme un autre, quoiqu'on n'en ait pas l'air..., et on a profité joliment ! »

La conversation s'établit à voix basse entre nous, malgré les *chut* répétés de l'assistance. Au bout d'une minute, il m'avait assez intéressé pour que je lui offrisse une place près de moi, à l'extrémité du banc. Il ne se fit pas prier.

J'appris qu'il était fils d'un serrurier d'Issoudun et qu'il avait étudié au collége de cette ville:

« Superbe établissement, me dit-il, où nous étions alors deux élèves en troisième, car j'ai été jusqu'à la troisième ; seulement, j'ai sauté des classes. J'étais toujours le second, une belle place et fort honorable, et je remportai tous les seconds prix à la distribution. Je faisais l'orgueil de mes parents ; je composais pour leurs fêtes des compliments en vers qui leur tiraient des larmes, et qu'ils montraient mystérieusement à toutes leurs connaissances. J'avais la passion du vers français de toutes les mesures, même de quatorze pieds. Voilà où la littérature m'a mené, » ajouta-t-il en brossant de sa manche droite la manche gauche de sa redingote râpée, et faisant le geste douloureusement burlesque d'un homme qui souffle dans un trombone.

Il commençait à me raconter comment, venu à Paris pour y chercher fortune, à l'aide de ses talents littéraires, il avait vu disparaître en quelques années la petite fortune que lui avaient léguée ses parents, quand la voix du démonstrateur se fit entendre :

« Messieurs, à l'honneur de vous revoir ! »

Tout le monde sortit tumultueusement, en causant des merveilles du spectacle.

« Je vous ai volé votre argent, me dit le trombone ; vous n'avez rien vu.

— En vérité, répondis-je, je n'y ai pas songé. Mais je serais très-curieux de connaître la suite de vos aventures ; elles m'intéressent. Sans façon, venez prendre une demi-tasse avec moi. »

Le trombone parut renversé de la proposition. Il faillit laisser tomber son instrument, qu'il avait repris dans ses bras ; il brossa de nouveau sa manche gauche avec sa manche droite, se pinça le bout du nez, et, se caressant les lèvres avec la langue :

« Une demi-tasse ! Écoutez, ce serait avec bien du plaisir : vous n'en doutez pas. Mais mes fonctions, Monsieur ! Que deviendrait mon directeur ? Entre nous, l'établissement ne peut marcher sans moi.

— Eh bien, ce soir, après la fermeture du théâtre.

— Ce soir, impossible ; nous *donnons* tant qu'il reste une âme aux Champs-Élysées. Mais demain matin, si vous voulez, avant que nous recommencions.

— Soit, à demain. »

Et je le quittai, non sans avoir marqué le lieu et l'heure.

En revenant chez moi, je rencontrai encore bon nombre d'autres établissements d'un haut intérêt.

Nous n'entrerons pas dans ces deux baraques, dont l'une porte pour enseigne : EXPOSITION DES BEAUX-ARTS, et l'autre : GRANDE ET SUPERBE MÉNAGERIE D'ANIMAUX SAVANTS ; autrement nous n'en finirions jamais. En voici une troisième, d'ailleurs, qui réclame toute notre attention. A l'extérieur, elle est décorée, comme toutes les autres, d'une toile monumentale, au centre de laquelle se détache énergiquement un veau phénomène, entouré d'un capitaine de vaisseau et d'une grande dame qui l'admirent, en donnant dans leurs gestes et leur attitude tous les signes de l'ébahissement le plus complet. De chaque côté sont disséminés, avec un généreux mépris de la perspective et des traditions académiques, un sauvage qui mange un enfant tout cru, un nain presque imperceptible qu'un gigantesque tambour-major porte dans son bonnet à poil, et quelques autres accessoires du même genre. Au-dessous du tableau se déroulent deux inscriptions; celle de gauche porte, en lettres hautes de six pouces :

L'ESPAGNOL OFFRE ICI **100** FRANCS
AUX AMATEURS QUI POURRAIENT LE RIVALISER
AU JEU DE LA CASTAGNETTE.

Celle de droite s'explique textuellement en ces termes, dont l'éloquence typographique est portée à ses dernières limites :

FEMME ANTHROPOPHAGE

PRISE A 4070 LIEUES DE FRANCE, PAR LE CAPITAINE POLLAR,

COMMANDANT DE GUERRE ESPAGNOL,

DÉBARQUÉE A TOULON DEPUIS SIX MOIS,

RECONNUE DANS PLUSIEURS VILLES DE FRANCE

ET PAR L'ÉCOLE DE MÉDECINE DE MONTPELLIER

POUR LES EXERCICES DE FORCE DE LA MACHOIRE ;

ELLE BROIE LES CAILLOUX SOUS SES DENTS

AINSI QUE LES POULETS, CHIENS ET CHATS,

En immenses lettres de couleur rouge :

COULEUVRES ET SERPENTS,

En toutes petites lettres noires :

SI ON PEUT SE LES PROCURER.

ELLE TERMINE PAR MANGER LE FEU ET FAIT DES EXERCICES

D'INCOMBUSTIBLE SANS PAREILLE.

La galerie extérieure est occupée par l'orchestre, par le paillasse classique et par l'Espagnol, qui absorbe avec un appétit violent des étoupes enflammées, dont il rejette la fumée par les yeux, les oreilles et la bouche, à la figure du pitre éperdu. Cela réjouit singulièrement la foule. Cet Espagnol à physionomie de vieux grognard est l'orateur. Après s'être livré d'un air martial aux bagatelles de la porte, il prend la parole et débite sa harangue avec une verve chaleureuse et une animation communicative, mais aussi, il faut bien le dire, avec des *cuirs* audacieux et multipliés.

Le spectacle est riche ; il se compose d'abord d'un veau à deux têtes :

« Vous me direz : Ton veau est-il vivant ? Non, Messieurs, c'est faux. C'est pour vous faire voir qu'il n'y a z'aucun mensonge à la porte, que tout est vrai z'et véridique dans l'intérieur, et qu'un vieux grognard comme moi (grognard espagnol, cela va sans dire) ne surfait pas le monde. »

La représentation comprend encore des exercices nouveaux sur l'étoupe enflammée, l'exhibition d'un nain, taille de deux pieds trois lignes, — et, ici, démolition en règle de Tom-Pouce, qui n'était qu'un gamin de dix ans, tandis que le nain de l'établissement tire sur la cinquantaine ; l'orateur prodigue l'ironie et crible le malheureux Tom de sarcasmes acérés. On poursuivra par le jeu des castagnettes, que l'Espagnol s'attachera aux mains, à la tête et aux pieds. A cet endroit l'orateur s'exalte, il gesticule avec force :

« Oui, Messieurs, j'offre 100 francs à celui qui pourrait *me* rivaliser. Il faut avoir du toupet pour faire ça dans une ville comme Paris ; je ne voudrais pas vous tromper ni m'exposer à un affront, un vieux grognard comme moi qui a été blessé sur les champs de bataille ! Je peux bien le dire : depuis quarante ans que je suis dans le métier, je ne les ai pas encore donnés, ces 100 francs-là. »

Mais la pièce de résistance du *spectacle,* c'est la femme anthropophage, déjà nommée. Aussi est-ce sur cette partie du programme qu'appuie principalement l'orateur. Le paillasse en personne intervient pour se porter garant de ses assertions ; il prend un air sérieux, ému même. Il exhorte le public à ne point avoir peur : cette cannibale est dans une cage, enchaînée comme une bête féroce, dit-il ; et, en descendant dans l'intérieur, au moment où il soulève la toile qui sert de porte à la baraque, il appuie encore sur ces circonstances rassurantes, et les explique en détail au cercle de gamins qui se pressent autour de lui, saisis d'une curiosité inquiète et d'une mystérieuse épouvante.

« Messieurs, conclut l'orateur, vous pouvez entrer sans crainte. Il n'y a z'aucune indécence. Nous ne demandons que cinq centimes, un sou, parce que nous tenons plus à la quantité qu'à la qualité. Nous voulons que tout Paris jouisse de ce spectacle enchanteur. »

Il s'exprime avec tant de véhémence et de bonhomie, et le pitre a une si estimable figure, qu'on entre, on entre, on entre! D'ailleurs on entend dans l'intérieur des solos enragés de clarinette, qui attirent le public comme les chants des sirènes.

J'étais déjà passé bien des fois devant cette baraque sans y entrer; mais ce jour-là l'orateur annonçait qu'un autre anthropophage, soupçonné par les savants d'avoir été roi dans son pays natal, était arrivé de la veille pendant la nuit, et que néanmoins le prix des places ne serait pas augmenté. Je voulus naturellement profiter de l'aubaine.

Voici ce qu'on aperçoit dans l'intérieur. D'abord, au milieu de la salle, un joli petit veau bicéphale, auquel personne ne fait attention, et qui a l'air bien malheureux. Il n'est pas vivant, en effet : on dirait même qu'il est en carton rouge. Le grognard espagnol s'assied sur une chaise, et se met à faire claquer fort tranquillement des castagnettes. De temps en temps, il lève ses genoux à la hauteur du menton et baisse les mains jusqu'à la cheville : c'est ce qu'il appelle jouer avec les pieds. Il semble très-satisfait de lui-même, et incline, tout en jouant, sa tête à droite et à gauche, comme un chat qui savoure une souris. Au bout de cinq minutes de cet exercice, que je n'ai pu m'empêcher de trouver un peu monotone, il se lève et dit :

« J'offre 100 francs à celui qui pourra me rivaliser. »

Personne ne se présente.

Ensuite, c'est le tour des anthropophages, qui mangent du feu et des poulets. Je me rappelle bien avoir vu une *cheffe* de tribu sauvage (style du lieu), enduite du plus beau vernis, qui dévorait des carottes crues avec une férocité inconcevable, mais elle ne mangeait pas de poulets, peut-être parce que son maître n'avait pas le moyen de lui en fournir.

L'Espagnol tire un volet, derrière lequel on aperçoit un grillage en fer et une cage très-obscure ; il appelle d'une voix accentuée, brève et gutturale, comme un sorcier qui évoque le diable. Un être, noir des pieds à la tête, se précipite en piétinant avec furie, saisit le grillage d'un air farouche et roule des yeux blancs qu'il fixe sur l'assistance de manière à la faire mourir d'épouvante. Son maître, le caressant de la voix, lui tend un plat de cailloux dont il saisit vivement une poignée, qu'il introduit dans sa bouche et qu'il fait craquer sous la dent, comme des noisettes. Puis il lui jette la carcasse d'une volaille crue et encore recouverte de ses plumes. Alors l'anthropophage ne se tient plus d'aise ; il trépigne comme le tigre du Jardin des Plantes quand on lui apporte sa pâture ; il la saisit au vol et mord dedans avec rage. Enfin on lui présente, non sans prendre les précautions convenables, une torche enflammée, dont il détache goulûment, à l'aide d'un couteau, cinq ou six lambeaux brûlants, qu'il absorbe ensuite avec jubilation. Il paraît qu'il a peur de se brûler les mains, mais non de se brûler la langue : on voit des choses bien bizarres ! Quand son tyran lui arrache la volaille, il pousse un cri rauque et sauvage qui expire dans les profondeurs de sa gorge, et s'arc-boute sur ses pieds, en le menaçant du regard.

C'est absolument la même chose pour le second cannibale.

La séance est terminée par l'apparition de *M. la Grandeur*, affreux nabot, à grosse tête, à traits stupides, espèce de crétin noué et contrefait.

Je ne regrette certainement pas mes cinq centimes.

En sortant de là, je me trouvai face à face avec une autre baraque, portant pour inscription : ***Habitants du Grand-Mogol***. Je n'étais plus en fonds, et il en coûtait deux sous d'entrée; aussi me bornai-je à lire l'affiche. Et, en vérité, c'était une merveille que ce prospectus, conçu dans un style fantastique et surnaturel, si bien que je tirai un crayon et me mis à le transcrire à la dérobée sur mon carnet:

« Soupçonnés, disait-il, pour des êtres du malin esprit sous le rapport de leurs mœurs, tenant leurs réunions la nuit et n'ayant point de rapport avec aucun peuple, leurs assemblées nocturnes ayant lieu dans les endroits les plus solitaires... »

J'en étais là, quand je m'aperçus qu'on rôdait autour de moi. C'était le maître de l'établissement, qui me regardait d'un air inquiet, et qui me salua humblement en me voyant lever les yeux :

« Monsieur peut examiner, dit-il, nous sommes en règle. »

Je demeurai abasourdi, et m'empressai de tourner les talons. Le brave homme m'avait pris pour un agent de police en bourgeois.

Et voilà comment, malgré mon désir, je n'ai jamais pu avoir la suite de cette intéressante affiche.

Après avoir flâné jusqu'à la nuit au milieu de toutes ces splendeurs, je rentrai chez moi, étourdi, la tête brisée, mais pleine d'observations et de souvenirs. Un sommeil calme me restaura, et le lendemain je fus exact au rendez-vous; mais je dois rendre justice au trombone : il y était déjà. Il avait mis sa plus belle redingote et sa casquette la plus immaculée; il était magnifique. On eût cru voir une chrysalide sortie de sa coque.

Dès qu'il me vit, il courut à moi :

« Bien, bien; à la bonne heure. Ma foi, pour vous dire vrai, je ne vous attendais pas trop. Je me disais : Ce monsieur s'est engagé dans un moment d'entraînement irréfléchi; lorsqu'il sera de sang-froid, gare pour ma demi-tasse.»

Après le : Oh ! oh ! obligé, pour m'indigner d'un pareil soupçon, nous entrâmes; mais, au moment où j'allais demander le café :

« Pardon, fit-il un peu honteux, en m'arrêtant par le bras, si ça vous était égal...

— Parfaitement égal.

— Eh bien, je préférerais un petit verre, un simple petit verre. Vous savez, nous autres trombones, nous avons besoin d'un tonique vigoureux pour nous raffermir les poumons, et je vous avoue que le café, c'est un peu fade pour moi, — aujourd'hui.

— Ainsi donc, *un* petit verre, dis-je en souriant.

— Allons, allons, je vois que vous êtes décidément un bon homme. Mettons-en deux, et n'en parlons plus. »

Je fis venir un carafon de cognac; je plaçai entre les mains de mon trombone un cigare de trois sous, qu'il reçut avec une vive reconnaissance. L'heureux mortel se renversa sur sa chaise, en savourant tour à tour son petit verre et son cigare, et, clignotant voluptueusement des yeux, il commença avec lenteur :

« Où en étions-nous resté ? Ah !... j'étais venu à Paris pour me créer un nom dans les lettres. Je me figurais, parce que j'avais fait mes classes presque à moitié, et que je commençais à mettre un peu de mesure et beaucoup de rime dans mes vers, que je n'aurais qu'à me baisser pour ramasser la gloire et la fortune. Vous connaissez cette histoire-là, on l'a racontée plus de cent fois; il paraît que c'est très-risible. La mienne ressemble à toutes les autres. Au bout de quatre ou cinq ans, durant lesquels je parvins à écrire dans des journaux paraissant quelquefois, disparaissant souvent, et ne payant jamais, j'en étais venu à rédiger des réclames pour les dentistes qui ne savent pas l'orthographe. Mais cela ne me rapportait guère plus de gloire que d'argent; il fallut voir ailleurs.

« Je ne veux pas vous narrer toutes les péripéties par lesquelles je passai; c'est trop long et ça vous ennuierait. Seulement, je fis des progrès si rapides, qu'un beau matin je me trouvai entre le pont des Arts et le pont des Saints-Pères, tenant sur le parapet une boîte de savon à dégraisser, tendant un petit papier à tous les passants, et profitant de l'inexpérience des provinciaux naïfs pour m'emparer du collet de leur habit et le frotter à tour de bras. C'est un métier calomnié, Monsieur : il est bien plus difficile qu'on ne croit. Il y a tout un art, dont on n'a pas encore écrit la théorie compliquée, pour savoir découvrir, à la physionomie, à la mise, à la démarche, les victimes débonnaires qu'on peut exploiter sans crainte, pour happer son homme au passage et tomber, d'un coup d'œil d'aigle et d'un doigt prompt, sur la moindre tache blottie en un coin obscur, avant qu'il ait eu le temps de se reconnaître, pendant qu'il lit bénévolement le papier que vous lui avez tendu; enfin, pour le faire payer de bonne grâce et sans trop de réclamations.

« Le camarade chargé de me *styler* m'avait fait une recommandation excellente :

« Adresse-toi de préférence, m'avait-il dit, aux passants que tu verras portant un parapluie sous le bras : cette précaution indique des gens de caractère et d'humeur calmes, qui ont peur du bruit et qui payeront sans souffler mot; ou bien des bourgeois soigneux qui veillent sur leurs habits comme sur la prunelle de leurs yeux, et qui doivent, en conséquence, avoir horreur de la moindre tache (il est facile d'en faire une soi-même, quand il n'y en a pas); ou enfin des savants, toujours absorbés dans leurs recherches, et qui ne s'apercevront de ton opération que lorsqu'elle sera finie. »

« Eh bien, Monsieur, croiriez-vous que, malgré ces précieuses instructions, dont vous ne méconnaîtrez pas la justesse, je ne fus jamais qu'un fort médiocre industriel dans la partie ? Je n'étais pas né pour être marchand de savon ; le peu d'éclat de ces fonctions humiliait mon orgueil. J'avais encore de l'orgueil dans ce temps-là, il y a bien longtemps. Il m'est arrivé de rentrer le soir sans avoir placé une seule tablette. Bref, mon maître, car j'avais oublié de vous dire que j'appartenais, comme tous mes compagnons, à un exploiteur qui nous lançait chaque jour sur les passants, m'annonça brutalement qu'il n'était pas assez riche pour user plus longtemps de mes services ; ce qui me démontra une fois de plus qu'il y a de déplorables lacunes dans l'éducation classique.

« Telle fut ma première étape. »

Le narrateur soupira, se versa un petit verre dont il ingurgita la moitié en faisant claquer sa langue, et s'aperçut, en voulant tirer une bouffée de son cigare, qu'il était éteint.

« Allons donc, fis-je, l'entendant demander du feu au garçon ; un cigare rallumé ne valut jamais rien.

— Oui, ce sont là de vos maximes, à vous, jeunes gens dissipateurs, qui ne savez pas le prix des choses, et qui l'apprendrez plus tard. C'était aussi mon genre, à moi, du temps que je mangeais la fortune paternelle, en faisant de petits vers en style désespéré sur les vanités des joies du monde ; mais je suis bien revenu de tous ces grands airs, depuis le jour surtout où, jeté sans ressources sur le pavé, il fallut me résoudre, en l'absence de toute espèce de capitaux, à m'enrégimenter dans la vaste corporation des ramasseurs de bouts de cigares. Oui, Monsieur, ç'a été pendant deux mois ma position sociale.

« Avant d'en venir là, je m'étais fait successivement crieur d'almanachs et de complaintes dans les rues, chanteur nomade, Bédouin marchand de dattes, débitant de cirage à vernir les planchers et les meubles, d'onguent pour faire pousser les cheveux, de préparations chimiques contre les cors aux pieds, de pâtes à faire couper les rasoirs, de jarretières élastiques, d'encre parfaitement noire et indélébile. J'échouai honteusement dans la plupart de ces états, surtout dans le dernier, pour lequel il faut une belle main ; car le marchand, afin d'allécher la pratique, dessine devant elle, sur un grand papier, toute sorte de traits à la plume, de lettres majuscules, rondes, coulées, bâtardes, gothiques, avec des enjolivements capricieux : le client se figure volontiers qu'il n'y a qu'avec cette encre-là qu'on peut faire de si jolies choses, et il achète. Mais moi, accoutumé à écrire ma version en hiéroglyphes que M. Champollion n'aurait pu toujours déchiffrer, et qui ne m'étais jamais exercé qu'à dessiner le profil nasal de mon maître d'études, je me perdais dans ce travail d'ornementation, et ne pouvais déguiser mon incapacité. J'essayais bien de me rattraper par l'éloquence de l'improvisation, mais le trait de plume n'y était pas, et, dans l'état, le trait de plume est tout.

« Je ne sais par où je n'ai pas passé; j'allais au hasard, tombant, à chaque fois, d'un cran plus bas, absolument comme un voyageur égaré, qui a perdu la tête et court de sentier en sentier, s'éloignant de plus en plus de sa route. N'ai-je pas été quinze jours marchand de chaussons aux pruneaux et de ces petites pommes à un sou le tas, qu'on donne dans mon pays à manger aux pourceaux, et que le gamin de Paris ne dédaigne point, je vous assure ? J'ai failli devenir marchand de coco et joueur d'orgue de Barbarie, mais il fallait des frais d'établissement qui dépassaient mes moyens. J'essayai même de me faire grimacier. Vous voyez où j'en étais arrivé. Je me hâte de vous dire que je n'y entendais rien, et que je me dégoûtai bien vite.

« Enfin, sentant que j'enfonçais toujours, par un effort désespéré j'essayai de me relever à la hauteur où m'appelaient ma naissance et mon éducation. Je me dis qu'il n'y a rien d'impossible à l'homme intelligent, et, comme j'avais cru remarquer que, parmi les artistes du macadam, les Hercules étaient encore les plus grassement entretenus par la charité du public, et qu'il y avait là quelque chose de majestueux et d'éclatant qui me séduisait, j'osai aspirer à cette rude position. Hercule, moi ! Il est vrai que j'avais au moins la taille de l'emploi ; mais je n'en avais ni les bras, ni le torse. Aussi, Monsieur, passais-je tout le temps de la séance à promettre, sans rien tenir : je remplaçais les tours de force par quelques cabrioles parsemées de bons mots. On savait partout que j'étais un paillasse déguisé en Alcide, et l'on ne m'en demandait pas davantage. J'étais pourtant forcé, si peu que ce fût, de manier quelques poids et quelques pavés : il n'en fallut pas davantage pour briser le peu que j'avais de force.

« Le métier de casseur de pierres m'acheva. Vous êtes étonné peut-être, continua le trombone en exhibant des mains de dimension fort ordinaire, qu'avec des poings aussi médiocres que ceux-là, j'aie osé me croire capable de pulvériser des cailloux ? Mais la présomption, Monsieur, la présomption, dont je n'ai pu me guérir qu'au bout de vingt ans de cette vie, au moment où j'ai vu grisonner mes cheveux ! Et puis, il faut tout vous dire : un de mes amis, un casseur de pierres émérite avec qui je m'étais lié par l'admiration que m'inspiraient ses talents, un jour de recette extraordinaire où je m'étais émancipé jusqu'à lui payer un litre *à six* à la barrière, m'avait révélé, dans un mouvement d'expansion, le secret du métier. Il se croyait sûr, à voir mes formes malingres, que je ne songerais jamais à me poser en rival.

— Et ce secret ? interrompis-je tout intrigué.

— Oh ! fit mon interlocuteur en lançant au plafond un superbe jet de fumée, quoique le foyer du cigare lui brûlât les lèvres, par un reste de prudence instinctive, il ne m'avait fait cette révélation qu'en termes assez vagues. J'avais compris pourtant qu'il fallait choisir une certaine espèce de cailloux se rapprochant de la pierre morte, quoiqu'ils n'en eussent aucunement l'apparence ; plutôt longs, inégaux, raboteux, que courts, ronds et ramassés sur eux-mêmes ; qu'il fallait les calciner au four, et les plonger ensuite brusquement dans l'eau froide, puis diriger son coup de manière à frapper obliquement sur les veines qui les sillonnent. Mais avec tout cela, Monsieur, le mieux est encore d'avoir un fameux poing, c'est moi qui vous le dis. Je sais bien du moins que, malgré cette belle théorie, j'y perdis souvent mon latin. Dans ces cas-là, je déguisais l'échec du mieux que je pouvais, en disant : « Décidément, il ne veut pas se laisser casser : c'est qu'il manque encore dix sous. Il sent ça, ce caillou ; il n'est pas si bête qu'il en a l'air. » J'étais bien sûr que je ne parviendrais jamais à obtenir mes dix sous. Quand on en avait jeté trois ou quatre : « Alors, disais-je, puisque la société ne se décide pas à donner les dix sous, le caillou ne veut pas qu'on le casse. Nous allons en prendre un autre. » Et j'en choisissais un, parmi les doux et les faciles. Mais ces mésaventures se multiplièrent tellement, et j'étais quelquefois si embarrassé pour me tirer d'affaire, quoique je ne manque pas de *bagout*, Monsieur, que ma réputation fut bientôt compromise. Je saisissais dans le cercle des rires et des murmures équivoques, et je jugeai qu'il était temps de battre en retraite. Voilà tout ce que j'ai gagné à la profession. »

Et il me présenta la partie inférieure de sa main droite, qui semblait revêtue d'un cuir, ou plutôt d'une semelle jaune-sale, picotée d'une multitude de petits points rouges, qui formaient autant de cicatrices indélébiles.

« Plus, ajouta-t-il, une *pile* de mon ancien camarade, qui me rencontra un jour dans l'exercice de mes fonctions, et trouva mauvais que j'eusse abusé de ses révélations amicales pour lui faire concurrence. Ce fut même là, à dire vrai, ce qui me décida définitivement à renoncer au métier.

— Pardon si je vous interromps, fis-je en lui offrant un

autre cigare, qu'il saisit délicatement entre le pouce et l'index ; mais j'aurais désiré avoir votre avis sur la meilleure manière d'assembler le monde et de former le cercle, ce qui m'a toujours paru le point difficile. Bon pour ceux qui ont un orchestre, mais les autres ?

— Effectivement, Monsieur, vous avez mis le doigt sur la pierre de touche du véritable saltimbanque. Le plus sûr et le plus expéditif, comme vous disiez fort bien, est d'avoir de la musique, ne fût-ce qu'un orgue de Barbarie, ne fût-ce qu'un flageolet, qu'une sonnette. Il est bon aussi de revêtir un costume *voyant,* de formes extravagantes. Le Turc est bien usé, pourtant il fait toujours son effet. Si, avec tout cela, vous êtes doué d'une belle taille de tambour-major, et surtout que vous soyez debout, à six pieds du sol, sur le devant d'une voiture attelée de deux chevaux en panache, vous produirez une sensation profonde, sans efforts. Le peuple aime la représentation : là où il en voit, il court, que ce soit un roi ou un saltimbanque qui passe.

«Mais à terre, les deux plantes des pieds sur le plancher des vaches, ah! c'est un peu plus difficile. Il y a mille manières de s'y prendre. Si l'on n'a pas d'orchestre, on peut commencer par chanter un grand air. On entremêle chaque couplet de bons mots ; on amuse les quelques badauds qui se sont arrêtés d'abord, afin de les faire attendre ; on ne reste pas un moment tranquille, parce qu'ils s'en iraient peut-être, pas tous, cependant, car rien n'égale la patience héroïque du vrai badaud, du badaud pur-sang, de celui qui reste une demi-journée au soleil, sans lever le nez, pour voir manquer une ablette à un pêcheur à la ligne. Malheureusement, Monsieur, ils ne sont pas tous de ce calibre-là. Ainsi vous, je crois bien que vous vous en iriez.

— Hum! fis-je d'un ton équivoque, ne voulant pas le détromper.

— Mais oui, mais oui, je vous dis que vous vous en iriez, quitte à raconter le soir à toutes vos connaissances que vous êtes resté deux heures devant un saltimbanque. »

La perspicacité du trombone m'effraya, et je me tins coi.

« Il y a encore, reprit-il sans transition, la ressource de faire ranger le monde en cercle avec son bâton, en tournant ainsi cinq ou six fois de suite, en apostrophant les gamins, ou même en leur tirant les oreilles. Les gamins sont un public que les industriels bien avisés ne méprisent pas, quoiqu'ils aient rarement de la monnaie dans leur poche. Ils font nombre, forment le noyau et tracent les contours de l'assemblée. On peut aussi raconter une histoire sans queue ni tête, mais lardée de calembours : la foule adore le calembour, quel qu'il soit. On exécute quelques menus tours, de ceux qui plaisent et ne sont pas malins; puis on arrange lentement la table, les chaises, le tapis, les bouteilles; on fait, on défait, on place, on ôte, toujours en chantant et en disant des bêtises. De temps en temps on a l'air de vouloir commencer définitivement; on porte la main aux kilos ou à la pierre, qu'on laisse tout à coup pour crier : « En arrière, gamins ! Voyons, Messieurs, élargissez les rangs. »

« Quelquefois c'est le diable ! Vous avez beau faire, ça ne prend pas, et vous sentez bien que ça ne prendra jamais. Il faut se résoudre à travailler dans la solitude.

« J'en étais à l'époque où je renonçai à casser des pierres. Je n'étais pas fait pour ces métiers brutaux : il me fallait quelque chose de plus délicat, de plus distingué. J'avais la langue bien pendue, de l'audace, un certain coup d'œil, quelque instruction ; tout cela, c'était l'étoffe d'un charlatan en grand.

« Je débutai par le magnétisme, après m'être préalablement associé avec une somnambule lucide, cuisinière sans ouvrage, chassée par je ne sais quelle baronne sans entrailles, pour avoir fait danser trop vivement l'anse du panier. Vous avez rencontré déjà quelques-uns de ces industriels établis sur une place, avec leur sujet assis les yeux bandés. Ils l'endorment rien qu'en lui passant les deux mains devant les yeux. La dame y met beaucoup de bonne volonté. Ensuite le public est tout émerveillé de l'entendre, sur les questions de son maître, désigner la nature, la forme et la couleur de l'objet qu'il tient à la main, la longueur de cette tabatière, le nombre des trous de ce mouchoir ou des taches de ce paletot. Pauvre public ! il n'a pas seulement l'esprit de s'apercevoir que la demande du magnétiseur est arrangée de manière à contenir la réponse elle-même, d'après un système qui consiste à attribuer à chaque lettre de l'alphabet une idée, une épithète, une qualité correspondante, et à commencer chacune de ses questions par la lettre qui désigne la réponse dont il a besoin.

« Je me consacrai ensuite à la bonne aventure. Un dimanche soir, j'allai m'établir sur la place de la Bastille, avec environ deux mille petits paquets de toutes couleurs, renfermant une feuille de papier sur laquelle était imprimé un horoscope quelconque. J'avais pour tout attirail un escabeau qui me servait de piédestal, et une boîte d'un mécanisme ingénieux, où se voyait un bonhomme tenant une plume à la main et que je représentais comme mon génie familier. Je pris aussi un aide, qui servait en même temps de Jocrisse. On s'empressa autour de nous, car vous ne sauriez croire, Monsieur, comme à Paris on est friand de la bonne aventure, parmi les gamins, les maçons, les couturières et les blanchisseuses; qui, bien entendu, font semblant de n'y pas croire et de ne consulter le sorcier que pour s'amuser.

« Mon aide distribuait de petits carrés de papier à chacune des personnes qui voulaient affronter la redoutable épreuve, et leur donnait en même temps un numéro d'ordre ; puis il les ramassait, en recevant un sou en échange. Je les introduisais dans ma boîte, à portée de mon génie familier, lequel, mu aussitôt par un ressort que je pressais sans qu'on pût s'en apercevoir, agitait sa main, armée d'une plume, et semblait griffonner la sentence des Destins sur chaque morceau de papier.

— Tiens, interrompis-je, c'est comme les feuilles volantes de la sibylle de Cumes.

— Vous êtes trop savant pour moi, reprit avec gravité le paillasse ; vous savez que je n'ai pas été jusqu'en rhétorique. Où en étais-je ? Vous m'avez fait perdre le fil.

— Vous en étiez...

— J'y suis : au bonhomme qui griffonnait la sentence des Destins. Au bout d'une minute, par le jeu d'un autre ressort, il agitait une sonnette pour m'avertir que l'opération était terminée, et je ramassais les papiers, parfaitement vierges, du reste, et qui me servaient indéfiniment pour les épreuves suivantes.

« Maintenant, Monsieur, suivez-moi bien. Voici ma posture. Je suis debout sur mon escabeau, l'air inspiré.

« Je domine la foule; mon coude gauche, appuyé sur ma boîte, soutient ma tête inclinée. J'ai devant moi le monceau de carrés de papier. J'appelle :

— Numéro un !

— Voilà, répond un petit bonhomme en blouse rapiécée.

« J'inspecte mon drôle du haut en bas, puis je fais semblant de lire d'un air absorbé la sentence des Destins sur le premier papier :

— Toi, mon garçon, il n'y a pas encore longtemps que tu as mangé une tartine de pain sec pour déjeuner, et que tu as acheté des pommes de terre frites, là-bas, tu sais bien où je veux dire, hein ? Tu loges en garni avec une quinzaine d'ouvriers, de braves gens, mais qui te taquinent un peu ; et je suis bien sûr que, dans ta chambrée, il y a quelqu'un qui s'appelle Jean.

— C'est vrai, fait le moutard abasourdi ; et je passe à un autre pour battre le fer pendant qu'il est chaud.

— Numéro deux !

— Présent.

« Il s'agit cette fois d'un grand gaillard, qui me regarde d'un air crâne, en riant, la casquette sur l'oreille gauche.

— Vous, mon brave, vous êtes un bon ouvrier, habile, intelligent, un excellent cœur, oui, un excellent cœur; mais là, la tête un peu trop près du bonnet. Voyons, entre nous, avouez-le. C'est ce qui est cause que vous avez déjà mis à vos pieds ce que vous aviez entre vos mains, parce que vous ne voulez pas qu'on vous manque de respect, vous. Voyons, est-ce vrai? Démentez-moi, si je me trompe.

— Numéro trois !

« C'est une commère toute rouge, qui interrompt brusquement, pour me répondre, une causerie effrénée avec deux voisines qu'elle tient par le bras : sa langue semble encore frétiller dans sa bouche.

— Vous, Mademoiselle, vous êtes une brave fille, mais vous aimez un peu trop à causer.

— Ah ! vois-tu, s'écrient les voisines.

— Aussi, chez la fruitière du coin, vous savez, il y a quelquefois des cancans, des choses dites qu'il aurait mieux valu ne pas dire, vous me comprenez bien.

— Vois-tu ! reprennent les voisines triomphantes.

La malheureuse devient écarlate et balbutie. J'ai pitié d'elle et je continue, pour la consoler :

— On s'occupe de vous, en ce moment-ci : j'aperçois plusieurs jeunes gens qui vous recherchent. Prenez garde ! Il y a parmi eux un brave garçon, qui vous va, qui vous aime bien, pour le bon motif ; méfiez-vous des autres.

— Numéro quatre !

« C'est un ouvrier tirant sur le grison, aux membres solides et ramassés, l'air sérieux, les deux bras croisés sur la poitrine.

— Ah ! ah ! la vie est dure, n'est-ce pas ? On ne mange pas tous les jours des ortolans à dîner. Mais, courage ; il va vous arriver quelque chose à quoi vous ne vous attendez pas et que vous avez bien mérité, oui. — Vous envoyez de l'argent, comme ça, tous les trois mois, à peu près, à des membres de votre famille, qui sont en province, car vous n'êtes pas de Paris ; vous y êtes venu pour gagner votre vie en piochant dur, etc.

« Ainsi de suite, pendant six, sept, huit heures, devinant le caractère et le genre de vie de chacun, d'après sa figure et ses habits, variant avec art chaque formule pour dire toujours la même chose.

« Ah ! Monsieur, le beau métier ! Voilà où il faut de l'esprit, de la verve, de l'habileté, de l'éloquence ; et je les convainquais, ces braves gens. Je les entendais se répéter l'un à l'autre : « C'est vrai. Il vient de me dire une chose que personne ne pouvait savoir. »

« Ce n'est pas pourtant que l'état n'entraîne aussi ses désagréments : il n'est si bel homme qui n'ait au moins sa verrue. Je vous assure qu'au bout de quatre ou cinq heures il me devenait fort difficile de varier. Il arrivait de temps à autre qu'un habitué, repassant à la fin de la séance, était tout étonné de m'entendre répéter les mêmes choses et dans les mêmes termes qu'au commencement : cela l'ébranlait dans sa foi. Quelques-uns même, de ces natures massives d'Auvergnats, qui aiment à rester où elles se plaisent, quand il n'en coûte rien, s'implantaient là pour toute la séance, de cinq heures du soir à onze heures ou minuit. C'est leur manière de s'amuser, à ces hommes. Ils me gênaient beaucoup.

« Il s'en trouvait aussi de plus hardis qui me démentaient, quelquefois tout bas, quelquefois tout haut, quand je poussais l'audace jusqu'à leur promettre l'héritage d'un oncle qui n'existait pas, ou que je me lançais dans toute autre assertion par trop positive.

« Enfin il fallut renoncer encore à ce métier : je n'étais plus si drôle; on me trouvait usé. Le public est ingrat pour les artistes ! »

Le trombone soupira, se versa lentement un petit verre et poussa sans rien dire une douzaine de bouffées superbes. Je respectai ce grand silence, trouvant seulement qu'il buvait beaucoup.

« Du moins, continua-t-il au bout d'une minute, j'avais fait quelques économies. Forcé d'abdiquer, je me jetai sur une autre branche de la magie, science pour laquelle j'ai toujours eu beaucoup de penchant. J'achetai d'un confrère enrichi, qui rentrait dans la vie privée, un attirail complet d'escamoteur, qui ne me coûta pas cher, et, pendant trois ans, je plantai successivement ma tente sur toutes les places et dans tous les carrefours de Paris. Mes recettes atteignaient chaque jour des chiffres assez ronds, parce qu'au lieu de borner mon bénéfice à la vente des petits cahiers où est renfermée l'explication des tours, je ne passais à mes plus brillants exercices qu'après avoir prélevé sur l'assemblée un impôt proportionné au nombre des assistants. Ainsi il me fallait dix sous, au *minimum*, pour me traverser la main avec un énorme couteau, et le bras avec une épée de quatre pieds de longueur, qu'on voyait dépasser de chaque côté. C'était mon triomphe : cela faisait frémir tout le monde, y compris messieurs les militaires ; cela faisait tomber la monnaie dru comme grêle.

— Je le crois bien, interrompis-je. Quel était donc votre secret ?

— Si vous me l'aviez demandé autrefois, je vous aurais répondu : Achetez mon petit livre et vous le saurez. Mais vous ne l'auriez pas su davantage. Maintenant, je n'ai pas de raison pour vous le cacher. Apprenez donc... Ma foi, non, dit-il tout à coup, ce serait rendre un mauvais service aux pauvres diables que cela fait vivre, sans compter que moi-même, quand je serai fatigué du trombone, je pourrai bien y revenir. »

J'eus beau prier, supplier, flatter, et, lui voyant jeter avec regret l'imperceptible bout de son second cigare, pousser la bassesse jusqu'à lui en offrir un troisième, qu'il accepta avec désinvolture.

« Non, non, non, dit-il ; je suis sûr que vous êtes trop

raisonnable pour vous fâcher de mon refus. Nous ne sommes que trois ou quatre dans Paris qui connaissions ce tour ; si je vous le révélais, vous ne pourriez vous empêcher de le répéter à d'autres ; ne niez pas ! Ce serait dommage de couper dans son germe une si belle branche de spéculation. »

Il fallut me rendre. Il continua :

« Une de mes plus agréables *ficelles* consistait à faire venir au centre, près de ma table, un homme de bonne volonté, que je choisissais de figure placide et de rustique encolure, afin d'amuser le cercle à ses dépens, sans qu'il s'en doutât. Je lui faisais soutenir, à bras tendus, un mouchoir où j'avais enveloppé un caillou devant lui, et je le priais de le tenir ainsi jusqu'à mon commandement, l'assurant que, dans ce cas, le caillou se trouverait changé en un louis d'or ; sinon qu'au moment même où il plierait, il recevrait d'un être invisible un coup de pied au bas des reins. Vous ne sauriez vous figurer tout ce qu'un vrai saltimbanque peut faire de son public. Mon homme tendait le bras ; aussitôt j'entamais un long discours au public, et j'exécutais une interminable série de tours de passe-passe, que j'interrompais de temps en temps pour lui crier : — Ferme ! Ne pliez pas ! — C'était plaisir de voir le pauvre homme se roidir, devenir rouge, trembler, enfin, vaincu par la fatigue, laisser tout à coup tomber son bras malgré lui, et recevoir à l'instant même un coup de pied lancé avec prestesse au bon endroit par mon pitre, qui était particulièrement habile dans ce genre d'exercices, pour avoir appris à fond les différentes variétés de la savate chez l'illustre M. Lecour.

— Et si votre homme s'était fâché ?

— Jamais, Monsieur. Est-ce que nous ne savons pas choisir ? Allez donc vous fâcher, d'ailleurs, devant cent personnes qui se tiennent les côtes ! Comme ce serait ridicule ! Il faudrait avoir le caractère bien mal fait !

« Mais, à mesure que croissaient mes finances, mon ambition montait avec elles et prenait des proportions gigantesques. Je rêvais la voiture à deux chevaux, et les *speechs* solennels du haut d'un trône, élevé à dix pieds au-dessus du sol, devant un auditoire compact et béant.

« J'avais lu, tout jeune, dans un almanach, une anecdote qui avait lentement germé dans mon esprit. Un médecin rencontre, un jour, sur la place publique, en costume de charlatan, avec un chapeau chinois, une cymbale et une grosse caisse, un de ses anciens amis, docteur comme lui, qu'il avait perdu de vue depuis longtemps. Après la séance, il se fait reconnaître et l'emmène à dîner. Au dessert, il lui adresse des représentations bienveillantes, lui reprochant de déshonorer son titre et ses talents, ajoutant que le métier qu'il fait ne peut le mener à rien de bon. L'autre ouvre la fenêtre, et lui montrant la foule qui circulait dans les rues :

— Voilà cent personnes environ, dit-il ; vous les connaissez : combien croyez-vous qu'il y ait de sages, et combien de sots ou de fous là dedans ?

— Mais, dit l'autre, qui ne voyait pas le but de la question, en mettant deux sages et quatre-vingt-dix-huit fous, je crois que j'aurai fait largement la part de la sagesse.

— Eh bien, mon ami, les deux sages sont pour vous, et les quatre-vingt-dix-huit fous pour moi !

« Cet homme-là était un grand philosophe, Monsieur, j'aurais voulu le connaître pour lui serrer la main... et m'associer à lui. Mais j'étais tout seul, et voici ce que je fis. J'engloutis toutes mes épargnes dans l'achat d'une voiture et d'un cheval : il fallait avancer pas à pas. Je m'affublai d'une houppelande et d'une calotte parsemées d'étoiles blanches. Je me munis d'un nombre considérable de fioles, remplies d'un élixir souverain contre les dartres, boutons, coupures, engelures, rhumatismes, etc., qui m'avait été donné dans le désert par un Arabe, du temps que j'étais lieutenant *dans notre brave armée* (l'ancien militaire a toujours un succès colossal près du public). Je me posai en charlatan incompris, qui se résigne courageusement à un sort pour lequel il n'est pas fait. J'adoptai un débit plein d'onction, et me fis même un organe spécial.

« La première fois, Monsieur, que j'apparus au grand soleil, traîné sur mon char de triomphe, j'étais ému, ma parole ! et je vous assure que je produisis beaucoup d'effet. J'aperçus même un jour, se cachant dans la foule et m'étudiant, le roi des charlatans d'alors, qu'on disait riche à cinquante mille livres de rente. Il avouait donc qu'il y avait quelque chose à apprendre près de moi : quel triomphe pour mon amour-propre !

« Mes petites fioles coûtaient vingt-cinq centimes ; il y avait encore des fioles d'essai à deux sous. J'ai vu des séances où je vendais pour dix francs ; et alors je pensais avec reconnaissance à la petite anecdote que j'avais lue autrefois dans mon almanach. Malheureusement c'était trop beau pour durer longtemps.

« Au bout de quelques mois, les recettes diminuèrent par degrés. Ne sachant à quoi attribuer ce désastre, je redoublais d'efforts, d'entrain et de mélancolie ; je devenais sublime... Peines perdues ! la recette baissait toujours, avec une obstination effrayante. Enfin, je découvris le mot de l'énigme, en me trouvant un jour face à face, aux alentours de l'Arc de Triomphe, avec un autre moi-même, un infâme rival, que je reconnus pour l'avoir vu jadis dans la partie de la graine aux vers, où il avait fait de mauvaises spéculations, et pour l'avoir remarqué plusieurs fois, épiant, parmi mes auditeurs, mes gestes, mes manières, mes procédés, en un mot. Croiriez-vous, Monsieur, que ce polisson avait eu l'audace de copier jusqu'à mon costume, jusqu'à ma voiture, jusqu'aux deux chevaux gris-pommelé que j'avais achetés dans ma splendeur, jusqu'aux panaches qui se balançaient sur leurs têtes? Heureusement pour lui, je n'avais pas la force de poignet de cet ancien camarade qui m'avait si bien démontré les périls du plagiat.

« Je me sauvai, plein de désespoir. Je passai la Seine et suivis au hasard de longues rues désertes. En arrivant au carrefour de la Croix-Rouge, qu'est-ce que je trouve? Une escabelle, et sur cette escabelle un autre marchand d'élixir, qu'il avait, comme moi, reçu d'un Arabe de ses amis, et dans le désert, comme moi encore...

« Il n'y avait plus moyen de s'y méprendre.

« La lutte aurait dû redoubler mon énergie; elle m'abattit. Je ne travaillai plus qu'avec langueur et découragement.

« Je vendis d'abord les panaches de mes chevaux; puis je congédiai mon acolyte. Quinze jours après, j'étais obligé de vendre un de mes chevaux, deux mois après l'équipage... »

Il s'accouda sur la table d'un air accablé, et parut absorbé dans d'amères réflexions. Je crus convenable de m'accouder comme lui et de m'absorber de même. Au bout d'un moment, il me sembla l'entendre soupirer. Je relevai la tête, pénétré de compassion : mon homme vidait le reste du flacon dans un petit verre. J'avais pris un *glouglou* pour un sanglot.

« A la bonne heure, pensai-je, voilà un philosophe !

« Je restai deux mois sur le pavé, continua le trombone d'une voix sourde, et je ne sais pas comment j'ai pu vivre. Si je vous disais quelques-unes de mes ressources, vous refuseriez de me croire. Je pensai un instant à aller m'offrir, pour la nourriture, comme professeur de classes élémentaires, à quelque maître de pension ; mais je n'avais ni gants, ni habit, ni cravate, ni chapeau, et je ne savais plus, de tout mon latin, outre les mots qui vous ont ébloui, que : *Tityre, tu, patulæ*, et *Quousque tandem ?*

« Enfin, un de mes anciens camarades, dont la profession consistait à exhiber une femme colosse qui, depuis quinze années, avait toujours dix-huit ans sur l'affiche, m'offrit sa protection. Combien d'autres, dans la prospérité, auraient fait les dédaigneux ! Il renvoya son pitre, un rustre, qui manquait totalement d'éducation et de bonnes manières.

« Pitre ! eh ! mon Dieu, oui, pitre ! il n'y avait pas à reculer, à moins de vouloir mourir de faim. Allez donc faire la petite bouche en pareil cas ! D'ailleurs, n'est point pitre qui veut, et je sais plus d'un bachelier qui ne s'en tirerait pas à son honneur. Je tendis la main à mon nouveau patron, et le soir même, revêtu de l'habit gris et de la culotte courte, coiffé du tricorne et de la perruque d'étoupe, j'entrai en scène, à la satisfaction générale. Tout alla fort bien dans les commencements ; je m'enivrais de mes bons mots, les rires me montaient à la tête comme de l'encens ; mais, à la fin, je me lassai de recevoir toujours des claques et des coups de pied, sans pouvoir les rendre ; c'était trop humiliant, en définitive, surtout pour un homme qui avait remporté les seconds prix de vers latins, d'histoire et de version grecque. Voilà le revers de la médaille, Monsieur; sans ces petits désagréments, ce serait le roi des métiers. Et puis, entre nous, je crains d'avoir les goûts un peu inconstants.

« J'émigrai donc et me fis trombone dans la troupe où vous m'avez vu. Je ne m'en repens pas, ajouta-t-il en courbant sa longue épine dorsale, puisque sans cela peut-être je n'aurais jamais eu l'honneur de faire votre connaissance.

— Voilà une galanterie, pensai-je, qui vaudrait un nouveau flacon; mais le malheureux serait capable de le boire et il se griserait. Un trombone coûte trop cher à griser. »

Pour toute réponse, je m'inclinai modestement, d'une façon qui voulait dire : En vérité, mon cher monsieur, vous me comblez.

« Seulement, ajouta-t-il, je n'ai pas perdu les bonnes traditions de mon état précédent. Je suis trombone par métier, et paillasse par goût, en amateur! Le maître a des égards pour moi; il me traite en collègue : nourri, blanchi... quelquefois; et puis il y a les petits bénéfices, fit-il en me clignant de l'œil d'un air qui ressemblait à une allusion. Je crois bien que je m'y tiendrai... à moins pourtant que ma santé ne m'oblige à essayer encore d'autre chose, car je sens dans les poumons des picotements qui m'inquiètent, et j'ai par instants le gosier tout en feu. »

Il en était là, quand nous entendîmes retentir par trois fois, comme un appel, le son du fameux trombone. Il se leva brusquement :

« Voilà! voilà! » cria-t-il, redevenu paillasse.

Il vida à la hâte son petit verre, en versa précieusement la dernière goutte sur l'ongle de son pouce gauche, qu'il porta ensuite à sa lèvre ; et se tournant de mon côté :

« Eh ! eh ! cela raffermit joliment l'estomac ; je suis sûr que je vais produire des effets superbes sur mon instrument. Venez donc m'entendre tout à l'heure ? »

Je crois que le drôle se moquait de moi.

« Je vous conseille, reprit-il, me lançant un regard narquois, de faire un roman avec mon histoire ; il ne peut manquer d'être fort beau. En tout cas, si vous avez besoin d'autres renseignements, je suis toujours à votre disposition, ne vous gênez pas. Voici mon adresse...

— Merci, lui dis-je, en jetant un coup d'œil mélancolique sur le flacon vide, et en versant mon porte-monnaie entre les mains du garçon : j'ai tout ce qu'il me faut. »

CHAPITRE CINQUIÈME

LA LITTÉRATURE DES QUAIS [1].

Lorsque j'étais jeune, je veux dire lorsque j'avais douze ans, et il y a bien longtemps de cela, hélas! je ne connaissais guère de plus grande joie que le passage à travers ma bourgade natale de quelqu'un de ces colporteurs qui sont pour les campagnes les messagers de la science et de la civilisation. J'épiais parfois pendant des mois entiers, et quand, au tournant de la rue, j'avais vu déboucher la figure classique d'un de ces industriels, l'air humble et provoquant à la fois, la balle sur le dos, et à la main deux ou trois petits livres à couverture jaune destinés à allécher de loin la curiosité du paysan, je m'élançais impétueusement à sa rencontre et n'avais ni trève ni repos qu'il ne se fût installé dans la maison paternelle et n'eût vidé devant moi, sur le plancher, tous les rayons de sa bibliothèque.

Alors je m'asseyais, ou plutôt je me couchais à terre, et d'une main fiévreuse, comme celle du caissier de l'Odéon alignant ses piles d'écus les jours de recette extraor-

---

[1] Nous prions le lecteur de se rappeler le titre et la nature de notre livre, en lisant cette rapide étude sur la littérature populaire, que le cadre de cet ouvrage ne nous permettait de traiter ici qu'en passant, pour ainsi dire, et sans y appuyer. Il ne faut y chercher qu'un coup d'œil jeté par un flâneur sur les trésors des quais, un aperçu à vol d'oiseau, que nous espérons pouvoir reprendre et compléter un jour, dans des conditions plus opportunes. Le lecteur curieux d'approfondir cette question doit s'adresser ailleurs : par exemple, à l'ouvrage de M. Ch. Nisard sur les *Livres populaires*, et aux savants articles de M. Rathery (*Moniteur*, 1863), dont le souvenir nous a été quelquefois utile, même dans les limites restreintes de notre étude.

dinaire, je palpais, j'entr'ouvrais chaque volume, je faisais mon choix méthodiquement et à loisir, sous l'austère surveillance des aînés du logis. J'achetais *Robinson Crusoé*, *Paul et Virginie*, *Télémaque*, les *Incas*, *Numa Pompilius*, *Célina ou l'Enfant du mystère*, les *Contes* de Perrault et le dernier almanach de l'année courante, tout en causant, dans une familiarité pleine d'abandon, avec le marchand, que ces lenteurs impatientaient sans que je m'en aperçusse.. Je me figurais que cet homme devait être un artiste, fort aise de frayer avec un initié après avoir rencontré tant de profanes, et qu'il n'était pas possible de porter sur son dos tant de science, de littérature et de poésie, sans être soi-même plus ou moins un savant et un poëte.

Aujourd'hui encore ces souvenirs ne sont pas sans charmes pour moi, et la vue d'un colporteur pliant sous sa balle me fait l'effet d'une évocation fantastique. Il y a quelques mois, j'habitais un bourg de la Lorraine. Je humais un peu d'air à ma fenêtre, quand je vis apparaître de loin trois de ces commerçants qui s'avançaient en tirant la jambe, d'un air hésitant et résigné. Le premier, un vieillard à physionomie imposante, disparaissait sous un énorme monceau de bas, de mouchoirs et de bonnets de coton, accumulés dans ses mains, sur son dos et sur ses épaules ; le second portait une boîte oblongue remplie de cartes géographiques, d'images de sainteté et de gravures coloriées richement, où l'on apercevait des soldats alignés, des scènes de genre et des tableaux d'histoire exécutés par les grands artistes de Metz et d'Épinal. Ils se séparèrent, et je les laissai s'enfoncer dans les rues voisines; mais dès que leur compagnon passa sous mes fenêtres, je fis retentir un *psitt* fougueux, où dut passer l'accent d'une convoitise immodérée. Il leva la tête, et voyant ma physionomie allumée des feux du désir, il se hâta de monter dans ma chambre. Je l'aidai à se décharger de sa boîte, je la posai moi-même respectueusement sur une table, et me mis, frémissant et muet, à défaire les courroies.

O lecteur ! quel magnifique spectacle ! que de richesses entassées ! que d'inappréciables trésors ! J'en fus ébloui, comme Aladin entrant dans la grotte merveilleuse, comme le lapidaire qui vient de faire jaillir la lumière du diamant caché sous la rude enveloppe du caillou. Le gaillard sortait de la capitale : il venait d'accomplir sa grande tournée annuelle chez tous les fournisseurs du colportage, chez les éditeurs en titre de la littérature populaire : Krabbe, Passard, Lebigre, Vialat, Bernardin-Béchet, la veuve Desbleds, Ruel, Moronval, Renaut, Le Bailly, Gennequin aîné, la librairie des Villes et des Campagnes, chez *tous les marchands de nouveautés*, en un mot. Aucun nom ne manquait à l'appel, ni M. Raban, le Sosie de M. Auguste Ricard, qui lui-même est le Sosie du grand Paul de Kock ; ni M. Pécatier, qui refait à l'usage du peuple *Atala* et la *Nouvelle Héloïse;* ni M. Ebbark, l'auteur en sous-ordre de *Trente ans de la vie d'un joueur*, et de curieux ouvrages sur les sciences occultes ; ni M. Émile Wilson, qui a écrit d'une plume si fine l'histoire de *Marie ou la Fille de l'auberge ;* ni le facétieux Hilaire le Gay, un lettré, un érudit, un ancien proviseur de collège, caché sous un pseudonyme qui met ses scrupules à l'aise et lui permet de faire ses fredaines sans scandale. Il y avait des livres de sorcellerie, de contes, de légendes, de chansons ; mais surtout il y avait des almanachs !

Je retrouvai toutes mes sensations d'autrefois. Mes

transports d'enfant me remontèrent au cerveau, et moi, qui me croyais blasé sur les livres, pour en avoir tant lu, et de si beaux, je me repris à feuilleter pendant une heure, avec des frémissements de gourmet, jusqu'à la moindre plaquette jaune ou rouge de cette bibliothèque ambulante. J'en achetai beaucoup, qui sont là aujourd'hui sur mes rayons, à côté des chefs-d'œuvre de toutes les littératures, et que je relis quelquefois, comme on aime à boire, dans le creux de la main, à la source des champs, après avoir bu du vin de Chypre dans une coupe de cristal.

Malheureusement, on ne rencontre guère de colporteurs à Paris. C'est à peine s'ils y viennent une fois l'an, pour y refaire leurs provisions épuisées; puis ils se hâtent de fuir, en secouant la poussière de leurs pieds, cette ville inhospitalière, d'où les chasse une civilisation trop avancée. Mais les quais restent aux amateurs de la littérature populaire, et ils y trouveront de quoi se dédommager amplement. Ici et là c'est presque la même bibliothèque.

Que de fois n'ai-je pas fait ce voyage, du pont Saint-Michel au pont de la Concorde, non pour rechercher les livres rares, les éditions *princeps*, les classiques au rabais, les antiques merveilles de l'art typographique, mais ces humbles petits volumes que méprisent les bibliophiles, ces productions naïves de l'esprit plébéien destinées au lecteur d'esprit simple et auxquelles il ne manque que d'être plus rares, c'est-à-dire d'avoir moins de valeur, pour se payer au poids de l'or!

Ce voyage, lecteur, je suis prêt à le recommencer avec vous. Il est le complément naturel et logique de mes précédentes pages sur les artistes nomades et l'art dans la rue. Suivez-moi donc, si le cœur vous en dit.

Avant d'aborder le principal objet de cette étude, jetons un coup d'œil sur les ouvrages que le peuple s'est en quelque sorte appropriés en les adoptant, bien qu'ils n'aient pas été faits spécialement par lui et pour lui,—sur les livres destinés à de plus hautes bibliothèques, et qu'il admet le plus volontiers dans la sienne.

C'est au peuple que s'adressent ces nombreuses éditions à couvertures jaunes des chefs-d'œuvre dramatiques de Voltaire, Corneille, Molière et Racine, cotées six ou dix francs et vendues vingt sous! Il y en a de deux genres : le luxueux in-octavo, et le modeste in-trente-deux, mais les deux genres se ressemblent par les négligences de l'exécution matérielle. Ce n'est là qu'une question secondaire après tout, et s'il faut, pour que les chefs-d'œuvre de l'esprit humain soient accessibles au peuple, qui les aime et les lit, qu'on les imprime avec des têtes de clous sur du papier d'almanach, je les préfère ainsi à ces éditions splendides dont l'acquisition n'est possible qu'aux banquiers, qui ne les lisent pas.

A côté de ces grands noms se classent, parmi ceux que le peuple préfère, s'il faut en juger du moins par la place qu'ils occupent aux étalages, le *Télémaque*, les *Fables de La Fontaine*, les œuvres de Gessner, *Estelle et Galatée de M. de Florian, de l'Académie française,* comme dit imperturbablement la couverture, *Paul et Virginie, Robinson Crusoé,* les *Incas,* les *Nuits d'Young,* le *Voyage sentimental*, sans doute à cause de son titre alléchant, car il est peu probable que le marivaudage de Sterne ait de grands attraits pour le campagnard ou l'ouvrier.

Joignez-y les *Mille et une Nuits*, qui doivent séduire toutes les imaginations ardentes et candides, celle du peuple comme celle de l'enfant, les *Contes des Fées* de tous les auteurs possibles, *Gulliver, Don Quichotte, Gil-Blas*, le *Diable boiteux,* car tout ce qui parle de l'esprit des ténèbres est le bienvenu dans ces régions où rien n'a pénétré de notre froid scepticisme ; le *Petit Buffon moderne,* les *Chansons* de Désaugiers (hélas !) et les *Lettres persanes* (holà !) : vous aurez à peu près l'ensemble des classiques de la bibliothèque populaire.

J'allais oublier les œuvres complètes de l'immortel Ducray-Duminil, et c'eût été dommage.

Le même public lit beaucoup également l'histoire populaire de Napoléon Ier, les *Victoires, Conquêtes et Revers de l'armée française,* l'histoire universelle des voyages, celle des naufrages célèbres, et les *Cinquante-sept Codes.* Il lit même, mais il ne lit pas assez les *Vies des Saints* ; malheureusement il lit aussi, et beaucoup trop, le *Décaméron* de Boccace, et la *Physiologie des Voleurs,* par Vidocq, cet illustre personnage qui est passé à l'état de type et de symbole dans son esprit, et dont la biographie *véridique* est un des petits livres les plus recherchés sur la place.

Il me semble qu'il y aurait pour un La Bruyère, dans cette rapide statistique, les éléments d'une sérieuse étude intellectuelle et morale.

A la suite de ces ouvrages, il faut ranger les traités pratiques et spéciaux qui entrent dans la composition de toute case, comme de toute balle consciencieusement garnie : les Académies des jeux, les *Nouveaux cordons bleus et cuisiniers français,* le *Véritable et parfait bouvier moderne,* le *Maréchal expert français,* etc., etc. On trouve même là, qui le croirait ? un *Manuel du bon ton et de la politesse,* publié, il est vrai, par Passard, le plus aristocratique de ces éditeurs populaires, le même aussi, je crois, qui a mis le *Langage des fleurs* à la portée des plus modestes bourses.

Sauf les petits livres satinés de celui-ci et de son confrère Delarue, qui sont presque des intrus dans le domaine que nous étudions, la bibliothèque du bouquiniste et du colporteur se distingue par des caractères communs qui la font reconnaître au premier coup d'œil. La couleur de la couverture, la typographie, le papier y ont un cachet indescriptible auquel on ne peut se méprendre un moment; la pagination se déroule d'une façon capricieuse; la table est absente. Des *bois* splendidement naïfs, du bon temps des premiers maîtres, illustrent le texte, où s'ébattent d'innombrables *coquilles*, qui ne respectent pas toujours le titre de l'ouvrage ni même le nom de l'éditeur. J'ai vu M. Gennequin aîné, qui probablement ne tient pas à la gloire, orthographié tantôt *Hennequin* et tantôt *Gennequie*.

I

Ab Jove principium! Dans la bibliothèque du bouquiniste, nul livre ne peut disputer le pas aux almanachs; leurs droits sont légitimes et reconnus par tous. Les almanachs, à eux seuls, remplissent de leurs innombrables variétés plusieurs rayons de ces librairies en plein vent. Quand arrive septembre, on les voit envahir toutes les devantures, et s'abattre par myriades dans tous les coins du monde civilisé ou non. Vous-même, lecteur, vous en avez un dans votre poche ou sur votre table, n'est-ce pas?

Un almanach! Avez-vous jamais réfléchi aux séduisantes promesses que renferme ce simple titre, aux charmantes jouissances que cet ami modeste tient en réserve pour qui a l'esprit et la bonne foi de ne pas se détourner de lui? Je connais des hommes qui n'y ont jamais pensé et que mon apologie étonnera beaucoup, pauvres gens toujours prêts à crier au paradoxe, toutes les fois qu'on met en plein jour une vérité cachée sous le boisseau.

Comment se fait-il qu'en ce siècle de réhabilitations, au milieu de cette croisade générale entreprise par de valeureux écrivains en faveur des génies méconnus et des gloires oubliées, on ait négligé justement une des plus nobles et des plus intéressantes victimes de l'opinion publique ? Je ne crains pas de le dire avec un sentiment profond de douleur : il y a là autant d'injustice que d'ingratitude.

Et qu'on ne réponde pas que Matthieu Laënsberg et le Messager Boiteux jouissent d'un renom sans pareil. Cela est vrai ; mais ce n'est qu'une célébrité équivoque qui sent la mansarde ou la loge, qui exhale je ne sais quelle fétide odeur de vieux chiffons et de papier gris. On leur abandonne volontiers cette gloire triviale qui ne fait envie à personne ; mais ils méritent mieux, et c'est en toute connaissance de cause, en toute impartialité d'esprit, que je crois pouvoir appeler sur l'almanach l'attention des intelligences sérieuses.

Pour moi, je le dis tout haut, j'aime les almanachs d'un amour réfléchi : je les préfère carrément aux chefs-d'œuvre de la métaphysique la plus profonde, de la littérature la plus éclatante, de la poésie la plus fantastique et la plus échevelée, qu'ait enfantés cette féconde et bienheureuse époque. Je les préfère même, et ceci devient plus fort, aux contes merveilleux de ma Mère l'Oie et aux légendes plus merveilleuses encore de la Bibliothèque Bleue.

Nodier nous a laissé dans un de ses livres le témoignage de son enthousiaste admiration pour les contes de Perrault. *L'aventureuse odyssée* du Petit Poucet le faisait pâmer d'aise ; les *vengeances conjugales* de la Barbe-Bleue lui donnaient des frissons ; les *savantes manœuvres* du Chat Botté le jetaient en extase. Vous voyez donc bien qu'à l'abri d'un tel nom, comme Teucer derrière le bouclier d'Ajax, je puis défier la critique ; car, je le demande au lecteur impartial qui a le courage de son opinion, qu'est-ce que tous les Perrault du monde près de l'illustre chanoine de Liége, ou de ce Messager Boiteux que la postérité a salué du nom de grand, comme Corneille et Napoléon ?

N'en déplaise aux Zoïles, ce titre est parfaitement mérité, et le brave Matthieu y a tout autant de droits que son confrère. Et d'abord, que dire de l'admirable désintéressement, du dévouement inaltérable de ces deux vieillards ? Il y a bien longtemps déjà que, s'il eût voulu, l'almanach, devenu gros bourgeois, flânerait sur le devant de sa porte, la pipe à la bouche et les mains dans ses goussets ; il y a longtemps qu'il pourrait avoir pignon sur rue et ne plus s'occuper qu'à planter ses choux, à prendre du ventre et à jouir de la vie. Mais l'almanach n'est pas égoïste : son rêve, à lui, ce n'est pas la fortune indolente avec ses loisirs dorés et son luxe inutile ; c'est l'instruction et la *moralisation* du peuple, et cette généreuse utopie, qu'il caresse comme tous les grands et nobles esprits, il ne cessera de la poursuivre avec le courage et la sérénité d'un apôtre.

L'almanach va aussi vite que le progrès moderne. Chaque année il fait un pas en avant ; il s'accroît comme un ruisseau qui devient un grand fleuve ; il élargit sa sphère et affermit sa marche. Il a fait des efforts de géant pour monter à la hauteur de ce grand siècle, pour être digne de lui adresser la parole avec l'autorité qui convient à son nom. C'est aujourd'hui un répertoire universel; c'est la substance d'une encyclopédie condensée en quelques douzaines de pages. Voyez plutôt: calculs de statistique et d'astronomie, calendriers de toute sorte, aphorismes et sentences de morale, élucubrations culinaires, conseils pour le jardinage et l'agriculture, tableau des foires et marchés, listes des principaux souverains du monde, hygiène et médecine populaires, sciences occultes, anecdotes, romans, bons mots et calembours, énigmes et charades, biographies des personnages célèbres, fragments d'histoire, réflexions philosophiques où toute une époque se trouve résumée et jugée d'un coup d'œil (c'est là surtout le mérite du Grand Messager Boiteux; Bossuet n'a guère plus de profondeur et de concision), tout cela s'y trouve, et bien d'autres choses encore dont je ne puis parler. Et quel prix fabuleux se vend ce *pandæmonium* de toutes les connaissances humaines? On ne le vend pas, on le donne! Vous l'aurez pour deux sous, Messieurs! Il faudrait n'avoir pas deux sous dans sa poche pour se refuser un pareil cadeau.

Mais, dira-t-on, le bon marché ne fait rien à l'affaire. Grave erreur: il prouve une fois de plus le désintéressement de l'almanach. C'est, du reste, une indispensable condition pour tout ouvrage qui veut devenir populaire, et répandre dans les masses les bienfaits de l'enseignement et de l'éducation.

J'aurais dû parler avant tout de la chaleur de son patriotisme, car personne plus que lui n'est accessible aux sentiments nobles, aux émotions élevées. Il convient pourtant d'observer ici une nuance: Matthieu, en vrai chanoine légendaire, est parfois légèrement sceptique et moqueur ; il se permet, de temps à autre, de rire en dessous d'un air qui donne à penser ; mais au fond il est loyal et franc comme l'or. Quant au Grand Messager, c'est la simplicité et la candeur mêmes ; il ne se refuse pas sans doute le petit mot pour rire, mais il est incapable de déguiser sous une forme railleuse les émotions qu'il éprouve et de plaisanter avec ses croyances. La haine qu'il portait jadis, — avant l'alliance, — à la *perfide Albion*, avait quelque chose de beau comme l'antique. C'est lui qui a dit alors des Anglais, avec cette brûlante énergie que donne l'amour de son pays :

« Nous savons de bonne source qu'ils en veulent au soleil parce qu'il nous éclaire. »

Mais, depuis, il a su faire à sa patrie le sacrifice de ses opinions personnelles ; il a condamné franchement la généreuse erreur de ses préjugés, et l'alliance a trouvé en lui un de ses plus chauds partisans et de ses plus déterminés champions.

L'almanach, un des premiers, raconte au peuple, par la plume et par le burin, tous les faits d'armes de notre armée ; il énumère les coups de canon tirés dans une bataille, il compte les morts et les blessés, il donne le portrait des généraux célèbres, il pleure pieusement sur nos braves morts à Djemma, il sonne de la trompette et entonne un vigoureux chant de victoire, quand nos soldats triomphent à Mazagran. — Mazagran, ô nom cent fois béni ! que de pages étincelantes de civisme et de poésie, que d'histoires patriotiques, que de réflexions sublimes, quelle mine inépuisable d'inspirations nouvelles tu as fournies à l'almanach ! Cette année-là il était devenu radieux et bavard comme le plus triomphant des tambours ; il sentait la poudre à dix lieues à la ronde ; il se donnait des airs crânes à faire mourir tous les Bédouins d'épouvante, et brandissait sa bonne colichemarde en se mettant le poing sur la hanche et le chapeau sur l'oreille, à l'instar d'un pourfendeur de géants. On nous a même assuré qu'il s'en était trouvé un qui poussa le fanatisme jusqu'à détrôner saint Vaast pour le remplacer par saint Mazagran dans le calendrier ; mais nous n'affirmons rien de ce que nous n'avons pas vu nous-même, et quoique le fait ait certainement tous les caractères de la vraisemblance, nous n'en pouvons garantir la vérité.

La guerre d'Orient a renouvelé récemment ces sources vives d'enthousiasme : Odessa, Bomarsund et Sébastopol ont remplacé Mazagran. Les Cosaques prêtaient encore plus que les Bédouins aux sanglantes railleries et aux indignations vengeresses. Après les batailles de l'Alma et d'Inkermann, on a pu croire un moment que le Grand Messager Boiteux, malgré sa vieillesse et sa jambe de bois, allait partir pour la Crimée, tant la joie lui avait tourné la tête et réchauffé les humeurs.

Mais quelle plume assez éloquente pourra parler dignement de la sagesse et de l'expérience de l'almanach ? Qui pourra mesurer l'étendue de son esprit philosophique et moral ? Quelquefois grave, souvent plaisant, toujours profond, — aussi bien que le Janus antique, l'almanach, surtout l'almanach de mon ami Matthieu, a deux faces, l'une sereine comme le front d'un penseur, l'autre camarde et grimaçante comme le profil de Scapin. C'est Platon caché sous la bosse de Polichinelle. Les initiés seuls savent percer ce masque et soulever le voile qui couvre le sanctuaire ; mais le vulgaire inattentif et grossier, *profanum vulgus*, passe indifférent lorsqu'il n'est pas dédaigneux : à ses yeux, le philosophe disparaît sous l'astrologue suranné, le savant sous le conteur populaire et badin. Le bon chanoine connaît parfaitement la frivolité de son siècle. Il agit comme ces médecins qui sucrent les remèdes pour les mieux faire avaler aux enfants.

Joignez à tous ces avantages l'originalité pittoresque des gravures, la naïveté dramatique des grandes planches d'histoire et de genre ; joignez-y... Mais je n'en finirais pas si je voulais dire tout ce qu'il y faut joindre.

Aussi on a beau se donner des airs superbes et méprisants: tout le monde aime, tout le monde lit l'almanach, et, par mauvaise honte, on n'ose l'avouer. Sa popularité, pour être des plus humbles, n'en est pas moins immense. Il se rencontre partout, depuis le boudoir de la petite-maîtresse, où il se fait petit-maître lui-même, jusqu'à la soupente où niche le portier ; depuis l'arrière-cabinet de l'homme d'État, jusqu'à la mansarde enfumée du manœuvre ; depuis le bureau du savant et du lettré jusqu'à la poche du grimaud de six ans qui épèle l'ABC. Voyez ce gamin passer et repasser devant l'étalage, fasciné, ébloui, l'œil en arrêt devant le livre convoité, tournant et retournant entre ses doigts, d'un air indécis, le décime qu'il destinait d'abord à acheter une brioche. C'est là, mieux que dans la *Citolégie*, qu'il va apprendre à lire, et qu'il enrichira largement sa mémoire. Et comment aurait-il la force de résister à la tentation, quand tant de gens d'esprit y succombent, et que tel homme empesé, qui hausserait les épaules s'il jetait les yeux sur ces lignes, ne manque pas de consacrer chaque année sa première dépense à l'emplette d'un almanach ?

Je trouve que nos grands écrivains, dans leurs considérations philosophiques sur la marche progressive de l'humanité, notamment M. Guizot, dans ses histoires de la civilisation en France et en Europe, ont eu grand tort de négliger l'influence de l'almanach sur l'éducation sociale du peuple. Il y aurait pourtant là-dessus une belle et profonde étude à faire, et peut-être y trouverait-on le mot de bien des énigmes *humanitaires*, comme eût dit ce bon M. Ballanche. Qui ne sait, en effet, que pour la masse du peuple il n'y a point d'autre bibliothèque possible que l'almanach, surtout dans nos campagnes, où n'ont pas encore pénétré, grâce à Dieu, les romans à bon marché de Crébillon fils et de Pigault-Lebrun? Entrez chez un paysan, dans un village éloigné des grandes routes, l'almanach est le premier livre qui frappera vos regards, sur l'établi ou la corniche de la cheminée. Cherchez bien, et vous finirez par découvrir dans le fond de quelque antique armoire toute une collection soigneusement transmise de père en fils, depuis le milieu du siècle dernier. Point d'autres livres, sinon le Paroissien des grands parents et le Catéchisme des enfants de la famille. Quand l'artisan a terminé son repas du soir, dans ce court instant de loisir que lui laissent ses rudes travaux, il arbore les besicles héréditaires et s'absorbe dans la lecture de son ami Matthieu. C'est lui qu'il consulte sur le sort réservé à sa vigne et à sa moisson, sur la guérison de ses bœufs, de sa femme, de ses enfants; c'est à lui qu'il demande ces bonnes vieilles histoires de revenants auxquelles il est resté fidèle, ces anecdotes mi-morales et mi-égrillardes, dont il a seul conservé le secret, ces calembours naïfs qui reviennent périodiquement réjouir ses lecteurs, ces plaisanteries sans prétention qui excitent la bruyante hilarité des compères malins et des joyeuses commères.

O almanach, almanach ! qui calculera jamais le nombre des cœurs que tu as égayés, des faces que tu as épanouies au coin du foyer domestique ? Modeste bienfaiteur, tu sèmes le contentement, et tu récoltes, sinon l'oubli, du moins une feinte et dédaigneuse indifférence, semblable à ces fées généreuses que notre égoïsme a tuées, et pour qui le plaisir d'obliger s'augmentait du plaisir de rester inconnues.

Toutefois, je dois le dire, il y a almanachs et almanachs, comme il y a fagots et fagots, et j'espère qu'on a pu voir assez que mon admiration ne s'adresse nullement à ces petits livres musqués, pommadés, raffinés, tirés à quatre épingles, qui viennent de Paris ; espèces de bâtards faisant les beaux-fils, produits d'une civilisation corrompue, vrais usurpateurs qui n'ont de l'almanach que le titre et le calendrier, et qui lui rendent pourtant hommage en essayant de le contrefaire et de lui voler un nom dont ils ne sont pas dignes, comme le vice rend par l'hypocrisie hommage à la vertu.

Vraiment, je plains ces pauvres Parisiens, à qui l'on en fait si facilement accroire, avec toutes ces drogues sophistiquées qu'ils avalent ingénûment sans se douter de la fraude, et qui se figurent sans doute posséder l'idéal du genre dans ces affreux petits volumes beurre-frais et fromage glacé, dont les gravures sont prises à l'*Illustration* ou au *Journal pour rire,* et les bons mots au *Tintamarre* ou au *Charivari.* Tout cela a beaucoup trop d'esprit pour des almanachs. Ces Messieurs rougissent de la perruque à queue et du grand gilet majestueux de leurs pères ; ils ont remplacé

18.

les besicles par le lorgnon, et la tabatière par le panatellas. Ils se présentent au public en gants jaunes et en souliers vernis, se dandinant avec grâce, saluant avec aisance, caracolant dans leurs habits neufs, exhalant un parfum de boudoir qui donne des nausées aux honnêtes gens, de vrais pastiches, en un mot, des *roués* et des *incroyables* d'autrefois.

Quelle pitié ! des almanachs !

Mais tout n'est pas perdu, tant que Bâle, Liége et Strasbourg, tant que Metz, Troyes et Châtillon-sur-Seine, leurs dignes succursales, resteront debout. Voilà les citadelles du bon goût et des saines traditions. Honneur donc à ces hommes modestes et simples qui restent fidèles au passé, et ne se croient ni le droit ni le pouvoir de faire autrement et mieux que leurs ancêtres ! Honneur aux descendants de Michel Nostradamus, de Thomas-Joseph Moult et de Matthieu Laënsberg, et prouvons-leur toute notre sympathie en achetant leurs almanachs !

II

A l'histoire de ces petits livres se rattache naturellement celle de la magie, qui y tient une si grande place; et voilà ma transition toute trouvée pour passer à ce répertoire diabolique, à cette bibliothèque infernale, qui forme la partie la plus pittoresque et l'une des plus recherchées de la balle du colporteur, comme des boîtes étalées sur les parapets de la Seine. C'est par centaines qu'on y compte ces livrets qui ont le don de séduire particulièrement le peuple, et où il s'obstine à poursuivre des secrets depuis longtemps disparus. Le mystère attire toujours; l'obscurité, avec ses visions, vraies ou fausses, nous fascine en même temps qu'elle nous fait peur : nous aimons les vertiges de l'abîme et les révélations de l'inconnu. Ils le savaient bien, les rédacteurs de ces livrets magiques, où l'on trouve, embaumée et transmise jusqu'à nous, toute la science occulte des alchimistes et des sorciers du moyen âge.

Mais j'aime mieux croire à leur bonne foi qu'à une spéculation pure et simple. On sent, du reste, dans ces pages, le souffle d'une croyance profonde : ce ne peut être un sceptique qui, dans le *Grand Grimoire*, a tracé la hiérarchie des esprits infernaux, et nous a donné en détail la liste des diables de tous les ordres, avec leurs noms, leurs qualités et leurs attributions spéciales, sans oublier les généraux, les grands-ducs, les maréchaux de camp et les simples brigadiers. Cet homme était, sans nul doute, un voyant et un illuminé.

Qui n'a eu entre les mains, qui n'a ouvert, et après l'avoir feuilleté curieusement, qui n'a lu plus ou moins les *Admirables secrets du grand et du petit Albert?* Ce que c'est que la gloire! Albert, un théologien et un philosophe illustre, le digne maître de saint Thomas d'Aquin, écrit vingt et un volumes in-folio sur la dialectique, la physique et la métaphysique, et la postérité n'a gardé de cette œuvre immense que trois ou quatre méchants petits livres extraits de la partie la plus absurde de ses œuvres, ou plutôt des préjugés et des croyances superstitieuses qu'il avait recueillis sans les garantir. Bien plus, il y a des Enchiridions magiques attribués à des papes, et l'un à Honorius III, celui-là justement qui poursuivit la sorcellerie, et même les sorciers, avec tant de vigueur. Est-ce une épigramme? Le diable est si malin!

L'interprétation des songes est une des principales bases de la divination ; les traités populaires qui s'y rapportent prennent pour guides Artémidore, Apomazar, ou d'autres noms encore plus baroques ; car il n'est rien qui affiche plus volontiers la science et qui aime plus à s'affubler d'une armure de citations pédantes, quitte à les arranger à leur façon, que les écrivains favoris du colportage. Je ne veux pas priver mes lecteurs du fin mot de l'onéiromancie. Sachez donc qu'on interprète infailliblement un songe en lui attribuant un sens tantôt analogue, tantôt diamétralement contraire à ses apparences, sauf les cas où ce sens n'a nul rapport avec elles. Toute l'onéiromancie est là.

Citons encore les *Parfaits Oracles des dames et demoiselles*, par mademoiselle L. Normand, dont le nom simule assez bien, non sans intention certainement, celui de la célèbre pythonisse du temps de l'Empire; les *Clefs d'or*, les *Bibliothèques du destin*, les *Merveilles du magnétisme*, l'*Art de dire la bonne aventure,* et surtout l'*Admirable Secret de la poule noire* pour faire apparaître le diable à volonté. Je me souviens qu'à peine âgé de sept ou huit ans, j'avais découvert ce dernier volume dans le coin d'une armoire obscure de la maison paternelle. Le titre me remplit d'une mystérieuse horreur, et j'allai me cacher à l'écart pour dévorer le livre à mon aise. Mon imagination en resta frappée comme d'une vision surnaturelle ; elle fut tout le jour en proie à une espèce de cauchemar, où elle voyait tourbillonner, superbes et grimaçants à la fois, le regard plein de menaces et de splendides promesses, tous les diables de Goya et du Dante, avec leurs cornes, leurs queues, leurs pieds fourchus. J'associai un de mes camarades, le plus brave, à ma lecture et à mes projets; nous formâmes tous deux des plans gigantesques, des rêves d'omniscience, de pouvoir universel et de richesses sans bornes. Nous étions ambitieux, — qui ne l'est à cet âge?— et, nouveaux Faust, ne voulions rien moins obtenir du diable, après l'avoir contraint à nous apparaître, que la baguette magique des sorciers du moyen âge, et le don ardemment convoité de lire dans les pensées les plus secrètes, de franchir l'espace à notre gré, et de nous rendre invisibles comme cet Ismen dont j'avais entrevu l'histoire dans le poëme du Tasse.

Mais, pour arriver à ce résultat magnifique, il fallait une poule noire, et nous ne la trouvâmes pas. Sans quoi, nul ne peut dire ce qui serait advenu.

Quand, plus tard, je révélai l'espérance que j'avais osé concevoir, M. le curé me gronda sévèrement, et l'instituteur se moqua amèrement de moi, de sorte que je restai tout honteux de ma crédulité. Ils avaient raison sans doute ; mais, en vérité, j'étais bien excusable : dans ces livrets, qui sont les manuels didactiques de la sorcellerie, tout, depuis le titre jusqu'aux gravures sur bois, si naïvement effrayantes ; depuis le frontispice, où l'on a prodigué les lettres rouges, de la couleur du sang et du feu, jusqu'au texte hérissé de citations grecques, latines, hébraïques, à travers lesquelles se déroulent des phrases d'un argot satanique, d'autant plus épouvantable qu'il est impossible de le comprendre, — tout, dis-je, semble calculé savamment de manière à frapper de terreur l'esprit le plus froid, pour peu qu'il soit jeune et candide. Comment trouvez-vous, par exemple, le titre suivant, encadré dans des vignettes de circonstance : *Histoire curieuse et pittoresque des sorciers, par le révérend père dominicain*

Mathias de Giraldo, ancien exorciste de l'Inquisition, revue par M. Fornari, professeur de philosophie hermétique à Milan? — J'aime beaucoup aussi l'*Art de tirer les cartes, par Aldegonde Perenna, sibylle provençale.* Voilà des noms qui ont la physionomie de l'emploi!

Ces ouvrages, écrits par des auteurs inconnus, rédigés dans un obscur galetas, sur une table graisseuse, par quelque petit vieux, sale et mal peigné, dont le style est à la hauteur du papier qui reçoit ses élucubrations et des *bois* primitifs qui *illustrent* le texte, renferment souvent de vrais drames, des tableaux d'une familiarité grandiose, des légendes tour à tour charmantes et terribles. Lisez, dans les *Curieuses et nouvelles prédictions de Michel Nostradamus,* la page où l'historien raconte l'ouverture de la tombe du prophète, et si, à cette narration d'une simplicité monumentale, le frisson de l'épouvante ne vous parcourt pas tout le corps, c'est que vous êtes destiné à vivre et à mourir sans le moindre sentiment du beau.

Cent vingt-sept ans avaient passé depuis que Michel Nostradamus s'était *inhumé tout vivant* dans son sépulcre, chez les révérends pères cordeliers de Salon. Quoiqu'il eût gravé en lettres ineffaçables sur la pierre de son tombeau: « Malheur à qui m'ouvrira ! » à la fin, la curiosité l'emporte, et on accorde grâce entière à deux hommes condamnés au dernier supplice, à condition de tenter l'entreprise. Mais au premier coup de pioche, ils sont renversés roides morts.

«On entendit un bruit épouvantable; de suite on vit le prophète Nostradamus sur une chaise de bronze, une plume d'airain à la main, au visage frais et pensif, et un tableau d'ivoire où on lisait cette sentence: « Toi qui me vois, garde-toi de me toucher; car si tu le fais, tu es perdu. »

Ne croirait-on pas ouïr une page des *Niebelungen,* un écho de ces épopées primitives à travers lesquelles passe le souffle de toute une époque ; qui semblent écrites par une race entière, parce qu'elles sont l'œuvre d'un homme vivant de la vie et des croyances de la foule? En lisant ces petits livres, vous diriez que c'est l'inspiration collective des masses populaires qui les a dictés, tant ils offrent l'expression vraie et frappante de leurs joies et de leurs douleurs, de leurs espoirs et de leurs craintes, de leurs croyances, de leurs instincts, de leurs vertus, de leurs faiblesses ! Prêtez l'oreille, et vous entendrez la grande voix plébéienne, si forte et si poétique jusqu'en ses bégayements, qui dicte à l'humble scribe les pages de son manuscrit. Ce scribe, je me le représente volontiers, semblable aux vieillards fantastiques qu'affectionnait le pinceau de Rembrandt : il écrit dans la pénombre d'une chambre obscure, pleine à la fois, comme les salles des châteaux d'Anne Radcliffe, de bruits mystérieux qui font frissonner et d'un silence formidable qui fait peur; décorée d'emblèmes surnaturels, de crapauds grimaçants, de squelettes, de lézards et de crocodiles empaillés; à la sombre lueur d'une lampe vacillante, qui prête aux objets des formes plus bizarres et de nouvelles terreurs.

Je ne m'étendrai pas sur la nécromancie, la chiromancie, la cartomancie, la divination. Je n'enseignerai point à mes lecteurs le secret de la composition des pactes, de la verge foudroyante et du triangle cabalistique : c'est là une science terrible à laquelle je ne veux point toucher du bout du doigt, de peur de me brûler jusqu'à la moelle des os. Je conseille seulement à quiconque est friand d'autographes d'examiner la signature authentique et la griffe de Lucifer accompagnant, en tête du *Véritable dragon rouge,* les approbations d'Astaroth et du premier ministre Lucifugé Rofocale. Le nom de Salomon, cet Hermès canonique des sciences occultes, qu'on retrouve partout, chez les Juifs et les francs-maçons, dans la Bible et les *Mille et une Nuits,* reparaît à chaque page en ces livres de l'autre monde. Il domine tous ces récits, se mêle à tous ces préceptes étranges et semble illuminer de sa splendeur ces songes ténébreux de la peur et de la fantaisie, que réprouve une raison sévère, mais qui sourit à la crédulité du peuple et à l'audace de ses superstitions poétiques.

III

C'est surtout dans une autre catégorie qu'il faut chercher ces récits légendaires que, sans ombre de plaisanterie, je ne craindrai pas de qualifier d'admirables. Ils ne le sont pas tous, c'est vrai; néanmoins, il y en a beaucoup dans le nombre à qui l'on peut courageusement appliquer une pareille épithète. Je veux parler de tous ces bons vieux contes, de ces romans surannés qui pullulent dans les campagnes, grâce aux bienfaits du colportage. Sceptiques, lisez cette petite histoire de Gargantua, imitation en langue moderne de la *Chronique Gargantuine,* qui avait paru quelques années avant l'ouvrage de Rabelais, dont elle est comme le premier germe ; lisez *Jean de Paris,* une histoire pleine à la fois d'esprit et de candeur; *Jean de Paris,* avec son sel gaulois, ses vaillantes goguenardises, son *chauvinisme* caustique, s'exerçant déjà aux dépens de nos voisins d'outre-mer, et vengeant sur eux Crécy et Poitiers à force de bons tours. Lisez *Robert le Diable* et *Richard sans Peur*, ces merveilleuses traditions toutes palpitantes d'une horreur infernale. Mon Dieu! je sais bien que vous y trouverez des naïvetés singulières, des anachronismes monstrueux, qui peuvent prêter à rire aux personnes érudites, et même à celles qui ne le sont pas. Qu'est-ce que cela prouve? Des naïvetés? il y en a tant dans Homère! Des anachronismes? Véronèse et Shakspeare en fourmillent. C'est par ses qualités, et non par ses défauts, qu'on doit juger un livre. Les plus grands ne sont pas toujours les plus parfaits : les auteurs du *Cid*, d'*Othello*, de la *Divine Comédie*, descendent parfois aussi bas dans le mauvais goût que Chapelain ou que le Marini ; mais, l'instant d'après, ils se vengent de leur chute en se relevant jusqu'à une hauteur où il n'est donné qu'aux aigles de pouvoir les suivre.

On trouvera peut-être que ce sont là de bien ambitieuses considérations d'esthétique à propos de *Robert le Diable* et de *Richard sans Peur*. Mais le plus grand poëte de l'Italie moderne, Manzoni, n'a pas été si superbe : il a jugé *Robert le Diable* assez bon pour s'en inspirer; il a tiré de ce fumier l'or d'un des plus admirables épisodes des *Promessi Sposi*. On se rappelle sans doute cette terrible figure de l'*Innominato*, qui rayonne d'un si sombre éclat à côté des physionomies paisibles de Charles Borromée et du bon curé Abbondio. Rapprochez l'Innominato de Robert: ce sont les mêmes traits, la même expression, presque les mêmes aventures ; l'air de famille est visible à ne pouvoir s'y méprendre. Comme Robert, l'Homme sans nom est un grand coupable, un être souillé de crimes et de sang, un vautour retiré dans son aire, d'où la terreur de sa renommée plane sur tous les lieux d'alentour ; comme lui, on le prend pour un esprit de ténèbres déguisé sous la forme humaine, tant sa perversité semble satanique, tant l'épouvante qu'il inspire a quelque chose de surhumain, de sinistre et de mystérieux! Comme lui, enfin, ce scélérat finit par se laisser toucher de la grâce à la voix d'un ministre de Dieu, et par expier sa vie passée dans les rigueurs de la pénitence. L'imitation est flagrante et incontestable; je ne le dis pas pour rabaisser Manzoni, je le dis pour relever *Robert le Diable.*

Bien d'autres ont bu à cette grande source dont les pédants seuls ne connaissent pas le prix : les plus illustres poëtes de l'Allemagne et de l'Angleterre, Walter Scott, Burns et Thomas Moore; Uhland, Burger, Schiller et Gœthe, n'ont pas dédaigné d'y prendre parfois leurs meilleures inspirations, et c'est aux légendes du Languedoc, dit-on, que ce dernier est venu emprunter la chanson qu'il met sur les lèvres de Marguerite dans son cachot. La France même semble enfin comprendre, après un trop long dédain, de quelle ressource peut être la poésie populaire, pour renouveler et rafraîchir la poésie savante. Brizeux y a trouvé quelques-unes de ses plus ravissantes mélodies, Charles Nodier bien des pages exquises, et Victor Hugo ne renierait point ce qu'il lui doit lui-même.

Sans doute il y a bon nombre de ces œuvres dont les auteurs furent des écrivains célèbres au temps passé, ou des *gens de lettres* peu connus, mais qu'une certaine instruction avait préparés à l'art d'écrire. Telles sont, pour nous borner aux exemples les plus éclatants, l'*Histoire des quatre fils Aymon*, véritable épopée féodale (devenue, grâce à la bibliothèque du colportage, l'Iliade de l'enfance), dont l'origine se perd « dans la nuit des temps, » et où l'Arioste, Tieck et dix autres poëtes illustres ont puisé à pleines mains; et cette légende de *Geneviève de Brabant*, que chacun de nous a vue, arrangée en prose et en vers, par le burin et par le pinceau, dans les livres comme sur les théâtres des foires publiques, — récit charmant, écrit au xve siècle par Matthias Emmich, refait au xviie par un jésuite, le Père Ceriziers, sans avoir rien perdu de ses grâces naïves. Mais la plupart ont été écrites par une main inconnue et certainement peu lettrée : cela se sent et se devine. Elles sont sorties tout d'abord du cerveau de ces trouvères et de ces jongleurs, rapsodes de la rue, qui tenaient la foule suspendue à leurs lèvres. Celles mêmes qui ne portent pas ce visible cachet d'une origine toute plébéienne ont du moins été, par la suite, revues, corrigées, accrues par l'imagination populaire, profondément modifiées par quelques artistes d'en bas, comme par le lent et continuel travail du temps, qui les a de plus en plus dépouillées de tout fard et de tout artifice, pour les laisser parées de leurs seules grâces naturelles. Toutes, en outre, destinées à la foule et adoptées par la foule, qui s'y est reconnue comme en un miroir, ayant reçu le droit de bourgeoisie de cet auditoire ardent et mobile qui sentait dans leur voix un écho de la sienne, ont fourni au génie populaire des thèmes sur lesquels il s'est largement exercé, qu'il a traités à sa guise, où il a jeté, ainsi qu'en un moule fait d'avance, toute sa verve naïve, toute sa puissance dramatique. Par là, elles rentrent donc encore dans le sujet qui nous occupe.

Sous leur première forme et quant au fond, la plupart

de ces minces *plaquettes* sont d'une antiquité respectable, que n'atteindront jamais beaucoup de prétendus chefs-d'œuvre. Ainsi les *Facétieuses Rencontres de Verboquet* et celles du *Baron de Grattelard*, son disciple, remontent pour le moins à la première moitié du dix-septième siècle, et ont été débitées sur la place Dauphine par des saltimbanques historiques dont les Mémoires du temps ont recueilli les noms, et qui sans doute n'avaient fait que broder eux-mêmes des variations sur un thème déjà connu. Les *Aventures du duc de Roquelaure*, qui a eu la gloire fort inattendue de devenir un type populaire et l'un des héros de la *Bibliothèque Bleue*, reproduisent plusieurs des cyniques bouffonneries de nos vieux conteurs. Vous retrouverez dans l'*Histoire de Briolet* un genre de plaisanteries déjà illustré, non-seulement par le marquis de Bièvre, mais par le comte de Cramail, qui vivait plus d'un siècle auparavant. *Les Trois Bossus de Besançon* procèdent du vieux trouvère Durand, par Straparole et le théâtre de Nicolet; on pourrait même les faire remonter jusqu'à l'Orient. Le *Facétieux Réveille-Matin* est l'imitation d'un petit livre de 1654, aujourd'hui payé au poids de l'or par les bibliophiles, et qui assurément n'était pas l'aîné de la race. La question des sources en littérature, et surtout dans la littérature populaire, est plus embrouillée que celle des sources du Nil.

C'est précisément cette antiquité qui fait le principal intérêt de la bibliothèque du colportage. Toutes ces plaquettes ou ces feuilles volantes, tous ces livrets qui par eux-mêmes seraient ordinairement peu dignes des études de la haute critique, méritent toute son attention à ce point de vue particulier. On aime à y suivre les transformations ou la décadence de nos anciens monuments littéraires, à y retrouver la trace vivante des mœurs d'autrefois. Ici, c'est un écho affaibli des vieilles cours galantes qu'on croit entendre dans le *Jardin de l'Honnête Amour* et le *Catéchisme des Amans;* là c'est presque toute l'épopée du moyen âge, qui se retrouve dans les contes populaires de *Robert le Diable*, de *Jean de Paris*, de *Pierre de Provence et la belle Maguelonne*, etc.

Mais tout cela doit s'effacer devant un court récit que je voudrais pouvoir citer en entier. Je ne sais rien, en effet, de plus frappant, parmi ces myriades de traditions merveilleuses dont les poëtes de tous temps et de toutes nations ont bercé notre esprit, que celle du *Bonhomme Misère*, légende cosmopolite du reste, que M. Mérimée a recueillie lui-même dans le royaume de Naples, et qu'il a racontée, avec quelques variantes et quelques additions, sous le titre de *Federigo*. Le dirai-je? j'aime mieux la simplicité naïve de l'original populaire : on sent percer le scepticisme et poindre un sourire contenu sous la candeur recherchée de l'écrivain, qui semble s'étudier à dire un conte de fées à des enfants; malgré tout son talent de peintre et de narrateur, il n'a pu arriver à produire l'effet de ce simple canevas, sans style et sans art peut-être, mais où la croyance respire à chaque ligne, et dont l'accent de sincérité et la profonde signification philosophique vont droit à l'âme, plus sûrement que tous les artifices de la rhétorique.

Ce livret a pour titre : *Histoire nouvelle et divertissante du Bonhomme Misère, qui fera voir ce que c'est que la misère, où elle a pris son origine, comme elle a trompé la Mort, et quand elle finira dans le monde*, par M. Court-d'Argent. Un jour saint Pierre et saint Paul, errant sur cette terre, se rencontrent dans un village par une grande pluie ; toutes les portes se ferment devant eux, sauf celle du bonhomme Misère. Il n'a pas grand'chose à leur offrir; mais le peu qu'il a, il l'offre de bon cœur, en cordial et franc compagnon. Ses hôtes lui promettent de prier Dieu pour lui, et l'engagent à former quelque souhait particulier. Misère, dont un voisin gourmand vient de dévaliser le poirier qui pourvoit à sa chétive subsistance, ne trouve rien autre chose à demander, sinon qu'une fois monté sur cet arbre, on n'en puisse descendre sans sa permission.

Les voyageurs partis, le voleur revient à la maraude, et se trouve bien piteux, une fois la moisson faite, de ne pouvoir bouger des branches du poirier *enchanté*. Misère, qui l'épiait, arrive aussitôt et se venge à son aise, en faisant des gorges chaudes de l'infortuné. Il feint même d'aller chercher du bois pour le rôtir à petit feu. Pendant ce temps, quelques voisins accourent aux gémissements du voleur, montent pour le délivrer, et restent cloués eux-mêmes sur les branches : Misère, en revenant, les trouve tous entassés sur son poirier les uns à côté des autres. Mais, comme c'est un homme juste avant tout, il écoute les explications de ces nouvelles victimes et les délivre; après quoi, touché d'entendre le voleur qui lui crie : « *Au nom de Dieu*, faites-moi descendre, je souffre toutes les *misères* du monde, » il le délivre également.

Personne dès lors n'ose plus approcher du poirier; et, « depuis ce temps, il en fait lui seul la récolte complète. »

Mais Misère devient vieux. Un beau jour, la Mort frappe à sa porte.

« Soyez la bienvenue, » lui dit-il.

La Mort, peu habituée à un semblable accueil, ne cache pas son étonnement de le trouver si résolu.

« Pourquoi me feriez-vous peur? lui répond le bonhomme. Quel plaisir ai-je dans cette vie? Je n'ai ni femme ni enfants, pas un pouce de terre vaillant, excepté cette petite chaumière et mon poirier. Cet arbre est la seule chose à laquelle je me sois attaché, et je ne vous demande qu'une grâce, c'est de m'en laisser manger encore une poire avant de mourir. »

La requête paraît trop raisonnable à la Mort pour être refusée. Misère passe dans la cour, choisit de l'œil le fruit qu'il préfère, et prie la Mort de lui passer sa faux pour l'abattre.

« Cet instrument-là ne se prête pas, répond-elle. Jamais un bon soldat ne se laisse désarmer. Monte sur l'arbre, et cueille la poire.

— Bon, si j'en avais la force !

— Eh bien, j'y vais monter pour toi. »

La Mort grimpe, cueille le fruit et reste clouée à la même place : elle a beau tempêter et se répandre en affreuses menaces, le bonhomme la laisse dire et s'applaudit de sa ruse. Elle déclare qu'elle va faire mourir le poirier :

« Si vous faites ce coup, dit Misère, je vous proteste, sur tout ce qu'il y a au monde de plus sacré, que, tout mort que soit mon arbre, vous n'en sortirez jamais que par la permission de Dieu. »

Bref, la pauvre Mort est obligée de promettre qu'elle le laissera en repos et ne viendra pas le revoir jusqu'au jour du jugement universel. C'est alors seulement qu'il la laisse descendre.

La Mort a tenu parole; et quoique souvent elle fasse rage

jusque dans la petite ville du bonhomme Misère, elle se contente de passer devant sa porte, sans oser entrer pour lui demander des nouvelles de sa santé, et Misère vivra toujours tant que le monde sera monde.

A côté de cette légende, il faut placer celle du Juif errant, mystérieux personnage qui s'est fait appeler tour à tour Cartaphilus, Joseph (de son nom de baptême), Ahasvérus et Isaac Laquedem. Il se montrait souvent avant l'an mil; mais depuis, l'affaiblissement de la foi a diminué de beaucoup le nombre de ses apparitions. La dernière fois qu'il apparut, ce fut à des *bourgeois fort dociles* de Bruxelles en Brabant, le 22 avril 1774. Dans le livret populaire, le Juif errant raconte une histoire qu'il a lue autrefois sur un vieux parchemin [1] et où il y a, sous une forme naïve et avec une simplicité touchante, un symbole des plus élevés.

Adam, sur le point de mourir, envoie son fils Seth prier l'ange qui garde le paradis terrestre de l'y laisser entrer encore une fois. L'ange n'y peut consentir ; seulement il fait voir de loin à Seth ce *charmant lieu de beauté*, et celui-ci est saisi d'un si profond regret qu'il se met à pleurer. L'ange lui donne trois pepins du fruit de l'arbre défendu, et lui recommande de les placer sous la langue de son père quand il l'enterrera. Seth obéit, et après la mort d'Adam, on voit pousser sur sa tombe trois arbres, qui portent des fruits fort beaux d'apparence, mais amers et sablonneux au goût. Ces arbres étaient sur une montagne,

---

[1] Cette histoire est, en effet, très-ancienne, puisqu'on la trouve déjà mentionnée dans l'Évangile apocryphe de Nicodème. Elle se retrouve dans toutes les leçons de la *Légende d'Adam*, une des plus vieilles et des plus populaires du moyen âge. V. les *Origines littéraires* de M. L. Moland, p. 84 et suiv.

qui s'est appelée depuis le Golgotha. Le père d'Hérode les fit abattre pour déblayer ce lieu, destiné au supplice des malfaiteurs, et ce sont eux qui ont servi à fabriquer la croix où Jésus-Christ racheta la faute d'Adam et les péchés du monde.

IV

La complainte de ce même *Juif errant*,— un chant universel, plus célèbre que ceux d'Homère, car le peuple la connaît aussi bien que les savants, — n'est-elle pas, dans ses grâces négligées et ses atours peu corrects, un petit chef-d'œuvre dramatique, plein d'émotion et de saisissante mélancolie? L'air semble, par son rhythme douloureusement monotone, vouloir rendre avec plus de vérité l'infatigable tristesse et la marche éternelle du *pauvre Juif errant*. Et ici, remarquons en passant l'alliance intime de la poésie populaire avec le chant. Si l'on veut la comprendre, il ne suffit pas de la lire, il faut la fredonner. Paroles et modulation ne font qu'un corps et qu'une âme : la musique explique et complète les vers, dont certains détails même, en particulier les refrains, n'existent souvent que pour elle, et n'ont qu'une pure valeur musicale.

Ces complaintes ne peuvent inspirer les mêmes soupçons que les romans populaires aux défiances de la critique. Il devient évident, pour quiconque en lit trois ou quatre vers de suite, qu'elles n'ont eu pour auteurs que des esprits incultes auxquels l'*art* était lettre close. Cependant, que de perles rares dans les complaintes de *Geneviève de Brabant*, de *Saint Hubert*, de l'*Enfant prodigue*, de *Joseph vendu par ses frères,* etc. ; dans ces Noëls et Cantiques spirituels, qu'essayera d'imiter le sceptique La Monnoye en son patois bourguignon, petits tableaux naïfs où la figure de l'enfant-Dieu, souriante et familière, se détache sur fond d'or dans un cadre rustique, ici jouant avec la barbe des Mages, là s'amusant à faire jaillir avec ses mains l'eau du bain où l'a plongé sa mère ! Tantôt ce sont des stances candides comme un bégaiement :

> Charlot lui porte un agnelet,
> Son petit-fils un pot de lait
> Et deux moineaux dans une cage ;
> Robin lui porte du gâteau,
> Pierrot du beurre et du fromage,
>   Et le gros Jean (*ter*)
> Et le gros Jean un petit veau.

Rien n'y manque, pas même une antithèse.

> Robin a dit à Marion :
> « A l'éternel roi de Sion,
>   Que donnons-nous, ma mie ? »
> Marion lui a répondu :
> « J'ai un bel œuf tout frais pondu,
>   Pour mettre en sa bouillie. »

Tantôt c'est de la vraie poésie lyrique :

> Entre le bœuf et l'âne gris,
> Dors, dors, dors, le petit fils !
>   Mille anges divins,
>   Mille séraphins,
>   Volent à l'entour
>   De ce Dieu d'amour.
>
> Entre les bras de Marie,
> Dors, dors, dors, le petit fils...
> Entre les roses et les lis,
> Dors, dors, dors, le petit fils...

Qu'on me permette de citer quelques strophes de la complainte de *Saint Nicolas,* qui, comme a pu le dire avec justesse Gérard de Nerval, est une ballade d'Uhland, moins les beaux vers :

> Ils étaient trois petits enfants
> Qui s'en allaient glaner aux champs.
>
> S'en vont un soir chez un boucher :
> — Boucher, voudrais-tu nous loger ?
> — Entrez, entrez, petits enfants ;
> Il y a de la place assurément.
>
> Ils n'étaient pas sitôt entrés
> Que le boucher les a tués,
> Les a coupés en petits morceaux,
> Mis au saloir comme pourceaux.

Sept ans après, Saint Nicolas entre chez le boucher et lui demande à souper. Le boucher lui offre du jambon, qu'il refuse ; saint Nicolas lui dit :

> Du petit salé je veux avoir
> Qu'il y a sept ans qu'est dans le saloir.
> Quand le boucher entendit cela,
> Hors de sa porte il *s'enfuya.*
>
> — Boucher, boucher, ne t'enfuis pas ;
> Repens-toi, Dieu te pardonnera.
> — Saint Nicolas posa trois doigts
> Dessus le bord de ce saloir.
>
> Le premier dit : — J'ai bien dormi.
> Le second dit : — Et moi aussi.
> Et le troisième répondit :
> —Je croyais être en paradis.

Cette fin est charmante : les frères Grimm n'ont rien recueilli de plus gracieusement beau que ce reflet ingénu des merveilles de la **Légende dorée**. Ce ne sont pas des vers, je le veux bien, mais c'est de la poésie.

Et ne croyez pas qu'il y ait là une exception et un phénomène. Les plus prévenus seraient étonnés de la quantité d'or brut qu'on peut trouver dans ces gothiques recueils, qui font les délices des villageois et la fortune du colporteur, comme ils seront stupéfaits sans doute de voir qu'il n'est pas une contrée, pas un village, pour ainsi dire, qui n'ait fourni quelque pièce remarquable à ce **Recueil des chants populaires**, si sévère pourtant dans ses éliminations, qui se poursuit sous les auspices du ministère de l'instruction publique [1]. Nulle chronique n'est plus profondément empreinte du sentiment national. Nulle part le peuple ne revit plus complétement de sa double vie intime et historique, et Montaigne et Molière, deux grands esprits de trempe si diverse, avaient bien raison, quoique en des siècles peu préparés, de se réunir dans un égal sentiment d'admiration pour cette poésie. Des classiques rigides, comme Addison, des savants et des philosophes, comme Gœrres et Herder, se sont sentis émus par elle, aussi bien que Walter Scott, les frères Grimm et Adam Mickiewicz.

Dans cette masse confuse d'œuvres plus ou moins complètes, plus ou moins vastes, plus ou moins formées, de chansons, d'élégies, de narrations, de légendes, qu'a fait éclore l'imagination de la foule, et où se confondent pêle-mêle tous les éléments et tous les genres distribués en catégories distinctes par les traités classiques, qui sait, encore une fois, tout ce que la poésie cultivée, réduite à un état d'é-

---

[1] Il a été abandonné, malheureusement.

puisement si visible, pourrait trouver de sujets, de cadres et d'émotions pour se rajeunir? Elle gagnerait plus qu'elle ne croit à se retremper à cette source rustique, à infuser ce sang jeune et vigoureux dans ses veines appauvries. Si Gœthe, Burns, Schiller ont fait des chefs-d'œuvre avec les ballades qui couraient les rues de leurs villages, nos poëtes actuels rencontreraient encore dans ce fumier plus d'une perle brute qu'il ne leur resterait qu'à tailler. Quoi qu'il en soit, il est bien curieux d'assister au travail d'esprits dépourvus de toute culture, de surprendre dans cette poésie *inarticulée* le germe lointain, l'embryon confus qui, fécondé par le génie, deviendra une grande œuvre, d'étudier, en pénétrant jusqu'à ces dernières couches du terrain littéraire, les phénomènes de formation de la poésie.

Il n'est pas jusqu'à ces couplets sur les grands criminels contemporains, sur les vols et les assassinats fameux, qui se vendent dans les campagnes aux jours de foire, où l'on ne trouve quelque entente naturelle des effets et du pathétique, où il n'y ait je ne sais quelle émotion pénétrante, accompagnée de ce *sombre*, pour parler comme d'Arnaud-Baculard, qui eût fait pâmer d'aise l'auteur du *Comte de Comminges* et des *Épreuves du sentiment*.

> J'ai tant tué de petits lapins blancs
> Que mes souliers sont pleins de sang.
> — T'en as menti, faux traître!
> Je te ferai connaître.
> Je vois à tes pâles couleurs
> Que tu viens de tuer ma sœur.

Tout le monde connaît au moins quelques-unes de ces complaintes d'une si éloquente simplicité et d'une réalité si poignante, qui font frissonner d'effroi, dans la bouche des chanteurs ambulants, les populations des campagnes. Jamais tragédie ne produisit plus d'effet que ces grands drames de la cour d'assises chantés par des poëtes anonymes. Ce génie instinctif de la mise en scène, cet art de disposer heureusement les effets de manière à exciter la terreur ou à soulever le rire, est tout à fait particulier au peuple. Il devine vite et sûrement les côtés sinistres ou ridicules d'une chose, ceux qui frappent le plus fortement l'imagination publique ; il sait les choisir et les grouper avec une adresse qui, pour paraître assez grossière à nos charpentiers en titre, n'en est pas moins singulièrement dramatique. Qu'on observe, par exemple, avec quelle promptitude, avec quelle justesse, avec quelle pittoresque sagacité il décerne les surnoms et les sobriquets !

Je voudrais dérouler sous vos yeux les strophes des vaudevires normands, des *guerz* de la Bretagne, des rondes et villanelles gasconnes, des chansons provençales, non point de celles qu'égrena dans l'harmonieux patois du pays la muse mi-populaire, mi-savante, des Despourrins et des Gaston Phœbus, des Jasmin et des Goudouli, mais de celles qui naquirent on ne sait d'où, on ne sait de qui, ou plutôt qui sont nées toutes seules, comme l'écume du flot, voix parties de la foule et qui retournent à la foule, dédaignées des savants, mais écoutées avec ravissement par le poëte qui passe.

La langue et l'imagination du Midi ont produit les plus beaux peut-être de ces petits chefs-d'œuvre anonymes : j'ai lu des chansons amoureuses du Languedoc d'une poésie tellement élevée et tellement délicate, même dans l'expression, qu'on les croirait sorties de la plume de Pétrarque. Au Sud encore, la Provence et le pays basque, au Nord la Flandre et la Bretagne, auxquelles on peut joindre l'Alsace, qui a gardé dans quelques-unes de ses mélodies populaires un reflet de la sensibilité et de la rêverie germaniques, c'est là qu'on doit chercher les plus riches filons de la mine. Il y a entre le génie de chaque province de France les mêmes différences qu'entre les races diverses qui se sont agglomérées, sans se fondre complétement, dans l'unité française. En règle générale, ce genre de poésie se développe principalement dans les contrées où il rencontre, avec une langue expressive et harmonieuse, une civilisation restée primitive sur quelques points. C'est pourquoi il n'a pas généralement atteint chez nous le degré d'élévation où il est parvenu dans d'autres pays. On y trouverait assez malaisément ces accents héroïques et chevaleresques, cette délicatesse exquise ou ce sentiment mélancolique, cet éclat d'images ou cette grandeur d'inspiration qui se rencontrent dans les chants de la Servie, de l'Estonie, de l'Écosse, de la Hongrie, etc.

Aussi la poésie populaire a-t-elle été en France, jusqu'à nos jours, l'objet d'un dédain persistant et à peu près universel. Le premier effet de la Renaissance fut d'inspirer aux écrivains de la Pléiade le mépris des trouvères du moyen âge, ces rapsodes errants qui allaient débitant de ville en ville et de carrefour en carrefour les *Iliades* nationales, qu'ils embellissaient de traits nouveaux en les adaptant à leur auditoire, et qu'ils entremêlaient de fabliaux satiriques ou de gaillardes chansons. L'avénement de notre grand siècle littéraire acheva l'œuvre commencée. Du temps de Boileau, ou même de La Harpe, il n'eût pu venir à l'esprit d'aucun critique l'idée étrange que ces productions incorrectes et grossières, ébauches anonymes de la Muse rustique, fussent dignes d'une attention sérieuse. La main de Louis XIV eût écarté ces *magots* avec plus d'indignation encore que ceux de Teniers.

Cependant, dit-on, Malherbe goûtait la poésie populaire; mais c'était uniquement pour avoir le droit de mieux bafouer les vers de ses rivaux : ce caprice de régent bourru et hargneux, connu par ses terribles boutades, qui n'épargnaient pas l'art même où il était passé maître, ne pouvait fournir à la cause qu'un appui des plus compromettants. Pour une raison analogue, le plaidoyer d'Alceste dans le *Misanthrope* passa dans l'éclat de rire des spectateurs sans éveiller d'écho. Il a fallu, pour changer peu à peu ce dédain en un goût prononcé, l'ardeur d'une érudition avide et curieuse, la réaction produite sur des esprits blasés par les raffinements d'une poésie qui a usé et abusé de tous les sujets, de toutes les images, de toutes les couleurs, la transformation d'une critique qui ne se borne plus à juger les œuvres d'après un type absolu et mathématique, mais qui s'attache à les replacer dans leur milieu et qui recherche en elles la signification historique et morale autant que la beauté littéraire. Il a fallu aussi que le reste de l'Europe nous traçât la voie, et c'est par l'étonnement que nous a causé la vue de tant de trésors inattendus trouvés au dehors, que nous avons appris à ne plus désespérer de notre propre richesse.

Si je ne craignais de donner à ces simples pages un développement qu'elles ne comportent point, que ne pourrais-je emprunter aux recueils divers de La Villemarqué, de Fauriel, de don Manuel Mila, des frères Grimm, de Herder, de Gœrres, de MM. Paulin Paris et Leroux de Lincy ?

Robert Burns et Nodier eussent prêté l'oreille avec extase aux chants joyeux des jeunes filles et des gars de ma bourgade natale, dansant en rond, les soirs de dimanche, sur la grande route. Cela sans doute traite fort cavalièrement la syntaxe ; cela ne se doute guère de ce que c'est que la rime riche ; cela donne, à chaque vers, de terribles crocs-en-jambe à la prosodie, et les élisions faciles n'y manquent pas plus que les hiatus hasardés et les liaisons capricieuses ; mais cela a le charme du vagissement de l'enfant et du gazouillement de l'oiseau.

C'est le sentiment, l'inspiration primitive qu'il faut démêler sous cette grossière écorce de la Muse plébéienne ; car voilà, après tout, ce qui fait la valeur de la poésie, et, comme l'a dit André Chénier :

> L'art ne fait que des vers, le cœur seul est poëte.

Ces ballades populaires varient à l'infini de caractère et de physionomie. Tantôt nous trouvons une simple ronde malicieusement naïve, comme les suivantes :

> Nous étions trois filles
> Bonnes à marier, etc.;

> Il était une bergère,
> Et ron, ron, ron, petit patapon, etc.;

ou bien celle qu'on chante, les dimanches, dans certains villages lorrains, et dont le refrain retentit comme un éclat de rire, sur une modulation agaçante et railleuse :

> Ah! ah! ah! je l' vais dire,
> Gai, gai, gai, je l' dirai;

et celle-ci, que je prends encore à la même source :

> Ah! ah! Cécilia!

> Mon pèr' n'avait d'enfant que moi, *(bis)*
> Dessus la mer il m'envoya;
> Sautez, mignonn' Cécilia!
>   Ah! ah! ah! ah!
>   Ah! ah! Cécilia!
>
> Dessus la mer il m'envoya. *(bis)*
> Le batelier qui me passa....
> Sautez, mignonn' Cécilia!
>   Ah! ah! etc.
>
> Le batelier qui me passa *(bis)*
> Me dit: La belle, embrassez-moi.
> Sautez, etc.

« Oh! non, Monsieur, je n'oserais, lui répond la belle; car mon papa me battrait, s'il le savait. — Et qui le lui dirait? » reprend le batelier :

> Seraient-ce les oiseaux du bois? *(bis)*
> Mais les oiseaux ne parlent pas,
> Sautez, etc.
>
> — Mais l'oiseau dit en son latin *(bis)*
> Que les hommes ne valent rien;
> Sautez, etc.
>
> Que les hommes ne valent rien; *(bis)*
> Les demoiselles, c'est tout bien.
> Sautez, etc.

Les incohérences, comme les contradictions et les anachronismes, fourmillent dans ces pièces. Le poëte oublie son point de départ, il commence par la fin, laisse un de ses personnages en route, fait entamer le récit par son héros et le poursuit lui-même. Il se donne des licences de tout genre, dans la mesure comme dans la rime. C'est à peine si deux vers sur quatre se terminent par des assonances sommaires, qui ne sont même pas toujours suffisantes pour l'oreille. Et cependant il y a une entente réelle du rhythme dans l'allure générale du morceau, la coupe des strophes, et surtout dans le refrain, où se condense en une image rapide, en une phrase inachevée, toute la poésie de la chanson. Très-souvent aussi, principalement dans les rondes, ces refrains ne sont qu'une série de consonnances bizarres et vides de sens, un accouplement de syllabes combinées simplement dans un but musical, et destinées non à parler à l'esprit, mais à amuser l'oreille et à développer une certaine activité musculaire. A la Saint-Jean, les villageois de mon pays natal dansent en rond autour des feux allumés sur la route, en chantant à tue-tête :

> Voici la Saint-Jean d'été,
> On dit que j'y volerai,
> J'y volerai, j'y vole,
> On dit que j'y vole, vole,
> On dit que j'y volerai...

Cela ne veut rien dire quand on le lit, et cela est charmant quand on le chante.

Six semaines avant la Saint-Jean, le premier dimanche de mai, les jeunes filles des villages voisins se rendent au chef-lieu du canton, vêtues de blanc, en tête la plus jolie parmi les plus petites, tout enguirlandée de rubans et tenant en main un bouquet d'aubépine. Elles entrent dans chaque maison pour y recueillir quelque offrande, se disposent en ovale, et celle qui porte le bouquet se promène lentement au milieu d'elles, faisant la révérence à chaque fois que revient le nom de Dieu ou celui de la Vierge, tandis que ses compagnes chantent, sur un rhythme vif et langoureux à la fois, la chanson du *Joli mois de mai* :

> En allant promener aux champs,
> J'y ai trouvé les blés si grands,
> Les aubépines florissant.
>   **En vérité**, (*bis*)

C'est le mois, le joli mois,
C'est le joli mois de mai.

. . . .

Dieu veuill' garder les vins, les blés,
Les jeunes fill's à marier,
Les jeun' garçons pour les aimer !
   En vérité, (*bis*)
C'est le mois, le joli mois,
C'est le joli mois de mai.

La poésie de cette complainte a grand besoin d'être complétée par l'intention, l'inspiration première, et la mise en scène, dont il est juste de lui tenir compte.

Ou c'est quelque gausserie satirique, comme celle-ci, que je traduis littéralement d'une vieille chanson lorraine, du reste assez mal rimée :

AUX GENS DE LA VILLE.

Je n' portons point de beaux habits,
Je n'avons jamais q' celui des champs,
Je n' sommes pas habitants de la ville ;
Mais je n' devons rien aux marchands.

Si v' avez les cheveux pleins de poudre,
Ah ! ne v's estimez pas tant :
Le meunier de notre village
Les a bien dix fois plus blancs.

Si v's avez des beaux plumages,
Ne faites pas tant les arrogants :
Les dindons qui sont d'dans nos cages
En ont bien trente fois autant.

Si v'avez une belle famille,
Ne faites pas tant les pédants :
Nous, je ne sommes pas de la ville,
Mais je somm' pères de nos enfants.

Remarquons, en passant, avec quelle prédilection les campagnards se moquent des gens de la ville. C'est là un sujet d'intarissables plaisanteries durant les veillées d'hiver, et chacun a son histoire ou son trait sur tel beau monsieur de Paris, qui confondait le blé avec les pommes de terre, qui prenait les choux pour des artichauts, croyait que les carottes poussaient en dehors du sol et les cornichons sur les arbres.

Le rimeur anonyme s'inspire volontiers des fabliaux, dont il reproduit maintes fois la veine caustique et railleuse. A côté des rancunes villageoises contre *les monsieurs de la cour*, et d'une défiance toujours en éveil à l'égard des capitaines et des seigneurs qui aiment à en conter aux belles, vous y retrouverez, presque à chaque pas, la gaillardise et la gouaillerie de l'esprit plébéien, surtout en certaine matière chère à la verve de nos vieux conteurs.

Les poëtes populaires de certaines provinces, par exemple de la Lorraine, professent généralement la sagesse pratique du *bonhomme* La Fontaine. Quels que soient les sujets qu'ils traitent, il est rare que le dénouement ait quelque chose d'héroïque. Leur idéal est un bon tour joué, un galant berné, — car du moins ce sont les galants, de préférence aux maris, qu'on berne dans nos chansons lorraines,—un riche séducteur rebiffé, rabroué et quelquefois exploité de la belle manière. La *batelière* de la chanson commence par se faire compter deux cents écus, puis, sous prétexte de conduire le *monsieur de la cour* «dans un lieu d'assurance, » elle le plante là en retirant son bateau, et répond à ses reproches par des railleries, suivies de cette conclusion inattendue :

> Avec ton or et ton argent,
> Je m'en irai dans un couvent,
> Dans un couvent de religieuses
> Où j'y passerai une vie bien heureuse.

La plupart des couplets satiriques sur le mariage, qui se retrouvent, plus ou moins variés, dans toutes les provinces, ont été faits évidemment pour être chantés dans les noces. Les gausseries y abondent. Presque toujours le beau rôle appartient aux femmes, si bien qu'on les croirait composés par elles. Le génie particulier de la race se marque dans ces strophes vides de mélancolie, où le sentiment n'a jamais rien de subtil et de raffiné, où la gaieté gauloise est assaisonnée de sel gris. C'est lui qui inspire ces commères délurées et dessalées, aux vertes et drues répliques, qui malmènent les garçons et professent audacieusement la théorie de la supériorité du beau sexe.

Tantôt c'est une romance sentimentale et rêveuse, toute parfumée de cette fleur bleue de l'idéal, découverte par H. de Balzac; ou bien charmante et coquette en ses gracieuses allures, comme la suivante, sur un motif qui revient très-souvent dans la poésie populaire :

> Si j'étais hirondelle,
> Que je puisse voler,
> Sur votre sein, la belle,
> J'irais me reposer;

et celle-ci encore :

> Enfin vous voilà donc,
> Ma belle mariée;
> Enfin vous voilà donc
> A votre époux liée
> Avec un long fil d'or
> Qui ne rompt qu'à la mort [1].

Tantôt c'est un petit poëme fantasque, dont le héros est

---

[1] Les *Instructions* de M. Ampère sur la poésie populaire de la

un soldat qui épouse une princesse, et dont les descriptions semblent empruntées aux *Mille et une nuits;* ou, comme dans les *Filles de la Rochelle*, un chant de vengeance, une plainte lamentable; ou bien enfin une *nénie* lugubre dont le rhythme plaintif accroît l'effet singulier. Telle est la chanson ou plutôt le drame sur la mort de Jean Renaud, que cite encore Gérard de Nerval dans ses *Vieilles Ballades françaises*. Jean Renaud revient de la guerre au moment où sa femme *est accouchée d'un petit*. Il est mourant, et, vers le minuit, il rend l'âme. L'accouchée s'éveille :

> — Ah! dites, ma mère, ma mie,
> Ce que j'entends pleurer ici?
> — Ma fille, ce sont les enfants
> Qui se plaignent du mal de dents.
>
> — Ah! dites, ma mère, ma mie,
> Ce que j'entends clouer ici?
> — Ma fille, c'est le charpentier
> Qui raccommode le plancher.
>
> — Ah! dites, ma mère, ma mie,
> Ce que j'entends chanter ici?
> — Ma fille, c'est la procession
> Qui fait le tour de la maison.

France offrent une variante bien grave et bien élevée de la même chanson. Voici le début:

> Rossignolet des bois, rossignolet sauvage,
> Rossignolet d'amour qui chante nuit et jour,
>
> Il dit dans son jargon, dans son joli langage :
> Filles, mariez-vous, le mariage est doux.
>
> Nous sommes v'nus ce soir du fond de nos bocages
> Vous faire compliment de votre mariage,
> A monsieur votre époux aussi bien comme à vous....

Il me semble qu'il faudrait diviser chacun de ces vers en deux.

— Mais dites, ma mère, ma mie,
Pourquoi donc pleurez-vous ainsi?
— Hélas! je ne puis le cacher :
C'est Jean Renaud qu'est décédé.

— Ma mère, dites au fossoyeux
Qu'il fasse la fosse pour deux,
Et que l'espace y soit si grand
Qu'on y renferme aussi l'enfant [1].

La dernière strophe est admirable. On a remarqué sans doute cette série d'interrogations successives et de réponses analogues, forme dramatique qu'emploie volontiers le génie populaire, et dont Perrault, qui sut s'en inspirer habilement en ses contes, a fait un heureux usage dans le *Petit Chaperon rouge*. Ce caractère lui est commun, comme quelques autres encore, avec la poésie primitive, en particulier avec celle d'Homère.

Ce n'est évidemment point au calcul, mais à un art tout spontané qu'il faut attribuer cette habileté singulière. Rien n'est plus étranger que le calcul au génie populaire, dont l'inspiration, toute d'un jet, se coule franchement dans le premier moule qu'elle rencontre. Les roueries, les artifices, la science même des détails lui sont choses complétement inconnues. Belle de son propre fonds, elle ne sait ni rehausser ses attraits, ni suppléer à ceux qu'elle n'a point par les heureux stratagèmes et les mensonges de la toilette. La fraîcheur et la vérité de la nature ne sont altérées en elle par rien d'arbitraire ni de factice. Un autre caractère parti-

---

[1] On peut lire la même chanson, avec des variantes assez nombreuses, dans les *Instructions* de M. Ampère sur la poésie populaire. Je préfère de beaucoup celle que j'ai citée. Dans d'autres textes, Jean Renaud est devenu le roi Renaud.

culier aux productions de la Minerve populaire de quelque pays que ce soit, c'est le mélange continuel et la fraternelle alliance de la naïveté avec l'inspiration, de la familiarité dans les mots et les tournures avec la poésie dans les sentiments.

Si l'on voulait faire un travail de rapprochement et de comparaison entre les légendes des divers peuples, on serait étonné de voir leurs nombreux points de ressemblance, et comme elles semblent presque toutes avoir été jetées dans des moules analogues : on dirait que c'est partout le même esprit qui les a inspirées, avec de légères différences de mœurs et de religion. Elles affectionnent singulièrement la pensée de la mort, y reviennent sans cesse, et lui font jouer le principal rôle dans leurs compositions. Un sacrifice humain, une substitution de personnes, le dévouement d'un ami, la reconnaissance d'un époux parti depuis longtemps et qui revient tout à coup; une épreuve imposée par un mari à sa femme, par un frère à sa sœur; un amant déguisé; des filles revêtant le costume de soldats afin de poursuivre leur amoureux et de se venger d'un traître, ou sauvant leur chasteté, tantôt par des stratagèmes, tantôt par une mort héroïque : voilà quelques-uns des traits généraux qui forment comme le canevas habituel de ces sortes de petits poëmes. Ici ce sont les faits, là c'est la marche et le style même qui se ressemblent. La fameuse ballade de *Lénore* se retrouve jusqu'en Grèce, et on rencontre en Amérique plusieurs des légendes qui courent nos provinces. L'inspiration populaire est alimentée par une source unique, qui est le cœur même du peuple, partout semblable, où elle va instinctivement puiser.

Il y a, pour ainsi dire, un grand fonds commun de poésie naturelle, dont l'amour et la guerre forment les éléments principaux. L'esprit humain, pris à l'état de nature, doit, sous des chocs pareils, rendre de pareils sons, et, sous l'empire de faits et d'impressions analogues, rencontrer des idées, des conceptions très-simples, qui seront identiques. On peut, d'ailleurs, expliquer historiquement ces analogies par d'anciennes traditions répandues dans toute l'Europe. Plusieurs remontent probablement au temps où les jongleurs se promenaient avec leurs vielles de province en province et de royaume en royaume. Rien ne voyage avec une rapidité plus extraordinaire que la poésie faite pour la foule et répétée par elle. Aucune frontière ne l'arrête au passage. De bouche en bouche, d'oreille en oreille, de mémoire en mémoire, elle s'étend à travers l'espace et se perpétue à travers les siècles.

Il est encore dans l'essence de la poésie populaire de ne tracer que les grandes lignes, en négligeant tout ce qui ne se rapporte pas directement au but, quelquefois même au risque de laisser l'esprit inquiet et de lui faire croire que le conte est tronqué. Presque toutes les légendes, avec leurs cinq ou six formules revenant sans cesse, rappellent ces mélodies dont les modulations monotones produisent une irrésistible impression. Les images et les comparaisons se ressemblent, et souvent aussi les faits : ce sont des cadres reçus, d'où l'on ne cherche même pas à sortir. On n'achève rien, on indique, puis on passe brusquement en supprimant le lien. Ces poëmes sont à la fois très-hardis par l'idée et le style, pauvres par le manque de variété et le retour des mêmes formes. Ce qui les distingue aussi, c'est un magnifique mépris de la vraisemblance, un dédain de la réalité qui s'accorde très - bien pourtant avec le *réalisme* du style et des idées. Ils ont été faits évidemment par des rapsodes primitifs du temps que les bêtes parlaient et que les rois épousaient des bergères. On y voit les tambours demander en mariage des filles de rois.

Ces productions imparfaites, où la forme est au-dessous de l'idée, ressemblent aux tableaux de Giotto, de Cimabuë, d'Angelico de Fiesole, où les timidités et les gaucheries enfantines de l'exécution ne font qu'ajouter un charme de plus à la fraîcheur et à la sincérité profonde du sentiment. Il serait aussi ridicule, aussi inintelligent de leur demander une irréprochable correction, que de rechercher dans les œuvres de nos vieux imagiers la complète harmonie et la science anatomique des détails. En pareille matière, on doit se défier du penchant qui nous porte à confondre la trivialité du style avec celle du sentiment : la poésie populaire, n'ayant à sa disposition qu'un instrument imparfait et grossier, rend souvent en plat langage des émotions élevées. L'expression trahit la pensée, mais la franchise de l'intention supplée à l'insuffisance de l'art. Ce mince filet d'eau pure, coulant au hasard sur le gazon, et où les moineaux viennent boire, est plus séduisant à l'œil que ces rivières jaunâtres, encaissées, endiguées et canalisées par nos ingénieurs.

La poésie populaire, qu'on ferait peut-être mieux d'appeler la poésie naturelle, pousse d'elle-même comme la fleur sauvage des champs, et chante sans avoir appris la musique, comme les oiseaux du bon Dieu. Il faut, en quelque sorte, se refaire enfant pour en comprendre la mélodie et en sentir le parfum. Cette candeur charmante ne vaut-elle pas mieux que les raffinements de l'art, et ne peut-on dire que l'art la gâterait en voulant y toucher, pour jeter sa correction sur cette efflorescence première, — *florida novitas,* — sur ce sourire naïf de l'enfance qui ignore sa grâce et ne songe point encore à la changer en coquetterie? On me comprendra, et l'on sera sans doute de mon avis, si l'on compare un moment les appas fardés et les minauderies savantes d'une Célimène, fût-elle même de bon ton et de bon goût, avec l'adorable gaucherie d'une jeune fille qui met jusque dans ses maladresses un attrait irrésistible; le sourire étudié de la grande dame avec le frais et naturel sourire de l'enfant; la voix mâle d'un homme fait avec les gazouillements d'un *poupard* qui s'exerce à bégayer ses premiers mots de tendresse.

Qui ne reconnaît, dans la littérature, le charme de la naïveté, cette qualité séduisante et rare, dont Diderot a essayé de tracer longuement la définition prétentieuse, qu'il suffit de rechercher pour ne pouvoir l'atteindre, et qui est la suprême louange qu'on puisse accorder à un écrivain, le plus grand éloge qu'on ait pu faire des contes de Perrault et des fables de La Fontaine? Il arrive souvent, — c'est une vérité connue de tous les artistes,— qu'en cherchant la perfection de la forme, on perd en chemin la plus grande partie de l'inspiration, cette lueur qui brille pour s'éteindre aussitôt. On enlève le duvet du fruit à force d'appuyer; le premier parfum du vers s'évapore dans ce travail d'élaboration prolongée, et voilà pourquoi ces complaintes anonymes, où l'inspiration s'est versée frémissante et spontanée dans sa flamme naissante, nous touchent souvent plus que les savants poëmes des artistes expérimentés.

Tout le monde sait aussi bien que moi que la plupart

des grands chansonniers passés, pour ne point parler d'aujourd'hui, Gallet, Panard, Béranger, Debraux, n'étaient pas des hommes d'une haute naissance, ni d'une éducation fort distinguée, pas plus que le maçon Sedaine. Les refrains les plus répandus ne sont-ils pas nés pour la plupart d'auteurs inconnus qui n'étaient membres d'aucune académie du monde, pas même de celle d'Haïti, et ne portaient aucune décoration à la boutonnière, fût-ce celle d'un principicule allemand? Elles sont venues au monde dans un grenier, dans un cabaret, au coin d'une borne, au fond d'un atelier, ces simples rimes qui exciteraient les dédains d'un élève de quatrième un peu avancé, mais où le peuple se reconnaît avec ses goûts et son esprit, ses instincts, ses haines et ses amours. C'est ainsi qu'ont été faits, défaits ou refaits la plupart des couplets qui ont, depuis si longtemps, amusé, consolé, excité, abruti ou perverti la foule : les chansons de *M. de la Palisse* et de *M. Malbrouk*, ces deux chefs-d'œuvre de naïveté narquoise et sanglante ; le *Ça ira* et la *Carmagnole*, ces couplets terribles et sinistres comme le tranchant de la guillotine ; le *Clair de la lune*, cette romance d'une mélancolie si douce, d'une tristesse si résignée, composée par un pâtissier sans ouvrage et mise en musique par un marmiton ; *Cadet Roussel*, cette satire impitoyable sous son masque de gaîté cynique, et le *Compère Guillery*, et le *Roi Dagobert*, et *J'ai du bon tabac*, et la délicieuse légende en vers de *Geneviève de Brabant*, et toutes ces rondes où éclate si joyeusement tant de verve et d'entrain, de malice et de bonhomie.

Pour faire un recueil d'observations curieuses sur la poésie vraiment populaire, il faudrait, à l'aide de l'anneau magique de Gygès, pénétrer dans ces arrière-boutiques de confiseurs où se confectionnent les innocentes devises, les quatrains sucrés, les madrigaux candides destinés à servir d'enveloppes aux pralines; dans l'échoppe de ces écrivains incompris qui rédigent au rabais des distiques ou des tercets galants pour les fabricants de mirlitons, poésie anodine qui cache pourtant quelquefois je ne sais quoi de sournoisement railleur sous un faux air d'ingénuité; chez ces grands philosophes dont la spécialité poétique, tournée définitivement à l'élégie, verse, sans jamais tarir, les fleurs de l'imagination et les larmes de la sensibilité sur la tombe des victimes *moissonnées par le trépas*. Ces hommes sont les héritiers des pleureurs de l'antiquité : ils ont un fonds inépuisable de tristesse et de larmes. Leur poésie sans doute n'est pas des plus vigoureusement bâties : ce n'est pas d'eux qu'on pourrait dire que leur vers se tient debout par la seule force du nom et du verbe, et ils ne croient pas avec Voltaire que l'adjectif soit l'ennemi du substantif. Ils ne se montrent point non plus fort prodigues à l'endroit de la rime, qu'ils traitent tout à fait en esclave : classiques convaincus, à la façon de Thomas et de Jacques Delille, ils en sont encore à la *coupe de la vie*, qu'ils font rimer avec *lie*, et ils parlent avec une conviction touchante de la *faux de la mort*. Mais ces minces détails n'enlèvent rien à la valeur du fond.

Il faudrait pénétrer aussi chez ces poëtes universels, toujours inspirés par métier et pleins d'enthousiasme à leur gré; modernes Pindares qui ont des *délires* dans tous les prix, qui travaillent dans tous les genres sans exception, et feraient, s'il était nécessaire, un poëme épique aussi bien qu'une chanson grivoise, et des sonnets comme des tragédies. Au besoin même, ils ne dédaigneront pas de rédiger des anagrammes et des acrostiches, des déclarations en vers pour les amants prétentieux, des compliments poétiques destinés à accompagner l'offrande d'un bouquet, et à faire pleurer d'attendrissement et d'admiration, le jour de sa fête, un époux ou une mère sensible. A leurs moments perdus, ils travaillent en cachette, avec cette ivresse connue du seul poëte, à une œuvre capitale, où ils versent toute leur tête et tout leur cœur : c'est ordinairement une charade monumentale, une énigme digne de rivaliser avec celle du Sphinx, qu'ils polissent avec la sage lenteur recommandée par Boileau, et qu'ils envoient au *Journal des demoiselles* ou au *Magasin des familles*, pour exercer la sagacité des Œdipes du foyer.

Il faudrait s'asseoir à ces banquets, à ces repas de corps, à ces noces où pétillent au dessert les impromptus médités depuis un mois, les chansons bachiques et anacréontiques, parfois même l'épithalame grandiose du poëte officiel, ou quelque ode brûlante en son enthousiasme ingénu. Il faudrait surtout entrer dans ces succursales populaires du Caveau, qui s'assemblent aux barrières, au fond de la boutique d'un marchand de vin, et dont chaque membre est obligé, sous peine de forfaiture et de déchéance, d'apporter son tribut en couplets.

V

Dans une autre catégorie de la bibliothèque des quais, il n'est pas jusqu'à la *Civilité puérile et honnête* qui ne me paraisse tout à fait impayable et pleine de beautés particulières qu'on ne s'attendrait pas à trouver dans un ouvrage technique, mais dont son titre seul donne déjà un intéressant spécimen. Je ne puis me lasser d'admirer l'allure pleine de bonhomie, la physionomie vraiment patriarcale de ce livre d'or de la vieille politesse française. Il s'exhale de toutes ces pages un parfum de probité qui charme, même lorsque l'innocence des recommandations fait sourire.

Je n'en dirai pas autant des innombrables recueils épistolaires à l'usage des pauvres d'esprit : ceux-là sont des roués ; ils savent toutes les ruses et toutes les finesses, toutes les subtilités pendables, qui ne peuvent entrer que dans la cervelle des civilisés. Ils ont des lettres pour toutes les circonstances de la vie, — par exemple, *après avoir reçu l'aveu qu'on est aimé; quand une déclaration est restée sans réponse; à une demoiselle délaissée avec le malheureux fruit de son amour;* à une demoiselle dont on est devenu amoureux en la voyant *plusieurs fois* par la croisée. On voit jusqu'où le rédacteur a poussé la prévoyance. Ovide, en son *Art d'aimer*, n'est qu'un Iroquois arriéré à côté du don Juan qui a rédigé ces choses avec un cynisme tranquille et presque naïf.

J'aime mieux ces petites anthologies de madrigaux et compliments en vers pour toutes les fêtes du foyer domestique. La *Guirlande sentimentale*, les *Joies de la famille*, le *Jardin de l'enfance*, etc., voilà au moins des ouvrages utiles et sans danger pour les mœurs, où l'esprit en général s'allie dans de justes proportions avec l'ingénuité. Parlez-moi aussi du *Parfait Secrétaire général*, « ouvrage entièrement neuf, à l'usage des deux sexes et de toutes les classes de la société, » par M. Deplasan, *professeur*. Cela est honnête, digne et correct. Ni la censure ni l'Académie n'y pourraient trouver un *iota* à reprendre.

Dans cette bibliothèque en plein vent qui se déroule sur les quais de la Seine, depuis le Jardin-des-Plantes jusqu'au pont de la Concorde, foisonnent par milliers les recueils de gaudrioles, d'anecdotes comiques, lazzis, calembours, saillies, bons mots et bons tours, — délices des loustics d'atelier, que reluque d'un œil d'envie le malin qui passe, où le gamin de Paris ne dédaigne pas de puiser quelque malice au gros sel, et dont les historiettes ont le privilége inépuisable d'exciter l'hilarité facile des compères francs du collier et des joyeuses commères. Tous ces petits livres, je l'ai déjà dit, vivent sur un fonds qui ne s'est, pour ainsi dire, pas renouvelé depuis des siècles. La tradition, chassée des institutions politiques et sociales, expulsée de la haute littérature par le romantisme, s'est réfugiée dans la littérature populaire comme en son dernier asile. Arrêtez-vous devant le premier pitre à queue rouge qui amasse les badauds de carrefour, et vous entendrez sortir de sa bouche les mêmes parades qui ont excité, sous la Restauration, les transports des habitués de Bobèche, de Galimafré et des autres bouffons du boulevard du Temple. Bobèche et Galimafré eux-mêmes ne faisaient guère que répéter Bruscambille et Tabarin, et ceux-ci, à leur tour, avaient largement puisé dans le répertoire des *mires* et *jongleurs* du moyen âge.

Les livrets burlesques et les recueils de joyeusetés, voilà où triomphe le génie populaire. L'esprit plébéien est naturellement plein de verdeur et de verve, de malice vigoureuse plutôt que fine ; c'est quelque chose de narquois et de *gouailleur*, un rire content et sonore avec le clin d'œil ironique et les regards moqueurs à la dérobée, un bon gros mot saupoudré de poivre avec le geste à l'avenant, quelque chose de rond, de copieux, de gras et de large, comme un savoureux ragoût nageant dans des flots de sauce, où l'on plonge ses deux mains sans relever ses manches; comme une table pantagruélique largement garnie de cervelas à l'ail, de boudins, d'andouillettes, de fromages à la crème, de cidre pétillant, et égayée par les flonflons, les fugues désordonnées des ménétriers et les saillies des joyeux gars. Ces volumes de gaudrioles frisent parfois des matières scabreuses. Beaucoup, j'imagine, eussent singulièrement réjoui le bonhomme Panurge, peu délicat sur le choix de ses plaisanteries et médiocrement soucieux des élégances du rire, — ou Grosley, qui écrivit si doctement *sur un ancien usage de la rue du Bois*, ou même M. Vatout, le dramatique auteur de la belle chanson du *Maire d'Eu*. A côté de ces pages, difficiles à commenter en public, et que je me contente d'effleurer en courant, il en est d'autres qui se renferment dans des bornes un peu plus séantes et n'effrayent point l'imagination de détails aussi risqués, dans le même genre du moins. Tels sont les livrets portant les noms de Verboquet et de Grattelard, deux fameux baladins qui firent au dix-septième siècle les délices du Pont-Neuf; de Roquelaure, ce héros typique, qui est devenu une espèce de mythe et de symbole, en sorte qu'on s'est plu à rassembler sur sa tête tous les bons mots, toutes les *farces* imaginables, — comme on a réuni toutes les naïvetés sur celle de la Palisse, comme l'antiquité avait attribué à un seul Hercule les exploits de vingt héros. Il y a bien encore M. Briolet, qui ne manque point de bonne volonté, mais, par malheur, l'effet n'y répond pas toujours.

Parmi les vies de personnages facétieux écrites pour l'édification des campagnards, nous mettrons en première ligne l'*Histoire plaisante et récréative de Tuel Ulespiègle, contenant ses faits et subtilités*. Le type est populaire chez nos voisins d'outre-Rhin, où il correspond à peu près à notre Panurge ou bien à Roquelaure ; en d'autres termes, c'est un franc polisson, qui met son plus grand bonheur à molester autrui et à faire damner son prochain. Ulespiègle, à ce que prétendent beaucoup de critiques très-savants, a réellement existé, et ces messieurs le prouvent par de bonnes raisons ; mais d'autres tout aussi savants prétendent qu'il n'en est rien, et le démontrent péremptoirement par des raisons non moins bonnes. Dans le doute, abstiens-toi, dit le Sage ; le poëte dit ici, par hasard, la même chose que le Sage :

Non nostrum inter vos tantas componere lites.

Ceci, du reste, ne fait rien à l'affaire, et l'incertitude de cette grave question n'a jamais empêché, que je sache, les paysans amis de la gaieté de se goberger à cœur joie, en lisant cette *Histoire plaisante et récréative*, comme s'exprime peu modestement peut-être, mais avec une fierté légitime, le titre de l'ouvrage.

Ces petits livres de bouffonneries sont innombrables, encore plus que les ouvrages de magie. Homère lui-même, le poëte des dénombrements, se fatiguerait à les énumérer tous. La *Malice des grandes filles*, la *Méchanceté des filles*, la *Misère des maris*, sont très-recherchées du public, toujours friand de ces sujets scandaleux ; la *Fleur des calem-*

bours, le *Nouveau Catéchisme poissard*, par M. Blague-en-main, le *Boit sans soif*, le *Sans chagrin*, *Cocorico*, le *Chiffonnier grivois*, le *Véritable farceur comme il y en a peu, par un ami de la gaieté*, font les délices des lurons campagnards; l'*Anecdotiana*, l'*Infatigable conteur*, la *Boîte à la malice*, la *Bavarde des bavardes, ou la Cancanière de la ville et de la campagne*, ornée, comme dit la couverture, de gravures parfaitement appropriées au sujet, etc., ne mentent pas à leur titre, et sont de véritables cornes d'abondance intarissables en gaudrioles. Quels trésors pour les farceurs, et comme ils se désaltèrent avidement dans ces larges réservoirs, que par malheur on ne renouvelle pas souvent!

Un beau jour de printemps, allez flâner quelques heures le long des étalages des bouquinistes, lentement, afin de ménager le plaisir et de savourer la liqueur goutte à goutte. Vous reconnaîtrez, à leurs titres et à leur physionomie *sui generis*, les ouvrages que je veux signaler à votre attention. Si vous n'avez pas le gousset assez garni pour faire un choix et emporter votre proie chez vous, ouvrez-en un ici, un autre là, un troisième plus loin, en vous donnant les airs d'un chaland qui examine la marchandise. Vous seriez bien malheureux si vous n'en aviez parcouru trois ou quatre au moins en arrivant au bout; et vous me remercierez de mon conseil, j'en suis sûr. Du reste, ne craignez pas de vous singulariser: voyez plutôt à côté de vous ce gamin que le bouquiniste surveille d'un œil inquiet, tandis qu'il est absorbé dans la lecture de la *Malice des femmes*; ce militaire non gradé, qui pêche des bons mots dans le *Farceur du régiment*, et derrière lui ce municipal que la *Bavarde sempiternelle* fait pouffer de rire.

Le compagnonnage a donné naissance à quelques brochures d'une verve ronde et franche, telles que le *Fameux devoir des savetiers*, l'*Arrivée du brave Toulousain*, et le *Devoir des Compagnons de la petite manicle*, dialogues spirituels où se trouvent vivement retracées les mœurs de ces corporations plébéiennes. Ce sont en même temps de curieux témoignages, qui font revivre pour nous les coutumes oubliées d'une société disparue, et ressuscitent un monde pittoresque, détruit par Turgot, et qui ne vit plus aujourd'hui que dans les débris du compagnonnage. Ainsi ces petits livres sont, en quelque sorte, autant d'anneaux qui nous permettent de remonter jusqu'au bout la chaîne de la tradition, et qui rattachent le présent aux souvenirs du passé.

L'épigramme, la satire, la parodie sont abondamment représentées dans cette catégorie; la veine burlesque s'y marque surtout avec prédilection, et j'y ai rencontré de certains sermons qu'eût signés avec ravissement Frère Jean des Entommeures.

Les ouvrages sentimentaux et galants sont aussi très-recherchés des lecteurs populaires. En première ligne viennent les *Lettres d'Héloïse et Abailard*, précédées d'une notice sur la vie de ces deux amants. Ce volume renferme de longues et souvent fort ennuyeuses lettres traduites du latin, outre de non moins longues et ennuyeuses épîtres de Colardeau et de Dorat, ce qui semble peu fait pour allécher le peuple; et pourtant, par l'étrange et mystérieux privilége de ces deux noms, qui dans mille ans d'ici parleront encore à la sensibilité de la foule, il se vend au moins autant que le *Baron de Crac* ou les *Mille et un Contes drôlatiques*. Le libraire Le Bailly, je crois, a publié à lui seul toute une *bibliothèque sentimentale*, qui a l'approbation des amateurs. Je vous présente le *Chansonnier de l'hymen*, que son titre suffit à donner envie de lire; le *Nouveau Jardin d'amour ou la Galanterie du jour*, les *Deux Amants vendéens*, et surtout les *Amours de Zélie dans le désert* (tu es vaincu, Ducray-Duminil!), de l'inépuisable M. Pécatier.

Les titres! les titres! voilà ce qui prend le lecteur de toute condition, voilà l'hameçon qui l'accroche et le happe au passage! Jamais, même sur les affiches des mélodrames, le savant artifice du titre n'a été poussé plus loin. C'est sur ce point que les écrivains populaires ont concentré tout l'effort de leur rhétorique. Vous venez d'en voir de mignons, parfumés à l'eau de rose. En voulez-vous d'un genre plus émouvant? En voici :

*La Tour de Nesle, mystères et catastrophes sanglantes au XIV*e *siècle.*

Histoire de Camille dans un souterrain, avec une vignette incomparable, représentant une jeune fille échevelée, les yeux baignés de larmes, qui s'affaisse sur la paille de son cachot, près d'un soupirail d'un aspect sinistre.

Les livrets populaires, non moins que les romans d'Anne Radcliffe, affectionnent particulièrement les souterrains et en mettent le plus souvent qu'ils peuvent sur leur couverture. Je trouve encore :

Les Infortunes de Camille, ou les Mystères du souterrain, qui m'ont bien l'air de ne faire qu'un avec le précédent, à moins que ce ne soit une variation sur le même thème; et

Le Souterrain des brigands, ou les Repaires du crime.
Ici, lecteur, saluez l'homme de génie qui a tenu la plume.

Je parlais des titres, mais autant le ciel est au-dessus de la terre, autant le sous-titre est au-dessus du titre. Quand vous croyez l'émotion et le mystère épuisés, le sous-titre vient, qui ouvre de nouveaux espaces à l'imagination, qui rallume de plus belle les feux de la curiosité. Je ne sais pourquoi l'on a aujourd'hui renoncé au sous-titre, dont la génération littéraire du temps de la Restauration avait tiré un si heureux parti; mais les écrivains populaires sont de trop habiles gens pour se priver d'une pareille ressource. J'en ai encore bien des exemples sous la main; je les réduis à trois, car il faut se borner :

La Caverne des brigands, ou les Bandits de la forêt.

Histoire des plus célèbres bandits et brigands; « les crimes qu'ils ont commis sur terre et sur mer, leurs ruses, vols, escroqueries, assassinats, incendies, parricides, corsaires, etc. »

Le Chef de voleurs et la jeune fille; « donnant la relation exacte des tourments qu'il lui a fait endurer, les ruses et les forfaits qu'il a employés sans succès, et enfin sa disparition extraordinaire. »

Suivez bien la gradation, s'il vous plaît, car mes exemples, qui renferment tous les autres, marchent par gradation, selon le précepte des maîtres : le premier est certainement fort beau; le second est admirable; le dernier est sublime, je ne crains pas de le dire, et chaque mot en vaudrait un respectueux commentaire.

On s'est aperçu sans doute que, depuis quelque temps déjà, nous sommes en pleine compagnie de voleurs et de malandrins. C'est là, avec les sciences occultes et les gaudrioles facétieuses, le sujet favori de nos écrivains populaires. L'ouvrier et le villageois, qui ne peuvent s'abonner à la *Gazette des Tribunaux*, s'en dédommagent en lisant l'histoire du *célèbre* Cartouche ; celle de Mandrin, *chef de bandits*, « terminée par le jargon de l'argot ou le langage des voleurs, » et les *Assassins ou les Brigands de la vallée*. On pourrait leur souhaiter sans doute de plus profitables lectures, mais il faut reconnaître toutefois que presque tous ces récits sont imprégnés d'une grande honnêteté morale, et respirent une profonde horreur pour le crime.

Je ne parle pas de quelques autres livrets remarquables à divers titres, par exemple, du *Funestissimus trepassus* de Michel Morin, de Beauséjour, en Picardie, parce qu'il est évident au premier coup d'œil que ces vers macaroniques et la vie de l'illustre bedeau, écrite de la même main, sont l'œuvre d'un savant qui eut assez d'esprit pour simuler adroitement la naïveté, et pour créer un type vraiment *populaire* sous toutes ses faces et dans tous les sens du mot. Pourtant l'idée première et la création originelle de ce type pourraient bien remonter plus haut, car il porte tellement l'empreinte de la candeur malicieuse et du genre d'esprit qui caractérisent l'art plébéien, qu'il est difficile d'admettre que ce ne soit point la source d'où il est sorti tout d'abord. Du moins il s'y est retrempé par la suite ; des mains populaires ont brodé sur ce canevas et l'ont enjolivé de détails curieux, de chansons, de complaintes, etc.

Rien n'est moins rare d'ailleurs : presque toujours l'œuvre primitive se modifie en chemin ; chacun y ajoute, y retranche, y transforme à sa guise, et c'est de ce travail latent que sort le poëme ou la chanson sous sa forme définitive. Il est même arrivé que le premier produit de l'imagination populaire a subi une complète métamorphose sous ces remaniements anonymes ; les couplets sur *Marl-*

borough viennent évidemment d'une ancienne chanson chevaleresque adaptée au nom du général anglais, et ceux de *la Palisse* étaient d'abord un hymne populaire en l'honneur du héros et de François Ier.

VI

C'est ici le lieu de dire quelques mots de cette série de types si puissants, si variés, si réels, créés par ces poëtes anonymes, ces vaillants inconnus de la foule dont les œuvres vivront toujours, quoique leur nom soit mort avec eux. Il y en a plusieurs qui sont devenus universels et ont conquis, même parmi les lettrés, une renommée égale à celle des plus heureuses créations du génie en ce genre, de l'avocat Patelin, de Panurge, de Falstaff et de Sancho Pança. Au premier rang brille ce fameux Michel Morin, factotum de sa paroisse : le roi des bedeaux, qui savait si bien chasser les chiens de l'église, chanter au lutrin, couper le pain bénit, faire des fagots, dénicher les merles, — rude homme qui de longtemps n'aura son pareil ; puis, dans des temps plus modernes, voici le naïf et infortuné Nigaudinot ; ce pauvre Gribouille, un cœur d'or, mais une tête faible ; la mère Michel, éternellement inconsolable de la perte de son chat, méchamment mis à mort par le compère Lustucru ; Cadet Roussel, le bon enfant, dont la Muse du vaudeville a consacré les trois cheveux, les trois souliers, les trois chapeaux, les trois chiens, les trois chats, les trois filles et les trois garçons ; son voisin Girofla, le facile et complaisant égoïste, joyeux buveur et bon vivant ; M. Dumollet et son épouse Calypso ; le bon roi Dagobert avec son fidèle conseiller saint Eloi ; puis cette collection des masques du théâtre forain, parmi lesquels brillent au premier rang Polichinelle et son digne héritier Guignol; enfin, la puissante figure de M. Mayeux, le bossu sceptique et libertin, tapageur et brouillon, don Juan ricaneur, qui jure et se grise, bourgeois qui a médité M. de Voltaire et Pigault-Lebrun, — né pour être sergent-major de la garde nationale, et pérorer dans les corps de garde sur le parti prêtre, en mêlant ses dissertations hardies d'anecdotes grivoises. J'en passe, et des meilleurs.

Vous avez quelquefois lu sans doute les alexandrins qui accompagnent et commentent, avec une malice vraiment gauloise, les homériques images de Pellerin d'Épinal. Si vous ne les avez pas encore lus, hâtez-vous d'acheter, par exemple, l'*Histoire de Gribouille*, burinée en distiques pittoresques; celle de *Jeanneton*, de *Va-t'en voir s'ils viennent, Jean*, de la *Mère Godichon et de son chien Zozo*, et cent autres que j'ai eu le tort d'oublier. Et pour la bagatelle d'un sou, vous aurez des poëmes composés par des hommes qui, évidemment, n'ont lu ni Aristote, ni Horace, ni Vida, ni Vauquelin de la Fresnaye, ni l'abbé d'Aubignac, ni Boileau, ni le Père le Bossu, mais qui néanmoins auraient été dignes d'écrire, avec les trouvères du treizième et du quatorzième siècle, ces immortels fabliaux où pétille encore aujourd'hui dans toute sa verdeur la gaieté de nos bons vieux ancêtres. Le texte et l'*illustration* sont dignes l'un de l'autre. Les imagiers byzantins et les enlumineurs du moyen âge eussent été jaloux de ces compositions naïves et passionnées, coloriées d'un rouge splendide, d'un jaune d'or, d'un bleu opulent.

Les images de Pellerin, connues dans le monde entier, ont été mon premier culte artistique; ce sont elles qui m'ont initié au sentiment du beau. Que de fois, dans ma plus tendre enfance, la terrible histoire de Croquemitaine, l'épopée lugubre du Père Fouettard, les catastrophes et la fin tragique du petit Touche-à-Tout m'ont fait frissonner jusqu'à la moëlle des os ! Combien de pensums la lecture clandestine de la complainte du Juif-Errant ne m'a-t-elle pas valus ! Que de larmes j'ai versées sur les infortunes de Geneviève de Brabant, et plus tard, à l'âge où la lecture de Florian et de madame Cottin vient ouvrir à l'imagination enflammée du jeune homme des horizons inconnus, sur les histoires lamentables de Damon et Henriette, ou d'Adélaïde et de Ferdinand ! Oh ! les belles images et les magnifiques légendes ! Tout y est : la malice, le sentiment, la gaieté, la morale, le merveilleux et le positif, la prose et la poésie, les portraits des saints avec ceux des grands hommes, les événements historiques, les victoires des armées françaises sur terre et sur mer, à côté des drames fabuleux, des contes de fées, des scènes burlesques et des caricatures.

La fabrique de Pellerin est le grand conservatoire de tous les types, contes et légendes populaires ; c'est la succursale et le complément de la *Bibliothèque bleue*. Malheureusement, à côté de ces chefs-d'œuvre *sui generis*, elle répand aujourd'hui dans le peuple bien des estampes ambitieuses que la civilisation moderne a gâtées. M. Pellerin a fait tout récemment restaurer son magasin à l'instar de Paris ; il s'est bâti une devanture grandiose, dont M. Haussmann serait content. Il aspire à la clientèle de M. le préfet des Vosges. Il aborde le genre moderne, il s'inspire de Watteau et des lithographies de la rue Saint-Jacques, destinées aux chambres à coucher des grisettes prétentieuses ; il imprime en marge de ses productions récentes des chansons d'opéra comique, ou des complaintes en faux style campagnard, faites pour être chantées quelque jour par mademoiselle Thérésa. Il a des dessinateurs, sortis peut-être de l'École des beaux-arts, qui imitent Cham et Gavarni, ou composent des charges à la façon de Nadar contre la crinoline, et il vient de mettre toute l'histoire de France en une série d'une douzaine d'estampes qui ne valent pas la douzième partie de *la Mère Godichon et de son chien Zozo.* Ses commis rougissent presque des vieux bois naïfs auxquels la maison doit sa fortune et sa renommée: le *Grand Diable d'argent,* avec sa queue de six pieds de long que tirent de toutes leurs forces un peintre et un poëte ; *Crédit est mort,* l'*Arbre d'amour,* où l'on voit des dames en turban et en manches à gigot scier un arbre sur les branches duquel se tiennent perchés d'élégants viveurs en pantalons rouges et en chapeaux tromblons; le *Moulin merveilleux,* dans lequel les maris font moudre leurs femmes pour les rendre parfaites; la *Grande querelle de ménage,* où les deux époux se disputent la culotte à coups de bâton; et toute cette série d'histoires tirées de la Bible, autour desquelles on lit encore avec ravissement les admirables complaintes que chantaient jadis sur le Pont-Neuf le Savoyard et le cocher de Vertamont, ces deux contemporains de Louis XIV. Où allons-nous, grand Dieu! si Pellerin lui-même se croit obligé, par la lecture du *Siècle* et du *Petit Journal,* de sacrifier à l'idole du Progrès! Je ne désespère pas de le voir un jour installé sur le boulevard des Italiens.

En dehors des documents imprimés, il y aurait encore bien des moissons à faire dans la vaste mine des monuments populaires inédits, ne fût-ce que parmi ces contes innombrables qui courent les campagnes, et où se déploie une imagination si neuve et si fraîche, si originale et si vigoureuse. Je ne m'excuse pas de toutes ces digressions qui m'entraînent continuellement à la dérive ; elles rentrent directement dans la nature intime de cette esquisse, qui a surtout pour but d'étudier la littérature et le génie populaires dans la bibliothèque du bouquiniste. Mais je me contenterai d'indiquer ici aux curieux, en attendant l'occasion d'y insister plus longuement, les contes rustiques dont, en mon enfance, j'ai entendu mille fois le récit : *Jean le Bête*, le *Fin voleur*, et surtout *Jean de l'Ours*. C'est aux récits des nourrices de son temps que Perrault a emprunté *Peau d'âne* et le *Petit Poucet* ; que de diamants semblables ne reste-il pas à pêcher dans le courant qui les roule, mêlés au sable et au gravier !

VII

Pour terminer cette course rapide à travers les livrets du colportage, il resterait à étudier ici plus spécialement, en une sorte d'appendice naturel, la langue et le style du génie populaire, la manière dont il crée les mots, dont il tourne les phrases, dont il emploie les images et les comparaisons, et cela, non-seulement dans l'idiome que parlent les *savants* et les *lettrés* du peuple, mais dans celui que parle le peuple le plus abandonné, par défaut de culture, à la spontanéité de ses simples instincts ! Et ici, je ne veux désigner ni l'argot proprement dit, avec son énergie effrayante, ni même seulement ce dialecte gouailleur des ateliers et des grandes villes, plus hardi, plus effronté, plus brutal que celui des campagnes.

Pourtant, quelle opulente moisson de termes curieux! quelle série de substantifs colorés, souvent grossiers, mais toujours expressifs! *Mioche, moutard, flambard, godiche, nicodème, fricoteur, bambocheur, blagueur, calicot, serin, melon, tourlourou, pousse-cailloux, pochard, noceur, râclée, peignée, dégelée, brossée, roulée, tripotée, balançoire;* des *échalas* pour des jambes étiques; des *quilles,* des *abatis,* pour des pieds et des mains pareils à ceux d'un palmipède; un *artilleur à genoux,* un *balthazar* pour un dîner copieux; un être *collant, tannant, sciant, rasant;* une *tuile* pour un désagrément inattendu; un *brûle-gueule;* du *nanan,* ce mot d'une mignardise si expressive; du *casse-poitrine,* du *tord-boyaux,* avoir le *trac,* ou le *taf,* etc. Quelle avalanche de verbes significatifs: *flouer, bisquer, chiffonner, bûcher, piocher, marronner, dégommer, épater, esbrouffer, se fendre, rigoler, baluder, godailler, bougonner, pioncer, s'esquinter, se requinquer, bassiner* quelqu'un, autrement dit, l'ennuyer au suprême degré, etc. Et les métaphores : Ça me *botte,* il fait sa *Sophie,* il ne *se mouche pas du pied,* je *m'en bats l'œil,* il a du *toupet,* il a une *toquade,* un coup de *marteau,* manger de la *vache enragée,* etc. La métaphore est d'ailleurs le fond de cette langue, et l'on peut dire que le moindre gamin de Paris met plus de métaphores en un quart d'heure de conversation qu'un académicien dans un de ses livres tout entier.

La langue populaire est riche principalement pour tout ce qui a trait à l'argent, métal inspirateur (*avoir de la braise, des noyaux, des roues de derrière, avoir le sac,* être dans la *panne,* la *dèche,* la *débine*), et encore plus, chose remarquable, pour exprimer tout ce qui se rattache à l'art de Brillat-Savarin, aussi prisé par la foule que par les Apicius de la finance et de l'aristocratie. Sur ce terrain, elle parle *ex abundantia cordis : bouffaille, boustifaille* (je demande mille pardons aux lecteurs délicats), *bâfrer, licher, tortiller, béquiller, gobichonner,* se *donner une bosse,* se *rincer le cornet,* etc., voilà qui remplit le palais et fait plaisir à entendre! C'est encore mieux s'il s'agit d'exposer les divers degrés d'extase et de béatitude d'un être qui est dans *les vignes;* ici les variantes sont innombrables, et toutes plus parlantes les unes que les autres : être *allumé, dans les brouillards,* avoir sa *cocarde,* son *plumet,* son *casque,* son *compte,* sa *pointe,* un *coup de soleil,* etc., etc.

L'Académie, bien que fort prude par goût et par nécessité, a dû cependant entrebâiller plusieurs fois déjà les portes de son Dictionnaire; beaucoup de ces mots sont entrés, par la force des choses, en possession du droit de cité, et l'illustre compagnie se contente de protester par derrière, en accolant aux côtés de l'intrus l'épithète de *trivial* ou de *familier. Cancan, mouchard, gamin, poupon, fricot, bousculer, dégringoler,* bien d'autres encore, ont pris pied dans le vocabulaire. Elle a même admis des substantifs comme *bastringue* et *riflard,* des verbes comme *trimer, râfler, trimbaler,* et nombre de leurs confrères les suivront.

Mais la langue des campagnes, celle qu'a créée et que crée chaque jour le paysan, n'est pas inférieure, il s'en faut. J'en appelle à la mémoire de tous ceux de mes lecteurs qui sont nés ou qui ont longtemps vécu dans quelque village éloigné de la capitale : ils se souviennent sans doute de cet idiome expressif, coloré, énergique, sonore, où s'est si fortement empreint le génie naturel de la foule. Nodier, qui s'y connaissait, a fait une apologie passionnée du patois. Pour moi, ce n'est point précisément le patois que j'ai en vue, — dialecte tout à fait à part, qui n'est souvent qu'un résidu des débris de notre vieille langue, où se retrouve bien visiblement pour l'observateur, et souvent beaucoup plus que dans le vocabulaire classique, la double trace du latin et du moyen-âge; — c'est ce langage quelquefois trivial, jamais flasque ni incolore, plein de vigueur et de nerf, moitié de fantaisie et moitié de raisonnement, peignant la chose par des métaphores hardies, par de vivantes et parlantes onomatopées, de telle sorte que l'esprit devine, pour ainsi dire, aussitôt que l'oreille entend. De là une différence essentielle entre le langage vraiment populaire et l'argot : celui-ci fait pour dérouter tout autre qu'un adepte, celui-là créé, au contraire, par ceux qui ignorent le style officiel, grammatical et convenu, afin d'exprimer les choses par l'analogie des sons, à défaut du mot propre.

C'est la nature qui parle dans cette langue, et nul ne sait mieux parler qu'elle. Pour la plupart de nos villageois, un gaillard de joyeuse humeur est un *luron*, l'enfant un *galopin*, la branche sèche et dépouillée de ses feuilles une *ragosse*. Ils n'appellent pas un chat un chat, mais un *minon*, et la boue est pour eux de la *glouille*. Les paysans lorrains aiment beaucoup ces terminaisons larges et humides, qui reviennent sans cesse sur leurs lèvres : des guenilles s'appellent chez eux des *frapouilles* (ou des *freloques*), et pour exprimer quelque chose de sale et de marécageux, ils ont fait le mot de *tatouille*, avec ses corollaires, *tatouilleur* et *tatouiller*. Ne dirait-on pas entendre le bruit particulier qu'on produit en piétinant dans une eau grasse et croupissante? Ces termes, je l'avoue, me charment par leur expression pittoresque.

Qui ne devine du premier coup ce que veut dire *ratatouille* et *défrapouillé?* Qui ne sent aussitôt que *sabouler* c'est fouler aux pieds avec force et du poids de ses gros sabots; que *clambocher* exprime le mouvement d'oscillation qui emporte un corps en sens divers; que *jaboter* et *jacasser* veulent dire causer avec animation; qu'*estringoler* signifie étrangler? Et *pignocher* quelqu'un, pour le *secouer avec vigueur, l'arranger de la belle façon;* *agonir* de sottises, et *fignoler,* c'est-à-dire faire son beau et se donner de petits airs, etc. ! J'aime beaucoup aussi une femme *niche,* pour une femme malpropre; une fille *gazouille,* au lieu de *bavarde,* et le verbe *s'échiner,* et le substantif *pinaque,* qui commence à se perdre, par malheur, et qui renfermait bien des choses en trois syllabes. Quand une ménagère avait dit, en parlant d'une voisine : « C'est une vraie *pinaque* que sa maison! » l'anathème était complet. Cela signifiait : c'est une maison sans ordre, sans tenue, malpropre, dégoûtante, pleine d'ordures, de flaques d'eau, — *une vraie pinaque* enfin.

D'autres mots ont bien de la poésie, par exemple un *innocent* pour un idiot.

Que serait-ce donc si, à côté des simples *vocables,* nous passions en revue, fût-ce très-sommairement, la collection des tournures hardies, des locutions naïves et ingénieuses, stéréotypées pour exprimer la série d'idées principales dans lesquelles tourne surtout l'idée du paysan? N'y a-t-il pas beaucoup d'énergie dans des phrases pareilles : C'est le *coq* de l'endroit. — En voilà un *qui a du foin dans ses bottes!* — Il s'amuse comme une *croûte de pain derrière une malle.* — Il fait bien du *flafla.* — Ça ne vaut pas *tripette* (on devine, je pense, l'étymologie facile de ce dernier mot), ou son synonyme : c'est de la *gnognotte.*—Que dites-vous d'une *giroflée à cinq feuilles*, pour un soufflet? Croit-on que les savants, qui consacrent toute leur vie et toute leur érudition à élucider la syntaxe de la langue pali ou de l'idiome zend, ne proposeraient pas un but plus utile et plus méritoire à leurs travaux en scrutant dans ses moindres détails les arcanes de ce dialecte populaire, trop peu étudié?

Mais il faut s'arrêter à regret. Je n'ai voulu tracer qu'une esquisse, et cette esquisse a déjà dépassé les bornes. Qu'il vienne donc enfin, l'explorateur définitif de ces mines vierges! Ou plutôt, que ceux qui doutent ou qui ignorent voient et se convainquent par eux-mêmes, et je ne réponds pas qu'on ne les surprenne un jour, dans un bel accès d'enthousiasme, dévalisant comme moi la balle d'un colporteur et les boîtes des bouquinistes.

II

L'ODYSSÉE D'UN FLANEUR DANS LES RUES DE PARIS.

CHAPITRE PREMIER.

INVOCATION.

Muse de la flânerie, vierge rêveuse aux bras ballants, à la chevelure flottante, à la ceinture dénouée, aimable et facile compagne de Sterne et de Töpffer, d'Hoffman et de Xavier de Maistre, c'est toi que j'invoque aujourd'hui!

Ne vous effrayez pas, lecteur. Ceci n'est point un poëme épique; seulement, dès le début, j'ai voulu placer mon ouvrage sous la protection des dieux indigètes, et graver le nom du *genius loci* sur le frontispice de ma maison.

Cela fait, je me sens la conscience nette, et je vais me mettre à mon aise : ce sera de la couleur locale. J'ai toujours aimé d'ailleurs le style *pédestre* dont parle Horace, un grand poëte, qui était en même temps un grand flâneur, tout Romain qu'il fût; un bonhomme malin, qui se promenait volontiers d'un bout à l'autre du jour sur la voie Sacrée, au Forum, au Champ de Mars, *cueillant* l'heure et tuant le temps au gré de l'occasion mobile, et qui, au retour, allait écouter avec délices les graves discussions des oisifs de la ville éternelle, sous l'auvent d'un barbier.

CHAPITRE DEUXIÈME.

L'ART DE LA FLANERIE. — DÉFINITION DU BADAUD.

Quelle bonne et douce chose que la flânerie, et que le métier de badaud est plein de charmes et de séductions! Quiconque en a goûté une fois ne s'en peut rassasier, et y revient sans cesse, comme on revient, dit-on, à ses premiers amours. Vie de fainéant, s'écrient les gens graves. De fainéant! allons donc! Je ne voudrais dire de gros mots à personne; mais on voit bien, hommes graves, que vous n'avez jamais flâné, et que vous en êtes notoirement incapables: car il n'est pas donné à tout le monde de pouvoir flâner naïvement, et pourtant savamment, comme fit jusqu'à son dernier jour cet aimable et charmant Nodier, le premier badaud du monde. Cette vie est, au contraire, pour qui sait la comprendre et la pratiquer, la plus active et la plus féconde en résultats utiles : un flâneur intelligent et consciencieux, qui remplit avec scrupule ses devoirs, observant tout et se souvenant de tout, peut jouer les premiers rôles dans la république de l'art. C'est un daguerréotype mobile et passionné qui garde les moindres traces, et en qui se reproduisent, avec leurs reflets changeants, la marche des choses, le mouvement de la cité, la physionomie multiple de l'esprit public, des croyances, des antipathies et des admirations de la foule.

C'est en flânant dans Paris que Balzac a fait tant de précieuses trouvailles, entendu tant de mots, déterré tant de types. C'est un peu en flânant sur l'Océan que Christophe

Colomb a découvert l'Amérique. Il reste bien des Amériques nouvelles à découvrir, en flânant à sa manière dans certains domaines encore inexplorés de l'Océan parisien.

Avez-vous jamais réfléchi à tout ce que renferme ce mot de flânerie, ce mot délicieux, adoré des poëtes et des humoristes? Entreprendre d'interminables expéditions à travers les rues et les promenades; errer, le nez au vent, les deux mains dans ses poches et le parapluie sous le bras, ainsi qu'il sied à toute âme candide; marcher devant soi, à la bonne aventure, sans songer à aller quelque part et sans se presser, comme faisait Jean La Fontaine quand il partait pour l'Académie; s'arrêter à chaque boutique afin de regarder les images, à chaque coin de rue pour lire les affiches, à chaque étalage pour palper les bouquins; voir un cercle amassé autour d'un lapin savant, et s'y joindre sans respect humain, fasciné, ravi, s'abandonnant tout entier au spectacle jusqu'au fond des sens et du cœur; écouter ici l'homélie d'un marchand de savon, là les dithyrambes d'un marchand de montres à vingt-cinq centimes; plus loin, les élégies des charlatans méconnus; suivre au besoin tout le long des quais la musique d'un régiment qui passe, ou prêter avec bonne foi les deux oreilles aux roucoulements des *prime donne* du café Morel; savourer les variations des orgues de Barbarie; se ranger autour des escamoteurs, des équilibristes et des magnétiseurs en plein vent; contempler les casseurs de pierre avec admiration; courir quand on voit courir, s'arrêter quand on le veut, s'asseoir quand on en a envie, quelle volupté, bon Dieu! Et voilà l'existence d'un badaud!

Censeurs moroses, en connaissez-vous beaucoup qu'on puisse comparer à celle-là?

Je voudrais bien commencer par tracer ici la théorie de la flânerie; mais ce qui distingue cette théorie de toutes les autres, c'est qu'elle n'existe pas, c'est qu'elle ne peut exister. La flânerie, science aimable qui se révèle d'instinct aux initiés, vit d'imprévu et de libre arbitre; elle porte gravée sur son drapeau la magique inscription de l'abbaye de Thélème : « Fais ce que veux. »

Comment s'y prendre, d'ailleurs, pour définir un mot que l'Académie n'a pas même daigné admettre dans son Dictionnaire? Hélas! oui, la docte compagnie, qui a expliqué avec conscience le substantif *riflard* et le verbe *trimbaler*, s'est rendue coupable de cet oubli significatif. Et pourtant elle eût bien dû ce souvenir pieux à l'auteur des *Fables*, l'un de ses premiers et de ses plus illustres membres.

N'allons pas toutefois confondre le flâneur avec le badaud: de l'un à l'autre il existe une nuance que sentiront les adeptes. Le simple flâneur observe et réfléchit; il peut le faire du moins. Il est toujours en pleine possession de son individualité. Celle du badaud disparaît, au contraire, absorbée par le monde extérieur qui le ravit à lui-même, qui le frappe jusqu'à l'enivrement et l'extase. Le badaud, sous l'influence du spectacle, devient un être impersonnel; ce n'est plus un homme : il est public, il est foule. Nature à part, âme ardente et naïve, portée à la rêverie, à la passion, à l'enthousiasme paisible, artiste par instinct et par tempérament, doué de peu d'expérience de la vie, enfin, n'ayant rien du scepticisme dédaigneux et de l'orgueil maladif qui, au dire des moralistes, sont les deux grandes plaies de notre époque, le vrai badaud est digne de l'admiration de tous les cœurs droits et sincères.

Dans tout badaud, il y a une dose de candeur qui n'exclut nullement le tact et la finesse, une de poésie, plusieurs de probité sévère et d'irréprochable honnêteté. Jamais Mandrin, Poulailler, Lacenaire, n'auraient pu arriver à être des badauds : ils n'avaient pas l'âme assez haute, la conscience assez pure; il leur manquait la foi, la bonhomie, la tranquillité de l'esprit, le contentement de soi et des autres, toutes ces grâces d'état sans lesquelles nul ne doit aspirer à ce bienheureux titre.

Aussi peut-on sans crainte formuler l'axiome suivant, qui sera la moralité de ce chapitre :

Pour faire un vrai badaud, un badaud de la vieille roche, un badaud pur sang, il faut, avant tout, être foncièrement honnête homme.

Cet axiome n'est nullement un paradoxe : croyez-en un émérite, je n'ose dire un professeur, comme feu Brillat-Savarin.

CHAPITRE TROISIÈME.

LE PARISIEN, PROTOTYPE DU BADAUD. — IMMORTALITÉ DE LA BADAUDERIE.

On dit que cette race se perd de jour en jour. Des voix sinistres et lamentables ont retenti, criant par les rues et sur les toits :

Les badauds s'en vont! les badauds sont morts!

Pourquoi exagérer le mal? Sans doute notre jeunesse tourne au don Juan. Sans doute les enrichis, les bourgeois parvenus et ceux qui brûlent de parvenir, absorbés dans l'adoration du veau d'or, regarderaient avec un dédain suprême ces faciles et modestes jouissances, s'ils avaient le loisir d'y penser. Mais le peuple, le petit commerçant, le poëte, l'artiste, l'ouvrier, l'employé en retraite, etc., etc., voilà le bataillon sacré, et celui-là est immortel, je vous en réponds.

Qu'on ne répète donc pas que ce public fait défaut à ceux qui en ont besoin. Il suffit de s'arrêter un moment devant le premier saltimbanque venu, pour se convaincre que jamais orateur n'eut un auditoire plus sympathique et plus convaincu. La bonne foi respire toute nue dans ces bouches entr'ouvertes, ces yeux écarquillés, ces têtes levées en l'air. Pour ce naïf cénacle, l'homme qui parle et qui travaille là, en plein vent, est quelque chose de plus qu'un simple mortel; c'est une créature à part, étrange, mi-réelle et mi-fantastique, comme le comédien de l'Ambigu pour le confiseur de la rue des Lombards.

Après le gamin de Paris, en qui, par un phénomène extraordinaire, l'expérience précoce, l'incrédulité ironique et blasée n'empêchent pas la candeur de l'admiration ni l'entrainement de l'enthousiasme, c'est le petit rentier parisien, — d'ordinaire un boutiquier retiré après de bonnes affaires, — qu'il faut regarder comme le premier badaud du monde. La chose importante pour lui, et qui se renouvelle tous les matins, c'est de tuer sa journée sans la faire crier. Il s'estime le plus heureux des hommes s'il a pu recueillir, dans sa tournée quotidienne, sans fatigue et sans émotions violentes, sa petite provision d'observations anodines. C'est pour sa jubilation personnelle qu'ont été inventés : le fameux canon du Palais-Royal, sur lequel il va régler sa montre; les petits poissons rouges des bassins du Luxembourg et des Tuileries; les petits bateaux que les enfants font aller sur l'eau; les grandes revues de la garde nationale, et surtout les exercices de maniement des jeunes conscrits, auxquels il ne manque jamais d'assister d'un bout à l'autre, riant d'un air bénin de l'inexpérience des débutants et de la brutalité des caporaux instructeurs.

Chaque jour il s'acquitte avec une inaltérable égalité d'âme de ces fonctions charmantes, mais qui deviendraient facilement monotones pour un esprit moins riche de son propre fonds. Partout où il y a spectacle, il accourt le premier; il se fait jour avec sa canne et ses coudes, il brave les bourrades et les apostrophes malsonnantes, il interroge le voisin, il raconte les détails aux nouveaux arrivés, il explique aux sergents de ville de quoi il s'agit; il vous offre une prise, et vous vous trouvez mêlé à sa conversation. Après quoi il se délasse en s'asseyant au soleil sur un banc, et reste immobile, son mouchoir à carreaux étalé sur ses genoux, poursuivant ses rêves dans le bleu des nuages. A l'heure du dîner, il s'en va faire part de ses impressions à sa bonne, et, le soir venu, s'empresse d'aller les raconter encore une fois à la dame de comptoir de son petit café, et au fidèle partenaire qui lui tient tête depuis dix ans dans le noble jeu de dominos.

Le Parisien, — et quiconque a lu le chapitre précédent me fera la justice de croire que je ne le dis pas pour le déprécier, — a été particulièrement renommé de tout temps pour l'ardeur et la conscience qu'il met dans la flânerie. Il y a près de trois siècles que Rabelais faisait semblant de s'en indigner : « Il est tant sot, disait-il en parlant du *badaud de Paris en Badaudois*, tant incpte, qu'ung basteleur, ung porteur de rogatons, ung mulet avec ses cymbales, ung vielleux au milieu d'ung carrefour, rassemblent grand monde autour d'eux. »

Il y croît des badauds autant et plus qu'ailleurs,

dit encore le Cliton de Corneille en parlant de notre bonne ville.

Le Parisien d'aujourd'hui, qui n'a nullement dégénéré de ses pères, ne s'arrête pas seulement autour « d'ung vielleux ou d'ung basteleur, » mais il s'amasse autour d'un enfant qui a laissé choir dans la rue son pot au lait, du cadavre d'un chat gisant au coin d'une borne, d'un cheval qui s'abat ou de deux voitures qui s'accrochent, voire autour d'un aéronaute qui n'a pas trouvé la direction aérienne.

Heureux Parisien, de s'amuser à si bon compte! Où est le mal, ô Rabelais?

Il n'est pas jusqu'à M. Mercier, un homme de génie manqué, qui, en parlant des *parfaits badauds,* ne prenne sa grosse voix pour railler « l'imbécillité native du vrai Parisien, dont l'admiration porte (c'est M. Mercier que vous entendez, ne l'oubliez pas) je ne sais quoi de niais et de ridicule. »

Certes, ce sont là des mots durs, et qui m'embarrassent d'autant plus que je les sens retomber de tout leur poids sur ma tête. Il est rude, quand on est soi-même de la corporation des parfaits badauds, de s'entendre si brutalement traité par un homme d'esprit. Mais voici le coup de grâce. Ne viens-je pas de rencontrer un érudit (cette race est sans pitié) qui m'a prouvé par toutes sortes de raisons fort plausibles que *badaud* dérive de *baudet?*... Badaud vous-même, monsieur l'érudit !

Je ne parle pas des savantes, et trop savantes étymologies du Père Labbe, qu'il faudrait être bien *badaud* pour accepter.

Heureusement, j'ai le courage de mon opinion, et je me sens la force d'entrer dans mon sujet, au milieu de ces sinistres augures, flanqué, à droite, de l'épigramme de Rabelais, à gauche, de l'anathème de M. Mercier, talonné de près par le formidable silence du Dictionnaire de l'Académie et par la cruelle étymologie d'un savant qui ne flâna jamais.

Je pourrais, du premier coup, foudroyer mes adversaires en énumérant ici les grands noms, les belles œuvres, les résultats utiles et les précieuses découvertes qu'a le droit de revendiquer la flânerie, et qui seront éternellement l'orgueil du badaud, fier de ses ancêtres. Mais ce serait un plaidoyer en règle. Quel épais contre-sens ! J'aime mieux y aller plus simplement : le sujet n'y perdra rien, et le lecteur y gagnera.

Laissez-moi donc errer dans Paris à ma guise, et vous raconter en flânant les observations d'un flâneur.

CHAPITRE QUATRIÈME.

DANS LA FOULE.

Vous connaissez *l'Homme dans la foule* de Poë, le conteur étrange et fiévreux, un Hoffman réaliste, un rêveur mathématique qui a transporté dans la fantaisie elle-même les déductions sévères et précises de la géométrie. Il a décrit là, en quelques pages énergiques, les sensations d'un observateur qui, de la vitre d'un café, regarde circuler les passants dans les rues de Londres, et s'attache à la poursuite d'un homme dont la démarche et la physionomie lui annoncent quelque mystère à découvrir.

Comme Poë, je me suis bien souvent isolé dans la foule, au milieu de la rue, pour me changer en spectateur et m'asseoir au parterre de ce théâtre improvisé. Il m'est arrivé de regarder, ainsi qu'en une lanterne magique, toutes ces ombres qui dansaient devant moi, de les dépouiller curieusement de leurs voiles et de leurs masques, pareil à l'enfant qui déchire l'enveloppe de sa poupée pour voir ce qu'il y a dessous.

Ce serait déjà un exercice fort intéressant de lire les occupations quotidiennes, les professions variées, la vie intime et domestique dont chacun porte l'empreinte en quelque sorte affichée sur son front, dans ses allures et le ton de sa voix, comme sur l'enseigne d'un magasin; de rechercher le caractère qu'indique une démarche ou une physionomie; de se demander quelle longue habitude du désordre ou de la probité, quelle série de vertus ou de crimes sont parvenues à graver une expression vivante et indélébile sur tel visage qu'on a sous les yeux, à imprimer un cachet particulier à tel regard ou à tel sourire. L'artiste, l'homme de lettres, l'ouvrier endimanché, le commis-voyageur, l'épicier, le militaire en retraite, le petit rentier, l'humble grisette, la femme du grand monde, celle du petit monde et celle du demi-monde, se trahissent à des nuances perceptibles même pour le vulgaire. Ils ne pourraient se révéler plus clairement et plus vite, eussent-ils écrit leurs noms sur leurs chapeaux, à la façon du Guillot de La Fontaine.

Mais je ne m'arrête point là. Je me demande quels intérêts, quelles passions secrètes, quels sentiments ténébreux servent de mobiles à chacun de ces hommes; où ils vont, d'où ils viennent, ce qu'ils méditent à l'instant même, quels crimes et quelles vertus gisent cachés dans toutes ces consciences, ce que le passé leur a donné déjà et ce que leur réserve l'avenir. A l'aide d'un mot entendu en passant, je devine toute une conversation, toute une vie ; l'accent d'une voix me suffit pour accoler le nom d'un péché capital à l'homme que je viens de coudoyer et dont j'ai entrevu le profil. Je mets enfin à toutes les poitrines la fenêtre qu'y souhaitait Momus, et par la vitre entr'ouverte je regarde au fond de chaque cœur d'un œil curieux, et je plonge jusque dans les profondeurs de l'abîme, au risque d'avoir parfois le vertige et de reculer d'épouvante.

C'est ainsi que je fais chaque jour à loisir du Gall et du Lavater sous ma responsabilité personnelle. Rien n'échappe à mon regard qui perce les ténèbres les plus impénétrables; il me le semble du moins, et cela me suffit. Je vois défiler sous mes yeux toutes les illustrations de la rue : Kasangian, l'Arménien de la Bibliothèque, coiffé de sa calotte verte, chaussé de ses larges babouches, rasant les murs et trottinant d'un air absorbé; le Persan, s'acheminant vers l'Opéra, grave et mystérieux comme un mage, avec son bonnet à poil et son ample barbe, plus blanche que la neige; le major belge, avec son costume de haute fantaisie étincelant d'oripeaux, de dorures et de décorations fantasmagoriques[1]; la vieille au perroquet, qu'on voit sans cesse parcourir les quais, tenant de sa main gauche un immense parapluie, de sa droite une chaufferette, et sur son poing un ara majestueusement perché; la séculaire marchande d'allumettes, pliée en deux comme un U renversé, et que de mauvaises langues accusent d'avoir joué le rôle de déesse de la Raison en 1793; Liard, le chiffonnier philosophe et érudit, qui passe, la hotte sur le dos, en déclamant un vers de Virgile ou d'Homère : toutes ces

---

[1] Le pseudo-major belge, qui s'était élevé successivement, dans ces dernières années, au grade de colonel, puis de général, vient de mourir, quelques mois après l'Arménien de la Bibliothèque. Son histoire, aussi suspecte que son titre et que sa brochette de décorations exotiques, a couru les journaux. On a raconté particulièrement qu'il avait pris à lui seul, en 18.0, la ville de Mons, qui ne s'est pas du tout laissée prendre de cette façon bénigne et charmante. M. le comte d'Alcantara, dont le frère tomba percé de sept balles à la défense de cette ville, s'est donné la peine d'écrire une lettre aux feuilles belges pour démentir cette ingénieuse invention d'un bel esprit français. Il est probable que l'épée du major belge n'était pas moins *innocente* que le sabre du marquis de Carabas, et que les états de service de ce don Quichotte *in partibus*, égaré dans le Paris du xix⁰ siècle, se rattachaient, comme sa personne elle-même, aux légendes des *Mille et une nuits*.

(*Note de cette nouvelle édition.*)

énigmes vivantes dont je cherche le mot dans mon imagination, ne pouvant le trouver dans l'histoire. Chaque individu me fournit, pour peu que j'y tienne, la matière d'un roman compliqué; et, comme Cuvier reconstituait un animal avec une dent, et un monde entier avec un animal, je reconstitue toutes ces existences éparses, je fais mouvoir, penser, agir à mon gré ce théâtre d'automates dont je tiens les ficelles.

La belle chose que l'observation, et l'heureux homme qu'un observateur!

Pour lui l'ennui est un mot vide de sens; rien de terne, rien de fermé, rien de mort! Il anime tout ce qu'il voit; il souffle sur la cendre et rallume le feu, sur les cadavres et les fait marcher.

Mais aussi cette faculté précieuse est une arme à deux tranchants; elle devient facilement une cruelle maladie, un supplice de toutes les minutes. Plus de charme complet, de croyance ni d'abandon. Là où les autres n'aperçoivent qu'une rose, l'observateur découvre le ver tapi au fond du calice; il voit les hideuses araignées qui ont tissé leurs toiles dans l'intérieur de la Minerve de Phidias. Qu'il vaudrait bien mieux être badaud pur et simple, et se contenter de jouir sans chercher à trop approfondir!

La cruelle chose que l'observation, et le malheureux homme qu'un observateur!

J'ai lu dernièrement qu'un affreux drôle, après avoir découpé un horloger en plusieurs morceaux et l'avoir emballé proprement dans une malle, était allé se délasser aux faciles plaisirs de la *Closerie des Lilas*. Que de braves gens peut-être ont bu et dansé avec lui, sans se douter que, comme dans la danse macabre, le diable était au bout de la chaîne, qui les regardait en ricanant! Justement, ce soir-là, je passai moi-même une heure aux abords de la *Closerie*, à contempler les saltimbanques de l'allée de l'Observatoire. Il est probable qu'avant d'entrer, l'homme s'est arrêté dédaigneusement au même spectacle; peut-être l'ai-je frôlé du coude devant le théâtre de *Rigolo*; peut-être, — car l'imagination va vite et loin, — lui ai-je adressé la parole sans voir le rayon ténébreux qui, ce semble, doit toujours percer sous le masque des scélérats. Cette idée ne cesse de me tracasser depuis. Il y a beaucoup de gredins à Paris, beaucoup de scélérats endurcis, qui, tout en combinant de sang-froid les détails essentiels et les accessoires d'un assassinat, — ou même après l'avoir commis, — étouffant le remords comme ils viennent d'étouffer un honnête homme, vont se promener en plein soleil et essayer de prendre leur part des plaisirs de la rue.... Et moi qui, tout à l'heure, autour des chiens savants, viens d'échanger une réflexion amicale avec un inconnu! Moi qui, chaque jour, noyé parmi les spectateurs de Mengin, provoque les confidences et les appréciations d'une foule de gens que je n'ai jamais vus!... Pouah! j'en ai le frisson.

Et me voilà à inspecter sournoisement les figures, à faire mentalement le procès à chacun pour un mouvement qui me déplaît, pour une parole, pour un geste, pour un clignement d'yeux, pour un trait irrégulier ou une ride cynique; et je me surprends à m'éloigner, avec un brusque mouvement de répulsion, d'un voisin dont le rire innocent m'a semblé trahir une arrière-pensée d'amertume et de remords.

En de pareils moments, je suis bien malheureux; mais

ces moments-là durent peu, j'ai hâte de le dire, et en général j'ai l'observation plus gaie.

Maintenant il est temps de sortir de la foule. Si vous voulez, nous allons monter en fiacre ou en omnibus. Les fiacres et les omnibus sont les deux pôles de la civilisation parisienne. Je ne parle pas des coches et des coucous, que le progrès a tués; il a tué bien d'autres choses vraiment! Pourtant, réparation d'honneur! Un coucou qui a pris vaillamment pour devise : *Au coucou obstiné*, est resté sur la brèche. Quant aux coches, il en subsiste encore un dernier et curieux vestige. En l'an de grâce 1857, au milieu des bateaux à vapeur, des ballons et des chemins de fer, il se trouve un coche assez convaincu pour faire le trajet de Paris à Venise! Il met six semaines au voyage, et les clients, dit-on, ne lui manquent pas.

Ce coche, que je signale à l'admiration publique et aux encouragements de tous les amis du bon vieux temps, a élu domicile rue Pavée-Saint-André, d'où on peut le voir partir tous les deux ou trois jours, à six heures du matin, pour ses expéditions lointaines. Lecteur, vous ne pouvez vous dispenser d'aller vous en assurer par vos propres yeux.

CHAPITRE CINQUIÈME.

COCHERS DE FIACRE, COCHERS DE REMISE ET COCHERS D'OMNIBUS.

Mais puisque nous ne sortons pas de Paris, nous n'avons que faire des coches et des coucous. Asseyons-nous donc tout simplement dans une citadine. Il faut qu'un flâneur aille partout, même (rarement) en fiacre, et j'espère ne point perdre la considération de mes confrères pour cette dérogation apparente au code naturel de la flânerie.

Tout d'abord je vous présente le cocher, une de mes connaissances : ce type vaut bien un chapitre à part.

De tous les cochers, — personnages qui, malgré leurs airs de famille et leurs affinités de parentage, diffèrent cependant par des traits spéciaux, comme ces sœurs dont parle le poëte latin, — le cocher de fiacre est le plus illustre et le plus digne de l'être. Gros et gras au physique, souvent doué d'un embonpoint désespérant qui se développe en raison directe de l'activité et de la durée de ses travaux, tout au rebours de ce qui arrive dans la vie commune; portant avec une fierté goguenarde une trogne rubiconde et puissamment empourprée; enseveli, en été, dans une longue redingote où il gît comme un saucisson de Lyon sous son enveloppe; drapé, en hiver, dans un ample manteau qui lui donne la mine d'une massive fontaine à cascades, le cocher de fiacre est un mortel heureux entre tous, et il diffère de l'homme des champs célébré par Virgile en ce qu'il connaît parfaitement son bonheur.

Mais c'est peu de chose que ses dons physiques en comparaison de ses qualités morales. En tête je place, et personne ne me contredira, son irrésistible et pittoresque éloquence. Éloquence n'est peut-être pas tout à fait le mot propre; mais je n'ai pas le franc-parler de madame Pernelle.

Voyez un cénacle de cochers rangés en rond près de leurs voitures, les deux mains dans les poches et la pipe à la bouche. L'œil étincelle; la lèvre narquoise est tendue comme pour décocher une épigramme, assaisonnée de gros sel et de gros rire. Tantôt ils causent politique avec une nonchalance pleine de majesté; tantôt ils se tapent sur le ventre et se font des farces. Vienne à passer un bourgeois d'apparence cossue, sur toute la ligne s'ouvre et se poursuit en sourdine un feu roulant d'interpellations insinuantes et d'obséquieuses apostrophes. Néanmoins, c'est avec calme que le cocher fait ses offres : un refus le trouve impassible, parce qu'il s'y attendait. Le cocher a l'expérience de la vie; il n'est pas né pour les folles espérances et les enthousiasmes faciles; il est blasé sur toutes choses, comme le roi Salomon.

Rien de plus irritable pourtant que cet homme qui paraît si placide à l'état naturel : grattez l'écorce du bout du doigt, et la flamme intérieure fera explosion. C'est surtout dans ses querelles, — et il en a souvent, — qu'il faut étudier le cocher de fiacre, si l'on veut connaître sa spécialité. Qu'un malheureux passant, bien râpé surtout, ait failli se faire écraser par son cheval étique, aussitôt la mine prend feu, et les imprécations éclatent. En semblable occurrence, je ne manque jamais de m'arrêter à quelques pas, jusqu'à ce que le torrent d'invectives soit épuisé, et je m'en vais toujours de plus en plus abasourdi de l'opulent répertoire d'injures et de jurons qu'enserrent les lèvres d'un cocher.

Mais où ils sont sublimes à voir et à entendre, c'est quand leur amour-propre est en jeu, lorsqu'un confrère les a accrochés au passage ou refuse de reculer pour leur faire place. Jamais leur éloquence ne se déploie si largement qu'en famille. Quel feu croisé! Quel fleuve intarissable d'arguments *ad hominem*, saupoudrés de cris rauques, de gestes furibonds, de sonores coups de fouet! Quelle grêle d'écrasantes invectives, à la façon des héros d'Homère, ou de Démosthène foudroyant Eschine! On ne reconnaîtrait jamais le bonhomme de tout à l'heure dans ce lion rugissant.

Tant que le débat reste entre eux, tout est pour le mieux. Les parties sont d'égale force, et chacun se retire avec les honneurs du triomphe. Mais pour qu'un profane ose se risquer à pareille tâche, il faut qu'il se sente la langue bien ferme à la riposte et les poumons bien robustes. Songez au mot de Molière : « Qu'est-ce que la raison avec un filet de voix contre une gueule comme celle-là? » Si vous ne dominez pas l'organe du cocher, vous êtes un homme perdu. Le cocher jure, le cocher tempête, le cocher se dresse sur ses ergots, s'indigne, vocifère, vous écrase, vous broie, vous aplatit, et s'envole en cinglant sa haridelle, tandis que la victime reste clouée à sa place par une dernière injure qu'il lui décoche dans sa fuite. Le cocher a, dans ces conjonctures, après avoir éteint le feu de son ennemi, un superbe haussement d'épaules qui peut se traduire ainsi dans le langage vulgaire :

« Ça veut soutenir la partie avec un cocher, et ça n'a pas seulement de voix! »

Vous demeurez tout penaud, entouré d'un cercle de gamins qui vous trouvent parfaitement ridicule. Je vous le dis : ne vous attaquez jamais au cocher de fiacre, et s'il lui prend fantaisie de s'attaquer à vous, baissez la tête, secouez les oreilles et passez votre chemin.

Un jour pourtant, il y en eut un qui trouva son maître dans la personne d'un simple campagnard, humble conducteur d'une voiture de laitière. La carriole de celui-ci s'était embarrassée dans la roue d'un fiacre, arrêté devant un magasin. Déjà le cocher, qui croyait tomber sur une victime débonnaire, préludait à l'attaque en tâtant le terrain; mais voilà mon campagnard qui se rebiffe, et d'une voix de Stentor :

« Est-ce que tu crois, s'écria-t-il, que je vais me disputer avec toi dans la rue, comme un *voyou* ? Il faut être cocher comme toi pour le croire; il n'y a que des cochers comme toi pour se permettre des vilenies pareilles. Me disputer avec un cocher, moi ! mais c'est la lie du peuple, les cochers ! Qui est-ce qui parle à un cocher, seulement ? Qui est-ce qui fait attention à lui ? On lui donne deux sous de pourboire, et on le méprise pour ses deux sous. On le fait aller, comme un pantin, de la Bastille à la Madeleine, et s'il n'est pas gentil, on le flanque au dépôt, et voilà tout. Un cocher, ce n'est pas un homme, c'est connu : ça ne vaut pas son cheval. »

Il continua longtemps sur ce ton avec une volubilité terrible, écrasant son rival à chaque répartie, et lui faisant rentrer ses paroles dans le corps à mesure qu'il essayait de répondre. Le cocher eut beau s'y reprendre à vingt fois; dominé par cette voix tonnante, rouge de honte et tremblant comme un fiévreux, il ne put parvenir à placer son mot. Enfin, il descendit précipitamment de son siége : je crus qu'il allait se jeter sur son audacieux interlocuteur pour venger sa défaite; mais il se borna à offrir, d'une main mal assurée, quelques poignées de paille à son cheval, pour se donner une contenance. Le campagnard disparut lentement, avec un sourire plein d'un profond dédain. Alors le vaincu tenta de se rapprocher, sans avoir l'air de rien, d'un groupe de portières qui avaient assisté à la discussion : elles eurent la bassesse de détourner la tête, feignant de ne le point voir. C'était un homme déshonoré à leurs yeux.

Deux jours après, je lus dans les journaux qu'on avait retrouvé le cadavre d'un cocher dans la Seine.

Hélas! les cochers, il faut bien que je l'avoue, sont, pour la plupart, des sceptiques endurcis, dont la boutique du marchand de vin est le temple; des don Juan aux mains rougeaudes, qui professent les plus larges principes en fait de morale; des philosophes du troupeau d'Épicure, amis de la gaudriole, ô gué! méprisant au plus haut point les tartuffes, admirant avec passion Voltaire, qu'ils n'ont pas lu, Piron, dont ils achètent les œuvres dans les éditions populaires, et Béranger, dont ils chantent les couplets grivois entre la poire et le fromage. Il y a dans chacun d'eux l'ironie qu'on devine et qui effraye; il y a surtout une sagacité de métier, une pénétration, une rapide perspicacité de coup d'œil, qui me feraient croire parfois à une espèce de communion fantastique entre ces hommes et l'esprit malin. De prime-abord ils vous devinent; ils ont, sans vous toucher, palpé votre gousset, flairé la misère sous le luxe apparent, le sang plébéien sous les grandes manières. Aucune nuance ne leur échappe. Ils distingueraient tout de suite une lingère d'une modiste, et un étudiant en droit d'un étudiant en médecine. Ils en ont tant vu et tant mené! Ils sont si bien placés pour observer tout ce qui passe à leurs pieds et pour écouter à la porte!

A ce propos, voici un fait historique.

Deux de mes amis étaient en partie fine : l'un, légèrement fat (je le prie de m'excuser), venait de passer avec succès je ne sais plus quel examen, et, dans l'enivrement du triomphe, il avait voulu faire jouir son camarade avec lui de toutes les voluptés de la civilisation. A l'issue d'un dîner sardanapalesque, nos gaillards montèrent dans un mylord. C'était en été : ils avaient eu soin de replier la capote de la voiture pour se mettre à découvert, et, tout en avançant à travers le bois de Boulogne dans ce splendide appareil, ils causaient avec le cocher. Le premier, digne et froid jusqu'en ses moments d'abandon, se tenait dans son coin, bien frisé, la moustache cirée, le lorgnon à l'œil, ganté de frais comme un gentleman, et émiettant de loin en loin, d'un air de haute protection et de condescendance goguenarde, quelques paroles à l'esclave qu'il avait pris sous ses ordres. L'autre, suffisamment hilare et presque aussi bien mis, soutenait la conversation avec les manières victorieuses d'un dandy en belle humeur, qui juge à propos de s'encanailler un instant et de faire des études de mœurs *in anima vili*. Tous deux fumaient, en s'étalant dans une pose d'un adorable nonchaloir, d'énormes havanes à l'arome pénétrant.

« Moi, voyez-vous, leur racontait pendant ce temps le cocher, qui s'était retourné à demi vers eux, je suis un vieux routier, et il n'y a guère moyen de m'attraper. J'en ai vu qui voulaient m'en faire accroire; mais va-t'en voir s'ils viennent! on ne me prend pas comme un nigaud. Ainsi, vous, sans vous offenser, je vois ça tout de suite, c'est plus fort que moi : vous avez beau faire les fendants, vous n'êtes pas *de la haute.* »

Il dit, et allongea un coup de fouet à son cheval, tandis que nos deux jeunes gens tressaillaient d'étonnement et de honte.

Ce n'était que trop vrai : les malheureux n'étaient pas *de la haute!*

A côté de ce type accentué, le cocher de remise n'est qu'un être sans grandeur et sans cachet : il n'a pas l'ampleur, la physionomie narquoise, le masque ironique de son confrère. Le cocher de remise s'est frotté à la bonne compagnie ; il s'est plié aux formules et aux attitudes du respect, aux banalités de la convenance et du bon ton. La civilisation a déteint sur lui; ce n'est plus qu'une médaille effacée, dont l'empreinte a presque entièrement disparu. La grande figure du cocher de fiacre dégénère dans le cocher de remise, comme une monnaie de bronze qu'on s'aviserait de dorer par le procédé Ruolz.

Mais le cocher d'omnibus possède du moins son caractère à lui. C'est un personnage mélancolique et résigné, qui n'a du premier que l'embonpoint, poussé jusqu'à des proportions ridicules. Depuis vingt ou trente années, il parcourt incessamment la même ligne, de huit heures du matin à minuit, sans avoir jamais varié d'un iota. Juché sur son piédestal, à une hauteur prodigieuse, recueilli sous son chapeau ciré, il dirige du fouet, pareil à l'Hippolyte classique, des chevaux qui semblent se conformer à ses tristes pensées. On dirait un de ces automates pour qui l'intelligence, la pensée, la vie sont choses de luxe, parfaitement inconnues et parfaitement inutiles. Il doit être doué juste d'autant de raisonnement qu'il en faut pour gouverner, sans renverser les bornes ni briser les vitres, sa voiture colossale, et pour serrer la bride quand un passant lève son parapluie, ou que le conducteur le tire par la ficelle attachée à son bras, comme à ceux de ces ingénieuses poupées de Nuremberg qu'on fait agir à volonté à l'aide d'un ressort.

Quelquefois il voit passer de loin une femme pauvrement vêtue, avec un marmot à la main ; la femme lui envoie un salut amical et le montre à l'enfant d'un air joyeux et fier. Alors le cocher s'éveille ; il agite son fouet en signe d'intelligence, heureux, triomphant, mais sans cesser de surveiller les mouvements des piétons, toujours empressés de se faire écraser.

Ce n'est rien toutefois que cette triste existence à côté de celle de son collègue le conducteur, condamné à se tenir debout tout le jour derrière cette monstrueuse machine, en plongeant de tous côtés, le long de chaque rue, au fond de chaque porte cochère, un regard inquiet, pendant que les cahots lui brisent les genoux et lui font cruellement danser les entrailles. L'unique distraction de l'infortuné consiste à regarder patauger les passants dans les marais du macadam, à hisser de temps à autre dans l'intérieur un gros monsieur essoufflé, à donner la main à quelque jolie petite dame qui s'appuie sur son bras comme sur une machine inanimée, sans s'inquiéter si elle n'irrite pas en lui les cruelles convoitises qui dévoraient Tantale ; à tirer plus ou moins brusquement, en guise de plaisanterie, le cocher par la corde, enfin à faire marcher l'aiguille d'un pas sur le cadran à chaque nouveau voyageur.

Voilà celui qu'il faut plaindre ; voilà le paria et le forçat. On nous parle de ces captifs historiques enfermés pendant dix ou quinze ans dans des cages de fer : mais c'est sa vie entière que le conducteur d'omnibus passe dans cette cage, tout près de ces banquettes si bien rembourrées qui l'attirent de leur voluptueux sourire et lui tendent les bras ; toujours emprisonné dans la même position, ballotté à droite et à gauche comme un *colis* mal assujetti, acculé sur sa marche, derrière l'infranchissable barrière de la courroie. Aussi, comme il saisit avidement le moindre prétexte de quitter un moment ce lit de Procuste ! Comme, aussitôt que l'omnibus entre dans une rue tant soit peu montante, il descend avec délices, sous ombre de ménager les chevaux, ses confrères, et s'avance à pas lents, en se dégourdissant voluptueusement les jambes ! Volontiers même il s'attarde à flâner en arrière, quitte à courir de toutes ses forces pour rejoindre le véhicule parvenu au haut de la rue.

C'est surtout durant les stations de l'omnibus qu'il s'empresse de mettre à profit ses quelques secondes de liberté pour aller renouer le fil d'une causerie vingt fois reprise et vingt fois interrompue avec une amie de cœur, le plus souvent une marchande des quatre saisons, à qui il a contracté l'habitude de faire la cour au pied levé pour occuper ses loisirs, tandis que le cocher, un matérialiste, coupe à même dans un énorme morceau de pain bis, surmonté d'un redoutable quadrilatère de lard ou de fromage.

Il arrive parfois, aux débutants surtout, de s'oublier dans cette douce conversation ; un coup de sifflet les rappelle à la chaîne et leur annonce qu'ils auront à payer d'une amende cette minute de plaisir volée à leur captivité.

Les chevaux, comme on peut croire, ont leur large part

de soucis dans la tâche commune. Entre autres innovations qui contribuent à rendre le métier de cheval d'omnibus tout à fait inabordable pour un animal qui se respecte, il faut compter l'adjonction récente des banquettes supérieures. Si l'on n'y est pas très-voluptueusement bercé, on y jouit du moins d'un coup d'œil étendu et d'un air à peu près sain, sans compter qu'il n'en coûte que trois sous au lieu de six. Ce dernier avantage n'est pas le moindre à mon sens; pourquoi m'en cacherais-je? On sait bien qu'un homme de lettres n'a pas toujours six sous dans sa poche, — un de plus que le Juif errant!

Cette innovation a singulièrement multiplié les chevaux et, par suite, les conducteurs supplémentaires, pauvres diables dont la fonction consiste à attendre près de leur haridelle, assis sur une borne, au bas d'une côte, tous les omnibus du jour les uns après les autres; à les remorquer jusqu'au bout de la rue, puis à redescendre pour recommencer cinq minutes après. Humble forçat du *renfort* à jet continu, tu m'as fait comprendre pour la première fois le rocher de Sisyphe et le tonneau des Danaïdes!

Généralement le conducteur supplémentaire est taciturne et mélancolique : il a l'air incliné vers la tombe. Il est à remarquer, d'ailleurs, que l'omnibus semble éteindre et pétrifier tous ceux qui l'approchent. Les gens qui vivent des voyageurs, ceux qui passent leurs jours en compagnie des voitures et des chevaux, se reconnaissent d'ordinaire à une turbulence grossière et caractéristique, dont les servants de l'omnibus sont à peu près les seuls qui n'offrent pas de traces. On dirait que de cette lourde machine s'échappe une influence placide et soporifique, semblable à celle qui endort les marmottes au commencement de l'hiver.

CHAPITRE SIXIÈME.

ENSEIGNES ET AFFICHES.

Mais pendant que nous sommes en omnibus, ou en fiacre, nous n'avons rien de mieux à faire que de regarder les enseignes, tâche remplie d'attraits pour qui sait découvrir le beau côté des choses. C'était là mon occupation favorite autrefois, lorsque je faisais une entrée triomphale par la carriole de mon oncle dans la sous-préfecture de l'arrondissement « qui m'a donné le jour. » Je passais précipitamment d'un côté de la voiture à l'autre, pour ne perdre aucun détail des belles devantures qui bordaient les deux rives de la rue; je lisais chaque enseigne comme un bourgeois de petite ville lit son journal, depuis le titre jusqu'à la signature de l'imprimeur. Ce qui me frappait surtout plus que je ne puis dire, c'étaient ces nègres de bois, couverts de vêtements rouges et tenant une longue pipe à la main, que j'apercevais devant la vitre de tous les marchands de tabac : combien de fois n'ai-je pas pleuré à chaudes larmes pour en avoir un !

Quel est le flâneur savant qui nous donnera l'histoire des enseignes, qui écrira les diverses péripéties, les transformations successives, les périodes de progrès et de décadence par où elles ont passé ?

Jadis, — et quand je dis jadis, je veux parler d'il y a quarante ou cinquante ans, aussi bien que du moyen âge et des deux derniers siècles, — le calembour était un élément presque indispensable de toute enseigne qui visait à l'effet. Alors florissaient le *Bon coing* et l'*Épi-Scié*, le *Juste pris* et les *Trois forts bancs*, le *Verre galant* et le *Cygne de la croix*, et auparavant la *Roupie* (une roue et une pie), le *Puissant vin* (un puits d'où on tirait de l'eau), l'*Assurance* (A sur une anse), et la *Vieille science* (une vieille qui scie une anse). C'était le beau temps. On voyait encore des fantaisies à la manière de Callot : telle était l'enseigne de la *Truie qui file,* laquelle, du reste, s'est perpétuée jusqu'à nos jours. Puis il y avait la malice gauloise et la mordante épigramme, par exemple, le *Tout en est bon*, représentant une femme sans tête !

Voulez-vous savoir ce qu'a fait de cette spirituelle devise un charcutier bel-esprit? Allez dans la rue Sainte-Marguerite, et vous lirez en belles lettres d'or sur une devanture : *Tout en est bon, depuis les* (ici quatre pieds de cochon en peinture) *jusqu'à la* (et l'on voit s'étaler par-dessous une superbe tête avec un grouin phénoménal).

En général, les enseignes d'aujourd'hui sont moins innocemment et moins naïvement prétentieuses. Sauf quelques-unes, reléguées dans les ruelles et les culs-de-sac, qui ont gardé les traditions d'une syntaxe vagabonde et d'une orthographe capricieuse, elles ont appris dans Noël et Chapsal l'art de parler et d'écrire correctement. Caritidès ne trouverait plus guère à exercer que dans la banlieue sa charge de contrôleur, intendant, correcteur, réviseur et restaurateur général des enseignes. Elles vont s'approvisionner dans l'histoire, le roman, le drame, l'opéra, la mythologie ; elles exploitent le succès de la veille et la mode du jour pour s'en faire un titre ; elles appellent la littérature et les arts à l'aide de l'industrialisme essoufflé, et les chargent de battre de la grosse caisse au profit du comptoir. Nos grands magasins ont pris pour devise : *Au Prophète, au Prince Eugène, au Palais de l'Industrie, aux Trois Mousquetaires, au Colosse de Rhodes, à la Tour Malakoff.* Vous ne pouvez faire un pas sans lire au front d'une boutique : *A la tour de Nesle, au Sonneur de Saint-Paul, à la Dame blanche,* etc. Qu'une éruption de la butte Montmartre vienne à engloutir Paris, comme le Vésuve a englouti Pompéi, on pourra, après quinze cents ans, retrouver sur les enseignes l'histoire de nos triomphes militaires et celle de notre littérature.

On pardonnerait encore à ces Turcarets de l'aunage et du prix fixe d'usurper des titres qui ne leur appartiennent pas et de se ranger sous un drapeau avec lequel ils n'ont rien à démêler, comme on pardonne à certains Georges Dandins, au demeurant les meilleurs fils du monde, de s'improviser gentilshommes à l'aide d'une particule et du nom de leur village natal. Le pédantisme est une prétention d'un genre plus impardonnable, que se permettent trop souvent les enseignes d'aujourd'hui. Les malheureuses savent le grec et le latin, elles font des néologismes, forgent des mots baroques et ne craignent pas d'étaler en gros caractères des expressions telles que : CHROMO-DURO-PHANE, pommade PHILODONTIQUE, PHILOCÉPHALE et PHILAÏNOCOME.

De grâce, ramenez-nous aux calembours d'autrefois !

J'excepte de la proscription l'enseigne polyglotte que j'ai vue à un coiffeur de la rue Racine, disparu depuis deux ou trois ans. Cet artiste, fort érudit, bien que perruquier, réfléchissant qu'il était au centre du quartier savant, crut faire acte de bon ton en affichant sur sa devanture un spécimen de ses connaissances philologiques : il ne doutait pas de voir aussitôt accourir à son officine, comme à l'une des merveilles du monde, la clientèle du plus haut parage, les professeurs de la Sorbonne et du Collége de France, les maîtres d'études des lycées environnants et les étudiants studieux des quatre Facultés, quoique la Faculté de droit soit à peu près la seule qui se fasse raser, friser et coiffer. En tête on lisait: Κείρω τάχιστα, καὶ σιωπῶ, — *je travaille promptement et en silence*, ce qui, on en conviendra, n'était pas trop mal choisi pour un barbier. De chaque côté s'alignaient sur les volets et les vitres des inscriptions latine, allemande, anglaise, italienne, espagnole. La langue nationale était la seule oubliée, de sorte que sans le classique plat à barbe, le passant illettré eût cru voir la maison de quelque jongleur indien, toute couverte d'hiéroglyphes et d'inscriptions magiques, en guise de talismans.

Et pourtant le barbier se vit contraint de fermer sa boutique : la fortune est aveugle ! Cet homme était né pour effleurer d'un rasoir élégant le fin menton de Périclès, ou celui de Mécénas, au temps où les poëtes, les jeunes patriciens et les riches affranchis se rassemblaient, pour causer des affaires du jour, dans l'échoppe du *tonsor*.

Les enseignes, on l'a déjà vu, ne pèchent point généralement par la modestie. Il en est bien peu, une douzaine peut-être, qui aient le bon goût de s'intituler : *Au Gagne-Petit*, voire *au Bon Marché ;* moins encore qui osent résolument inscrire sur leur drapeau, comme ce boutiquier de la place Lacépède : *A la Balayeuse*, ou des environs du Temple : *Aux Prolétaires*. MM. les commerçants, qui sont de profonds philosophes, sans avoir lu Aristote ni Descartes, savent bien que de toutes les passions humaines, la vanité peut-être est la plus forte, parce qu'elle est la plus sotte et la plus ridicule. En conséquence, ils écrivent au frontispice de leurs magasins : *A la Coquette, à la Gourmande, à la Sultane*, etc. ; et ces dames d'accourir, pour bien montrer au public qu'elles ont le moyen d'être coquettes et gourmandes, et qu'il ne tiendrait qu'à elles de faire les sultanes, comme ces jeunes gens qui, après avoir dîné à dix-huit sous, tracent des zigzags et des arabesques en marchant sur le trottoir, afin de faire croire aux passants qu'ils sont assez riches pour se griser.

Je suis persuadé que, s'ils n'étaient retenus par un reste de pudeur et par la crainte des quolibets, les grands fournisseurs à la mode inscriraient volontiers sur leur devanture : *Le public est prévenu que c'est ici la maison la plus chère de tout Paris ;* ou bien encore : *La maison garantit aux personnes qui veulent bien l'honorer de leur confiance que tout objet est vendu ici le double au moins du prix qu'il coûte ailleurs.* Alors duchesses, marquises et lorettes pourraient, sans déroger, faire arrêter leur équipage devant ces magasins. Elles ne risqueraient pas d'y heurter quelque bourgeoise fourvoyée, quelque provinciale ahurie, et le fait seul de leur entrée dans une boutique pareille serait aux yeux de la foule et du marchand une brillante démonstration de luxe et de grand ton.

Cet orgueil instinctif se retrouve partout dans les enseignes d'aujourd'hui. Parcourez la liste des cafés, hôtels, restaurants, etc., et vous en trouverez les deux tiers au moins qui ont la fatuité de se dire cafés ou hôtels de Paris, de France, des Quatre-Nations, des Cinq parties du monde, de l'Univers, des Princes, etc. Je viens d'entrer dans un estaminet qui se proclame Européen, et j'y ai trouvé deux maraîchers qui prenaient des verres d'absinthe avec le garçon.

Quelques-unes de ces enseignes laissent percer sous leur emphase ingénue, une sorte de raillerie narquoise. C'est dans cette catégorie que rentre la vieille devise des écrivains publics : *Au Tombeau des secrets*, et cette autre, non moins connue, que j'avais prise longtemps pour une agréable plaisanterie des petits journaux, mais qui s'étale encore dans certaines rues détournées : *Crépin, réparateur de la chaussure humaine.*

J'aime à croire qu'il en est de même pour les magasins de nouveautés et les restaurants qui s'intitulent, les uns : *Au Paradis des dames;* les autres : *Au Banquet d'Anacréon.*

Ce sont là de grandes phrases, sans doute, mais je trouve un orgueil mille fois plus superbe dans la plupart des enseignes ordinaires, composées tout simplement d'un nom propre. Rien n'est si prétentieux que l'affectation de la simplicité, et j'avoue qu'en contemplant ces longues files de devantures, qui portent ces seuls mots : Béraud, Dumont, Durand, Henrion, Charbonneau, etc., je suis effrayé de cette allure monumentale, grosse de prétentions, bouffie de suffisance. Voilà des noms propres qui se carrent à la façon d'un matamore ou d'un Hercule des foires. Ils se campent le poing sur la hanche en plein soleil, ayant l'air de crier au public : « Regardez, admirez; c'est moi, vous savez bien, moi : est-ce qu'il y a quelqu'un au monde assez abandonné de Dieu pour ne me pas connaître? » Nos bons vieux ancêtres, qui n'étaient point si glorieux, mettaient en toutes lettres : « Béraud, chamoiseur; Dumont, passementier; Durand, ferblantier. » Ils ne croyaient point inutile d'éclairer par un bref commentaire les énigmes de leur étalage, comme du temps de Shakspeare on mettait une inscription sur un poteau pour aider à l'intelligence des décorations sommaires du théâtre. Aujourd'hui il semble que ce soit entièrement superflu, et que ces noms illustres doivent nécessairement dissiper toute obscurité de leur propre lumière, comme si l'univers entier était tenu de savoir que M. Henrion est bottier et M. Charbonneau boulanger.

Si j'étais forcé de choisir, je préférerais de beaucoup à cette orgueilleuse concision la loquacité provençale d'un célèbre confiseur, mi-candide et mi-roué, lequel avait jugé à propos de faire des réclames avec des sermons et d'afficher sur ses volets, côte à côte avec ses nougats, les commandements de Dieu et de l'Église.

Une autre tradition qui s'en va, c'est celle des vignettes et des tableaux de genre qui ornaient les enseignes du temps jadis. Au-dessus de chaque boutique tant soit peu respectable s'étalait un petit chef-d'œuvre d'*humour*, où la palette d'un artiste inconnu, d'un rapin désillusionné de la gloire, avait prodigué la verve, les couleurs et la fantaisie. Le pinceau complétait la parole, et la parole expliquait l'œuvre du pinceau; l'idée, apparaissant sous deux formes, exerçait un double charme, et séduisait à la fois l'esprit et le regard. Hélas! ces tableaux ont presque tous disparu, comme ces naïves scènes de genre qui illustraient autrefois les assiettes de faïence et jusqu'aux rideaux de lit de la moindre maison campagnarde. On rencontre bien encore, de loin en loin, quelques restes de cet usage antique; mais ces peintures sont entachées du caractère moderne: elles tombent dans le clinquant, le maniéré, le joli, et n'ont plus cette honnêteté de dessin et cette candeur de touche qui donnent tant de prix aux enseignes des auberges de village.

Allez voir, au coin de la rue Saint-Honoré et de la rue Croix-des-Petits-Champs, l'enseigne de la *Fiancée*; sur la devanture d'un magasin de la rue Saint-Denis, le tableau des *Forges de Vulcain*. Qui a fait cela? Est-ce un grand prix de Rome s'exerçant à un pastiche de Prudhon; un lauréat de l'école des Beaux-Arts, tombé de chute en chute à la décoration des boutiques de nouveautés; ou bien, comme il sied, un de ces honnêtes barbouilleurs, dont la brosse ardente et naïve jette sur la toile, sans nul souci académique, des créations saisissantes d'originalité et de fantaisie pittoresque?

Sur quelques points cependant, la tradition s'est conservée à peu près dans sa pureté primitive. Je citerai, entre autres, les enseignes des charbonniers de haut parage, de la plupart des remplacements militaires, enfin des sages-femmes jurées, corps respectables qui demeurent fidèles aux vieilles coutumes et ne sacrifient point au papillotage artistique des pinceaux prétentieux. Il n'est personne qui n'ait admiré maintes fois ces charmants petits tableaux représentant un *fort* qui porte un sac énorme sur son large chapeau, une matrone qui reçoit et berce en ses bras un enfant emmailloté, un buveur couronné de pampre, le nez rouge, la face enluminée et le verre à la main, à califourchon sur un tonneau ventru; un gourmet émérite dégustant d'un air de suprême volupté une pincée de tabac délicieux ou du moka superfin; ou bien ces toiles plus importantes, qui sont presque des compositions d'histoire, et qui offrent tour à tour aux regards : un superbe lancier à cheval; un conscrit faisant, au détour du chemin, ses adieux à la payse baignée de larmes; un beau hussard frisant sa moustache de la main gauche et offrant galamment le bras droit à une jeune et rougissante cantinière; enfin une mêlée fougueuse destinée à porter l'épouvante dans le cœur du fils de famille.

J'ai vu dernièrement, dans la rue Bellechasse, à la porte d'un marchand de vin, le plus succulent trophée de jambons, verres, bouteilles, pâtés et gigots, peints en un fouillis vigoureux, d'une brosse franche et hardie qui semble dénoter la main d'un Rubens populaire. Il y a encore les toiles des saltimbanques, dont j'ai parlé plus haut. Si ce n'étaient ces derniers et vénérables vestiges, d'ici peu le peintre d'enseignes deviendrait un vrai mythe.

Il ne faut pas mépriser ces chefs-d'œuvre anonymes, contre lesquels se déchaînent le soleil, le vent, la pluie et les progrès du siècle. Hogarth a fait des enseignes avant de peindre les *Comédiennes ambulantes*. Carle et Horace Vernet en ont fait aussi, et les amateurs vont admirer un *cheval blanc* de Géricault à la devanture d'une auberge des environs de Paris!

Gardons-nous d'oublier les gravures de mode alignées derrière les fenêtres des tailleurs, et qui représentent de petits jeunes gens au profil correct, bien frisés, bien peignés, se tenant droits et raides dans leurs habits neufs; ou de jeunes dames souriantes, penchant la tête, arrondissant la bouche en cœur et minaudant à la façon d'une pensionnaire à marier qui débute dans le monde. Quant aux bustes de cire que j'ai contemplés bien des fois à travers les vitrages des modistes et des coiffeurs, jamais Pradier ni Canova n'ont sculpté de contours d'une perfection plus exquise, de formes plus suaves et plus arrondies, de galbes plus irréprochables. L'Apollon du Belvédère n'a pas une chevelure si soyeuse et si bien peignée, des yeux aussi langoureusement fendus, des dents et des ongles plantés avec cette proportion, cette grâce, cette symétrie. Ces bonshommes de cire ou de papier font vraiment honte aux hommes de chair et d'os, et c'est tout au plus si Messieurs les gandins eux-mêmes seraient dignes de figurer au milieu des poupées de cire à la devanture d'un coiffeur.

Que l'industrie humaine est ingénieuse pour attirer l'attention du passant! Comme tous ces commerçants luttent d'efforts et de sagacité, rien que pour contraindre le regard indifférent à se fixer sur leur étalage! Tantôt ce sont des moulins en papier peint qui tournent tout seuls, des automates aux mouvements rhythmiques et anguleux, — des barbiers de carton, par exemple, dont le rasoir passe et repasse sur le menton d'un client, ou bien un cordonnier frappant convulsivement de petits coups de marteau sur le soulier qu'il tient de la main gauche. Tantôt c'est un trophée de mâchoires de tous les calibres et de toutes les puissances, qui s'ouvrent et se referment lentement devant un triple cercle de gamins, de provinciaux et de soldats atterrés d'admiration. Oh! les mâchoires! N'y a-t-il pas quelque chose de profondément mélancolique dans ce mouvement continuel qui les fait s'escrimer à vide, et recommencer sans cesse avec résignation?

Tout cela ne vaut pas encore les affiches : c'est dans cette partie flottante et mobile, qui se renouvelle sans cesse, que triomphe le génie de l'industrialisme. La science de l'affiche a atteint aujourd'hui des proportions jusqu'alors inconnues : elle est arrivée à ce rare degré de perfection où l'habileté devient de l'art. Et ici je ne parle point de ces placards extraordinaires, miracles de patience, où des professeurs de calligraphie exécutent au trait les scènes les plus dramatiques des *Enfants d'Édouard*, et parviennent à représenter Napoléon à cheval, par une ingénieuse combinaison de lignes où se trouve dessinée et racontée en même temps son histoire. Non, je veux me borner aux affiches ordinaires. Jusqu'où n'y a-t-on pas poussé l'éloquence typographique, les séductions de la vignette, les fascinations de la couleur, usant des teintes les plus variées et les plus éclatantes pour prêter un appui perfide aux ruses de la rédaction ! Combien de chefs-d'œuvre d'artificieuse éloquence, combinés par l'esprit sagace d'un commerçant aux abois, le colleur placarde tous les matins et le chiffonnier enlève tous les soirs ! N'avez-vous jamais rencontré de ces affiches intelligentes et animées, vrais tableaux de genre, qui vous arrêtent au passage par une pluie battante, au milieu de la boue et des passants, fussiez-vous en retard de vingt minutes sur l'heure du dîner ? Le moyen de passer indifférent devant de petits carrés de papier rouge ou d'immenses parallélogrammes de papier jaune, qui vous crient tout à coup, au détour d'une rue :

HALTE-LA !

N'ALLEZ PAS PLUS LOIN SANS PRENDRE MON ADRESSE

VOTRE INTÉRÊT VOUS LE COMMANDE

Chapeaux extra-superfins.	10 fr.	Chapeaux. 1re qualité.	6 fr.
Id. extra-beaux fins.	8 fr. 50 c.	Tout ce qui se fait de plus beau.	12 fr.
Id. superfins.	7 fr. 50 c.		

Ou bien :

NE PLEUREZ PLUS

Et au-dessous, traîtreusement dissimulé en petites lettres qui disparaissent à l'ombre des autres :

LA PERTE DE VOS OBJETS CASSÉS.

Le tout pour annoncer une colle à raccommoder la faïence et la porcelaine.

Ou encore, ce qui me paraît le *nec plus ultra* :

AUX PERSONNES SENSIBLES!!!

Naturellement vous vous approchez, croyant voir l'annonce d'un roman de madame Cottin, et vous êtes tout stupéfait de lire sous cette exclamation splendide, tantôt :

BANDAGES HERNIAIRES DE TOUTES FORMES ET DE TOUS PRIX.

Tantôt :

NOUVELLE PATE POUR FAIRE COUPER LES RASOIRS.

Si vous êtes un sot, vous haussez les épaules; mais si vous êtes un homme très-naïf ou très-spirituel, — ce qui revient souvent au même, quoique cela soit fort différent, — vous inscrivez l'adresse de ce prodigieux industriel sur votre calepin.

Et voilà ce que c'est au juste que l'art et l'éloquence!

Voulez-vous d'autres échantillons? Il n'y a qu'à choisir.

Saluons d'abord ce marchand de pommade contre les engelures, qui a inscrit en lettres rouges sur sa bannière :

VOYEZ

LA HUITIÈME MERVEILLE DU MONDE

Et au-dessous, ce commentaire, tout à fait de circonstance :

PLUS DE CHARLATANS!!!

Regardons sur le mur voisin :

ON VOUS INVITE A DINER

CHEZ GROS-PIERRE, RUE DE L'ARBRE-SEC, Nº...

Pour 80 c., on a : POTAGE,
DEUX plats AU CHOIX,
SALADE suivant la saison,
Un DESSERT,
Un carafon d'*excellent* MACON,
Pain A DISCRÉTION.

LE SERVICE SE FAIT EN ARGENTERIE.

CUISINE SUPÉRIEURE. PROPRETÉ. CÉLÉRITÉ.

Quelquefois, car les affiches reproduisent toutes les nuances de la littérature et tous les genres de style, c'est une rédaction qui se donne des airs de naïveté malicieuse et qui affecte des allures cavalières et indépendantes, comme ces charlatans avisés qui savent bien que le plus sûr moyen de vendre est de faire semblant de n'en avoir point envie, ou bien encore comme ces jeunes poëtes qui croient qu'il est de bonne politique de traiter le public du haut en bas dans leurs préfaces, pour lui inspirer le respect de leur propre personne. Que dites-vous de ceci, par exemple :

BAH!!!
AUTANT LA QU'AILLEURS !

ALLONS DINER RUE SAINT-DENIS, CHEZ CASCARET, ETC.

Les rapins et les *calicots* (pardon de ces termes peu académiques, qui n'ont pas de synonymes connus), gens d'esprit débraillé, trouvent cela fort drôle, et ils ne manquent pas d'aller dîner chez Cascaret, surtout quand il n'en coûte que dix-huit sous.

Voici encore quelque chose de bien joli, que je viens de découvrir tout récemment :

PUISQUE

MES CHEVEUX TOMBENT

JE VAIS ALLER CHEZ MADAME SAINT-ERNEST,

Rue ***, 115,

QUI A DE L'EAU POUR LES EMPÊCHER DE TOMBER

ET

UNE POMMADE INFAILLIBLE POUR LES FAIRE REPOUSSER.

Mais les colonnes d'Hercule de l'éloquence typographique ont été atteintes, en ces dernières années, par les affiches de deux maisons de confection rivales. L'une d'elles surtout arbora tous les deux jours, pendant un mois, d'incommensurables feuilles de papier qui pouvaient à peine trouver des murs capables de les recevoir, et où s'alignaient, en caractères hauts de six pouces, des proclamations pleines de fougue et d'enthousiasme. C'était le génie de la réclame, le feu sacré de la spéculation, faisant arme de tout, maniant tour à tour l'émotion et l'ironie, s'adressant à l'esprit et au cœur, criblant l'adversaire de mordantes épigrammes, et s'aventurant sans effroi dans les plus bibliques hyperboles. Le propriétaire de l'établissement, un grand homme qui avait fait fausse route, trouvait moyen de raviver sans cesse l'attention blasée du public, d'endormir ses soupçons, de recommencer chaque fois à vaincre une défiance toujours en éveil et toujours rallumée.

La veille, on s'était déjà laissé prendre à une grande affiche *verte* qui débutait sur le ton lyrique pour finir par un aperçu du prix courant des *articles d'été*. Mais comment voulez-vous qu'on se défiât le lendemain, en se retrouvant en face d'une grande affiche *rouge*, commençant de la manière suivante :

PARIS VA FONDRE

si

LES CHALEURS CONTINUENT PLUS LONGTEMPS

ou d'une affiche *bleue* débutant par ce cri du cœur : *Descendez en vous-même*; et concluant tout à coup, après une page de prose philosophiquement folâtre, au moment où l'on ne s'y attendait guère, qu'il faut aller se fournir en toute hâte au bazar dont suivaient le nom et l'adresse?

D'autres fois, le rédacteur tirait ingénieusement parti des circonstances politiques qui occupaient alors tous les esprits, et imitait les manifestes des opinions opposées. Choisissant habilement son exorde, il savait, — par une adroite disposition des mots, par le choix et l'arrangement des lettres, dont les unes se dissimulaient à l'œil nu, tandis que les autres s'étalaient avec ampleur, — produire une combinaison perfide qui attirait forcément les regards. On approchait sans défiance, croyant lire un supplément à son journal, et on s'apercevait trop tard qu'on était tombé dans le guet-apens d'une annonce.

Ce duel à l'affiche dura longtemps, à la jubilation des amateurs qui formaient la galerie et qui ne se souvenaient pas d'avoir jamais rien vu d'aussi beau, depuis les mémorables proclamations des luttes de la salle Montesquieu, délibérées en conseil des athlètes et rédigées par un gaillard qui était plus fort sur la boxe que sur la langue française. Cependant, je dois le dire, si ces dernières n'avaient pas cette haute habileté typographique, ce machiavélisme ingénieux, cette verve ardente et spirituelle, elles avaient du moins une candeur loyale et franche, une fierté pleine de rondeur et de bonhomie, qui en faisaient des morceaux doués d'une saveur plus appétissante encore pour un véritable gourmet.

Quant aux : *Changement de propriétaire, Embellissements et améliorations;*

Le public est prié de ne pas confondre la maison Dupont avec la maison Durand;

Rabais de 50 pour 100 sur le prix de vente, pour cause de liquidation forcée;

Le propriétaire des bains... croit devoir avertir sa nombreuse et brillante clientèle, etc. ;

C'est l'A B C du genre, et le moindre colleur sait tout cela sur le bout du doigt.

L'affiche a des rivaux dignes d'elle dans les annonces de journaux et les prospectus distribués sur la voie publique. J'ai rangé dans mes collections, comme un naturaliste dans son herbier, les échantillons les plus curieux de ce genre de littérature, généralement plus productif que le nôtre, et j'en vais détacher quelques fleurs à votre intention. Même arrachées de leur tige, transplantées et desséchées, elles gardent quelque chose de leur parfum primitif.

Voici d'abord l'annonce savante et doctorale, mêlée de citations et de hardies métaphores :

PLUS DE CHEVEUX

POURQUOI VOUS Y RÉSIGNER?

« ainsi qu'aux maux de tête, rhumes, etc., qui en sont la suite, lorsqu'UN DEMI-LITRE de CALLICOMIPHILE (*Callicomiphile!* trois mots grecs d'un coup! Et l'auteur n'est pas membre de l'Institut! et il y a des académiciens qui s'obstinent à rester chauves!) en arrête la chute et les démangeaisons, et les fait repousser chaque fois que la racine a conservé un reste de vie! J'avais abandonné cette fabrication depuis vingt-trois ans. Devenu chauve à mon tour, j'ai suivi le précepte : MÉDECIN, GUÉRIS-TOI TOI-MÊME. Mes amis, étonnés, ne m'ont pas laissé de repos que je ne l'eusse reprise avec tous les perfectionnements dont elle est susceptible. Avant la fin du flacon, les démangeaisons cessent, la chute s'arrête, *les cheveux endormis s'éveillent et repoussent.* »

Qu'on ne s'étonne pas de cette distinction de style : les coiffeurs sont des lettrés, on l'a déjà vu, et ils cultivent la fleur de rhétorique avec une prédilection marquée. Ce sont les perruquiers à la mode qui ont imaginé de s'appeler eux-mêmes des *professeurs* et d'appeler leurs garçons des *artistes*. Je me souviens parfaitement d'avoir vu sur les murs de Paris une affiche merveilleuse, dont j'ai pris religieusement copie, et qui débutait ainsi :

« AUX VINGT-CINQ PLUS GRANDS ARTISTES DU CACHET INIMITABLE DE LA COIFFURE MODERNE, SOUS LA DIRECTION D'UN GRAND PROFESSEUR D'ART CAPILLAIRE HORS LIGNE. »

Voici maintenant l'annonce sentencieuse, qui procède par axiomes à la fois badins et solennels :

HYGIÈNE, ÉCONOMIE et DIGNITÉ DANS L'ART DE FUMER.

Quoi qu'en dise Aristote et sa docte cabale...
Tout le monde aujourd'hui a fumé, fume ou fumera.

CIGAROTYPE

NOUVEAU MOULE A CIGAROS (PETITS CIGARES).

Le Cigarotype, par son utilité, fera le tour du monde.
Lemaire-Daimé [1].

La pipe est une erreur sociale ;
La cigarette est un problème ;
Le cigare est un mensonge ;
Le Cigaro seul sera une vérité.

(Pensées inédites de Jean NICOT.)

Joignons-y l'annonce onctueuse et sentimentale :

« Aujourd'hui la photographie joue un grand rôle dans les familles, car, s'il se fait un accord de mariage, vite les futurs époux échangent leurs portraits ; le mari fait faire son portrait et le donne dans une broche à sa jeune épouse ; puis ils se font faire en groupe pour donner aux parents, seul moyen de combler le vide laissé dans les deux familles par ce mariage. Les pères et mères ne peuvent faire autrement que de donner leurs portraits aux jeunes mariés, lesquels ne doivent pas oublier de se faire photographier en cartes de visites pour les petits parents et les plus proches amis.

« Au jour de l'an ou au jour d'une fête, quelle est la plus grande preuve d'amitié que l'on puisse donner à une personne aimée ? C'est de lui offrir son portrait.

---

[1] Le classique cité ici avec tant d'à propos est tout simplement l'inventeur du Cigarotype, — et de son prospectus.

« Si un fils part à l'armée, il fait faire son portrait pour ses père et mère, et quelques cartes de visite pour ses amis.

« Un enfant fait sa première communion : comment conserver le souvenir de cet heureux jour? En représentant les traits de cet enfant dans toute leur innocence.

« Quelle est la plus agréable surprise dans un bouquet que l'on reçoit? C'est de trouver la carte représentant la personne qui l'envoie.

« Dans un repas, est-il plus agréable surprise que de trouver, en même temps que son nom, sous son couvert, le portrait de son amphitryon?

« Enfin, comme l'a dit un grand homme, la photographie doit être l'image de tous les bons sentiments.

« Mais, pour cela, il est très-important de bien choisir l'artiste auquel on s'adresse. »

Cette dernière remarque est très-sensée, et elle forme en même temps la transition la plus naturelle pour amener le nom et l'adresse de l'artiste. Cependant elle est dépassée encore par la maxime précédente, qui unit toute la finesse de Jocrisse à toute la profondeur de La Rochefoucauld. Ce *comme l'a dit un grand homme* surtout vaut son pesant d'or.

Auriez-vous soupçonné tant de poésie dans l'âme d'un photographe?

La citation est d'ailleurs l'arme favorite des fabricants de prospectus populaires qui ont le génie de l'emploi. Ils aiment à placer leur industrie sous l'autorité d'un nom illustre, laissé prudemment dans le vague. Le photographe a son *grand homme;* l'inventeur des Pastilles-Rozière pour le pot-au-feu a son *homme d'esprit.* Mais n'anticipons pas, et détachons les plus savoureux passages de ce beau morceau, vraiment digne d'être admis dans les *Leçons de littérature :*

PASTILLES-ROZIÈRE

POUR LES SAUCES. — POUR LE POT-AU-FEU.
VÉRITABLE TRÉSOR DE LA CUISINE

ADMIS A L'EXPOSITION DE LONDRES.

ROZIÈRE

Chimiste, seul fabricant breveté s. g. d. g.

« Pour introduire une amélioration quelconque dans les usages de la vie, il faut toujours parler aux sens autant qu'à l'intelligence. Il faut surtout lutter contre des opinions reçues, qui sont, la plupart du temps, de véritables préjugés.

« L'indifférent s'arrête aux premiers bruits de la renommée et sourit ; dans son esprit s'élève d'abord une idée de charlatanisme. Bientôt il est entraîné à faire un essai, et si l'objet de son attention a, comme celui que nous offrons au public, une valeur réelle, le succès est infailliblement assuré.

« Voilà l'histoire des BOULES-ROZIÈRE : nos annonces multipliées, nos prospectus enthousiastes, mais vrais, la forme même de nos voitures, DONT NOUS DONNONS CI-JOINT LE MODÈLE AVEC NOTRE PHOTOGRAPHIE, tout a pu paraître étrange ; mais les essais ont suivi la curiosité. Aujourd'hui ceux qui doutaient, les Brillat-Savarin et les Berchoux, tous les aristocrates de la gastronomie se servent uniquement des PASTILLES-ROZIÈRE, renoncent à l'âcre caramel et même à l'oignon brûlé, dont la meilleure et la plus saine substance est perdue, et qui, en colorant le bouillon, laisse toujours un dépôt désagréable sur les viandes et les légumes.

«En 1819, M. Charles ROZIÈRE, mon père regretté, fut le premier qui eut l'idée de faire cuire des oignons dans un four, pour livrer au commerce ce que l'on appelle aujourd'hui *oignons brûlés*. Il eut de nombreux imitateurs.

«Je perdis en 1848 ce guide habile, et, sans renoncer aux études scientifiques auxquelles mon père m'avait appliqué, je pris sérieusement la suite de ses affaires.

«L'expérience ne tarda pas à me montrer que dans l'oignon, etc, etc. (Suit l'exposé des méditations laborieuses et des études prolongées de M. Rozière sur la manière de cuire l'oignon : les termes scientifiques y sont sagement prodigués.)

«Le goût et l'œil sont flattés, mais c'est avant tout un bienfait réel dans l'alimentation.

« Un homme d'esprit, qui ne dédaigne pas de s'occuper des choses ordinaires de la vie, nous écrivait : « *C'est une révolution complète dans le pot-au-feu!* » — J'accepte le mot, ajoute courageusement M. Rozière : c'est une révolution, du moins toute à l'avantage des personnes qui sortent de la vieille routine. »

Il n'est pas jusqu'aux pédicures qui ne jettent l'esprit, l'ironie, les grâces légères et le sel attique à pleines mains dans leurs prospectus :

A TOUS CEUX QUI ONT DES PIEDS

« Autrefois on n'avouait pas ses cors, — on préférait se martyriser en silence et souvent même se blesser dangereusement.

«Aujourd'hui que, *grâce aux chaussures modernes*, on ne peut nier, qu'*y compris les femmes les plus charmantes et les plus poétiques*, tout le monde ne soit atteint de cet affreux inconvénient; aujourd'hui qu'on a pu constater l'inutilité de tous ces prétendus onguents, taffetas et limes chimiques *soi-disant* infaillibles; aujourd'hui enfin, qu'il y a d'honorables spécialités qui ont étudié *la question*, et qui opèrent avec une merveilleuse dextérité, on préfère choisir tout simplement un praticien expérimenté, et lui confier le soin d'extraire, sans douleurs et pour longtemps, les cors, œils de perdrix, durillons, etc., dont nos extrémités inférieures s'illustrent trop souvent.

« Il y avait d'honorables dentistes, de savants oculistes; maintenant il y a aussi d'intelligents Pédicures, *hommes sérieux*, qui traitent leur spécialité scientifiquement et sans charlatanisme; — or, c'est à ceux-là qu'on doit avoir recours *de temps en temps,* afin de pouvoir marcher sans contorsions, sans grimaces et sans souffrances. *ce qui ne manque pas d'offrir certains avantages.* »

Qui n'a lu les prospectus en vers, sur l'air de *T'en souviens-tu?* que la maison du *Bon Diable*, plus féconde encore que la *Halle aux habits*, de facétieuse mémoire, fait distribuer tous les quinze jours sur la voie publique? Elle a déjà créé dans cette chasse au client un répertoire aussi copieux et presque aussi intéressant que celui de Béranger.

Le roi de la réclame fut le méridional M. Aymès, déjà nommé, dont l'intarissable faconde s'épanchait en flots abondants jusque sur ses volets. C'est lui qui, sous le nom de *vin de Noé*, vendait aux Parisiens le modeste vin cuit de l'Angesse près du Tholonet, en ayant soin de les avertir qu'il ne donnait pas plus de 25 bouteilles à la fois, *afin* qu'il y en eût pour tout le monde. Il avait imaginé aussi le nougat, qui *fond sous la dent comme la neige au soleil*, et le *pâté de thon*, dont les personnes pieuses pouvaient manger sans crainte le vendredi, *attendu qu'il n'est pas fait avec du veau*. Mais sa plus belle invention, sans contredit, était celle du saucisson d'Arles, *fait avec de la chair des taureaux sauvages de la Camargue*, et qui « répandait des larmes sous la lame des couteaux. »

Pourquoi suis-je forcé de m'arrêter? J'ai encore en portefeuille de si jolis échantillons! Mais on n'aurait jamais fini : Paris n'est plus guère aujourd'hui qu'un immense mur à affiches, constellé, depuis les cheminées jusqu'aux trottoirs, de carrés de papier de toute couleur et de tout format, sans parler des simples inscriptions, qui néanmoins ont souvent leur mérite ; un gigantesque bazar, où la réclame vous guette sur tous les trottoirs, vous arrête, vous assiége, vous traque et vous happe par les yeux ou par les oreilles, se faufile dans votre poche, s'assied dans votre stalle au théâtre, vous poursuit chez vous, se déguise en pierrot ou en débardeur pour mieux vous attraper, se met au besoin en musique, sort partout de dessous terre comme un diable d'une boîte à surprise, et ne lâche même pas prise dans les *water closet!*

CHAPITRE SEPTIÈME.

DECENCY FORBIDS.

Mais puisque l'occasion s'en présente, car je prie le lecteur impartial de remarquer que ce n'est pas moi qui l'ai fait naître, je suis bien aise de dire mon mot en passant sur certaine production de l'art épigraphique moderne, qui s'étale effrontément sur les murs de chaque monument public :

Il est défendu, sous peine d'amende, de...

Épargnez-moi le reste. Mais cette inscription n'est-elle pas la première à faire ce qu'elle défend? Effacez-la bien vite, si vous ne voulez vous mettre tout d'abord en contradiction avec vous-même.

La belle épigraphe, vraiment, à attacher aux murs d'une Académie ou d'un Panthéon, comme une traînée de boue aux flancs d'un coffret de cèdre et d'or! Figurez-vous donc un savant plein d'ardeur et d'enthousiasme, qui, après avoir passé dix ans de sa vie à déchiffrer une inscription gravée sur un temple antique, déblayé à grands frais du milieu des sables du désert, au moment où il croit trouver enfin, dans ces hiéroglyphes si âprement étudiés, le secret de quelque grand mystère historique ou religieux, parvient à lire enfin ces mots :

Il est défendu, sous peine d'amende, etc.

Fi!... Eh bien, voilà les belles découvertes que réservent aux archéologues futurs les monuments de Paris, dans cinquante siècles d'ici, quand la ville ne sera plus qu'un tombeau comme Pompéi, ou qu'une ruine comme Palmyre.

Que j'aime mieux en ceci les Anglais ! Si vous êtes jamais allé à Londres, vous avez pu lire dans les rues de la ville, au lieu de cette vilaine inscription qui me fait toujours l'effet d'une limace se traînant sur les murs, ces simples mots, si expressifs dans leur retenue de bon goût : *Decency forbids :* la décence l'interdit.

A la bonne heure, cela est digne, cela est sobre et modeste ; cela dit tout ce qu'il faut dire et laisse entendre le reste. Et voilà comme on prouve qu'on est délicat ! En vérité, quoi qu'en pût croire M. de Boissy, ces Anglais ont autrement d'esprit et d'atticisme que nous ; je ne le dis pas parce qu'ils sont nos alliés, mais il faut être juste envers tout le monde, même envers ses amis.

Je n'ajouterai pas un mot de plus sur cette matière : *decency forbids.*

CHAPITRE HUITIÈME.

LES CRIS DE PARIS. — INDUSTRIES DES RUES. — LES GAGNE-PETIT.

Que faire en un fiacre, quand on est las de regarder les enseignes et les affiches par la portière, à moins d'écouter, à demi accroupi en son coin, la symphonie si monotone dans sa variété, si variée dans sa monotonie, qui s'élève incessamment de chaque rue de la grande capitale ? Prêtez l'oreille, et vous n'entendrez d'abord que le désagréable roulement des voitures sur le pavé; puis bientôt s'élèvera à côté de ce bruit la discordante et criarde mélopée des mille cris de Paris.

Chaque industrie a sa gamme technique, chaque industriel a adopté dans le ton général une note qui le distingue. Pas un cri qui n'ait sa signification et sa philosophie, pour ainsi dire. Il y a de la symétrie dans cette variété, de l'ordre dans ce désordre, du raisonnement dans cette fantaisie : il faudrait n'avoir pas d'oreilles et pas de sentiment pour ne s'en point apercevoir. Marchands d'encre, de marée, de pommes de terre au boisseau, de mottes à brûler, de mouron pour les petits oiseaux, ramoneurs, saltimbanques, charlatans, casseurs de pierres, joailliers en plein vent, étalagistes des boutiques à cinq sous, cela crie, chante, accentue ses apostrophes et scande ses invitations sonores sur tous les tons et dans tous les modes. On dirait un carillon monstre, mis en branle par dix mille mains à la fois, et qui sème sur les pavés de la ville une pluie formidable de notes rauques, argentines ou criardes. Dès six heures du matin ce concert commence à s'élever, pour ne s'éteindre qu'à dix heures du soir et recommencer le lendemain, et ainsi tous les jours que Dieu fait.

Il faudrait un volume in-folio pour faire ressortir dignement l'art naturel et spontané qu'il y a dans tous ces cris des petites industries, leurs inflexions dramatiques, leurs savantes rouerics, leur expression vivante et variée : depuis le récitatif classique et saccadé de la marchande de cartons, jusqu'à la fanfare à la fois mélancolique et provocatrice du marchand d'habits; depuis l'exclamation naïvement passionnée de la poissarde ambulante qui s'extasie devant la fraîcheur et la beauté de ses maquereaux, jusqu'à la retentissante mélodie de la marchande d'huîtres à quatre sous la douzaine; depuis l'annonce confiante, sereine et cavalière du vitrier, sachant qu'on cassera toujours des carreaux, et du marchand de coco qui ne s'inquiète pas de l'avenir, tant qu'il y aura des gamins, des provinciaux, des blanchisseuses, et que le Petit-Lazari restera debout sur sa base[1], — jusqu'à l'appel, plaintif et désespéré comme le râle d'un homme qui se noie, de l'Auvergnat porteur d'eau, qui semble se demander avec angoisse s'il pourra ajouter deux sous à son trésor, — jusqu'au rugissement inquiet du raccommodeur de fontaines qui, pour avoir embouché la trompette dans un dernier et sublime effort, n'en prêche pas moins au milieu du désert. Ajoutons-y encore la mélopée, humble et suppliante comme une élégie, du collectionneur de bouteilles cassées, qui

[1] Hélas! mort aussi, avec ce vieux et vaillant boulevard du Temple dont je voudrais bien avoir le temps d'écrire un jour l'histoire. *(Note de cette nouvelle édition.)*

implore un don, tout en se posant en acheteur par une fiction qu'il ne faut pas prendre au sérieux ; puis la marchande de plaisirs, avec son cri langoureux, plein de mystérieuses promesses ; et le montreur de lanterne magique, avec sa modulation fantastique et tentatrice, qui fait involontairement songer aux merveilles des *Mille et une Nuits*.

Quelle ruche, quelle fourmilière en travail que cette infatigable race des industriels de la rue ! Ils pullulent tellement à Paris qu'ils semblent germer dans la boue du macadam. Heureusement, sauf quelques pauvres diables qui ont grand'peine à se tenir en équilibre sur le dernier échelon du commerce des rues, ils ne vous arrêtent pas au passage, et se contentent d'implorer votre bourse, armés de leur seule éloquence.

Parmi ces Lazares de l'industrie, qui viennent s'asseoir au coin de la table, ou plutôt sous la table parisienne, pour s'y disputer les miettes qui en tombent, il y a toute une légion de parasites étrangers, lesquels, au rebours des hirondelles, s'en viennent, pour la plupart, avec les neiges et s'en vont avec les roses. Tels sont ces marchands de statuettes en plâtre qui répandent et entretiennent dans le peuple le sentiment des arts : ils vendent aux portières, aux ouvriers, aux petits commerçants, des Christs et des Vierges, des Jeanne d'Arc d'après la princesse Marie, des odalisques, des guerriers musulmans appuyés sur leur cimeterre, des épreuves, dans les prix doux, de la Vénus de Milo ou des plus beaux ouvrages de Pradier. Cette race se compose surtout de Piémontais indolents, grands et gros gaillards qui doivent être proches parents des *lazzaroni*, à en juger par l'abandon caractéristique avec lequel ils savourent les douceurs du *far-niente*.

Ce sont des êtres bien différents, ces petits joueurs de vielle et de mandoline, venus de Naples pour la plupart, qui vous poursuivent avec tant d'obstination dans la rue et ne répondent à vos impatiences que par un cri étrange et moqueur, assez semblable au gloussement d'un oiseau. Et voyez un peu l'influence des climats! Ces chétives créatures ont sous leurs haillons un air effronté, une belle humeur étonnante, de grands yeux brillants comme des escarboucles, et c'est d'une voix délibérée et d'un geste hardi, en pirouettant sur eux-mêmes, qu'ils vous demandent cette aumône, implorée par le petit Savoyard avec une humilité si piteuse.

Un air toujours sombre et triste, une allure qui rappelle vaguement la marmotte, un visage barbouillé de suie, défiant, maussade et peureux, que n'ont jamais éclairé ni un sourire ni un rayon de soleil, une mine grelottante et sauvage, tels sont les caractères extérieurs de ces pauvres êtres qui forment la grande tribu des ramoneurs. Vrais Savoyards de mœurs et d'aspect comme de naissance, ils portent leur livrée à la fois sur la peau et sur les habits, et n'ont garde de se décrasser, de peur de perdre leur cachet. Un ramoneur blanc et propre, quel contre-sens! Ce serait comme un négociant qui aurait décroché son enseigne et crierait au public qu'il n'a point de chalands.

Voilà les véritables gagne-petit de l'industrie parisienne ; mais c'est par un déplorable abus de mots que l'on range sous le même titre quelques humbles commerçants qui, en amassant sou par sou, avec la patiente et tenace lenteur de la fourmi, arrivent au bout de l'année à des bénéfices souvent plus considérables que ceux de tel directeur d'un grand magasin des boulevards. Sont-ce bien des gagne-petit, ces marchands de marrons cantonnés dans un coin de trois pieds carrés, et qui, en certains jours, à la Toussaint par exemple, comme me le confessait un d'entre eux, placé pourtant dans une des rues les moins hantées de Paris, vendent pour quatre-vingts francs de cette marchandise, où presque tout est bénéfice pur et simple !

Et les porteurs d'eau, ces frères siamois des charbonniers, presque tous rentiers sur leurs vieux jours ! Ordinairement, le même homme réunit les deux emplois, et il faut bien subir avec résignation les conséquences suspectes de cet étrange cumul. Un très-grand nombre de ces petits industriels, sur le compte desquels vous êtes porté à vous apitoyer, en passant devant les trous noirs qui leur servent de boutiques, sont propriétaires de la maison qu'ils habitent. Pendant deux ans, j'ai fait l'aumône de mes vieux habits, de mes vieux chapeaux et de mes vieux souliers à un charbonnier des environs du Luxembourg, que je voyais déjeuner chaque jour d'un oignon cru, et qui avait acheté, l'année précédente, la maison à cinq étages dont il partageait le rez-de-chaussée avec l'échoppe d'un savetier. J'ai rencontré, depuis, dix exemples pareils.

Il est sans exemple qu'un porteur d'eau ne soit pas Auvergnat. Tous se connaissent dans le quartier ; tous fraternisent entre eux comme s'ils étaient nés dans le même village et sous le même toit. Infatigables, joviaux, expansifs et énergiques, naturellement naïfs et ingénus dans la vie privée, mais, dans les affaires, âpres au gain et matois comme des Normands doublés de Manceaux, ils prendraient le turban, sauf à en faire pénitence, dès qu'il s'agit de gagner deux sous.

N'oublions pas les porteuses d'eau, femmes fortes qui,

au besoin, fendent le hêtre et le chêne avec autant de vigueur que leurs maris. Je ne les vois jamais passer, marchant avec précaution sous les deux seaux que supportent leurs épaules d'Amazones, sans me rappeler ces belles et robustes filles de la Bible ou de l'Odyssée, qui allaient elles-mêmes puiser à la source et revenaient au *palais* de leur père soutenant la cruche remplie sur leur tête.

Mais c'est à la fontaine qu'il faut étudier les porteurs d'eau; c'est là qu'ils sont vraiment *eux*, parce qu'ils sont en famille; c'est là que se donne pleine carrière la gaieté bruyante et dégourdie, qu'elle folâtre à tout rompre, avec cet entrain solide que nous autres, mièvres citadins, nous ne pouvons nous lasser d'admirer dans l'enfant de l'Auvergne. Toutefois cette exubérance de bonne humeur n'enlève rien à l'activité du travail : les porteurs d'eau ne se reposent que lorsqu'ils ne peuvent faire autrement.

Assis en cercle sur leurs seaux vides, en attendant leur tour, ils se livrent aux joyeux devis, aux joyeuses bourrades et aux francs jeux de main qui, s'ils sont jeux de vilains, sont aussi jeux d'Auvergnats. A mesure que l'un a rempli ses seaux, il s'éloigne, la conversation fût-elle la plus intéressante du monde. Les autres s'alignent à leur rang, et chacun respecte les droits acquis. Dès que la porteuse d'eau paraît, sa bienvenue lui rit dans tous les yeux; elle égaye et éclaire la noire assemblée; on l'accueille comme un rayon de soleil, et dix madrigaux ayant la saveur du terroir la saluent au passage. Cependant elle s'avance d'un pas résolu et d'un air crâne, riant tout haut, donnant un soufflet ici, là une taloche à ceux qui la serrent de trop près, et répondant à une déclaration par un coup de poing de bonne amitié, accompagné d'une grasse et retentissante exclamation de plaisir. Le porteur d'eau traite fort courtoisement la porteuse, mais il se garde bien de lui céder son tour. Homme positif avant tout, il s'en tient aux galanteries peu coûteuses, et quand il veut distraire sa femme ou sa *bonne amie*, il la mène, les dimanches soirs, visiter les galeries du Palais-Royal et les spectacles en plein vent.

Aimez-vous les marchands de cannes? Il y en a partout. Voilà trois ans que j'en rencontre un, vingt fois par jour, sur mon chemin. C'est un brave homme, somnolent et familier. Il vous aborde d'un air placide, et met sous vos yeux, sans mot dire, le jonc qu'il tient à la main; si vous détournez la tête, il vous lance entre ses dents une injure dont personne n'a jamais eu le courage de se mettre en colère, tant il paraît convaincu que c'est un cas pendable de ne lui point acheter. Que si vous le laissez prendre possession de votre personne, c'est fait de vous; il ne vous lâchera pas. Dès la première minute, il vous parle d'un ton de camaraderie, vous raconte de petites historiettes dont il rit d'un air satisfait, vous adresse des confidences intimes sur sa vente de la veille, sur ses projets d'avenir, sur une personne qui passe, car il a la prétention de connaître tout le quartier. Quittez-le, et en vous retournant, trente pas plus loin, vous le verrez encore à la même place, yeux fixes, bouche béante; il soulève sa canne d'un mouvement machinal, d'un geste suprême, et s'en va flâner d'un autre côté, après vous avoir flegmatiquement apostrophé d'un gros mot.

Ce garçon est l'ami de tous les cochers de fiacre, de tous les commissionnaires, de tous les marchands d'habits, près desquels il s'arrête à chaque pas, gesticulant avec abandon, leur *expliquant* ses cannes les unes après les autres. Il finit presque toujours par aller boire avec eux un *canon*, qu'il paye, moyennant quoi ceux-ci se montrent pleins de tolérance pour lui, écoutent ses histoires, le flattent, rient de ses calembours et lui tapent sur le ventre : cela le rend parfaitement heureux.

Je ne dirais rien de la famille banale des marchands de pain d'épices, de sucre d'orge et de friandises plébéiennes, si je n'avais rencontré dans leurs rangs un type qui mérite d'être détaché et encadré à part. C'est un homme au regard doux et souriant, au visage fleuri, à l'expression pleine de béatitude et de contentement, qui a élu domicile sur la place Maubert et la place des Écoles. Il s'est avisé d'un moyen fort ingénieux pour amasser la foule autour de son éventaire, garni de *pavés* rafraîchissants. Debout, il tient en ses mains une baguette flexible, armée d'une ficelle, à l'extrémité de laquelle se dandine un de ses bonbons monstres. Les enfants, qui le connaissent, se pressent en tumulte autour de lui. Alors l'appât tentateur flotte dans les airs ; et tous de se pousser, de s'écraser, de se renverser pour le saisir avec les dents, mais sans y porter les mains. C'est un curieux spectacle de voir l'ardeur, la rage parfois, avec laquelle toutes ces bouches s'entr'ouvrent et s'élancent, toutes ces dents féroces essayent de retenir le *pavé* moqueur, qui glisse entre les lèvres et s'échappe pour retomber dans une autre bouche, ouverte comme un gouffre vivant où frémit la convoitise. Lui, cependant, paternel et serein, encourage et admoneste le bataillon indiscipliné, console les vaincus, tarit les larmes des plus désespérés, en les bourrant de bonbons économiques à pleines mains ; sourit placidement aux vainqueurs, écarte les turbulents, et d'un coup de gaule, administré à propos, punit les tricheurs qui cherchent à s'aider de la main pour retenir le fruit appétissant.

Les petits Savoyards se montrent les plus âpres à la curée. Il faut les voir s'enfuir, au milieu des huées et des coups, emportant la proie entre leurs dents, pour la dévorer à l'écart, sans même attendre que le marchand ait détaché la ficelle!

Et le public? Il rit beaucoup et achète peu, — c'est l'usage, — malgré l'air heureux et la physionomie engageante de ce digne industriel, qui glapit dans les intermèdes:

« Allons, messieurs, faites-vous servir! »

Celui-là est un artiste. Évidemment il éprouve une satisfaction ingénue à trôner au milieu de cette foule qui le contemple : la joie de ces enfants lui fait du bien et l'épanouit. Mais il n'en faut pas tant demander à la plupart de ses confrères, gens positifs, qui se soucient bien de la gloire, cette chose creuse et vide! C'est l'ardeur de gagner et non l'amour de l'art qui inspire à tous ces négociants des rues tant de patience et de souplesse, tant de ruses, de transformations diverses, dont l'observateur est toujours étonné. Il y a dans le petit commerce parisien des *factotums* qui vendent un jour des canifs, le lendemain des parapluies, le jour d'après des cure-dents et des enveloppes, déroulant ainsi, toutes les vingt-quatre heures, le cycle varié de leurs métamorphoses. Au-dessous s'étendent en tous sens les infinies ramifications des marchands occultes, qui vous offrent leurs articles à l'oreille, tout en promenant un regard prudent aux alentours, ou qui s'installent sur le pont des Arts et y débitent leur *pallas* d'un ton fiévreux, la prunelle inquiète et le jarret tendu, pendant qu'un compère veille aux approches des sergents de ville.

J'ai longtemps rencontré, dans le quartier des étudiants, un débitant de *cigarettes espagnoles* qui m'abordait avec mystère, en murmurant à voix basse :

« Contrebande ! monsieur, contrebande ! »

Je me laissai prendre, comme bien d'autres, à l'appât du fruit défendu. Nous nous retirions sous une porte cochère, et là mon homme me donnait, en échange d'une pièce de dix sous, un petit paquet de vingt-cinq cigarettes enveloppées de papier jaune, que je fumais avec délices, dans la persuasion candide qu'elles étaient faites avec du tabac hors ligne. Elles avaient, en vérité, un petit goût piquant qui n'était point sans charme, et je ne sais quelle généreuse âcreté bien chère au palais d'un vrai fumeur. Un beau jour, mon marchand disparut ; j'en fus désolé et le demandai vainement aux échos d'alentour. Plusieurs semaines s'étaient passées, et j'essayais de consoler mes ennuis dans les fumées du simple tabac de France, quand parcourant, à la troisième page d'un journal, l'article : *Faits divers, crimes et accidents*, je lus qu'on venait d'arrêter une bande d'adroits filous, lesquels, entre autres opérations commerciales d'une nature moins innocente, recueillaient en grand sur les tables des estaminets, dans les rues, les ruisseaux et les égouts, tous les bouts de cigare tombés de la bouche des fumeurs, les hachaient proprement en menus morceaux, les roulaient dans du papier jaune, et les vendaient, sous l'engageante étiquette de marchandises de contrebande, parmi les étudiants, plus faciles à attraper qu'ils n'en ont l'air, surtout s'il s'agit de faire niche à la loi.

Ce fut alors que je m'expliquai le petit goût piquant et la généreuse âcreté de mes cigarettes espagnoles.

CHAPITRE NEUVIÈME.

CONSIDÉRATIONS PHILOSOPHIQUES SUR LE TABAC. PIPES, CIGARES ET CIGARETTES.

Voici déjà quelques minutes que je parle du tabac, et je suis bien aise, dussé-je vous paraître suspect, de vous donner en quelques mots mon opinion sur cette grave matière. Sénèque écrivait bien, dit-on, l'éloge de la pauvreté sur un pupitre d'or, et son éloge n'en est pas plus mauvais. Salluste gourmandait l'immoralité romaine au sortir d'une orgie, ce qui n'empêche point sa morale d'être fort saine et fort belle. Laissez-moi donc fulminer à mon aise contre le tabac, même pris en dehors des cigarettes espagnoles, et faites ce que je dis, sinon ce que je fais.

Je suis parfois effrayé de la multitude inouïe de fumeurs qui infectent les rues. Mettez-vous à l'angle du pont des Arts, et regardez défiler la foule pendant un quart d'heure : si, sur deux cents hommes qui vont et viennent, il n'y a pas cent cinquante fumeurs, c'est qu'il y en a cent quatre-vingts. Les gamins même de dix à douze ans passent déjà avec la pipe à la bouche, graves et recueillis comme un jeune Romain le jour où il endossait la toge virile. La pipe, sous toutes ses formes, et le cigare, dans tous ses prix, depuis l'aristocratique panatellas jusqu'à ces rouleaux de feuilles sèches que certains marchands promenaient jadis par énormes brouettées, et vendaient pour un liard aux *voyous*, se partagent à peu près également la population fumante, et dominent tour à tour, suivant les quartiers. Quant à la cigarette, quoiqu'elle ait bien son charme, on ne la voit guère qu'aux lèvres de quelques débutants timides.

Pour ma part, je me suis bien souvent demandé, — en fumant mon cigare, — quelle force mystérieuse et inconnue, quel incompréhensible vertige poussaient ainsi une bonne moitié du monde, civilisé ou non, à s'introduire entre les lèvres de petits rouleaux amers et puants, dont on aspire la fumée pour la rejeter tout de suite. La cause d'un si singulier usage n'est certes pas dans le plaisir que fait éprouver cette opération machinale, et la preuve en est bien claire, car avant d'y goûter une certaine satisfaction, si toutefois c'en est une, il a fallu pendant longtemps s'imposer un dégoût qu'on croyait d'abord insurmontable. Je prie ceux de mes lecteurs qui fument, je veux dire tous mes lecteurs, de se rappeler quelle sensation ils éprouvèrent, surtout s'ils étaient très-jeunes, la première fois qu'ils ont porté un cigare à leur bouche. A coup sûr, il n'y avait rien là d'idéal ni de poétique; mais, au bout de quelques mois de cette torture, héroïquement endurée par les victimes de l'usage et les martyrs du sybaritisme de convention, ils ont fini par y trouver, ou du moins par se figurer qu'ils y trouvaient quelque plaisir. La foi et l'imagination font les trois quarts de toute réalité !

Car enfin, essayons donc d'analyser ce mystère et de découvrir le point précis où gît la volupté. Tout fumeur impartial vous répondra qu'il n'en sait rien et qu'il ne s'en soucie pas: il fume parce qu'il a fumé; il a fumé parce que tout le monde fume; tout le monde fume parce que... parce que..., peut-être parce que le tabac irrite les organes du goût, ou parce qu'il fait cracher.

Serait-ce pour avoir le plaisir de suivre du regard les tourbillons de fumée qui voltigent, se poursuivent, se culbutent et semblent peuplés de petites figures fantastiques? Je comprendrais cet accès de poésie chez les Turcs, quand, accroupis par un soir splendide autour d'une tasse d'enivrant moka, ils appliquent leurs lèvres, en rêvant aux houris de Mahomet, à des pipes de six pieds qui se contournent en boas constrictors. Mais parmi nous autres, peuple des brumes et des nuages, de l'escompte et du trois pour cent, combien en est-il qui songent à poursuivre des songes orientaux dans la fumée de leurs affreux cigares de la régie? Quelques pauvres artistes peut-être, quelques petits poëtes en frairie; mais personne n'ignore que les poëtes, depuis Adam, sont en minorité.

On éprouve parfois ainsi, durant de longues périodes, comme un besoin instinctif de se lever en masse contre la raison et le sens commun: c'est alors que les hommes se mettent à porter des voiles et des châles, les dames des redingotes et des crinolines. Et voilà précisément, lecteur, ce qui fait que vous fumez, et que je fume aussi; que les rois et les saltimbanques, les portiers et les ambassadeurs fument de même, et que si l'on n'y prend garde, les femmes se mettront bientôt à fumer. Il y en a qui commencent déjà: je parle, bien entendu, des femmes dont on peut parler entre honnêtes gens.

Pourquoi donc les esprits originaux, au lieu de secouer le joug, se courbent-ils si bénévolement sous le niveau commun de cette épidémie? Fumer! cela devient chaque jour d'un vulgaire plus achevé. Quoi de plus banal et qui sente plus son petit bourgeois, je vous le demande, que de faire comme tout le monde ! Sus donc, gentlemen, donnez le signal de la protestation. C'est à vous qu'il appartient de saper par la base cet usage de mauvais goût, et de vous faire les missionnaires de quelque grande société réformiste, comme en ont déjà produit l'ivrognerie en Angleterre, la tyrannie du costume féminin aux États-Unis, et celle des cartes de visite en Belgique et en France.

Il fut un temps, nos grands-pères s'en souviennent, où l'on fumait peu, mais où l'on *prisait* beaucoup. On ne s'introduisait pas des rouleaux de feuilles narcotiques et stupéfiantes dans la bouche, mais on se fourrait toutes les demi-minutes de grosses pincées de poudre noire dans le nez, — autre genre de plaisir non moins incompréhensible que le premier.

Aujourd'hui, le règne de la *prise* tend à s'effacer de plus en plus de notre civilisation : il ne s'est guère maintenu que parmi les vieillards qui portent encore la culotte et la queue ; les prêtres, à qui la pipe est une jouissance interdite ; les portières d'un certain âge, et les grisettes prédestinées à devenir portières. Il ne faut pas s'en plaindre. Drogue pour drogue, j'aime autant la nôtre que celle de nos pères.

Pourtant ne médisons pas trop de la tabatière : c'était un meuble plein de simplicité et de bonhomie patriarcale. Elle avait l'avantage d'être un puissant lien de sociabilité, suivant la théorie développée par Sganarelle, de soutenir la conversation et d'entretenir les manières aimables, en provoquant d'innombrables *Dieu vous bénisse !* Les experts manœuvraient savamment la tabatière, comme Célimène son éventail, et j'ai lu, dans un petit volume de la bibliothèque du colportage, la théorie d'un exercice de la *prise* en douze temps qui aurait obtenu l'approbation du grand Frédéric. Mais la tabatière se meurt, la tabatière est morte : n'en parlons plus.

CHAPITRE DIXIÈME.

MARCHANDS D'HABITS.

Cette longue parenthèse fermée, je reviens à mes petites industries, et comme il faut bien rentrer par un bout, je rentre par les marchands d'habits.

Le marchand d'habits est un industriel adroit et retors, qui parcourt incessamment les rues pour acheter les vieux vêtements, les vieux souliers, les vieux chapeaux, même les neufs si l'occasion s'en présente, sans excepter les cannes, les schakos, les épaulettes et les parapluies.

Il y a deux classes de marchands d'habits ; il y en a même davantage ; mais je les réduis à deux pour simplifier : les plébéiens et les aristocrates.

Les premiers se recrutent parmi les rares individus de la race intelligente et tenace des Auvergnats, qui ne sont point entrés dans la grande corporation des charbonniers et des porteurs d'eau. Il sont sales, comme doit l'être tout Auvergnat pur sang ; ils professent un dédain complet pour la mode et le luxe scandaleux du costume ; ils font leur ronde en chapeaux roux et défoncés, en paletots gras, ou même en blouses d'une teinte équivoque. La femme exerce la même profession que le mari, et son cri a quelque chose d'aigre et de résigné qui m'a toujours fait penser à la voix de quelque chouette mélancolique. Le couple s'avance, d'un pas lent et pénible comme celui du Juif errant, les épaules courbées sous un long sac grisâtre, où s'entassent pêle-mêle les débris les plus divers. Il a sa clientèle toute faite dans les mansardes et les bouges garnis.

Les seconds s'adressent à un public plus relevé, surtout aux étudiants. Ceux-là sont fashionables, coquets même, surtout quand ils sont jolis garçons, et ils le sont quelquefois : j'en ai vu. Ils portent le chapeau sur l'oreille, ils ont des moustaches gommées et des favoris en côtelette ; ils se parent des plus *voyantes* dépouilles de la veille, qu'ils revendent le lendemain, surtout des pantalons à larges carreaux, que, par un trait général et caractéristique, ils affectionnent tous, à l'instar des marchands de contremarques. S'il n'avait sur l'épaule gauche un trophée de gilets et de redingotes qu'il drape avec prétention, on prendrait cet industriel pour un jeune premier des *Délassements* qui parade dans la rue, ou pour un garçon de restaurant qui, un jour de sortie, fait le joli cœur dans un quartier éloigné de son établissement.

Mais non, le marchand d'habits a dans sa démarche, dans sa pose, dans ses airs de tête, dans l'expression de sa physionomie aussi bien que dans l'accent particulier de son organe, un cachet qui n'appartient qu'à lui et le fait reconnaître au premier coup d'œil. En quoi cela consiste-t-il au juste ? je serais bien embarrassé de le dire ; et pourtant ni vous ni moi ne nous y tromperons jamais. Le père Bouhours, s'il m'en souvient bien, a écrit un long chapitre, presque un livre, sur le *je ne sais quoi ;* eh bien, il y a du *je ne sais quoi* dans le marchand d'habits, et ce *je ne sais quoi* en fait un type profondément original.

Le marchand d'habits, lorsqu'on l'envisage avec tant soit peu d'imagination, est une figure d'un symbolisme effrayant. Dans le secret de l'intimité, son masque facial doit avoir le ricanement railleur et dédaigneux de Méphistophélès. Il a vu de si près la misère en gants paille ; il a tant palpé de bottines vernies sans semelles et de belles redingotes retournées ; il a entassé sur son épaule et jeté dans son panier la défroque de tant d'illustres personnages, l'habit doré du ministre de l'an dernier, le pantalon trop étroit du dandy qui prend du ventre, les riches épaulettes du chef de bataillon de la garde nationale retombé au rang de sergent-major, l'avant-dernier gilet du bohème dont le roman vient d'être refusé sur toute la ligne, qu'un peu de scepticisme lui est bien permis. Et il poursuit sa route, le philosophe cynique, riant dans sa barbe, et répétant sa mélopée moqueuse et lugubre :

« Vieux habits ! vieux galons ! »

Mais toute sa philosophie ne l'empêche point d'être un homme pratique avant tout. Il faut le voir à l'œuvre, palpant et soupesant un paletot, découvrant les moindres taches dans les replis les plus inaccessibles, inventant des trous où il n'y en a pas, tandis qu'il s'exclame en monosyllabes plaintifs et hoche la tête d'un air désolé. Il parvient ainsi à vous plonger dans la consternation : découragé d'avance, vous lui demandez timidement le tiers de ce que vous aviez rêvé d'abord, et il vous offre le quart de ce que vous lui demandez. D'autres vous en offriraient le dixième peut-être ; vous passez donc sous les Fourches Caudines, et le marchand d'habits, toujours ricanant dans sa barbe, s'en va redire ailleurs son refrain, que vous entendez comme une raillerie monter jusqu'à votre fenêtre :

« Vieux habits ! vieux galons ! »

Du reste, gai, jovial, prompt à la riposte, mais sans jamais blesser une pratique, il supporte avec une inaltérable belle humeur les *farces* et les sobriquets dont toutes les Facultés l'accablent à l'envi. On le traite de voleur, et il ne cherche pas à s'en défendre, sachant bien que c'est vrai; mais il exploite ses clients en les laissant rire, et en riant lui-même de l'innocent triomphe qu'il leur abandonne, car il a la vengeance entre ses mains.

Telle est la providence vivante du quartier latin. Voilà le mont-de-piété ambulant auquel l'étudiant peut, sans se déranger, accrocher sa garde-robe et même sa montre, car la plupart des marchands d'habits achètent tout ce qui se vend et peut se revendre. Il est vrai que ce mont-de-piété, comme l'avare Achéron, ne lâche point sa proie; mais l'étudiant y tient peu, et pourvu qu'il ait le droit de vendre, il se passe du droit de racheter.

Il y aussi le marchand d'habits en boutique : c'est généralement un type effacé. Je signale pourtant à l'attention des amateurs, Blancard, le *marchand d'habits illustré*, comme il s'intitule, de la rue de l'École de Médecine. Cet industriel facétieux, cachant sa ruse normande sous une faconde gasconne, a toujours à sa devanture un riche assortiment d'étiquettes en prose et en vers, dont quelques-unes sont des modèles accomplis d'éloquence burlesque et gouailleuse. Blancard s'y moque du public, et quelquefois de lui-même, avec une désinvolture et une belle humeur dont la fantaisie de son orthographe accroît encore le charme, et il a une manière tout à fait réjouissante de mettre la main sur son cœur et de donner sa parole d'honneur (de marchand d'habits). Je ne sais s'il vend beaucoup, mais on s'arrête à son étalage, on le lit et le savoure, et cela le console, car Blancard me fait l'effet d'un artiste déclassé, que dévore l'amour de la gloire.

CHAPITRE ONZIÈME.

LE TEMPLE.

Le soir venu, les marchands d'habits accourent vider leurs sacs dans l'immense nécropole où tous ces débris vont reprendre le nouveau corps de leur résurrection, dans le réservoir banal des vieilleries fardées et menteuses, dans l'inextricable *pandæmonium* des chapeaux roux, des robes déteintes et des bottes éculées, dans la tour de Babel des guenilles, dans l'océan central où viennent aboutir, par fleuves et par torrents, ces ruines sans nom, traînées dans la fange des égouts et la hotte des chiffonniers,— au Temple enfin.

Que d'autres vous fassent une description détaillée du Temple. Ce bazar fétide, aux allures de repaires, plein de je ne sais quel mystère ténébreux et repoussant, où se parle un argot sinistre et souterrain qui fait peur, où les marchands échangent entre eux des appellations étranges qui n'appartiennent à aucune langue du monde, effraye le flâneur inoffensif. Il faut avoir le cœur bardé d'un triple airain pour naviguer sans effroi dans ces parages. Là, tout a un air de mauvais lieu; on dirait un de ces cloaques où les débauchés mêmes n'osent pénétrer en plein jour; les indigènes, en vous apostrophant au passage, ont l'apparence et le ton de ces femmes qui vous appellent le soir au coin des rues.

On peut comparer aussi l'aspect général du Temple à celui de la Halle. On y retrouve, mais à un degré au-dessous, les mêmes habitudes de conversation, le même style, les mêmes images, le même système de patelinage à l'égard du chaland qu'on veut amadouer, et d'injures pittoresques pour ceux qui marchandent ou s'en vont sans avoir fait d'achat. Voilà bien ces puissantes commères à la prestance vigoureuse, aux hanches saillantes, aux poings formidables. La face seulement n'a pas cette pourpre splendide qui colore celle des poissardes. L'organe, âpre et terrible comme un clairon dans la dispute, se fait doux et caressant comme le chant des sirènes pour appeler un client. Quelquefois vous tombez au milieu d'un groupe où mugit la Discorde aux crins épais, à la robe déchirée; aussitôt l'ouragan s'apaise, toutes ces physionomies rechignées s'adoucissent, tous ces regards haineux s'éclairent d'un sourire, toutes ces injures s'envolent brusquement pour céder la place aux plus moelleuses inflexions de voix; le chat rentre ses griffes et fait patte de velours.

Le Temple est bien nommé. Quelle ironique et cruelle énergie dans ce titre porté par un lieu pareil! C'est là en effet le temple des loques et des chiffons, le temple du vol, de la chicane et de l'usure, du mensonge, de l'avarice et du lucre! Tout y sent le juif, y suinte la rapacité, y exhale une odeur de cupidité mesquine, criarde et liardeuse. Les planches et les colonnes empestent le rance à cent pas, surtout dans la Rotonde, le principal rendez-vous des marchands d'habits; j'en excepte pourtant le carré des modistes, oasis perdue dans ce vaste ossuaire. Tout aux alentours fourmillent les baraques d'écrivains publics, qui donnent aussi des consultations sur le droit. Le Temple est leur patrie naturelle, leur propriété, leur proie. Là on ne vit que pour une chose : l'argent. Tous ces cœurs, tous ces corps, toutes ces intelligences, sont emportés dans un tourbillon terrible, comme ceux de l'enfer du Dante, par la soif haletante et l'âpreté du gain. A dix ans, les chétifs enfants du Temple, avec leur physionomie formée et leur voix virile, ont un air vieillot qui effraye. Ces petits bonshommes sont déjà des gens *raisonnables* qui, au lieu de jouer à la toupie, s'exercent sur les points les plus ardus de la table de Pythagore, et sauraient vous *enfoncer* au besoin, aussi bien que leur grande sœur. Il n'est rien de tel que le commerce pour mûrir son monde.

La dernière fois que je visitai le Temple, — un dimanche vers la brune, — j'entendis tout à coup, au tournant d'un couloir, la grêle harmonie d'un accordéon, et je m'arrêtai, saisi et presque en extase, comme un voyageur qui découvre le pas d'un homme récemment imprimé sur le sable d'une île déserte. Eh quoi! l'art divin de Rossini et de Mozart entre ces murs maudits! Je m'avançai à pas lents et silencieux, côtoyant les boutiques, dont la plupart étaient déjà fermées, et j'entrevis dans l'ombre mon musicien : c'était un jeune commis adossé à l'une des colonnes de la Rotonde. En m'apercevant, il jeta à la hâte son instrument sur une chaise :

— Voyez, monsieur, s'écria-t-il, demandez ce qu'il vous faut. Monsieur a-t-il besoin d'un talma, d'un beau paletot, d'un joli pantalon noir? (Je portais un pantalon bleu d'un âge équivoque.) Entrez, monsieur, nous nous arrangerons.

La vision s'évanouit; je me trouvai brutalement rejeté au milieu du Temple, et je tournai les talons.

O bazar immonde et repoussant! hideux réceptacle de toutes les guenilles prétentieuses et menteuses, des loques recousues, des vieux galons redorés, des vieux habits retournés, des vieilles bottes ressemelées, des vieux chapeaux retapés; entrepôt de ruines profondes et de splendeurs éphémères! en vérité il doit faire provision de courage celui qui veut s'aventurer dans tes détours ténébreux, où veillent ces harpies du petit commerce et ces sirènes du brocantage, que Scarron et Hoffmann auraient pu peindre seuls, en un livre illustré par Hogarth! Pour vous plaire, lecteur, je m'y suis hasardé un moment; j'a hâte d'en sortir, et je n'y rentrerai plus [1].

[1] On sait que le Temple a perdu récemment sa vieille physionomie légendaire. On l'a mis à l'unisson du nouveau Paris.
(*Note de cette nouvelle édition.*)

CHAPITRE DOUZIÈME.

LES INFINIMENT PETITS DE L'INDUSTRIE PARISIENNE :
BALAYEURS, CHIFFONNIERS.

J'aime mieux ce peuple de rudes travailleurs qui gagnent chaque morceau de pain à la sueur de leur front, sans voler personne. Pourquoi n'en parlerais-je pas? Le soleil éclaire bien ces pauvres gens, comme les agioteurs et les courtiers marrons : je n'ai pas de motifs pour être plus délicat que le soleil.

S'il vous arrive jamais de passer en hiver dans les rues de Paris, deux heures avant le lever du jour, vous entendrez de toutes parts le bruit monotone et régulier des balais sur le pavé, et vous rencontrerez à chaque pas, par groupes de cinq ou six, de pauvres hères, silencieusement occupés à nettoyer les ruisseaux et à curer les égouts. Vêtus de guenilles qui tombent en lambeaux, presque toujours mouillés jusqu'aux os par le brouillard ou la pluie, ils ont pourtant la tête recouverte d'un orgueilleux chapeau de toile cirée, orné d'une grande plaque de cuivre, insigne dérisoire que l'administration semble leur imposer, comme la marque de leur esclavage, et l'emblème d'une misère qui gagne tout juste assez pour avoir longtemps encore à souffrir de l'épuisement et de la faim.

Les femmes, — il y a des femmes, jeunes, quelquefois frêles et maladives, dans la corporation des balayeurs ; — les femmes portent des robes de bure qui s'effilent en lanières depuis la hauteur du genou, et de leurs cheveux tombe en pointe sur le dos un mouchoir qui flotte à tous les vents du ciel. Quelques enfants, garçons et filles, parsemés çà et là, s'acquittent de leurs fonctions avec un énergique entrain que n'a pas encore tué la routine.

Sous les yeux d'un inspecteur subalterne, qui les regarde faire d'un air rogue, sans pitié pour des fatigues où il a longtemps passé lui-même, ils s'escriment à rejeter le long des trottoirs la boue, la neige ou la poussière. On les voit dans un demi-jour incertain, à travers le brouillard crépusculaire, semblables à des ombres, muets, impassibles, imprimant avec effort à leurs bras un mouvement qui semble automatique, tant il se répète incessamment aux mêmes intervalles, sans que le regard morne et la face éteinte trahissent une lueur de pensée !

Pour se garantir du froid, ils ont d'énormes gants; leurs pieds sont plongés dans des sabots gigantesques ou d'épais souliers ferrés, débordant d'une paille abondante qu'ils tressent adroitement autour de leurs jambes en forme de bottines. Les plus huppés ajoutent à cet accoutrement digne du paysan du Danube une espèce de carmagnole en toile cirée qui singe le caoutchouc. Si peu délicate que soit la constitution de ces laborieux ouvriers, il faut bien se garer des rhumatismes : on s'use vite à ce métier, et ils n'ont pas le moyen d'être malades.

Dans le jour les balayeurs sont plus redoutables encore pour le piéton que les tonneaux d'arrosage. Vienne à passer une belle dame ou un dandy, se sauvant à travers les marais du macadam, il s'élance sur le trottoir, éperdu, épouvanté à la vue du balai menaçant, et saisit, pour franchir le défilé périlleux, le moment où le bras du balayeur accomplit son évolution en arrière. Vains calculs! à l'instant même où le dandy prend sa volée, l'instrument inexorable revient vers lui et l'asperge d'une pluie de boue. On a prétendu que c'était une vengeance de ces hommes ulcérés par la misère. Je les en crois incapables : tant de fiel n'entre pas dans leur âme. Ils ne salissent point les passants : ils nettoient les pavés. Prenez-vous-en de la catastrophe à vous-même, qui vous êtes trouvé dans leur rayon pendant qu'ils remplissaient leur charge. Le balayeur ne connaît que son devoir : son devoir lui commande de promener en mesure le balai à droite, puis à gauche, sur le macadam; il s'en acquitte en conscience, sans relâche, sans réflexion, sans voir, sans entendre, comme la Fatalité antique. Ce n'est pas un homme, c'est un balayeur; ce n'est plus une pensée, c'est un rouage de son administration, et ce rouage marche jusqu'à ce qu'on l'arrête. Il n'est pas plus responsable de votre malheur que le cheval d'omnibus qui passe en vous éclaboussant, malgré vos cris de détresse.

Les chiffonniers sont placés un degré plus haut, à les en croire; un degré plus bas, à en croire les balayeurs. Pour moi, je suis assez de l'avis des chiffonniers. Il y a dans leur profession quelque chose de plus original, qui sourit à une imagination vagabonde; quelque chose aussi de plus indépendant, qui semble mieux d'accord avec la dignité d'un homme libre. C'est pourquoi le chiffonnier a eu souvent, trop souvent peut-être, les honneurs du roman et du drame. Des écrivains, entraînés par une sympathie qui n'avait rien au fond de bien naïf ni de bien désintéressé, mais sentant le besoin de réveiller par de nouveaux aliments, plus piquants et moins délicats, le palais blasé du public, ont fouillé la place Maubert, frayé avec les clients de l'*Azard de la fourchette*, hanté les guinguettes de la barrière Saint-Jacques, dégusté, au *Bœuf français*, du bouillon de veau à un sou le litre. Ils se sont faits les Homères de cette existence à part, qui a ses charmes en effet, sinon pour ceux qui la pratiquent, du moins pour ceux qui l'étudient de loin.

Aussi les chiffonniers, — ceux qui lisent les pages de romans et les débris d'affiches entassés dans leurs sacs,— semblent-ils fiers de cette préférence. Leur démarche, trivialement orgueilleuse, a quelque chose d'accentué qui appelle le pinceau; on dirait parfois, à les voir passer se redressant sous la hotte et brandissant leur croc avec un geste superbe, qu'ils se donnent des airs d'anges déchus. J'ai rencontré des chiffonniers qui se drapaient dans leurs guenilles comme Diogène dans son manteau troué. Un autre point de ressemblance avec Diogène, c'est que, comme le célèbre cynique, le chiffonnier porte une lanterne, non toutefois pour chercher un homme, — il se soucie bien d'une pareille misère, — mais pour chercher le morceau de pain et le litre de chaque jour dans le coin des bornes. Tout lui est bon. Il ramasse non-seulement les papiers de rebut, qu'il pique d'un coup sec et sûr dont j'admire chaque fois la prestesse, mais les vieux os et les vieilles ferrailles, les clous, les boutons, les fragments de ficelle, de fil et de ruban.

Les chiffonniers sont dédaigneux à l'égard du bourgeois : ils ne frayent qu'entre eux ; ils forment une société à part, qui a des mœurs à elle, un langage à elle, un quartier à elle, auquel on peut à peine comparer les rues hideuses et méphitiques où grouillait acculée la population juive du moyen âge. Ils sont formés en associations, régies par de vrais statuts. Ils honorent leurs anciens, et les alimentent pieusement de tabac et d'eau-de-vie aux frais du trésor public. Ils ont leurs restaurants, leurs hôtels, leurs cafés, leurs marchands de vin, leurs bals et leurs guinguettes, certains d'avance que personne ne tentera de leur en disputer la possession exclusive. Ce peuple de Zingaris en campement dans Paris, race sombre et déguenillée, ayant l'ivresse bruyante et terrible, le regard fauve sous un sourcil épais, la barbe sale et la voix avinée, inspire une répugnance instinctive au digne citadin, qui s'en écarte avec une sorte de terreur.

C'est une chose difficile à éclaircir que la moralité des chiffonniers. J'ai lu jadis, dans la *Gazette des Tribunaux*, qu'ils se recrutent presque toujours parmi les voleurs émérites et les forçats libérés, et que bon nombre d'entre eux tirent la jambe droite en marchant, comme s'ils y portaient encore rivé le boulet du bagne. D'un autre côté, je viens de voir, dans un article composé par un écrivain qui a fait sa patrie littéraire du quartier Mouffetard et se vante de savoir ses chiffonniers par cœur, qu'en dépit des calomnies, ce sont les plus honnêtes gens du monde, et qu'il est bien rare que la cour d'assises ait rien à démêler avec eux.

Il y a dans la hiérarchie des chiffonniers, comme partout, les patriciens et la populace. Les premiers, qui se désignent eux-mêmes sous le nom de chambre des pairs, portent une large hotte qui s'arrondit orgueilleusement sur leur dos; ils ont un croc long et solide, une lanterne intacte et qui projette un éclat suffisant pour protéger leurs recherches. Les autres, — des débutants, ou des anciens, victimes d'un revers de fortune, — sont réduits à un simple panier, presque toujours sans anse, ou bien à un sac; la lanterne ébréchée ne donne qu'une lumière sombre et fumeuse; le croc est fabriqué dans les proportions les plus exiguës, quelquefois il manque tout à fait, et le chiffonnier fouille avec ses ongles les ordures banales de la voie publique. Chacun a son domaine à parcourir : celui qui empiéterait sur la propriété dévolue au voisin courrait grand risque de périr sous les crochets de ses confrères indignés; tout au moins serait-il roué de coups de poing, noté d'infamie et perdu d'honneur dans toute l'étendue de la montagne Sainte-Geneviève. Il ne pourrait plus se montrer, sans soulever des colères formidables, dans les principaux centres de réunion du quartier, au *Bon Coing*, par exemple, ou au *Pot tricolore*. Mais ces empiétements sont rares : les chiffonniers ont leur manière à eux de comprendre le devoir et la moralité, et de faire la police de leur république.

Rien ne se perd dans Paris : cette industrie effrayante, gigantesque roue toujours en mouvement pour piler, broyer et renouveler, ne néglige pas le moindre atome, la plus infime parcelle des plus vils immondices. Les bouts de cigare tombés de la lèvre des fumeurs, les pelures et les trognons de pommes, les fruits pourris jetés au ruisseau, les os demi-rongés, les croûtes de pain desséchées et moisies, tous ces débris fétides, hideux, repoussants, qui soulèvent le cœur et que les chiens flairent avec dégoût, tout cela se recueille avec soin pour servir de matière première à une industrie occulte et ténébreuse; tout cela va faire peau neuve et se pavaner, dans l'éclat de sa transformation, à l'étalage des marchands à prix réduits. On ne se doute pas de la multitude d'hommes dont l'unique profession consiste à parcourir nuit et jour les rues de Paris, pour collectionner ainsi tout ce qui se jette avec la pelle ou les pincettes, et se repousse du bout du pied : j'en ai montré quelques-uns ; je laisse les autres à leurs mystères, où l'œil d'un profane ose à peine les suivre.

CHAPITRE TREIZIÈME.

LE GAMIN DE PARIS.

Parlons plutôt du gamin de Paris. Il y a longtemps que je sens ce mot frétiller au bout de ma plume. Tout m'y ramène, tout me le crie, tout me pousse et me force à l'aborder enfin. Le gamin de Paris est mêlé, pour ainsi dire, à chacun des détails, à chacun des aspects, à chacune des industries de la grande ville. Il en est comme le sang et le feu. Nous l'avons rencontré plus d'une fois déjà, et ce malin visage de diablotin ricaneur s'obstine à venir poser devant nous.

Pourtant, j'hésite encore, et j'ose à peine aborder de sang-froid un sujet pareil. Je n'en sais pas un seul qui soit plus multiple et plus effrayant. A qui veut parler du gamin de Paris, il faudrait un regard que rien ne déconcerte, une plume intrépide et flexible, ardente et féconde en saillies, trempée et retrempée dans la flamme étincelante du salpêtre, comme celui qu'elle veut décrire.

Habitants des cinq parties du monde, vous connaissez tous le gamin de Paris : sa renommée court les trois continents. Vous le connaissez surtout, bonnes gens de notre capitale, pour l'avoir coudoyé, ou plutôt pour en avoir été coudoyés vous-mêmes, à quelque coin de rue. Gai, insouciant, mauvaise tête, vrai pinson étourdi et jaseur, il passe, un refrain à la lèvre, la casquette sur l'oreille, frottant à tous les murs sa blouse d'atelier. Eh bien, il y a dans ce petit être chétif, dans cet homoncule narquois et gouailleur, je ne sais quoi d'ambigu, de complexe et de contradictoire, bien propre à dérouter tous les calculs de la logique et de la vraisemblance.

Ce qui me frappe d'abord dans ce corps si grêle, et pourtant déjà si formé, c'est le contraste de cette physionomie d'homme fait et de ces membres d'enfant. Les bras, les jambes, la poitrine ont douze ans; quelquefois ils en accusent dix, quoiqu'ils en aient quinze; mais la figure a vingt ans par l'expression, l'audace, la connaissance de la vie, — comme la voix, qui en est déjà aux tons mûrs et rauques, et qui se hâte de prendre l'accentuation de la puberté.

Qui n'a vu un de ces nains, portant une énorme tête sur un corps d'oiseau-mouche? Voilà justement l'antithèse, qui, au moral aussi bien qu'au physique, choque comme une monstruosité et attire comme un phénomène, dans le gamin de Paris.

Oui, il a de bonne heure l'expérience de la vie; oui, il a mordu, dès ses premiers ans, au fruit de l'arbre de la science fatale, si bien qu'avec l'ivresse prématurée, sont venus aussi la satiété et le dégoût. A sept ans, le gamin de Paris s'ennuie; à dix, il ne croit plus aux *canards*; à douze, c'est un grand blasé, comme le roi Salomon. Le scepticisme ricane dans ses yeux et les plis de son visage. Cuirassé d'une incrédulité ironique et invulnérable, il a pris pour devise la maxime des stoïciens, qui est aussi, dans un autre sens, celle de l'épicuréisme pratique : *Nil admirari*.

Et de quoi s'étonnerait-il? Du danger? C'est son élément naturel. — D'un roi qui passe? Il en a tant vu passer! — D'une révolution? Il en a tant fait, des révolutions!

Et cependant cette hâtive expérience des choses, par un

singulier contraste, — qui n'est pas le seul, à beaucoup près, — s'allie en plusieurs points, chez le gamin de Paris, avec la candeur de l'admiration et l'entraînement de l'enthousiasme. Je n'en veux d'autre preuve que son goût immodéré pour les spectacles du boulevard, sans parler de ceux de la rue, où il forme toujours le premier noyau du cercle. Le gamin, tout sceptique qu'il soit, est un badaud pur-sang : il flâne avec délices; il est l'ami et le public de tous les plaisirs gratuits, et vous le trouverez tour à tour au spectacle de la Morgue, à celui de Guignol, dans le cercle d'un chanteur ou d'un équilibriste en plein vent. On connaît son fanatisme pour certaines pièces et pour certains acteurs des théâtres populaires. Tout le monde l'a vu faire queue, les dimanches surtout, trois heures d'avance, monté à califourchon sur les barrières du Petit-Lazari. Debureau comptait de vrais séides parmi les titis du paradis; il y avait là, entassés les uns sur les autres, bouche béante, bras ballants, yeux écarquillés, cent gamins, dont chacun, au moindre signe de Pierrot, se fût précipité du haut de la troisième galerie sur la scène, comme les serviteurs du Vieux de la Montagne, rien que pour lui baiser le bout du pied. Aujourd'hui encore, Déjazet, Frédéric Lemaître, le brillant Laferrière, le pathétique Saint-Ernest, le beau Mélingue, excitent parmi eux des orages d'applaudissements. Il ne ferait pas bon siffler Léontine au poulailler de la Gaîté.

C'est du bataillon sacré des gamins que partent les battements de mains les mieux nourris et les *bis* les plus énergiques. Dans les pièces à succès, la claque elle-même, cette vaillante claque des boulevards, qui met de la conviction dans ses coups de battoir, du vrai enthousiasme dans son enthousiasme de commande, et qui marche à la conquête d'un succès avec la *furia* d'une armée française montant à l'assaut d'une forteresse, la claque est écrasée par le feu roulant qui vient des étages supérieurs. Écoutez, après le septième acte et le vingt-quatrième tableau, cet assourdissant *concerto* de gamins, redemandant les acteurs : *Tous! tous!!!* et vous conviendrez avec moi que ce petit peuple ne ressemble pas mal à cette plèbe romaine qui se pressait aux jeux du Cirque, et qu'il ne veut que deux choses : du pain et des spectacles, mais les spectacles avant le pain.

On a vu des *titis*, fascinés, s'abandonner corps et âme à la situation du mélodrame, rager contre le traître, et même, beaucoup plus rarement toutefois, verser des larmes sur les infortunes de la victime innocente. Le drame patriotique surtout a le don d'exciter les plus ardentes sympathies du gamin : on se rappelle le succès des *Cosaques*, et ce succès est en grande partie son œuvre. Il fait répéter trois fois de suite les couplets de facture, où un vieux soldat parle des lauriers de la victoire qui recouvrent son front cicatrisé; il applaudit aux généraux aveugles ou manchots, aux colonels brusques et sentimentaux, aux vieux sergents mutilés qui traversent lentement la scène; il se lève, il s'exalte, il trépigne aux endroits où un concitoyen *roule* à lui seul trois ou quatre ennemis ; il lapiderait les acteurs à coups de pommes crues, si l'avantage ne restait pas aux Français.

Mais ce n'est point par chauvinisme tout pur qu'il se délecte aux pièces militaires; c'est aussi par amour du bruit, du fracas, du canon, du tambour, de la poudre. Tout cela lui porte à la tête et l'enivre comme une dose de haschisch. Et puis c'est au théâtre seulement que cette naïveté d'impression se produit, dans sa fleur exubérante et vivace. De tout ce qui l'entoure, le théâtre, avec son ensemble d'influences irrésistibles, ses décorations magiques, ses féeries resplendissant à la lumière du gaz, ses situations violentes, ses sentiments marqués avec force, sa charpente robuste, son intrigue péniblement embrouillée, mais d'après des principes invariables et élémentaires qui aident la mémoire à se retrouver sans peine, ses caractères peints à la détrempe, dans un relief grossier, mais vigoureux, son style même curieusement approprié à la nature des sujets, — a seul la puissance d'agir sur cette organisation mobile et rebelle à la fois, de la remuer, de la ravir pour quelques heures à son habituelle ironie. Je vous assure qu'il ne raille plus, le gamin de Paris, dès qu'il est sous la griffe de Pixérécourt, de Ducange ou de Bouchardy. Oh! comme ils le mènent, comme ils l'assouplissent, ces Orphées du boulevard du Crime! Comme ils domptent et musellent cette petite bête insupportable et taquine! C'est là, je vous jure, un pouvoir admirable, et ce pourrait être là aussi un magnifique instrument de civilisation.

Quel que soit l'effet produit sur le gamin, le cœur, en général, n'a rien à y voir. Ce sont les sens et la tête, l'esprit et les nerfs qui sont pris. Le cœur, pour lui, est un viscère mythique, d'un usage superflu, et qu'il confond volontiers avec ses alentours. Je crois bien que la rouille le lui a mangé peu à peu, mais je dois dire qu'il repousse quelquefois. Le gamin de Paris a, sans doute, une certaine générosité naturelle; pour de la sensibilité, peu ou point. C'est l'intelligence, une intelligence fine, agile et pénétrante, qui fait seule les trois quarts de son individu. C'est la chaleur du sang qui l'entraine. Il est pétri de nerfs, de feu, de salpêtre, de matière ardente et subtile, qui n'a besoin que d'une étincelle pour faire explosion; vrai lézard gentil et égoïste, souple, furtif et sensuel, toujours prêt à se métamorphoser en crocodile.

Vienne une révolte, par exemple, — semblable au cheval de Job, le gamin de Paris tressaille, et l'ivresse du combat gonfle d'avance sa narine. Le voilà le premier sur une barricade, à la main un fusil plus grand que lui; il tire, il tue, il est tué, et il tombe vaillamment, en jetant le cri de l'émeute.

Sait-il pourquoi il se bat? Non. Peut-être le saura-t-il plus tard, mais il s'en occupe peu maintenant. Il se bat pour se battre, pour boire la fumée de la poudre à plein gosier, parce qu'il y a là de rudes émotions et des surprises terribles qui le secouent, parce qu'il y joue à l'homme fait et parce qu'il aime à détruire. Ne lui cherchez point d'autre but; il n'en a pas.

Sous la dernière république, à chaque barricade, il y avait, d'un côté, des gamins de Paris en blouse et en casquette, faisant le coup de feu pour les insurgés avec une audace qui déconcertait les plus vieux soldats de l'émeute; de l'autre, des gamins de Paris, habillés en gardes mobiles et faisant le coup de feu pour la cause de l'ordre, avec une intrépidité qui allait jusqu'à la folie, et qu'eussent admirée, dans ces adolescents imberbes, les grenadiers épiques de la vieille garde.

D'où venait cette division en deux camps, et qu'y avait-il donc entre eux pour les séparer? Presque rien, ce semble, mais tout en réalité. Un uniforme.

Il ne s'agit que de savoir le prendre, cet ami enragé du

bruit et de la mitraille. La force physique et la supériorité morale d'un caractère énergique sont également toutes puissantes sur lui. Pourvu qu'il ait son péril en bonne forme, et sa lutte acharnée, et ses émotions vigoureuses, voilà tout ce qu'il demande. Comme la salamandre, il a besoin de vivre au milieu des flammes. Et n'ayez pas peur, ce n'est pas lui qui reculera d'une semelle devant l'ennemi. Laissez-lui sa blouse bleue, c'est un champion de la révolte prochaine. Mettez-lui des épaulettes et un pantalon rouge, ce sera un garde mobile, — ou un zouave.

C'est qu'il est terrible, ce gamin railleur et *bambocheur*, une fois qu'il a mâché de la poudre et des balles. Il grandit à vue d'œil, il se transfigure; l'affreux moutard devient un héros, un héros *sui generis*, — qui a ses côtés homériques pourtant; frondeur, farceur, *fricoteur* aux jours de paix, cultivant le coq-à-l'âne entre deux fusillades, et trouvant toujours le mot pour rire à la gueule des canons; mais impassible, discipliné, plein d'intelligence et d'élan, et joignant le sang-froid à l'impétuosité, tant que dure la bataille. Dans la chambrée, au corps de garde, aux avant-postes, c'est lui qui est le loustic inévitable et favori du régiment. Il a le privilège d'exciter le rire dès qu'il ouvre la bouche : on se pâme au premier mot du *Parisien;* on se roule par terre quand il a fini.

Le gamin de Paris est un descendant en ligne directe des vieux Gaulois. Le sang de Panurge et de Villon coule à pleins bords dans ses veines. Son sarcasme emporte la pièce; grossier souvent, au moins par la forme, rarement vulgaire par le fond, toujours incisif et mordant, il a la pointe et le trait, et le tranchant vigoureux, quoique ses mots soient souvent des mots d'atelier et de tradition, qui se transmettent de l'un à l'autre et courent de bouche en bouche, jusqu'à ce qu'ils soient usés jusqu'à la corde. Le petit drôle est insatiable de gaieté, il sue le rire par tous les pores. Joyeusement effronté, hargneux, insolent, il a du moins incontestablement pour lui la rapidité du bon sens, la sûreté perçante du coup d'œil. Son malin regard de furet va vite au fond des choses, sans s'amuser aux bagatelles de la porte : malgré son faible pour Dennery et pour l'Ambigu, ce n'est pas lui qu'on attrape avec des *ficelles* et des *balançoires*. Écoutez plutôt ces appréciations concises écloses dans les cercles de gamins, et ces résumés lucides, pittoresques, pénétrants comme une lame de couteau, où ricane à belles dents l'ironie dissolvante d'une impitoyable analyse. On pourrait composer une encyclopédie satirique fort curieuse des mots et des opinions du gamin. On a fait un *Ménagiana*, un *Bolæana*, un *Harpagoniana*, et bien d'autres *ana* sur n'importe qui et n'importe quoi : on pourrait faire un *Gaminiana*, qui ne serait point sans donner d'utiles et piquants aperçus sur les hommes et les choses du jour. C'est une idée que j'abandonne au premier Cousin d'Avallon qui en voudra tirer parti.

Pas un événement qui ne soit estampillé au passage par le gamin de Paris. Drames et mélodrames, pantomimes, tableaux, statues, édifices, il juge tout d'une phrase burlesque, d'un mot, d'un lazzi, et il est rare que son jugement ne soit pas ratifié par celui du public. Et quand il a dit d'une chose : Ce n'est pas *chouette*, ou bien : Ce n'est pas *rigolo* (il dit aussi : çà n'est pas drôle), soyez bien sûrs qu'il n'en reviendra pas.

Chouette et *rigolo*, qui ont peut-être effarouché mes lecteurs, sont deux des termes aujourd'hui le plus en faveur du vocabulaire imagé que parle le gamin de Paris, et qu'il faut bien que je parle un peu moi-même dans cette esquisse. On me le pardonnera, sans doute, en faveur des nécessités du sujet.

Le gamin de Paris ne tient en rien du bourgeois de Paris, qu'il hait, qu'il turlupine et dont il flaire les ridicules à l'égal d'un artiste en titre. C'est qu'il est artiste lui-même ; à sa manière sans doute, mais enfin il l'est, comme le sont les rapins. Malheureusement, pour être un artiste complet, il lui manque l'abandon, la candeur et la foi.

Car, hélas ! quelle croyance est restée debout dans ce diablotin rusé et tapageur ? Il est né à peine, et déjà l'atmosphère environnante l'a saisi et pénétré tout entier. Dès sa première heure, il appartient à sa race, qui l'a marqué au front d'un sceau ineffaçable. Enfant, l'atelier le façonne aux vices précoces; la rue et le ruisseau le sacrent gamin de Paris. Voyez-le : il fume, d'ordinaire la pipe, qu'il fait culotter par les grands, — aux jours solennels le cigare d'un sou; il boit son petit verre comme un homme, et il paye, sur le comptoir, un canon aux camarades. Le gamin commence par faire l'école buissonnière; deux ans après, il fait le lundi. Il admire le libertinage, il aime les bons vivants; la corruption prématurée a quelque chose qui le séduit et l'attire. Il se plaît dans la compagnie de ces grands drôles de dix-huit à vingt ans, dont il recherche la sympathie et la protection, et qui lui paraissent le *nec plus ultra* de la perfection idéale. Il se modèle sur eux, il en imite tout, jusqu'à la démarche, le costume, la prononciation traînarde et provocante, et ce classique et bizarre *ohé*, qui, modulé dans les profondeurs de la gorge avec toutes les variations en usage, constitue la plaisanterie la plus accréditée dans les rues de Paris, et peut passer pour l'infaillible *criterium* auquel on reconnaît la race.

Dès qu'il commence à réfléchir, le gamin s'exerce à l'aplomb, et il a honte de la naïveté naturelle à son âge. Il garde encore sur les lèvres la trace du lait maternel, et déjà il salue d'un éclat de rire et poursuit d'un quolibet sanglant toutes les majestés qui passent. Cette moquerie *quand même*, condamnée, comme le Juif errant de la légende, à marcher toujours, est lugubre à la longue. Le ricanement audacieux du gamin tient à la fois de Rabelais, de Voltaire et de Paul de Kock. C'est bien à cette bouche qu'il faut appliquer la métaphore de Joseph de Maistre : en la voyant fermée, on dirait un ressort qui va se détendre pour décocher sa flèche.

Qui pourra comprendre et définir ce sphinx chétif, toujours prêt à faire la grimace aux Œdipes qui l'étudient? Le gamin de Paris, c'est une antithèse vivante : c'est la vie et la mort, l'honneur et la honte, la ruine et quelquefois la prospérité de la grande capitale; c'est le produit avorté du progrès, dont il est le fléau. On dirait le fruit bâtard d'un commerce adultérin, horrible, monstrueux, entre la civilisation et la barbarie. C'est tour à tour, et quelquefois en même temps, le travail et l'oisiveté, la paix et la guerre; aujourd'hui l'ennemi mortel, et sans savoir pourquoi, de la société; demain son champion héroïque, toujours disposé à se faire tuer sur une brèche et à mourir sous les plis du premier drapeau qui aura séduit son aventureuse adolescence.

Le gamin de ce genre n'est possible qu'à Paris. Il lui faut l'air de la Seine et les rumeurs du faubourg pour donner à son sang cette ardeur fiévreuse et vagabonde, pour allumer dans ses veines cette flamme intérieure qui l'anime et le consume. Ce n'est que dans les ruisseaux de la rue Saint-Martin que peut grandir en liberté cet arbuste rachitique et rabougri, tordu, ce semble, et noué dans son germe, mais qui pourtant se cramponne au sol par des ramifications vivaces et multipliées. Aussi s'est-il si profondément imprégné de cette atmosphère qu'on le reconnaît partout, comme s'il portait le nom de sa patrie écrit sur son front, et que lui-même ne l'oublie jamais. Nul n'a des nostalgies plus tenaces et plus invincibles; il porte dans les mondes les plus lointains les mœurs, le langage, le souvenir et le regret de sa ville, et il en grave le nom jusque sur les Pyramides.

Disons, en finissant, qu'il y a plusieurs catégories de gamins de Paris, depuis le gamin des faubourgs jusqu'à celui des quartiers commerçants du centre; depuis le môme, le titi, le mioche et le moutard, qui sont les gamins à l'état d'embryons et encore dans leur coque, jusqu'au pâle et jaune *voyou*, dont le nom est si expressif dans sa brutalité. Le voyou, on le sait, est le genre gamin porté à sa plus haute puissance; il a la voix rauque et avinée, le regard hardi, le geste cynique, la gaieté repoussante. Le voyou soulève le cœur comme un verre d'eau-de-vie de la barrière et un *brûle-gueule* de chiffonnier. Auguste Barbier l'a peint, et bien peint, en quatre vers. Relisez-les: ils vous en apprendront plus que tout ce que je pourrais dire.

Voilà le dernier mot du gamin de Paris; voilà le terme où il arrive, poussé à ses développements extrêmes, quand il ne s'est pas rencontré un hasard de la Providence pour le saisir et le redresser au passage. Tant qu'il n'en est pas là, le gamin est gentil quelquefois, mais à la façon du chat qui rentre ses griffes, et qui, l'instant d'après, va mettre en sang la main qui le caresse. Et pourtant, comme on l'a gâté ! comme on a flatté ses vices et ses polissonneries ! Le vaudeville et la chanson, ces deux puissances qu'il fait vivre, lui ont payé les rentes de son admiration, et ils ont célébré sur tous les tons leur ami le gamin de Paris, « qui vit sans souci, tra-déri-déri. » Ils ont formé ainsi un gamin factice, comme on a fait des étudiants faux et *poseurs*, qui se sont pris à croire à leurs destinées humanitaires et à leur mission *progressiste*. Ils ont tué en lui les derniers restes de la naïveté, et il s'est pris à s'écouter, à se contempler, à se trouver un être remarquable et digne d'étude, tandis qu'il n'est en réalité, il faut bien le dire, qu'un petit être familier et dangereux, amusant et malfaisant, qu'on ne peut jamais être sûr d'avoir entièrement apprivoisé, à qui les dents et les ongles poussent vite, et non moins vite aussi la science et la volonté de s'en servir.

CHAPITRE QUATORZIÈME.

LES MENDIANTS DE PARIS. — UNE NOCE ET UN BAL DE MENDIANTS.

Voyez pourtant où conduit l'enchaînement des idées ! Si vous vous le rappelez, lecteur, nous étions en fiacre tout d'abord, et nous n'en sommes pas encore descendus, quoi que vous en ayez pu croire. C'est trop longtemps oublier qu'un vrai flâneur doit aller à pied. Il est temps de s'en souvenir et de nous mêler d'un peu plus près à la foule.

Qu'est-ce que ce personnage en casquette grasse, en paletot sale, décoré d'une médaille en cuivre, qui tourne le bouton et abaisse le marchepied dès que la voiture s'arrête? C'est un membre de l'honorable corporation des ouvreurs de portières, fainéants patentés, impropres pour la plupart à tout travail sérieux, et qui parviennent, en moyenne, à se faire un revenu de quinze à vingt sous par jour, en abaissant une centaine de marchepieds toutes les vingt-quatre heures.

En réalité, l'ouvreur de portières n'est rien autre chose qu'un membre honteux de ces races de mendiants qui pullulent à Paris. Nulle ville au monde, en effet, ne peut en offrir une collection aussi complète et aussi variée en ses déguisements infinis, pas même Naples, où on les écrase à chaque pas qu'on fait; pas même Gand, où, pendant tout un jour, je les ai vus par centaines fondre avec acharnement sur ma personne, comme une nuée de cousins ou de moustiques, et tourbillonner autour de moi jusqu'à m'étourdir, sans que je pusse me débarrasser de cette meute impitoyable, ni en gardant un silence obstiné, ni en me soulageant par un torrent d'injures, ni en restant immobile, ni en me sauvant à toutes jambes.

Seulement, les mendiants de Paris sont plus polis et plus civilisés. Ils savent bien que l'importunité n'est pas la meilleure manière d'attirer la compassion du passant, et d'arriver à sa bourse en passant par son cœur.

J'appelle mendiants, non pas ces travailleurs des places publiques, ces artistes en plein vent, qui vous demandent un sou en échange de leurs chansons, de leurs tours de force ou de leurs tours d'adresse : — ah ! pauvres gens, mes bons amis, Dieu me garde de vous traiter si indignement, moi qui vous ai tant contemplés, tant écoutés, tant admirés parfois ! — mais ces parasites sans pudeur, ces superfétations hideuses et stériles qu'on heurte à chaque pas, êtres abjects qui n'ont pas le moindre sentiment de l'art, du travail, de la dignité humaine ; ces femmes qui vous tendent la main, tenant dans leurs bras un enfant toujours endormi et toujours le même, sans qu'il ait grandi d'un pouce depuis dix ans; ces hommes assis toute la journée sur leurs chaises curules au milieu des ponts ou aux portes des églises, privilégiés de cette insolente caste des *mendiants* qui professe un souverain mépris pour les *pauvres*.

Et gardez-vous bien de rire, commerçants, vaudevillistes et gens de lettres qui vous croyez riches parce que, bon an mal an, vous gagnez quelque quatre à cinq mille francs à votre petit négoce ! Sachez qu'un poste de mendiant, offrant des garanties suffisantes, et sur un point bien fréquenté, rapporte un revenu dont plus d'un gros industriel se tiendrait fort satisfait. Aussi ces emplois sont-ils brigués de toutes parts: on met en jeu les hautes protections pour écraser un rival, et la place se transmet par héritage, s'achète et se vend à beaux deniers comptants, comme une charge d'avoué ou d'agent de change.

Tous ces hommes se connaissent et se jalousent; ils contractent des alliances offensives et défensives, des sociétés d'exploitation en commandite. Ils se marient entre eux, et l'on en a vu faire souche d'honnêtes gens, voire se transformer par degrés en familles opulentes et se fondre dans les rangs de la plus haute aristocratie financière. On serait étonné de connaître les dots qui servent souvent d'appoint à ces unions picaresques, et les clauses du contrat de mariage. Les quartiers de noblesse s'y comptent par infirmités. Plus un mendiant est défiguré par la maladie, estropié, contrefait, plus il est recherché, courtisé, cajolé par ces dames. La mère est aux petits soins pour cet Adonis; la fille fait les yeux doux à ce Céladon. S'il est bossu, la bosse ne gâte rien; s'il est boiteux, c'est un homme charmant; s'il n'y voit pas, c'est le comble du bonheur. Les mamans sont rares qui osent prétendre à un gendre aveugle et bancal à la fois : il faut être bien aveugle et bien bancale soi-même, ou du moins avoir sa tirelire bien garnie pour pouvoir se frotter à si riche parti!

J'entendais dernièrement raconter, par un jeune auteur versé dans la matière, et qui connaît toute sa cour des Miracles sur le bout du doigt, une noce de mendiants à laquelle il s'était trouvé mêlé, je ne sais par quel bizarre concours de circonstances. Comme ce récit m'a paru curieux et caractéristique, je lui demande la permission de le rapporter ici.

Au jour indiqué, disait-il, je ne manquai pas, accompagné d'un ami, de me rendre d'abord à l'église Saint-Eustache, que remplissait déjà une nombreuse réunion, dont quelques figures seulement m'étaient connues. Heureusement, je me vis tout à coup abordé fort à propos par un brave homme avec qui j'avais causé autrefois en deux ou trois rencontres, et qui me servit de *cicerone* au milieu de ce monde singulier : c'était un ouvrier peintre qui s'était récemment cassé le bras en tombant d'une échelle, pendant qu'il travaillait à la décoration des plafonds du Louvre, et qui, ne pouvant plus désormais toucher aux pinceaux, avait obtenu, en compensation, une médaille de joueur d'orgue : il n'était point sorti des arts, comme on voit.

Quand nous eûmes échangé nos compliments, il me présenta à la mariée. Je vis une petite femme, affreusement grêlée et à moitié aveugle, qui au besoin même pouvait l'être tout à fait ; on lui dit mon nom, et dès qu'on l'eut assurée que je m'intéressais fort à l'estimable classe dont elle était un des plus beaux échantillons, elle daigna me sourire et me faire une gracieuse révérence.

On me montra de loin le prétendu, qui se tenait assis, les deux jambes croisées, sur une chaise où il disparaissait tout entier. Il me regardait avec attention, et voyant mes yeux se diriger vers lui, il se leva pour me saluer. En vérité, ces mendiants ont du monde ! C'était une sorte de nain rabougri, bossu et boiteux. Après avoir aperçu les deux époux, je conjecturai, non sans raison, que c'était là un mariage de convenance. Mon guide m'apprit, en effet, que j'avais devant les yeux les rejetons des deux plus illustres dynasties de mendiants, qui avaient accaparé, par leurs ascendants et leurs descendants, les stations les plus avantageuses de la capitale, et menaçaient d'envahir le reste par leurs alliés.

A l'occasion de ce mariage politique, où se fondaient les droits et les prétentions rivales de deux grandes maisons, on avait convoqué le ban et l'arrière-ban de l'aristocratie mendiante. Il y avait là des pitres, des joueurs de clarinette et d'accordéon, force joueurs d'orgue de Barbarie, des saltimbanques de haut parage, des marchands de pain d'épice, de sucre d'orge, de limonade gazeuze à deux liards le verre; tous les coquillards, les malingreux, les hubins, les sabouleux et les Clopins-Trouillefous de Paris. J'entendais autour de moi des commentaires énergiques, des exclamations d'extase et d'envie :

« Ces gens-là ont toujours eu de la chance, disait à mes côtés un père de famille, avec une jalousie concentrée : il n'y en a que pour eux!

—Oh! mon bon Dieu, s'écriait une brave femme dans l'oreille de sa voisine, que je reconnus pour lui avoir quelquefois fait l'aumône à la porte de Saint-Sulpice, si je pouvais seulement trouver un aussi beau parti pour ma fille! Il en est venu encore un, il n'y a pas plus de huit jours; mais, ajouta-t-elle avec une indicible expression de dédain, ce n'était qu'un manchot!

—Savez-vous la nouvelle? disait un autre; le cul-de-jatte du pont de la Réforme a épousé la grosse aveugle de la place de la Concorde.

—On dit qu'on va faire une nouvelle place à Saint-Roch. La vieille Durieu est furieuse de la concurrence; il paraît qu'elle intrigue de tous les côtés.

—Eh bien, voilà donc la pauvre flûte du pont des Arts décidément *dégommée!* Ça se permettait d'avoir des opinions politiques; on le remplace par un accordéon. »

La causerie continua sur ce ton profane jusqu'à ce qu'on entendit retentir sur les dalles le son cadencé de la canne du suisse. Alors commença la cérémonie religieuse, qui se fit en grande pompe, au son des orgues, et où quêta la fille d'une célèbre marchande de pain d'épice et de petits gâteaux, galamment conduite par un jeune paillasse, son futur, dont les grimaces et les lazzis s'étaient déjà fait remarquer sur la place publique, et que les saltimbanques commençaient à se disputer par de fortes enchères. Tout ce monde-là était, ma foi, fort bien mis, et la mariée surtout portait un costume qui faisait splendidement ressortir sa laideur monumentale. Mon compagnon et moi, qui avions des habits de l'an passé, nous étions de fort petits personnages. Comme j'en témoignais quelque étonnement à notre *cicerone*, il me dit d'un air de stupéfaction, rempli de bonhomie :

—Mais, monsieur, il n'y a pas de pauvres ici, il n'y a que des mendiants [1].

Après la messe, on monta dans des fiacres, et on s'achemina vers l'Élysée-Montmartre, où nous attendait un repas copieux. Chacun se plaça tumultueusement, les uns où ils voulurent, les autres où ils purent. Au premier service, les convives furent assez décents. Je ne parle pas de leur appétit. Nul ne disait moi; tous mangeaient avec une voracité énergique. Ils se servaient à discrétion, se prenaient les plats dans la main, trempaient leurs doigts dans la sauce, portaient leurs assiettes à la bouche,

---

[1] Le mot est joli, seulement je dois prévenir le *cicerone* qu'il a déjà été fait bien souvent, et qu'il aurait tort de s'en attribuer le mérite.

et ce peuple, peu fait aux habitudes de la civilisation moderne, usait le moins possible des couteaux et des fourchettes, malgré l'exemple et les conseils des plus raffinés. Tant pis pour qui se trouvait au bas bout de la table : il en était réduit à implorer la pitié des garçons, qui s'acquittaient de leur charge avec gravité.

Mais au second service, une fois la première fougue de l'appétit satisfaite et la verve allumée par les vins, le repas s'anima et dégénéra bientôt en orgie. On criait, on félicitait chaudement les époux, qui serraient la main à tout le monde; on les glorifiait d'avoir fait si grandement les choses, on interpellait les garçons ahuris, qui ne savaient à qui entendre, à qui courir, et répondaient respectueusement aux *familiarités* des convives; on frappait sur la table avec ses couteaux, on brisait ses verres, on répandait les sauces, on racontait tout haut des histoires légères dont ces dames n'essayaient même pas de rougir; on chantait en faux-bourdon *les Cosaques* et *Gastibelza, l'homme à la carabine*. Le pitre déjà nommé imita Grassot au dessert, aux applaudissements frénétiques des aveugles et des bossus, qui trouvaient cela délicieux.

Enfin on appela l'orchestre, à la manière dont les *titis* demandent la toile aux Funambules, et le bal commença, arrosé de rafraîchissements vigoureux. Le marié et son épouse l'ouvrirent par une danse de caractère. On eût dit deux magots mis en mouvement l'un vis-à-vis de l'autre par quelque ficelle invisible. Bientôt ce fut un tel tohu-bohu, un si inextricable fouillis de bosses en démence, de bras en écharpe qui se démenaient, de jambes cagneuses qui frétillaient, de corps tortus remués par des convulsions épileptiques, un vacarme si assourdissant de criailleries sauvages et de hurlements dévergondés, que je m'enfuis avec mon compagnon, épouvanté de cette danse macabre, de ce cauchemar où tourbillonnaient pêle-mêle tous les gueux et tous les diables détachés des planches de Callot. Messieurs les mendiants ont la gaieté bruyante : ils n'ont pas dégénéré de leurs pères.

Je ne sais à quelle heure se termina la fête; mais le lendemain, dans l'après-midi, je trouvai à leur poste les deux époux, mangeant d'un air paisible, sur leur escabeau, la soupe que la mère venait de leur apporter. Quelle chute, et quelle philosophie!

« A la bonne heure, pensai-je en continuant ma route; voilà des gens sérieux; ils feront leur chemin! »

CHAPITRE QUINZIÈME.

LA MORGUE.

Nous venons de parler des petites industries parisiennes, des mendiants, des chiffonniers, de cette race famélique qui bat le pavé de la capitale, sans savoir où elle a dîné hier ni où elle dînera aujourd'hui. En suivant jusqu'au bout cette population vagabonde et déguenillée, où pourrions-nous aboutir ailleurs qu'à la Morgue, à moins que ce ne fût à l'hôpital?

Toutefois, ne craignez pas que j'abuse de l'occasion pour faire de la littérature verdâtre, des études de cadavres et des descriptions de charniers. La tâche m'a toujours paru trop facile et trop hideuse pour me séduire, et ma pudeur me défend d'en venir à cette extrémité. Je respecte les nerfs d'autrui, comme j'aime qu'on respecte les miens.

Je ne décrirai donc point, à la façon d'un commissaire-priseur, ce petit bâtiment carré[1], que l'architecte a eu du moins le bon goût de ne pas décorer de colonnades et de pilastres corinthiens. Il est vrai qu'on a bien décoré dans ce genre la Bourse, qui n'est guère plus gaie que la Morgue; d'aucuns même prétendent qu'elle l'est beaucoup moins, mais ce sont ceux qui n'y ont point affaire, gens suspects *a priori*, et dont le témoignage n'a rien de décisif en l'espèce.

---

[1] Il s'agit de la Morgue de 1855. Personne n'ignore qu'on a, depuis, rebâti ce funèbre monument ailleurs.
(*Note de cette nouvelle édition.*)

La Morgue est un lieu de réunion pour certains curieux enragés, qui ne manquent pas, chaque jour, d'y aller puiser des émotions vigoureuses. C'est un cruel désappointement quand les tablettes sont vides : ils se plaindraient volontiers que la Mort se soit permis de faire relâche ce jour-là, sans songer à leur bon plaisir.

Je suis entré deux fois à la Morgue : la première fois, il y a longtemps, et j'étais bien jeune. Venu à Paris pour quelques jours, je ne voulais pas le quitter sans en avoir vu tous les monuments; on m'avait parlé de la Morgue comme d'une chose fort intéressante, et tout provincial comprendra l'impossibilité de résister à un pareil mot. J'étais poussé d'ailleurs par une curiosité anxieuse et pénible, que mon dégoût combattait comme un remords, mais qu'il ne put vaincre.

Le spectacle était maigre : il n'y avait qu'un cadavre, — celui d'un charbonnier, à ce que murmurait la foule autour de moi, — hideux à voir, tel que l'avait fait l'eau de la Seine, où il était demeuré enseveli plusieurs jours. A la muraille pendaient ses habits et son chapeau à larges bords, encore ruisselants.

Je hasardai un regard et fermai aussitôt les yeux avec terreur. Les conversations de tous ceux qui m'environnaient, femmes, enfants, vieillards; les récits, les commentaires, les exclamations de pitié banale mêlées de niaises plaisanteries, me bruissaient dans les oreilles et éclataient sourdement dans mon cerveau, en faisant bourdonner mon sang. J'entraînai mon guide, et, à peine arrivé dans la rue, un éblouissement m'aveugla, un éclair de vertige me fit chanceler, et je faillis tomber en avant avec un cri d'horreur. Je venais de voir le cadavre vert, gonflé, informe, dégouttant d'une eau marécageuse, se dresser tout à coup devant moi, et, — sensation effroyable! — me plonger dans la bouche son bras livide.

Pendant longtemps il me resta de cette scène une peur ridicule des charbonniers. Je ne pouvais rencontrer un de ces paisibles Hercules sans m'éloigner précipitamment, comme si j'eusse vu l'assassin mystérieux de la victime, ou du moins un de ses anciens camarades, un de ceux qui avaient bu au même cabaret, à la même bouteille.

Et pourtant, un jour encore, six ans après ma première visite, j'osai bien rentrer à la Morgue. Je servais à mon tour de cicerone à un campagnard qui m'avait témoigné l'ardent désir de voir l'intérieur du *monument*. Je lui racontai mes premières impressions pour essayer de le retenir : rien n'y fit. Il fallut l'accompagner. Mais, cette fois, je fermai les yeux, comme saint Augustin en face des gladiateurs, et je ne les rouvris pas comme lui; non, je ne les rouvris pas, quoique le provincial, parvenu à se faufiler aux premiers rangs, me tirât par le bras pour me faire voir. Et la chose en valait la peine, à ce qu'il paraît, car il y avait là cinq cadavres bien comptés, dont l'un surtout était un fort bel homme : j'entendais un invalide s'extasier tout près de moi sur la vigueur que devait posséder le gaillard, taillé pour faire un solide cuirassier. Une femme, qui portait un enfant sur le bras gauche et en tenait un autre de la main droite, appuya chaudement cette observation. Quant au reste des spectateurs, ils étaient dans le ravissement, et les interjections ne tarissaient pas.

Lorsque mon provincial fut rassasié, nous sortîmes.

« Et il y a, m'écriai-je, des hommes qui demeurent là-dedans avec leur famille, pour passer la revue de ces cadavres et surveiller ce charnier! Il s'en trouve qui n'aiment pas mieux mourir de faim que de faire un métier semblable en pareil lieu! Et que dire de ceux qui, ayant à choisir entre cinq cents rues dans Paris, vont justement se loger vis-à-vis de la Morgue? Voilà leur horizon, voilà leur point de vue, le matin quand ils se lèvent, le soir en se couchant, le jour en prenant l'air ou en contemplant les nuages. C'est de là que leur vient le vent. Ils ne peuvent, quoi qu'ils fassent, se dérober à ce coup d'œil qui les poursuit sans cesse! Ils voient entrer et sortir ces flots de curieux avec leur regard implacable et stupide; ils entendent ces réflexions ineptes; sous leurs fenêtres défilent tous les corps mutilés par les horribles traces du suicide ou de l'assassinat, et ils rient, et ils mangent, et ils boivent, et ils n'ont pas la fièvre tout le jour et le cauchemar toutes les nuits! Voici justement une jeune fille à son balcon, qui caresse sa linotte à travers les barreaux de la cage. Quel malheur que la Morgue ne soit pas en cristal! Elle pourrait jouir de ce charmant spectacle au coin de son feu, sans se déranger.

Vous voyez, j'étais encore jeune et j'avais beaucoup de chaleur dans l'imagination. Du reste, je venais de lire quelque chose d'analogue dans l'*Ane mort*, de Jules Janin.

Ce sont peut-être là des enfantillages. Soit. Mais ce qui me paraît sérieusement inconcevable, c'est cette coutume de certains industriels de venir s'installer aux abords de la Morgue pour profiter de la faveur du lieu, et pour spéculer, au profit de leur petit commerce, sur la brutale curiosité du public. Passe encore pour les marchands d'oiseaux établis tout près de là, sur le quai! A la rigueur, il y a simplement dans ces volières, qui gazouillent à deux pas de la salle funèbre, matière à de bien jolies antithèses, que j'abandonne à d'autres. Mais que des bouffons aillent grimacer aux portes de la Morgue; que des pîtres s'en viennent débiter leurs grotesques lazzis et leurs calembredaines grivoises en un pareil endroit; que cette foule, qui devrait au moins emporter une tristesse à défaut d'un remords, passe sans transition de ce spectacle-ci à ce spectacle-là, et qu'elle se range en cercle pour rire à plein ventre des folies souvent immondes d'un bateleur, après avoir contemplé cinq cadavres alignés côte à côte, dans cette terrible nudité qui devrait donner le frisson à tout homme vivant, voilà une chose révoltante et immorale entre toutes! La mort, celle-là surtout qui s'étale sur ces hideuses tablettes, a un caractère trop grave et trop lugubre pour qu'on la jette en proie à de telles profanations. Je ne passe jamais aux alentours de la Morgue, sans qu'il me prenne envie de chasser à coups de corde les drôles qui ont l'impudeur de descendre à un pareil trafic.

On ne peut supprimer la Morgue, je le sais, ni en interdire l'entrée au public, puisque c'est pour le public qu'elle est faite. Seulement, au lieu de la mettre au milieu de Paris, n'aurait-on pu, — je le demande humblement, tout prêt à reconnaître mon incompétence, — la reléguer à une extrémité solitaire de la ville, comme on fait des échafauds et des abattoirs? Ceux qui ont besoin de consulter les pages funèbres de ce registre de pierre ou de cuivre, où de nouveaux noms viennent sans cesse remplacer les anciens, sauraient toujours bien aller le trouver jusque-là.

Mais peut-être serait-ce incommode. Il y a tant de gens

qui ont aujourd'hui besoin de la Morgue, qu'elle est devenue un bâtiment de première nécessité, et il faut avoir soin de la tenir autant que possible à la portée de tous. Les suicides, en particulier, se multiplient dans une proportion telle que, si la chose n'était si triste, je dirais que c'est maintenant une banalité de fort mauvais ton de se jeter dans la Seine ou de se pendre à un arbre du bois de Boulogne. Je ne suis pas vieux, grâce au ciel, et je n'ose déjà plus compter tous les personnages de ma connaissance qui ont fini par le suicide. Parmi eux il en est trois surtout dont le souvenir obsède souvent ma mémoire. Bien des fois je leur avais serré la main. L'un s'est brûlé la cervelle par désespoir d'amour : caractère fougueux, victime d'une éducation bien supérieure à sa fortune, impropre, au sortir du collége, à toute profession positive et manuelle, il était tombé, de chute en chute, dans une baraque d'écrivain public. Amoureux comme un fou d'une jeune fille de vingt ans, il osa la demander à son père, petit mercier qu'il comptait éblouir par les prestiges de son esprit et de son instruction : le mercier, indigné, le mit à la porte. Dans la nuit, après une longue promenade à travers champs, il revint se tuer avec un vieux pistolet qu'il avait emprunté à son voisin, n'ayant point d'argent pour en acheter un.

Cela n'est pas neuf, on le voit. Mon Dieu, non, cela n'est pas neuf, je le sais bien, et c'est ce qu'il y a de pis.

Le second se croyait poëte. Il s'était fatigué en vains efforts, en agitations stériles et insensées, pour conquérir un peu de gloire et d'argent. Tout ce qu'il obtint, ce fut une cruelle satire d'un petit journal qui, ayant mis la main sur une production récente de ce rimeur inconnu, se passa la fantaisie de la commenter sans pitié et de l'accabler d'épigrammes, qu'elle méritait bien, du reste. Esprit léger et sans consistance, tête vive et faible, cœur superficiel, sans dignité, sans élévation, où jamais n'avaient pris racine ni une vraie pensée, ni un vrai sentiment, s'obstinant à faire des vers avec de longues réminiscences des poëtes romantiques, qu'il admirait aveuglément, sans les avoir jamais compris, — un jour, quand il n'eut plus le sou et qu'il fut las de traîner prétentieusement sur le pavé de Paris son existence parasite, se sentant à charge à lui-même parce qu'il était à charge à tout le monde, il pensa tout à coup à sa mère, pauvre fruitière de village, et retourna se tuer chez elle!

Oui, vraiment, il se tua, cet emphatique songe-creux, ce cerveau vide qui jouait au Manfred et à l'Obermann; il se tua comme il avait vécu, sans savoir et sans penser; il se tua pour *poser*, dans un dernier accès de vanité mesquine, ne comprenant pas plus la mort qu'il n'avait compris la poésie! Ce suicide d'un personnage bouffon est peut-être le plus épouvantable et le plus navrant. Le journal de la sous-préfecture, auquel il avait envoyé de nombreuses élégies, lui fit une pompeuse oraison funèbre : on eut la cruauté de prétendre que c'était le mort lui-même qui l'avait rédigée d'avance, et, pour qui le connut, il n'y a là rien d'invraisemblable.

Le troisième était un jeune juif fort instruit, doux, humble et tranquille; il servait de secrétaire à un grand personnage qui, dit-on, le laissait mourir de faim, sans qu'il pût parvenir à trouver ailleurs une place capable de le faire vivre. Découragé d'un échec dont sa timidité venait de le rendre victime à un examen important, il sortit un matin, déposa son caban chez le concierge, et s'alla noyer simplement, avec la même taciturnité peureuse et sournoise qu'il avait vécu. C'était un orphelin; il n'avait pas de famille. Son maître d'hôtel le reconnut à la Morgue; il en parlera longtemps encore à ses locataires.

Certes, je ne voudrais pas, renouvelant une accusation dont ce n'est pas ici la place, faire retomber tout cela sur la tête d'une littérature *sans mœurs et sans principes,* suivant la phrase usitée. Elle a déjà bien assez de ses péchés, la pauvrette, sans qu'on lui prête encore ceux des autres! Mais je trouve, — et ne le trouvez-vous pas aussi? — qu'on abuse singulièrement du suicide dans les vers et la prose de nos contemporains. Laissons de côté la morale, grand mot qui effarouche et met en défiance, pour nous placer à un point de vue simplement littéraire. Il est si facile de trancher le nœud gordien au lieu de le dénouer, de se tirer d'embarras au point où l'intrigue s'embrouille, à l'aide de ce moyen vulgaire qui répond à tout! Vous ne saviez que faire de votre héros? qu'il se tue! La situation trop tendue menaçait de se rompre? vite un coup de poignard ou une fiole de poison! Et l'on applaudit frénétiquement, car cela remue, parbleu! cela émoustille les nerfs de ces messieurs de l'orchestre. Rien de tel que la détonation d'un pistolet pour réchauffer un drame qui languit.

Au nom de Dieu, mes chers confrères, laissons la Morgue où elle est, et ne la mettons pas inutilement dans nos écrits, car cela n'est point beau à voir.

CHAPITRE SEIZIÈME.

MARCHANDS DE VIN, CAFÉS ET RESTAURANTS.

J'éprouve le besoin de me rafraîchir de ces lugubres images dans des lieux plus riants. Nous nous sommes assez longtemps occupés de la mort, parlons un peu maintenant de la vie. Voilà, je l'avoue, la seule raison qui m'engage à passer, sans autre préparation, au sujet énoncé dans le titre de ce chapitre.

Je me représente souvent Paris sous la forme d'un Pantagruel incommensurable, doué d'un million de mâchoires, d'un million d'estomacs, et d'un ventre de dix lieues de tour, qu'il a été obligé de faire cercler à neuf pour l'empêcher d'éclater. Il est assis à une table incessamment dressée, d'où monte en tourbillons impétueux le parfum pénétrant des brocs et des ragoûts. Les mets s'entassent devant lui par montagnes hautes comme l'Himalaya, qui disparaissent aussitôt dans les profondeurs insondées de ses infatigables entrailles; devant lui encore les boissons de toute sorte s'accumulent et bouillonnent dans des cuves gigantesques, en lacs grands comme des mers, qu'il faut renouveler sans relâche, et dont il ne reste plus trace la minute d'après.

Hélas! il y a toujours à Paris bien assez d'églises, de musées, de bibliothèques! Il y a trop de livres et de journaux! Mais il n'y a jamais assez de cafés ni de restaurants. Chaque jour on en élève des centaines de nouveaux. Ce développement prodigieux des instincts sensuels, des besoins voraces, des appétits gloutons, a de quoi effrayer le philosophe. Nous sommes de l'avis d'Harpagon : il faut manger pour vivre et pour penser, d'accord ; mais il ne faut pas penser et vivre pour manger.

Délicatesse, urbanité, bon goût, que devenez-vous au milieu de cette brutalité ? Ah ! bien oui ! l'urbanité et la délicatesse ! allez donc en chercher dans une ville qui boit chaque année je ne sais combien de milliers de barriques de bière, de pièces de vin et de fûts de liqueur ; qui dévore chaque jour 300 bœufs, 400 veaux, 300 porcs, 1,200 moutons[1], sans compter les volailles, et qui en dévorerait bien d'autres, si MM. les bouchers daignaient le permettre. Je ne parle pas, bien entendu, des chevaux, des chiens, des chats et autres animaux immondes qu'elle absorbe dans la candeur de son âme et de son estomac, arrosés par ces affreuses potions teintes avec des prunelles et du campêche, dont personne ne voudrait comme médecine, mais que tout le monde accepte comme du vin. Demandez de l'atticisme et des grâces à une ville qui mange pour trois millions cinq cent mille francs de fromage par an ! oui, pour trois millions cinq cent mille francs de fromage : les chiffres sont authentiques, je les ai pris à un statisticien, et il est sans exemple qu'un statisticien se trompe.

On se plaint que le Parisien dégénère, que ce n'est plus le spirituel et charmant causeur d'autrefois. Je le crois sans peine : il mange trop, il boit trop, il fume trop.

Essayez, pour commencer par en bas, de compter les

---

[1] Ce sont les chiffres d'avant l'annexion : ce maigre total est bien dépassé aujourd'hui.

(*Note de cette nouvelle édition.*)

marchands de vin dans Paris. Autour des grands centres d'agglomération plébéienne, leurs comptoirs se touchent et leurs garçons se coudoient. Ailleurs, il faut quelquefois faire dix ou vingt pas, jamais plus, pour aller d'une boutique à une autre.

Ils fourmillent surtout vers la place Maubert et la montagne Sainte-Geneviève, aux alentours des halles et des théâtres. C'est là que les commerçants en billets de spectacle ont établi leurs officines; là aussi que se réunit la claque des parterres de second ordre. Le marchand prélève un tribut sur le commun des romains, en obligeant chacun d'eux à faire une consommation de dix centimes au moins dans son établissement. L'impôt est forcé, mais du moins il n'est pas lourd.

Sans doute les comptoirs de marchands de vin sont une pierre d'achoppement pour bien des buveurs, mais la faute en est aux buveurs, non à eux. Si, chaque fois qu'on a le gosier desséché, il fallait prendre une glace à Tortoni ou un soda au café Cardinal, ce serait un peu cher pour ceux qui n'ont pas vingt mille livres de rente. Tandis que là, pour deux sous, taux de la consommation courante, vous pouvez savourer un *canon*, un orgeat ou une groseille, vous asseoir une heure dans la *salle*, et lire la feuille, c'est-à-dire le *Siècle*, car il n'y a pas de marchands de vin sans abonnement au *Siècle*. Rien à donner au garçon.

Ces messieurs tiennent pour la plupart restaurant, et leur cuisine, à défaut d'une délicatesse raffinée, brille par une mâle et saine franchise. Beaucoup ont des billards et des jeux de tonneau, tous des jeux de cartes. Leurs boutiques, hantées seulement, dans la journée, par quelques tapageurs qui font plus de bruit que de dépense, ont, dès sept heures du matin, vu défiler la plus grande partie de leur clientèle devant le comptoir. Le lundi, du reste, suffirait amplement à lui seul : il n'en faut pas plus, dans les lieux bien achalandés, pour faire la fortune du commerce. Car les marchands de vin font fortune, et la rotondité de leurs coffres-forts se trahit assez par celle de leur ventre, et par l'air satisfait dont ils portent leur chef apoplectique, emprisonné dans un col roide et droit, comme une tête posée sur un saladier.

J'admire souvent toutes les qualités rares dont la réunion est nécessaire pour qu'il en résulte un bon marchand de vin. La femme elle-même doit avoir la tête solide, le cœur martial, l'organe sonore, l'humeur libre et gaie, la main ferme ; il faut qu'elle ne s'effarouche pas d'un mot risqué, qu'elle ne perde jamais le coup d'œil juste et l'inébranlable sang-froid devant ce double rang de mains avides, qui se tendent toujours pour recevoir et ne se tendent pas toujours pour payer. Quant au mari, c'est bien autre chose, vraiment ! Il doit être le camarade de tous ses clients, distribuer les poignées de main, semer les éclats de rire et même les calembours, s'il peut atteindre jusque-là, se laisser taper sur l'épaule, ne jamais reculer devant un petit verre qu'on lui offre, et savoir en rendre deux à propos. Pour ne point rester au-dessous de ses fonctions, il a besoin d'un estomac capable d'absorber, sans faillir, de douze à quinze litres de vin par jour, cruelle nécessité à laquelle n'échappent pas non plus les propriétaires de ces petits cafés qui pullulent dans les moindres rues, et qui seraient déshonorés si jamais ils refusaient de jouer une canette ou un *gloria* avec leurs habitués.

Eussé-je les cent bouches de fer et d'airain que souhaitait le poëte, je n'essayerais pas d'énumérer toutes les variétés du genre qu'on rencontre à Paris, depuis les établissements de race patricienne, d'où le billard est proscrit comme de mauvais ton, jusqu'ux estaminets qui en ont dix-sept dans la même salle; depuis ceux où le provincial entre pour voir des professeurs de carambolage qui ont fait afficher la *grande belle*, jusqu'aux divans et brasseries plus ou moins littéraires où l'on aperçoit, ici un poëte tragique jouant aux dominos avec son éditeur, là le cénacle des lyriques de l'avenir culottant énergiquement des pipes. Le café s'est fourré partout; il vous poursuit dans les ruelles et les impasses, les galeries et les passages, au bal, au théâtre, à l'exposition, aux bains, aux concerts, sur les quais, sur et sous les ponts mêmes. C'est un vrai supplice qui irrite de provocations incessantes les papilles des pauvres diables à maigre bourse.

Cependant, il faut être juste, ce qu'on paye si cher dans les grands établissements du boulevard et du Palais-Royal, c'est le luxe des garçons, des marbres, des journaux, des dorures, tout en un mot, excepté le café. Quiconque est déterminé à se passer de tout cela peut satisfaire ses goûts au plus juste prix. Vous avez déjà vu sans doute, sur le pont de la Tournelle, une espèce de petit buffet établi en permanence, orné sur le devant de deux colonnettes et de deux robinets, et portant pour devise : *A la mère Patience! Café à la minute*. Sur le rebord s'étalent quatre ou cinq tasses vigoureuses, marquées encore des traces d'un liquide jaunâtre, que la mère Patience y laisse tout exprès dans un double but : d'abord pour bien faire voir aux passants qu'on boit de son café, ensuite que ce café a *du ton*, puisqu'il tache. La mère est assise sur une chaise à bras; son regard séducteur vous invite. Il faudrait n'avoir pas un sou dans sa poche (un de moins qu'en Turquie, ô civilisation!) pour se priver de ce divin nectar.

On ne peut se figurer à quels stratagèmes, à quelles inventions sublimes et désespérées se raccrochent les cafés qui périclitent, pour relever ou soutenir leur clientèle. Il s'est dépensé là des trésors d'imagination, des prodiges de verve créatrice, qui eussent suffi pour défrayer un poëme épique. Il y a des cafés qui se transforment en ménageries et montrent des singes savants; il y en a qui se jettent dans les exhibitions de colosses ou de Lilliputiens; d'autres qui font exécuter des quadrilles par un orchestre essoufflé, et des chansonnettes entremêlées de grands airs par une galerie de Malibrans au petit pied, avec accompagnements d'œillades et de sourires. Il y en a qui se bornent à écrire en grosses lettres sur la devanture: *Billard sans frais*, ou: *Les frais de billard en consommation*, puissante amorce pour les amateurs peu fortunés de ce noble jeu.

Mais tout cela n'est que poussière et fumée devant l'imagination de cet immense estaminet qui s'était avisé, il y a quelque deux ou trois ans, d'encourager les consommateurs en leur décernant comme prime une livraison de romans à vingt centimes, pour chaque franc de dépense.

J'ai longtemps douté qu'il se pût rien trouver de plus beau. Pourtant, un marchand de vin de la rue des Cordiers eut, un peu plus tard, une idée lumineuse qui peut soutenir la comparaison avec celle-là, d'autant plus que ce marchand était un homme illettré. Il occupait, à l'angle d'une ruelle inconnue, une étroite et sombre boutique où il se morfondait tout le jour dans la solitude. Voici ce dont notre homme s'avisa, après de mûres réflexions, pour aider la fortune à venir loger chez lui. Il fit distribuer largement, surtout dans le faubourg Saint-Marceau, un prospectus éloquent, portant en substance que, par suite d'arrangements avec plusieurs grandes maisons industrielles, il avait fait d'immenses provisions d'objets de toilette en tous genres et à tous prix, pour en gratifier ceux qui voudraient bien l'honorer de leur confiance. En fréquentant ce comptoir aux œufs d'or, on pouvait s'habiller des pieds à la tête sans bourse délier. Aviez-vous envie d'un pantalon ou besoin d'un paletot, il suffisait de lui acheter quelques litres d'eau-de-vie ou une pièce de vin, et le paletot premier choix, le pantalon garanti bon teint, étaient à vous par-dessus le marché. La plus minime consommation avait sa récompense et son encouragement: un orgeat de deux sous donnait droit à une bague *très-jolie,* disait le prospectus, *et du meilleur genre*. Au lieu de se faire payer en détail, on pouvait réunir les bénéfices pour les toucher en bloc, et c'est ainsi qu'à force d'aller prendre un canon tous les matins, pendant quelques mois, on finissait par acquérir une belle casquette avec sa visière, ou même un chapeau *extra-superfin*, de la valeur de 6 fr. 50 c.

Indiquez-moi dans l'histoire un système plus ingénieusement organisé, mieux fait pour encourager la foule à se ruiner au profit du commerçant, à force de bon marché ! On vit d'abord nombre de chiffonniers s'acheminer en chœur vers la boutique enchantée, brûlant de satisfaire à la fois leur sensualité et leurs aspirations vers le luxe. Chaque matin, quelques balayeurs enthousiastes allaient y gagner, tout en se mettant *un velours sur l'estomac,* de quoi faire un cadeau à l'objet de leur flamme. Les plus sages cumulaient sournoisement les intérêts, inébranlables au milieu des sarcasmes.

Mais, — ingratitude du public et caprice de la fortune! — ce beau feu dure peu. De sourds murmures se répandirent bientôt parmi les consommateurs; ils allaient répétant que les canons étaient trop petits, que les paletots sortaient du Temple et que les bagues étaient en étain. Ces messieurs auraient voulu sans doute, pour dix centimes, des canons d'un demi-setier et des bagues en or. Il est bien vrai que le prospectus semblait le donner à entendre. Mais tout le monde sait que l'hyperbole est la spécialité des prospectus, et il faut bien leur passer les figures de rhétorique; autrement, à qui les passerait-on?

Ce sont des cafés aussi, dans leur genre, que ces innombrables débits de prunes, cerises, chinois, marrons, poires, pêches, abricots à l'eau-de-vie, lesquels, alléchés par le succès de l'inébranlable maison Moreaux, se sont abattus par milliers sur tous les points de Paris. Rien que dans le réseau des rues qui avoisinent le Panthéon et l'École de médecine, on peut les compter par vingtaines. Cinq ou six sont arrivés à la gloire: les uns par la qualité supérieure de leurs consommations; les autres (c'est la majorité), par les charmes des Hébés du comptoir. Il est plus aisé d'avoir des Hébés ravissantes que de faire de bonnes prunes; demandez aux débits du quartier latin. Il n'y a dans tout Paris qu'un magasin où les prunes soient vraiment exquises; il y en a deux cents dont les odalisques feraient envie à celles du sérail.

Parole d'honnête flâneur, c'est un calcul ignoble de placer ainsi au comptoir des créatures splendidement décorées et le plus décolletées possible, à qui l'on recommande beaucoup d'indulgence et de faciles sourires. Il me paraît honteux de séduire les chalands par l'instinct sensuel, de les prendre à l'appât d'une œillade agaçante, comme on attire l'alouette aux reflets d'un miroir; de spéculer sur la corruption et le libertinage pour pêcher quelques gros sous en eau trouble. Il y a quelque chose de déshonorant dans ce commerce équivoque, qu'il faudrait laisser aux pourvoyeurs de débauches. Tant pis pour messieurs les débitants de chinois, sans en excepter leurs confrères des autres comptoirs, s'ils ne s'en aperçoivent pas.

Revenons aux prunes à l'eau-de-vie, c'est-à-dire à la maison Moreaux, qui a dit le dernier mot du genre. Voulez-vous jouir d'un coup d'œil curieux, allez vous planter un soir devant la porte entr'ouverte de cet Eldorado, qui écrase toutes les boutiques rivales avec ses plafonds de marbre et d'or, constellés de rosaces d'argent et de lustres en vermeil, dont la lueur éclatante fait resplendir, comme autant de soleils, les surfaces polies de ses bocaux de cristal et de son comptoir d'argent. Il y a toujours, en dehors, un bataillon d'une vingtaine de gamins, parsemés de blanchisseuses et d'Auvergnats, qui regardent d'un œil d'envie. Ils ont l'air, en effet, si joyeux et si insouciants, ces heureux consommateurs qui savourent des liqueurs jaunes, rouges et vertes, dans de petites coupes aux facettes brillantes, tout en faisant la cour aux belles dames du comptoir, qu'on prendrait pour autant de duchesses!

La foule des buveurs est fort bariolée. Grâce aux prix modérés de la consommation, à côté du dandy qui goûte à l'alberge et au marron confit, se glisse le maçon, qui va quelquefois jusqu'au petit verre de punch chaud, et même le chiffonnier, la hotte au dos et le croc en main, qui s'en tient à la prune classique, comme l'étudiant. Tout ce monde vit en bonne intelligence, et jette de concert ses noyaux sur le pavé; ramassez-les au bout du jour, et vous en trouverez quelque chose comme trois mille. On fume, on rit, on chante, on s'en va, on rentre; de petits pâtissiers circulent avec leurs corbeilles; des marchandes de *plaisirs* vous heurtent de leurs longues boîtes rondes; des bouquetières vous enfoncent, malgré vous, leurs violettes dans la boutonnière. Et cependant les Hébés, l'oreille toujours tendue, l'œil toujours aux aguets, surveillant tout sans en avoir l'air, reçoivent et rendent la monnaie, montent à l'échelle pour atteindre aux bocaux, enflamment le punch, servent d'une main infatigable des centaines de petits verres, et ne cessent de sourire d'une façon sereine pour faire croire qu'elles ont compris les madrigaux qu'on leur décoche de toutes parts, — tandis que la maîtresse de la maison, matrone aux appas florissants, assise en son coin, dirige tout d'un coup d'œil, anime, gourmande, conseille, et riposte gaiement aux galantes attaques des vieux habitués.

Je dirai peu de chose des restaurants : des petits, parce qu'ils ont été décrits bien des fois par les aventuriers de la littérature, les Teniers et les Brauwers du roman réaliste; des grands, parce que tout le monde a la prétention de les connaître mieux que celui qui en parle, et que, pour ma part, je n'ai point le bonheur de hanter les Frères Provençaux. Toutefois, je ne puis me résoudre à laisser de côté cet établissement en plein air, dit *Restaurant des pieds-humides*, qui se développe autour de la fontaine des Innocents. Là sont dressées une douzaine de tables, côtoyées de bancs à peine dégrossis, et où, pas n'est besoin de le dire, nappes et serviettes sont un luxe totalement inconnu.

La cuisinière dépose devant *la pratique* un couvert d'étain et une assiette de faïence à bords épais et profonds; puis, découvrant un long vase en fer-blanc qui gît à ses pieds sur le pavé, elle en retire, à l'aide d'une énorme cuiller, un liquide d'un gris jaunâtre où, comme eût dit Regnier, quelques choux éperdus se sauvent à la nage. C'est la soupe.

Quand la soupe est mangée, la femme passe délicatement sur l'assiette un torchon qu'elle a trempé dans un vase plein d'eau; et plongeant une véritable fourche dans une seconde boîte en fer-blanc, elle en extrait un morceau de bœuf, qu'elle submerge ensuite sous un amas de gros haricots noirs, puisés dans une troisième boîte.

Chacun apporte son couteau dans sa poche et sa miche sous son bras. Si l'on a soif, la fontaine est tout près.

Voilà le dîner. C'est plaisir de voir l'importance, la bonne foi avec laquelle tout ce monde,—piliers des halles, fournisseurs venus de la banlieue, ouvriers des alentours, saltimbanques, gamins des garnis voisins, et *tutti quanti*, — fait honneur à cette cuisine primitive. Les gamins surtout sont admirables d'aplomb; ils ne se gênent pas pour taper sur la table avec leurs couteaux, et pour *faire aller* la commère quand elle ne les sert pas assez vite. Souvent, — cet âge est porté sur sa bouche, — ils se jettent en Sybarites, moyennant un sou de supplément, dans la volupté ruineuse de la demi-tasse. Alors la physionomie du gamin rayonne de convoitise et de fierté; il regarde si les passants le contemplent; il remue lentement la cassonnade au fond du vase et déguste en gourmet. Celui qui traite les camarades a soin de jeter son argent devant lui de façon à le faire sonner, en criant :

« Hé ! la mère, payez-vous ! »

S'il n'y a plus de place aux tables, on s'assied sur les marches de la fontaine. Vient-il à pleuvoir, les plus délicats étendent un tablier sur leur tête, et ne se dérangent pas pour si peu.

J'allais oublier de dire que le total du menu se monte à trois sous : un sou de bœuf, un sou de haricots et un sou de potage, prix fixe et sans surfaire d'un centime. Il faut croire que les entrepreneurs y trouvent leur compte, car les concurrences se disputent les alentours de la fontaine [1].

J'aime mieux cet honnête restaurant que ces traiteurs dont la cuisine équivoque recèle dans son ombre d'inénarrables mystères ; qui louent aux bouchers, à tant par jour, de beaux quartiers de viande pour orner leur *montre*, et font manger à leurs habitués des *arlequins*, qu'ils confectionnent avec toutes sortes de débris et de restes achetés à pleins seaux.

En cherchant à la loupe dans les bas-fonds du Paris culinaire, on découvrirait bien d'autres établissements encore, providence des convives dont l'appétit est plus gros que la bourse. Laissons de côté l'*Asard de la fourchette*, découverte assez intéressante d'abord, mais qui a fini par devenir fastidieuse à force d'avoir été réchauffée et resservie aux lecteurs :

Occidit miseros crambe repetita magistros.

Je me bornerai à cette curieuse affiche, que je viens de copier, sans y changer un iota, dans un recoin de la rue

---

[1] Le restaurant des Pieds-Humides a naturellement disparu, lui aussi, dans les embellissements de la Halle.
(*Note de cette nouvelle édition.*)

Saint-Jacques, et que je vous invite à lire avec recueillement :

OUVERTURE.

FLÉTY, TRAITEUR.

Rue des Amandiers-Sainte-Geneviève, 8.

Bière, la bouteille.	0,10	Haricots, le plat.	0,05
Id. Id.	0,15	Ragoûts.	0,10
Café, la tasse, avec le petit verre.	0,10	Bœuf et lard.	0,10
		Saucisses.	0,05
Bouillon.	0,05	Id.	0,10
Id.	0,10	DESSERT.	
Choux, le plat.	0,05	Pruneaux.	0,05

Que dites-vous de cela ? Voilà la Maison-d'Or de MM. les chiffonniers, le Véfour des Lucullus et des Apicius du croc. Les autres dînent, sur une borne, d'un morceau de pain bis et d'une couenne.

Tout est précieux dans cette pièce, qui en dit plus qu'elle n'en a d'abord l'air, avec sa physionomie réservée. Veuillez, s'il vous plaît, faire attention au choix et à la variété des plats : choux, haricots, ragoûts, bœuf et lard, — des saucisses pour couronner le tout. Et à l'article *dessert*, quelle majesté, quel symbolisme profond dans cet unique article :

PRUNEAUX !

Pruneaux, cela dit tout. Ne me demandez point d'autres détails, je vous répondrais : Dessert, PRUNEAUX !

Voyez : il y en a même pour les gourmets ; on a ménagé un en-cas à la vanité de MM. les chiffonniers. Fléty a de la bière à 0,10 pour les jours ordinaires, et de la bière à 0,15 pour les lundis et grandes fêtes ; du bouillon à 0,05 pour les va-nu-pieds, et du bouillon à 0,10 pour les aristocrates. O profondeur! O Fléty! Qui me donnera la mine et la défroque d'un chiffonnier, pour que je puisse me hasarder sans péril dans le *cœnaculum* de cet incomparable traiteur, et goûter de ses ragoûts à 0,10 et de ses haricots à 0,05!

Puis admirez le laconisme superbe et majestueux de cette affiche! Pas de phrases, pas de grand mot, pas de coups de grosse caisse; point de réclame séduisante ni d'invitation doucereuse. Fléty dédaigne tous ces moyens vulgaires. Il se contente d'aligner sur deux rangs le nom des plats et le chiffre des prix, sans même ajouter l'épiphonème d'usage : « Propreté et célérité, » ou : « Le service se fait en argenterie. » Ah! bien oui : « Dessert, — pruneaux, 0,05; » et puis plus rien. J'aime ce calme et cette sérénité dans la force.

N'allez pas croire que ces petits restaurants soient les moins fréquentés. Avant de bien dîner, la foule veut surtout dîner à bon marché, et si beaucoup n'osent, uniquement par respect humain, aller s'asseoir chez Fléty ou autour de la fontaine des Innocents, ils se pressent volontiers aux tables d'hôte, de fort convenable, parfois même de superbe apparence, où l'on déjeune pour cinquante centimes, et aux restaurants philanthropiques où l'on dîne pour seize sous. Car il y en a, lecteurs (ou, du moins, il y en avait), et bien des gens font semblant de ne pas le croire, qui vont y manger tous les jours.

J'ai vu quelques-uns de ces établissements dont les tables sont prises littéralement d'assaut de quatre à huit heures. Il en est un, dans la rue Rambuteau, contenant trois cents places environ dans la salle basse, autant dans la salle haute, et qui, chaque soir, est en proie à sept cents convives, cent de plus qu'il n'y a de places. Vous franchissez le seuil ; votre regard plonge désespéré à travers ces longues files compactes et silencieuses, qui font ressembler le restaurant à un réfectoire immense où la communauté se trouve au complet. Un garçon s'empare de vous, trouve moyen d'écarter deux convives, malgré leurs protestations énergiques, et vous glisse adroitement dans l'espace intermédiaire, en vous assurant que vous serez très-bien. C'est un va-et-vient continuel, étourdissant, effrayant. On groupe les candidats en bataillon carré dans l'angle du comptoir. De minute en minute, le directeur de l'établissement, semblable au pitre des baraques foraines, chargé de faire patienter la foule dans l'intervalle de deux représentations, vient leur répéter que dans une seconde ils vont avoir des places, que Monsieur (en vous désignant) en est au dessert, et va certainement partir à l'instant même. Ou bien on engage les infortunés à monter dans la salle haute, quoiqu'on sache parfaitement qu'il ne s'y trouve pas de place ; mais on espère que pendant cette excursion il se produira des vides qu'ils combleront au retour : c'est une manière ingénieuse de gagner du temps.

Sur chaque tabouret libre se ruent des quatre points cardinaux des compétiteurs acharnés : il devient le centre d'une bataille où domine parfois la force, plus souvent la ruse ; on se le dispute, on se l'arrache, comme le cadavre de Patrocle, et le vainqueur s'assied sur sa conquête, avec la noble et légitime fierté d'un triomphateur.

Mais combien d'autres restaurants comptent un par un leurs rares visiteurs, malgré les séductions d'une affiche telle que celle-ci :

ON SERVIRA DU PAIN FRAIS !

J'ai trouvé ailleurs cette invitation piteuse, tracée sur des écriteaux parsemés çà et là entre les carafes et les salières :

SI ON EST CONTENT, ON EST PRIÉ DE DEMANDER
UN ANNEAU.

Plusieurs ont la ruse de remplir leurs casiers de serviettes sales et roulées, pour faire croire qu'ils comptent leurs abonnés par centaines.

Ce qu'on mange là-dedans sous prétexte de bifteck, ce qu'on y boit sous couleur de vin, on l'a déjà dit bien des fois. Je ne suis pas assez versé dans l'étude de la chimie et de l'histoire naturelle pour affronter de sang-froid les arcanes de cette périlleuse analyse.

Voici seulement un petit fait, complétement historique, que j'emprunte à la *Gazette des Tribunaux*, où il y a tant de choses à prendre pour quiconque veut approfondir les mœurs et les petites industries parisiennes. La scène se passe au *Veau français*, vers l'heure du dîner. La salle est encore à peu près vide. Un habitué du lieu, impatienté d'appeler en vain le garçon, pénètre familièrement dans la cuisine, et là, que trouve-t-il ? Le garçon demandé, le garçon lui-même, absorbé tout entier dans une préparation culinaire, qui n'a point été définie par Carême ni Brillat-Savarin. Il s'occupait, si vous voulez le savoir, à *faire des yeux* au bouillon, par un moyen aussi ingénieux qu'économique : pour ce, il avait rempli sa bouche d'huile, jusqu'à se gonfler les joues en forme de ballon, et à l'aide de petits coups secs, frappés de chaque côté à la fois avec la paume des deux mains, il faisait jaillir vivement, par les lèvres entr'ouvertes, un jet qui, tombant dans un grand vase plein d'un liquide jaunâtre, produisait à la surface un *œil* superbe et bien propre à chatouiller la convoitise d'un épicurien. La chronique rapporte que le client, indigné, s'oublia jusqu'à lever la main, ou le pied, sur le garçon : comment fit-il pour n'être pas désarmé par la simplicité pleine de grandeur de cette invention, digne en tout point du siècle qui a porté si haut l'industrie?

Je me suis étendu sur ce chapitre plus longtemps que je ne croyais et que je ne l'aurais voulu. Que conclure de tout cela, car on dit qu'il faut une conclusion à toutes choses : ὁ μῦθος δηλοῖ ὅτι Paris mange trop, Paris boit trop, Paris se livre, sans pudeur et sans retenue, aux instincts sensuels qui l'entraînent à la dérive.... Et puisque je suis en train de moraliser, j'aime autant poursuivre sur ce ton pour me décharger tout d'un coup.

CHAPITRE DIX-SEPTIÈME.

RÉFLEXIONS D'UN JEUNE HOMME QUI NE DANSE PAS FOURVOYÉ DANS UN BAL PUBLIC.

Un soir, après avoir dîné dans ce restaurant à prix modéré dont j'essayais tout à l'heure de tracer le tableau, je m'acheminai du côté du Palais-Royal. J'aime le Palais-Royal, surtout cette large galerie qui s'appelait, il y a quelques années, la galerie d'Orléans, et qui s'appelle je ne sais comment aujourd'hui. Je l'aime, parce que, quand la foule se presse entre ces magasins resplendissants de lumière, sous cette voûte de cristal étincelante et splendide, le brouhaha sourd, discret et contenu, formé du bruit des pas frappant les dalles d'un son monotone, et du murmure voilé des conversations qui susurrent à voix basse, comme la brise dans la feuillée; la lueur et l'arome des cigares, la vague apparition des promeneurs, semblables à des ombres ou à des flots qui passent et repassent dans le demi-jour devant les regards indécis, tout enfin y dégage je ne sais quelle vapeur fantastique et enivrante qui vous saisit peu à peu, et, si je l'ose dire, vous *grise* par degrés, en vous engourdissant dans une torpeur pleine de charmes. Il me semble flotter alors entre le sommeil et la veille, et je sens la rêverie monter lentement jusqu'à mon cerveau, comme une nappe de fumée qui s'élève au plafond.

Il commençait à pleuvoir. Je rencontrai en route, dans la rue Montesquieu, une façade ornée de deux colonnes, entre lesquelles pendait une lanterne rouge. A travers la porte, que l'on entr'ouvrait à chaque instant, s'échappaient des rafales d'harmonie, jouant ces airs de polkas et de mazurkes qui donneraient le vertige à un couple de quakers. Je m'étais d'abord réfugié, indécis, à côté du municipal, qui se tenait debout, les deux mains l'une dans l'autre, sur le seuil de ce lieu de délices. A la fin, je suivis un groupe de nouveaux arrivants et j'entrai.

Plaignez-moi, mais ne vous hâtez pas trop de me crier haro, car, en vérité, j'étais à peu près dans la même position que ce pauvre baudet de La Fontaine. Il pleuvait, je n'avais point de parapluie, et je craignais de gâter mon chapeau neuf. En outre, il n'en coûtait que cinquante centimes : on ne pouvait guère pécher à meilleur compte. Joignez-y l'occasion, et, je pense, quelque diable aussi me poussant. Que de circonstances atténuantes ! et où est le pharisien qui oserait me jeter la première pierre?

A mon arrivée dans la salle, je fus étourdi, aveuglé. Je ne vis qu'une masse houleuse, un chaos noir et blanc tourbillonnant dans un galop frénétique. Un nuage de poussière s'engouffra dans mes yeux et mes narines, et ne s'arrêta qu'au fond de ma gorge. Un ouragan de cris désordonnés, de hourras, de hurlements de joie, d'interpellations, de vociférations, se précipita, comme une trombe, dans mes oreilles. Pour ne pas tomber à la renverse, je m'appuyai contre une des minces colonnettes qui soutiennent le bâtiment, et j'écrasai, pour mon début, le cor d'un sergent de ville qui surveillait les évolutions hasardées d'un avant-deux. L'homme de la loi se retourna sans mot dire, et, levant un œil sévère, me regarda jusqu'au fond de l'âme; puis, devinant sans doute à ma physionomie que la malveillance était complètement étrangère à cet incident, il se remit à son premier examen. Mais il n'était plus temps : les deux *vis-à-vis* avaient profité de la distraction de l'inquisiteur pour se lancer en un *chassez-croisez* peu légal, et ils riaient sous cape de ce bon tour.

Dans tous les coins se dressaient des billards anglais où joueurs et joueuses tentaient la fortune entre deux contre-danses, et parvenaient quelquefois à gagner une salière. Des marchandes d'oranges et de bouquets circulaient dans la salle, criant d'une voix monotone : Voyons, Messieurs, rafraîchissez vos dames ! fleurissez vos dames ! Au fond s'étendait un couloir obscur, fastueusement décoré du titre de salon de conversation, où quelques duos se chuchotaient à voix basse dans les recoins les plus sombres, et où se promenaient de long en large une demi-douzaine de prévaricateurs fumant un cigare en cachette, et mis à chaque instant en déroute par l'apparition d'un surveillant.

On afficha successivement à l'orchestre des pancartes de carton, portant en grosses lettres noires : Polka, Schotisch, Varsovienne (la danse des ours, comme l'appelle fort expressivement le public de ces lieux). On sautait toujours. Je restais cloué à ma place, regardant sans voir et sans comprendre, le cerveau tourbillonnant, les jambes chancelantes. Dans un entr'acte, je m'avançai au milieu des promeneurs, qui roulaient comme des flots autour de la salle en attendant la reprise de leurs exercices. J'examinais ce monde d'un œil hébété, inquiet, me heurtant à tous les coudes, marchant sur tous les pieds, récoltant des bourrades et de lourdes épigrammes. A me voir errer ainsi, mélancolique et effarouché, comme un oiseau de nuit relancé dans sa retraite par une noce de village, ces messieurs devaient se demander, en effet, ce que j'étais venu faire là. Je ressemblais à un digne bourgeois qui voit jouer pour la première fois Grassot et Ravel, et cherche avec angoisse la signification morale d'un vaudeville de la Montansier.

Au bout d'un moment, le chef d'orchestre frappa de nouveau de son archet sur son pupitre; les premières mesures donnèrent le signal, et on afficha : Contredanse. Les cavaliers se précipitèrent sur les bancs et invitèrent leurs dames; on se forma peu à peu. L'ordonnateur allait d'un groupe à l'autre, essayant de mettre quelque harmonie dans ce chaos, plaisanté par les uns, bousculé par tout le monde, aux éclats de rire des filles. Les sauts recommencèrent, plus échevelés encore et plus furibonds que les précédents. Il se forma près de moi un noyau des danseurs les plus illustres, et aussitôt une marée de spectateurs reflua jusqu'à eux et me repoussa rudement en arrière. Je me réfugiai dans le salon de conversation, m'assis sur un canapé jaune, et pris ma tête dans mes deux mains, tout triste et plein de rêveries lugubres.

Décidément, je m'amusais beaucoup.

Je ne sais combien de temps je demeurai ainsi. Une invasion de barbares me réveilla en sursaut; ils venaient d'entrer bras dessus, bras dessous, et montaient bruyamment l'escalier qui conduit au café de la galerie supérieure. Je les suivis machinalement, n'ayant pas encore le courage de m'en aller, quoique j'en eusse fort envie.

C'était bien pis là-haut. L'orgie s'y étalait à plein. Il fallut me faire jour parmi les tables où se pressaient buveurs et canettes, nymphes et demi-tasses, à travers des couches opaques d'habitués qui me dévisageaient insolemment, ne me reconnaissant point pour un ami de la maison. Je passais devant une table où flamboyait un punch, lorsque j'entendis deux dames rire très-haut; c'était de moi qu'elles riaient, évidemment. J'essayai de me donner une contenance, et me retournai lentement, en les foudroyant avec mépris d'un coup d'œil majestueux. Elles recommencèrent de plus belle. A leurs yeux et à leur attitude, je vis bien qu'elles étaient à moitié ivres. J'effectuai donc ma retraite en bon ordre, honteux de sentir le rouge me monter au front.

J'allai m'appuyer contre la balustrade, et je regardai à mes pieds. L'orchestre mugissait à tout rompre : le triangle, la grosse caisse, le tambour, la flûte, les trois violons, semblaient pris d'un vertige diabolique; le chef, dans un paroxysme d'exaltation, brisait sa baguette sur le pupitre ; les danseurs accompagnaient de leurs voix criardes et enrouées les modulations emportées de la musique, en poussant des hourras d'allégresse et des hurlements de triomphe comme un cénacle de bêtes sauvages, tandis que les buveurs eux-mêmes, surexcités par l'enthousiasme commun, se dressaient convulsivement, brisaient les verres et grimpaient sur les tables. C'était un effroyable salmigondis de bras contournés, de tailles frénétiquement cambrées, de jambes se levant à la hauteur de la tête pour retomber en pointe sur le plancher, de têtes se précipitant au niveau du genou, de pieds lancés avec prestesse à la face du vis-à-vis. Si Dante eût vu un pareil spectacle, nul doute qu'il n'eût infligé ce supplice à ses âmes damnées ; c'est bien ainsi qu'on doit danser, si l'on y danse, dans les cercles infernaux.

J'examinais chaque visage, et j'étais effrayé de l'expression commune et triviale, lorsqu'elle n'était pas ignoble, qui s'étalait effrontément sur la plupart. Ces jeunes gens, commis et garçons des boutiques voisines, avaient presque tous des allures de lieu suspect ; tout en eux, le regard, la démarche, le geste, la voix et le rire, exhalait je ne sais quelle odeur repoussante et fétide. Quant aux femmes, bonnes, cuisinières, grisettes, je n'en trouvai pas une seule qui eût une ombre de beauté réelle ; tout cela était dévasté, décrépit, replâtré tant bien que mal,—ruines sur ruines, où la misère débauchée avait tracé son plus hideux sillon, — laideurs repoussantes où grimaçait un reste de jeunesse effrontée et ricaneuse, qui était une laideur de plus.

O grâces, ô atticisme, ô décence ! m'écriai-je à part moi. O corps humain, à qui Dieu a donné une face sereine et tournée vers les cieux ! O sexe aimable et doux, charme de l'esprit, délices du cœur, idéal du poëte !

A tout instant, je voyais, du haut de mon observatoire, à travers ces vagues en travail, quelque commis lubrique poursuivre une cuisinière, Galatée d'épaisse encolure, qui faisait semblant de s'enfuir derrière les saules. Quelques couples, que d'autres apostrophaient en passant de plaisanteries grivoises, s'échappaient de minute en minute, et, malgré le dégoût qui me soulevait le cœur, j'avais le rude courage d'examiner la sentine jusqu'au fond.

Après tout, me disais-je, c'est là le but ; je suis bien naïf de m'indigner. Qu'est-ce donc que ces établissements qu'on nomme des bals publics, sinon, pour la plupart, des marchés où les femmes équivoques, les beautés flétries, qui peuvent entrer gratis, accourent s'exposer chaque soir et se mettre à l'encan ? Mais moi, qu'y suis-je venu faire ?

Et je m'acheminai vers la porte.

Pourtant, ce n'était point un bal masqué que je venais

de voir ; c'était un bal ordinaire, simple, innocent, gentil. Les bals masqués, Dieu me préserve d'y aventurer jamais ma plume de flâneur !

Ce sont là des réflexions bien moroses, n'est-ce pas, et vous riez peut-être de mon humeur farouche ! Que voulez-vous ? je ne danse point, et j'aime à m'occuper.

CHAPITRE DIX-HUITIÈME.

LA PORTRAITUROMANIE, CONSIDÉRATIONS SUR LE DAGUERRÉOTYPE.

En laissant retomber derrière moi la porte de la salle de bal, je poussai le même soupir de soulagement que Télémaque lorsqu'il passa du Tartare aux Champs-Elysées. Je me retrouvai sous le péristyle, près du même municipal que j'y avais vu en entrant. Il était occupé à passer en revue, d'un regard somnolent, une galerie de portraits au daguerréotype qui tapissait de tous côtés les parois du vestibule. Comme il pleuvait encore, je fis ce que je lui voyais faire, et peu à peu cet examen m'absorba. J'étais, on vient de le voir, en veine de morale et de philosophie; aussi ce spectacle me suggéra-t-il bientôt des réflexions innombrables, dont le lecteur ne se douterait peut-être pas, si je ne lui en faisais part, en les abrégeant.

Ces réflexions roulaient sur l'une des plus déplorables parmi les nombreuses épidémies qui, dans ces derniers temps, ont fait leur proie du Parisien : la portraituromanie, s'il m'est permis de faire mon petit néologisme après tous les autres, et de créer un mot nouveau pour une chose nouvelle.

On a remarqué qu'il ne s'était jamais tant coulé de statues en bronze, taillé tant de statues en marbre, que depuis quelques années. La moindre sous-préfecture s'empresse, avec un zèle louable, d'élever devant la mairie, au son des trompettes et des discours, un piédestal à quelque petit grand homme exhumé de l'oubli pour la circonstance, et qui s'est illustré jadis par un sonnet, une grammaire ou un vaudeville.

Quant au bourgeois parisien, à moins d'être décoré ou membre d'une académie, il n'ose encore se faire dresser une statue en pied, de son vivant, et il s'en tient au buste ou bien au médaillon. Il s'en tient surtout au portrait.

Entrez à une exposition quelconque; vous êtes sûr d'y voir une foule de messieurs fort laids, et de dames dont, par courtoisie, je ne veux rien dire de désagréable, qui se sont fait représenter sur la toile dans des attitudes superbes et avec des expressions héroïques.

Ce n'est pas que je blâme en aucune manière cette belle passion de se faire peindre, qui possède la plupart des citoyens de Paris : loin de là ! Le mal est que, n'entendant rien à la peinture pour la plupart, ils n'en viennent pas moins dans les ateliers avec leurs goûts, leurs idées, leurs préférences, leurs vues à eux *sur la matière*, qu'ils cherchent, naturellement encore, à faire prédominer, avec la majestueuse obstination du bourgeois convaincu.

Il y a une classe d'artistes méconnus, dont on dit beaucoup trop de mal : ce sont ces braves gens qui font de si jolis portraits, doux, léchés, mignons, luisants, aussi propres que la prunelle de l'œil, où l'on peut se mirer comme dans un parquet bien verni. Leurs œuvres sont exposées dans les rues populeuses, au coin des passages, sur les boulevards, avec l'adresse du peintre et le prix de la chose, qui varie de 20 francs à 100 francs, les mains comprises. Ces utiles artistes semblent faits tout exprès pour initier les bourgeois à la connaissance de l'art et pour les réconcilier avec les peintres. C'est pourquoi, disciples de saint Luc, lorsque vous verrez s'avancer près de votre chevalet quelqu'une de ces bonnes têtes de Joseph Prudhomme, immortalisées par les crayons de Cham et de Daumier, quelqu'un de ces glorieux personnages chargés de bagues d'or, de breloques et d'épingles de cravate, qui débuteront par vous recommander de leur donner sur la toile du linge bien blanc et de les faire sourire, hâtez-vous de leur tendre l'adresse de ces **Van-Dycks** à prix modéré, à moins que vous n'ayez grand besoin de quelques billets de cent francs, ou que vous ne vous sentiez doués de beaucoup de philosophie et de condescendance.

Le martyre commence dès la première séance, quand il s'agit de leur faire prendre une pose raisonnable. Tous voudraient être peints de face, avec la lumière tombant en plein visage. Pas de profil, c'est trop mesquin et trop anguleux; pas de trois-quarts, c'est une position qu'ils ne comprennent point. Si vous adoptez le trois-quarts, gare au désenchantement et aux réclamations! Ce côté de la figure dont on n'aperçoit que la moitié leur paraît une duperie et un non-sens. Ils voudront qu'on distingue leurs deux joues bien en face, et se montreront choqués au dernier point de cet œil qui, sur la toile, est plus petit que l'autre, et qui risque, dans leur opinion, de les faire passer pour borgnes.

Ces messieurs tiennent essentiellement — et qui aurait la cruauté de leur en vouloir ? — à ne laisser perdre aucun détail de leur physionomie, à l'étaler dans toute son ampleur et sa majesté. Ils ont droit à une vue d'ensemble, puisqu'ils payent ce qu'il faut : pourquoi supprimerait-on d'un coup la moitié de la tâche? N'est-ce pas tricher l'acheteur que de simplifier ainsi la besogne? Ils ne sont pas venus pour faire peindre leur joue droite ou leur joue gauche, mais leur figure, qui se compose de deux joues, aussi bien que de deux yeux et de deux oreilles. Encore est-ce bien peu des deux joues ! Ils n'osent pas trop le dire ; mais ils voudraient qu'on les vît de tous les côtés à la fois, et il leur semble qu'en cherchant on pourrait trouver un moyen, en ce siècle où l'on a inventé tant de choses!

Je connais une belle dame qui, se faisant représenter de face, exigeait absolument qu'on distinguât sur la toile la torsade de ses magnifiques cheveux noirs enroulés sur sa nuque. On s'évertua vainement à lui en faire comprendre l'impossibilité matérielle: c'était peut-être difficile, daignait-elle avouer, mais elle était convaincue qu'un peintre habile en viendrait à bout. Bref, elle ne pouvait croire que l'art fût si peu avancé. Après une longue discussion, il fallut, de part et d'autre, se plier à un compromis; un léger trois-quarts, aidé de quelque accroc complaisant de l'artiste aux lois de l'attitude, donna satisfaction au caprice de la belle dame. Elle eut un portrait manqué, mais elle eut sa torsade.

Il est rare qu'un bourgeois se fasse peindre sans les mains, ou ce sera malgré lui. Un portrait sans mains n'existe pas pour le bourgeois : c'est quelque chose d'incomplet comme un cul-de-jatte. La posture et l'expression des mains le préoccupent au plus haut degré. Les uns se font représenter la dextre sur la poitrine; les autres, négligemment repliée sur la ceinture, ou tombant le long de la cuisse ; d'autres encore, le coude rejeté en arrière sur le dossier d'une chaise, comme le portrait de Schubert, dans les *Mélodies* de leur fille. Pour madame, il lui faut une rose à la main, ou, à tout le moins, au corsage. Jadis, c'était un oiseau sur le doigt; mais l'oiseau a fait son temps et cédé sa place à la fleur.

La plupart des dames ont la manie de poser, la poitrine en avant, la tête penchée, la bouche en cœur, avec un sourire stéréotypé qu'il faut rendre, sous peine de s'entendre dire qu'on les a vieillies et renfrognées. Mais voici le problème : c'est qu'elles veulent absolument sourire sans qu'on leur allonge la bouche ; vous serez bien heureux, au contraire, si elles n'exigent pas encore que vous la rétrécissiez, et si ces lèvres de poupée minaudière, qui seraient trop courtes pour une petite fille faisant la moue, ne leur semblent pas trop longues, même pour le sourire.

« Le corset est-il utile? Oui et non, » dit une magnifique enseigne du quartier Saint-Germain. Quoi qu'il en soit de cette grave question d'hygiène, on peut affirmer qu'au point de vue de l'art, et malgré l'opinion de la plus belle moitié du genre humain, le corset est presque toujours une absurdité déplorable. Avant de se faire peindre, on aura grand soin de s'écraser préalablement la taille et de s'aplatir la poitrine dans ce laminoir, et l'artiste, bien entendu, doit reproduire scrupuleusement ces contours étriqués. Ni la Vénus de Milo, ni la Vénus de Médicis, ni la Madeleine du Corrége, ni les Nymphes de l'Albane, ni aucun de ces splendides ou gracieux types de femmes créés par le pinceau des grands maîtres, n'ont jamais porté de corset ; mais montrez-nous une dame de nos jours, duchesse ou financière, que ces raisons aient touchée, et je l'irai dire à M. Dubufe !

C'est qu'avant tout duchesses et financières tiennent à ce qu'on voie, au premier coup d'œil jeté sur leur portrait, qu'elles appartiennent au monde *comme il faut*. Elles se préoccupent encore moins d'être belles que de l'être à la façon du jour, et il semblerait, à les voir et à les entendre, qu'elles posent pour des gravures de modes. Soignez la ressemblance de la robe au moins autant que celle de la figure ; rendez-en avec scrupule, avec respect, la couleur, le dessin, la coupe, les fleurs, la richesse ; surpassez-vous dans les dentelles, la gaze et les bijoux, et vous serez un grand peintre.

Ces dames arrivent aux séances avec des robes très-décolletées, comme si elles allaient au bal, montrant leurs épaules pointues, que l'artiste aura la galanterie de *poteler* un peu, accoutrées de toilettes à couleurs voyantes et criardes. Vous ne parviendrez pas à leur faire comprendre que tous ces falbalas produiront un effet désastreux ; vous ne leur persuaderez point surtout qu'il vaudrait infiniment mieux revêtir des nuances modestes, qui feraient valoir la physionomie au lieu de l'effacer ; que dans un portrait l'intérêt et le regard doivent se réunir sur la figure, partie principale, où rayonnent le sentiment et l'idée, et que tout ce qui en détourne l'attention est une faute et une maladresse.

Il faut donc pardonner beaucoup aux Apelles ordinaires des beautés féminines. On leur reproche souvent de représenter des poupées habillées en grande cérémonie et d'être des peintres de robes et de volants. Cela est vrai ; mais, hélas ! que faire avec d'intraitables clientes dont le tyrannique mauvais goût s'impose à l'artiste et reçoit, sans plier d'une ligne, toutes les observations et toutes les supplications ? Comment peindre une peau si bien badigeonnée et rebadigeonnée qu'on n'y voit que du blanc de céruse et du rouge végétal ! Songez un peu à tout ce qu'on a demandé au peintre, aux fantaisies, aux caprices, aux exigences contradictoires, — aux perpétuelles concessions qu'il a dû faire! Songez-y, et il ne vous restera plus de courage que pour l'indulgence.

Ce qui effraye surtout les bourgeois, ce sont les ombres du modelé; ils ne voient là que du noir, qui rembrunit et attriste la figure. Cette nuit sur leur face les désole et les navre. La moindre *tache* dans la physionomie du tableau les alarme; chaque pli leur semble une ride. Pas de demi-teintes, mais une carnation uniformément blanche comme une buffleterie, et délicatement nuancée de rose aux pommettes! Pas d'empâtements : cela est raboteux et grossier! Les dessins des journaux de dames et de tailleurs, voilà leur secret idéal! C'est propre, c'est soigné, c'est *fondu;* les cheveux sont artistement arrangés (peintres, n'oubliez jamais ce grand point dans le portrait d'un bourgeois, et faites-vous coiffeurs pour lui plaire); les cils, les ongles, les yeux sont nettement dessinés et coloriés avec amour; la pose est gracieuse et la taille fine. A la bonne heure, au moins! tandis que ce malheureux peintre, quoiqu'il y mette le temps, a l'air de brosser sa toile avec un balai et de vider sa palette pêle-mêle sur son tableau.

Aussi s'y prennent-ils de mille façons insidieuses pour avertir l'artiste, quand ils n'osent le faire directement. Ils le harcèlent d'allusions, pour l'amener à l'un de ces chefs-d'œuvre où l'on ne voit pas de coups de pinceau.

« Il me semble que monsieur me fait un peu noir, hasarde le mari.

—O mon ami, riposte l'épouse, certainement, si cela devait rester ainsi, mais ce n'est pas terminé. Il faut d'abord commencer par ces teintes-là, et puis l'on met du blanc par dessus. N'est-ce pas, Monsieur? Monsieur sait bien que tu n'es pas un nègre, n'aie pas peur, et il a trop de talent pour te gâter la figure. »

C'est encore une des plus désastreuses habitudes des bourgeois qui se font peindre que de se lever à chaque instant pour voir où en est le portrait. Ils s'étonnent de la lenteur des progrès, du temps qu'il faut à l'artiste pour finir un œil, et n'y comprennent rien, lorsque, au bout de plusieurs séances, ils croient apercevoir l'œuvre toujours au même point, ou même moins avancée que d'abord. Ils se désolent des tons tranchés, bleus, violets, verdâtres, qu'ils découvrent dans la physionomie à peine ébauchée. L'un des membres du couple est toujours derrière le peintre, suivant, sans se lasser, les évolutions de la brosse, et le torturant de ses réflexions et de ses conseils : c'est le cou qui est trop court ; c'est le front qui est trop bas ; c'est le nez qui est trop long ou trop gros. Le malheureux est accablé d'observations, d'exclamations et de rectifications. Une dame ne manquera jamais vers la fin, d'amener son amie intime, pour donner son jugement. Je l'entends d'ici :

« C'est assez bien toi; mais il me semble que ton visage a quelque chose de plus avenant, je ne sais quoi de... plus vif, et de... plus délicat. Tu as l'air plus jeune ; ta physionomie est plus riante; tes yeux sont plus éclatants. »

Remettez donc le portrait sur le chevalet, pour satisfaire à l'opinion de la serviable amie, qui est venue si à point exprimer ce que la cliente brûlait de vous dire elle-même.

Ces braves gens s'imaginent volontiers qu'il est de leur intérêt de faire beaucoup d'observations à l'artiste, et que plus on le surveille, plus on y gagne, comme chez le fournisseur. Ils ont toujours remarqué, dans leur *partie*, que les *pratiques* les plus difficiles sont les mieux servies et qu'on ne donne aux autres que de la *camelotte* : ils agissent en conséquence. Et puis ils sont bien aises de faire voir que l'on s'y connaît, tout bourgeois que l'on soit. Mais le résultat est autre qu'ils ne l'avaient espéré : à force de tracasser l'artiste, ils l'ennuient et le dégoûtent de son œuvre, et le seul fruit qu'ils en retirent c'est de lui faire *gâcher* le portrait.

Il y a des peintres que cette ignorance des bourgeois dans tout ce qui touche aux beaux-arts, cette inintelligence profonde, incurable, des conditions les plus élémentaires, cette obtuse et complète inaptitude à rien comprendre de ce que le dernier rapin du dernier atelier de France saisit du premier coup, irritent et exaspèrent jusqu'à la fureur. C'est un tort. Pourquoi en vouloir aux bourgeois d'avoir les goûts, les opinions, les idées de leur état social? C'est le contraire qui serait étrange et inconcevable.

« Soit, disent-ils, mais alors qu'ils aient au moins conscience de leur ignorance, et qu'ils ne se mêlent pas de vouloir critiquer, conseiller et diriger le peintre. »

Vous êtes charmants, en vérité ! Qui donc a conscience de son ignorance, même parmi ceux qui le disent? Et comment voulez-vous qu'un excellent homme dont on fait le portrait, et qui, par conséquent, est partie intéressée dans la question, ait le détachement, dont personne ne serait capable à sa place, de ne pas chercher à faire prévaloir sa petite opinion, que, fort naturellement, il croit la meilleure! Du reste, il paye *l'article;* et vous voudriez qu'il abdiquât le droit, acheté en entrant, de critiquer celui qu'il honore de sa clientèle, et de se faire servir à son gré pour son argent? Cette abnégation surhumaine ne s'est jamais vue.

Ainsi, d'une part, les bourgeois ont le droit, en leur qualité de bourgeois, de ne rien entendre du tout à la peinture; de l'autre, ils ont le droit, en leur qualité d'acheteurs, de chercher à faire prévaloir leur goût. Mais l'artiste a le droit, à son tour, de ne pas entreprendre leur portrait; ou bien, s'il l'a entrepris, de se satisfaire soi-même en mécontentant le bourgeois, ou de satisfaire le bourgeois en se mécontentant soi-même, et de livrer un *croûte*, que notre Midas prendra pour un chef-d'œuvre.

Au fait, a-t-il bien ce dernier droit? C'est une question que je pose aux casuistes de l'art.

La meilleure et la plus sûre manière de prévenir toutes les objections du client, est de l'embellir sans vergogne. S'il a des verrues, gardez-vous de les rendre : ce ne sont pour lui que des grains de beauté. Soyez persuadés qu'il ne jugera jamais que vous ayez dépassé les bornes, et que plus il sera flatté plus il se trouvera ressemblant.

Ne voit-on pas bon nombre de femmes montrer complaisamment leur portrait, dans le but indirect de faire admirer leur grâce et leurs charmes, sans s'apercevoir que la comparaison est facile à établir? Elles croient qu'on les jugera plutôt d'après la copie que d'après l'original, et qu'on ne remarquera même point que la copie est infidèle, parce qu'elles ne l'ont pas remarqué elles-mêmes.

Appliquez-vous surtout à faire à ces messieurs un *coffre* de solide apparence, de larges épaules, des membres vigoureux; peignez enfin ce qu'on appelle vulgairement **un bel homme,** quelque chose comme ces tambours-majors ou ces cuirassiers que les bonnes d'enfants admirent lorsqu'ils passent dans les rues.

Il y a quelque temps, le hasard me fit assister à plusieurs séances données par un jeune peintre de talent, mais de mœurs douces et timides, à un ex-marchand de pruneaux, qui avait amassé de cinq à six mille livres de rente dans son petit commerce. Celui-ci était chauve comme une falaise, et il voulait absolument qu'on lui mît des cheveux.

« Je suis un peu chauve, disait-il, je l'avoue ; mais c'est l'effet des préoccupations, des affaires. Cela arrive à toutes les têtes qui ont travaillé, à tous les hommes sérieux : voyez M. Thiers.

— Eh bien, justement, Monsieur, vous aurez l'air d'un homme sérieux.

— Oh ! ce que je vous en dis, c'est pour vous expliquer ; mais dans un portrait, voyez-vous, dans une œuvre d'art, ce n'est plus la même chose.

— Si je ne vous fais pas chauve, cela ne vous ressemblera pas.

— Que si, que si ! D'ailleurs, je ne suis pas déjà si chauve, — en ramenant les cheveux sur le front....

— On ne fait pas une chevelure ainsi, d'imagination, sans la voir.

— Allons donc ! Voilà qui est malin, des cheveux ! Ils se ressemblent tous. De petites lignes sèches régulières, avec une belle raie droite et blanche, sur le côté gauche ; il me semble que je m'en tirerais facilement.... Faites-moi la raie bien nette et qu'on la voie tout de suite, n'est-ce pas ? J'ai toujours soigné mes cheveux. »

Ce digne homme avait au plus haut point l'amour de la propreté, voire de l'élégance, entendue à sa façon. Il ne cessait de recommander à l'artiste de lui faire, sur la toile, un gilet bien blanc et un beau nœud de cravate.

« Que peignez-vous maintenant ? lui dit-il un jour.

— Je commence la chemise.

— Ah! diable! Je n'en ai pas changé aujourd'hui. Ne pourriez-vous attendre à demain ?

— Il vaut mieux, au contraire, que vous ayez une chemise déjà portée : cela assouplit le linge.

— Oui, mais c'est pour vous dire que j'ai toujours été très-propre sur moi, et que je tiens à l'être dans mon portrait. »

A la fin de la séance, l'ex-marchand de pruneaux s'approcha du chevalet et fut alarmé en voyant les raies d'ombres qui sillonnaient sa chemise.

« Qu'est-ce que vous m'avez donc fait là? dit-il. Comment ! Je vous préviens que je veux avoir du linge propre ! Cela ne restera pas ainsi, j'espère. »

Toutes les démonstrations n'aboutirent à rien. Il répétait toujours avec le sourd grondement d'un boule-dogue qui va s'irriter :

« Mais je ne porte pas de chemises sales, moi ! Je ne veux pas qu'on me prenne pour un ouvrier. Je n'ai pas changé aujourd'hui, c'est vrai, mais celle que j'ai est plus propre que ça ; d'ailleurs j'en changerai demain. »

Il fallut lui peindre une plaque de fer-blanc sur la poitrine ; alors la narine du bonhomme s'assouplit et se dilata.

« Ah ! dit-il, à la bonne heure ! je savais bien que j'avais raison. Voilà du linge propre, au moins. »

C'étaient sans cesse des observations aussi judicieuses.

« Ne me faites pas si triste, cela rend vieux. J'aimerais :

mieux sourire. Ma femme déteste les mines sombres....
Oh! comme vous m'avez fait jaune! on dirait que je suis
malade... Ma foi, vous avez beau dire, je ne suis pas encore si laid que cela. »

Et il riait d'un gros rire en allant se regarder à la glace.

« Surtout, reprenait-il, ne me donnez pas l'air d'un
poitrinaire; vous voyez, le coffre est bon. Développez-moi
ça.

—Mais, Monsieur, puisque je vous peins de trois-quarts,
je ne puis présenter le développement de la poitrine de
face.

—C'est égal, présentez toujours; vous trouverez bien un
moyen, en tournant un peu le corps. Que voulez-vous?
Quand on n'est pas estropié, on tient à ses avantages physiques. »

On lui donna donc une poitrine d'hippopotame, dont il
se déclara satisfait.

Bref, il fit si bien, qu'il obtint une affreuse image de
bellâtre campagnard, à laquelle le peintre se garda d'apposer son nom. Notre bourgeois se mirait sur la toile avec
une sorte d'extase, et, se trouvant si beau, s'écriait :

« Oh! c'est moi tout craché! C'est étonnant comme
c'est moi! Seulement, il y a encore un peu de noir, et
quelques endroits sont faits trop en gros; on ne distingue
pas les poils de la barbe. Mais c'est égal, le reste est très-
bien. Savez-vous qu'on ne m'avait pas trompé et que vous
avez beaucoup de... »

Il s'arrêta, comme s'il en avait déjà trop dit, tira sa bourse
et paya. Partant, il était quitte. Pourquoi donc aurait-il
prodigué des éloges à un fournisseur qui n'avait fait que
son devoir en lui donnant quelque chose de bien condi-

tionné pour son argent? Il ne lui devait rien au delà des trois cents francs stipulés. Il ne faut pas gâter les artistes.

Mais c'est surtout au daguerréotype que j'en veux, au daguerréotype qui poursuit et obsède partout les regards, jusque dans la mansarde d'un fumiste et dans la loge d'un portier. Encore s'il se renfermait au foyer domestique, on n'aurait rien à dire : ce sont là affaires de ménage où le public n'a pas le droit de s'immiscer, puisqu'il est admis qu'on peut laver son linge sale en famille. Mais non; dans les rues, les passages et les impasses, partout où il y a une circulation quelconque, une place sur un mur, sur une fenêtre, à une devanture, vous verrez s'étaler, avec une complaisance insupportable, des trophées de photographies reflétant des myriades de bourgeois de tous les âges et de toutes les formes.

O bourgeois de Paris et d'autres lieux, puissiez-vous bientôt comprendre que si vous n'êtes pas beaux en chair et en os, vous êtes fort laids quand vous vous faites peindre, surtout par une mécanique inintelligente, qui n'a pas l'esprit de jeter un peu de sable d'or sur vos imperfections physiques, et colle brutalement sur la plaque votre décalque incolore et sans vie !

Si seulement ils se contentaient d'être laids, ces messieurs et ces dames! Par malheur, ils le sont prétentieusement. Au lieu de cette laideur simple et digne, qui du moins commanderait une respectueuse compassion, c'est la laideur à pose solennelle. Dans cette galerie de portraits familiers, vous ne trouverez peut-être pas une attitude naturelle, pas une physionomie que ne contracte un mensonge, pas un corps qui ne se contourne avec emphase

35.

ou afféterie. Voici une petite demoiselle qui se tient roide et immobile comme une poupée; on sent, à la voir, que sa maman est là, lui répétant, comme madame Necker à celle qui fut plus tard madame de Staël : Tenez-vous droite, Mademoiselle. — Ici, ce sont le frère et la sœur que leur père, bourgeois sentimental à la façon des papas de Bouilly, a fait peindre entrelacés en une attitude aussi gênante que grotesque, penchant leurs têtes sur leurs épaules d'une manière tout à fait séraphique. Plus loin, c'est une vieille femme qui minaude, offrant aux regards ébahis sa bouche en cœur et ses yeux en amande; à côté, c'est une jeune fille qui essaye de sourire avec une grâce languissante, et ne réussit qu'à encadrer une grimace entre deux rides profondes. Ce monsieur joue avec les breloques de sa montre; cet autre tient la main droite plongée dans son gilet, d'une façon méditative, imitée de nos grands orateurs parlementaires; celui-ci a voulu se présenter à l'admiration de la foule, un livre de la main gauche et une plume de la main droite; celui-là, la pipe à la bouche, couvant du regard une bouteille à moitié vide et un verre entièrement plein.

Il y en a qui se donnent des airs artistes et bons enfants; d'autres qui sont bouffis d'une solennité rogue et compassée. Les premiers se font peindre en paletots-sacs, décolletés, la barbe inculte, à cheval sur une chaise dont le dossier supporte leurs bras croisés, et riant d'un rire cyniquement dédaigneux; les seconds ont mis, pour cette grande occasion, gilet blanc, cravate blanche avec l'épingle du jour de leur noce, gants Jouvin premier choix, et ils tiennent entre leurs genoux un beau jonc à pomme d'or. En voici un, le plus ingénieux de tous, qui se présente au public dans l'attitude intéressante d'un homme qui hume une prise : ce gaillard doit assurément passer pour un homme de beaucoup d'esprit parmi ses connaissances.

Dans les poses même les plus simples et les plus naturelles en apparence, on sent percer un gonflement intérieur, une importance naïve et comique : il n'est pas jusqu'à la manière dont ces braves bourgeois portent leurs lunettes, qui n'ait son emphase et sa dignité. Comme tout ce pauvre monde se torture, se fend la tête et se bat les flancs pour avoir l'air de quelque chose! Mais où vont-ils chercher ces physionomies et ces postures?

Si amusantes que soient d'abord ces exhibitions, elles finissent par fatiguer. On se lasse d'être partout poursuivi par ces fantômes de bourgeois en grande tenue, qui ont l'air de songer à la postérité, et de bourgeoises coquettes qui sourient éternellement au public du bout de leurs dents jaunes et du coin de leurs petits yeux clignotants. Ce spectacle m'agace et m'énerve. C'est peut-être là ce qui me rend injuste pour la photographie. Je trouve qu'elle n'a rien de commun avec l'art, qu'elle en est et en sera toujours l'antipode, quelque progrès qu'on se flatte de lui faire accomplir. Qu'est-ce, je vous prie, que cette machine sans âme, qui met une ride au lieu d'un pli, une grimace en place d'un sourire, qui jette bêtement dans le même moule la beauté et la laideur, la jeunesse et la caducité, le terre-à-terre et l'idéal? Les Philistins l'adorent parce qu'elle les reproduit à peu près tels qu'ils sont. C'est justement pour cela que je lui en veux, ô Philistins! et c'est bien tant pis si elle vous représente tels que vous êtes; il vaudrait mieux qu'elle vous représentât tels que vous n'êtes pas. Regardez-vous dans la glace, si vous tenez tant à vous contempler : c'est le moyen de vous admirer à votre aise, sans que personne en souffre.

CHAPITRE DIX-NEUVIÈME.

LES PARISIENNES PEINTES PAR ELLES-MÊMES.

Les Parisiennes ne se bornent pas à se faire peindre sous toutes les faces ; elles se peignent elles-mêmes.

A ce propos, j'ai lu ce qui suit dans un journal grave, auquel je laisse la responsabilité de son style aussi bien que de son anecdote :

« Dernièrement, un auditoire brillant, dans lequel on remarquait plusieurs dames élégantes, se pressait à Berlin, dans la salle où le célèbre professeur de chimie F... fait ses cours, toujours si suivis.

« Ma chère amie, dit en sortant un jeune homme à sa femme qu'il avait au bras, tu as une tache bleue à la joue. » La jeune femme, surprise, se retourne pour se regarder dans les glaces d'un magasin devant lequel ils passaient alors, et reste stupéfaite en voyant que son rouge avait tourné au bleu, par suite de la décomposition chimique qui s'était opérée dans la salle du cours, sous l'influence des gaz manipulés. Elle en fut quitte pour essuyer ses joues. Elle se résigna, comptant bien se venger sur les autres. En effet, les autres dames sortaient en ce moment, et le jeune couple éclata de rire en même temps, à la vue de ces visages jaunes, bleus, noirs, violets, ainsi métamorphosés par les vapeurs perfides. Quelques-uns même, — ceux-là appartenaient[1] aux plus audacieuses, qui veulent à la fois

---

[1] Il s'agit des visages. Le style des journaux a ses hardiesses et ses grâces d'état.

l'ivoire sur la peau, la rose sur les joues, le corail sur les lèvres et l'ébène aux sourcils, — étaient tellement bariolés qu'une perruche en eût été jalouse. Le lendemain, un petit journal de Berlin publiait son article charivaresque sous ce titre : *Les Berlinoises peintes par elles-mêmes.* On assure que la chimie pourrait produire de ces prodiges-là autre part qu'à Berlin. »

Je le crois bien : je voudrais qu'il y eût à Paris un cours de chimie semblable fréquenté par les dames. Mais je ne sais si les *vapeurs perfides* de la salle, comme les nomme, en une docte périphrase, le rédacteur badin du journal sérieux, seraient assez puissantes pour décomposer tout ce que nos Parisiennes entassent sur leurs figures.

Qui nous délivrera des teinturiers du visage féminin ? Ils pullulent, parce que leur petite spéculation réussit. Tel qui se ruinerait à inventer de nouvelles pommades contre les plaies du corps, ou des spécifiques souverains contre les migraines et les catarrhes, s'enrichit à vendre des cosmétiques et des parfums. L'ambre, le benjoin, le musc, le patchouli, l'eau de mousseline, l'iris, l'essence de Portugal, etc., etc., s'écoulent à des quantités considérables. Les odeurs sont pourtant la chose dont il faut le moins abuser ; je n'en veux pour garant que ce vers de Martial, dont les dames pourront demander la traduction à leur mari :

....Hic male olet, qui bene semper olet.

Je vois chaque jour, parmi les annonces des journaux, indépendamment du Vinaigre de Bully (*vin-aigre*, comme le fait ingénieusement remarquer sa rivale l'Eau de Cologne), celle d'une pâte dont se servait madame Dubarry, et qui nous a été transmise en droite ligne par l'intermédiaire de sa confidente Louison ; puis celle de la *Rosée du visage, la Rugiada del viso* (un peu d'italien ne peut pas faire de mal dans une annonce), admirable et infaillible recette d'origine orientale, celle même dont se servait la *fameuse* Ninon de Lenclos, qui fut belle pendant plus de quatre-vingts ans, et dont on a découvert le secret dans une lettre du *fameux* médecin Liceti, son contemporain et son correspondant. Que voilà un docteur bien trouvé ! Je suis sûr qu'on ne laissera pas chômer la *Rugiada del viso :* les *pratiques* ne manquent jamais à ces marchandises, puisqu'on ne renonce pas à en inventer de nouvelles.

On pardonnerait encore aux vieilles coquettes d'essayer de se recrépir et de se rebadigeonner : il faut avoir de la pitié pour certains ridicules qui ont quelque chose de douloureux ; mais les jeunes dames, bon Dieu ! que vont-elles faire dans cette galère ? La belle avance de se faner avant l'heure, avec tous ces petits pots d'onguent, de colle, de peinture à la détrempe ! — choses fort peu ragoûtantes, — et cela, pour la satisfaction de reluire un peu davantage à la lueur des lustres et des bougies, comme un parquet ciré. Il n'y aura jamais moyen de persuader à la plus belle moitié du genre humain qu'elle s'enlaidit sous prétexte de s'embellir, et que l'abord d'une personne fardée n'a rien de plus séduisant que celui d'une chambre nouvellement peinte.

Cette plaque morne et rigide qu'on se colle sur le visage lui enlève naturellement toute expression et toute mobilité. Et puis je vous assure que, pour ma part, mari ou père de famille, je ne serais pas du tout flatté d'appliquer matin et soir mes lèvres sur une peau graissée, peinturlurée, enduite de cosmétique, blanchie avec de la farine de riz, colorée avec le rouge végétal, pénétrée d'huiles odorantes, frottée, travaillée en tous sens par la brosse et le pinceau. Je voudrais que d'abord ma femme ou ma fille enlevât ce masque, pour l'embrasser sur sa vraie figure, telle que le bon Dieu l'a faite. L'art, il est vrai, en est venu aujourd'hui à ce point qu'il n'est plus guère à craindre qu'une dame laisse quelque chose de son teint sur les lèvres de son père ou de son mari, tant les vinaigres et les eaux inventés en ces derniers temps mordent profondément dans le tissu de la peau ! Mais cette solidité d'une peinture qu'il faut renouveler laborieusement chaque jour ne s'est acquise qu'aux dépens de la fraîcheur et de la jeunesse de la physionomie ; sous l'âcre influence de ces corrosifs, elle se dessèche, se crevasse et se raccornit comme un parchemin.

C'est quelque chose de fort laid à voir qu'une de ces dames surprise avant d'avoir pu s'ajuster son visage du jour. On la prendrait pour la mère ou l'aïeule de celle qu'on a rencontrée la veille dans le monde. L'astre a disparu et ne laisse plus voir qu'un lumignon éteint et fumeux, prêt à se rallumer tout à l'heure, mais en se consumant.

Je comparais plus haut les femmes qui abusent du fard à des parquets cirés et à des chambres peintes ; hélas ! la comparaison est tout à l'avantage de ces derniers. Un parquet ne se cire que toutes les semaines ; une chambre se peint à peine tous les deux ou trois ans ; mais pour une femme, il s'agit de recommencer tous les jours.

Ces laborieux artifices ne s'arrêtent pas à la face : ce n'est là que le vestibule, et le reste de l'édifice est d'une construction tout aussi compliquée. Il faut un grand travail esprit, un grand effort d'analyse et de pénétration, pour parvenir à décomposer par la pensée ce corps hybride et fait des éléments les plus hétérogènes, qui forme l'apparence extérieure d'une femme du monde. Quelquefois, de tout cet ensemble majestueux ou charmant, quand il est vu à la distance et dans le lointain convenables, comme un tableau qui veut être considéré dans son jour, il n'y a rien à elle : ni les cheveux, teints en noir et enrichis de nattes étrangères ; ni les joues, auxquelles on a fabriqué à loisir des lis et des roses, comme disaient jadis les poëtes ; ni les lèvres enluminées savamment, ni les sourcils tirés au pinceau ; — pas plus que les épaules, les hanches... Je m'arrête, mais ces dames ne s'arrêtent pas.

Lorsqu'un dandy passe devant certaines devantures des marchandes de corsets, — ces fausses sœurs qui osent exposer au grand jour tant de compromettants mystères, sans que la nation féminine songe à s'insurger contre cette imprudence ou cette trahison, — il devrait saluer aux vitrages ces formes artistement tissues de ouate, de crinoline, de baleine, en se disant :

« Voilà pourtant l'épaule dont je contemplerai demain le contour avec extase ! Voilà la poitrine cambrée de madame X..., la hanche provocante de madame C..., la taille majestueuse de mademoiselle Z...! »

Mais il ne se doute pas toujours, le naïf roué, que c'est un petit paquet de coton, peut-être d'étoupe, qui le fait tomber en adoration !

La place de guerre, ainsi munie de fortifications et de travaux avancés, se compose souvent, en réalité, d'une ombre, d'une espèce de mannequin à demi ruiné, qui est la matière première sur laquelle on travaille, afin de la dérober autant que possible au regard, et de produire à la surface les contours suaves et les molles ondulations de terrain. Pour ce, crinoline à la robe, crinoline au corset, crinoline partout, excepté aux endroits où il y a du coton. Et les baleines donc, comme elles vous cerclent le corps et vous redressent les tailles ! Quand ces mièvres et mignonnes petites femmes lisent le supplice des missionnaires qu'on met à la cangue au Japon, elles ont la candeur de frissonner, sous le busc qui leur déchire la chair et la peau, sous le corset qui leur brise la taille et leur intercepte la respiration, sous le vinaigre qui leur mord le visage, sous les peignes et la *bandoline* qui leur tirent et leur cassent les cheveux, sous cet attirail compliqué de tortures qui les bride et leur ôte la liberté des mouvements. Voilà certes un désintéressement admirable ! Ce n'est pas les Japonais qui auraient la cruauté de soumettre les missionnaires à un pareil supplice. Il n'y a que la civilisation qui puisse inventer ces choses-là à l'usage de ses martyrs, et il n'y a que les femmes civilisées qui soient capables de les adopter avec enthousiasme, de les porter et de sourire.

Et pas une, bien entendu, ne se déciderait à revêtir un cilice !

Il est vrai que le cilice ne les embellirait pas, et que tout cela, dans leur opinion du moins, les embellit beaucoup. Que ne ferait-on pas pour s'embellir, surtout quand on est déjà belle ? Toutefois, hasardons encore quelques réflexions. C'est un principe fort juste, sans doute, que l'art peut aider la nature, mais il faut du moins que la nature domine, et ne soit pas étouffée par l'art. Je n'ai jamais pu deviner, par exemple, l'espèce de charme et de beauté que certaines femmes trouvent dans une taille de guêpe, si petite au centre qu'elle tiendrait dans les deux mains, et au-dessous s'élargissant tout à coup en ballon monstrueux, — ravin profond entre une colline et une montagne. Ces disproportions exagérées ne sont nullement dans la nature. A quoi bon faire de l'art, si c'est pour s'en servir à créer, comme les Chinois sur leurs vases et leurs paravents, des formes impossibles, jurant avec la réalité et la vraisemblance!

Une des plus splendides collections de caricatures qu'il soit possible d'amasser, c'est, on le sait, la série des modes qui se sont succédé depuis le dix-huitième siècle. Qui de nous n'a souri en voyant ces incroyables robes, ressemblant à des boîtes, dans lesquelles s'enfonçaient les femmes de l'Empire? cette poudre qui changeait une chevelure de jeune fille en une chevelure de vieille femme? ces mouches qui constellaient la figure de bourgeons et de verrues? Aujourd'hui, il suffit de renvoyer à six mois de date les modes actuelles pour en mettre le ridicule dans tout son jour.

Ah! si l'opération chimique du célèbre professeur F... avait pu décomposer et trahir au dehors les falsifications du corps féminin comme celles du visage, Dieu et les femmes de chambre de ces dames savent seuls toutes les choses étonnantes que les Berlinois auraient vues! Puissent nos professeurs de chimie nous épargner à nous-mêmes un si lamentable spectacle!

CONCLUSION.

Arrêtons-nous ici : *sat prata biberunt*. Notre voyage est achevé pour aujourd'hui ; peut-être le reprendrons-nous ensemble un autre jour, si vous voulez bien me suivre encore. Nous avons fait longuement l'école buissonnière, et vous m'avez laissé philosopher à mon aise sur ceci et cela. Merci, cher lecteur ! Il ne nous reste plus, à l'un et à l'autre, qu'à nous aller coucher, comme il sied, après une journée si complétement remplie.

Lecteur, je vous souhaite un sommeil profond et des rêves paisibles. Ils ne vous manqueront pas si vous êtes bien réellement ce que j'ai cherché en vous, et ce que j'ai droit d'attendre de quiconque m'aura suivi jusqu'à la fin : un flâneur, c'est-à-dire un esprit et un cœur largement doués ; un badaud pur-sang, c'est-à-dire une conscience honnête, sereine et tranquille.

Et maintenant, muse de la flânerie, au revoir !

FIN

TABLE DES MATIÈRES.

I. Les artistes nomades et l'art populaire............... 1
Chapitre I. Musiciens ambulants....................... 5
— II. Orateurs et poëtes des rues.................. 48
— III. L'art dramatique en plein vent............. 100
— IV. Industriels et saltimbanques................ 132
— V. La littérature des quais..................... 195
II. L'Odyssée d'un flaneur dans les rues de Paris........ 267
Chapitre I. Invocation................................. 267
— II. L'art de la flânerie. — Définition du badaud.. 268
— III. Le Parisien, prototype du badaud. — Immortalité de la badauderie...................... 272
— IV. Dans la foule.............................. 277
— V. Cochers de fiacre, cochers de remise et cochers d'omnibus.................................... 283
— VI. Enseignes et affiches....................... 293
— VII. Decency forbids........................... 316
— VIII. Les cris de Paris. — Industries des rues. — Les gagne-petit............................. 318
— IX. Considérations philosophiques sur le tabac. Pipes, cigares et cigarettes.................... 326
— X. Marchands d'habits......................... 333
— XI. Le Temple................................. 337
— XII. Les infiniment petits de l'industrie parisienne: balayeurs, chiffonniers............... 341
— XIII. Le gamin de Paris......................... 348

Chapitre XIV. Les mendiants de Paris. — Une noce et un bal de mendiants....................................	360
— XV. La Morgue..	368
— XVI. Marchands de vin, cafés et restaurants.....	376
— XVII. Réflexions d'un jeune homme qui ne danse pas, fourvoyé dans un bal public.............	393
— XVIII. La portraituromanie. Considérations sur le daguerréotype.................................	400
— XIX. Les Parisiennes peintes par elles-mêmes..	417
Conclusion...	424

FIN DE LA TABLE DES MATIÈRES.

Paris.—Imprimé chez Jules Bonaventure, 55, quai des Grands-Augustins.

www.ingramcontent.com/pod-product-compliance
Lightning Source LLC
Chambersburg PA
CBHW050907230426
43666CB00010B/2058